침묵의 이면에 감추어진 역사

침묵의 이면에 감추어진 역사

개정판 1쇄 발행 2021년 4월 12일

지은이 우르와쉬 부딸리아
옮긴이 이광수
펴낸이 강수걸
편집장 권경옥
편집 박정은 윤은미 강나래 최예빈 김리연 신지은
디자인 권문경 조은비
경영지원 공여진
펴낸곳 산지니
등록 2005년 2월 7일 제333-3370000251002005000001호
주소 부산시 해운대구 수영강변대로 140 BCC 613호
전화 051-504-7070 | 팩스 051-507-7543
홈페이지 www.sanzinibook.com
전자우편 sanzini@sanzinibook.com
블로그 sanzinibook.tistory.com

ISBN 978-89-6545-715-2 93910

The Other Side of Silence

침묵의 이면에 감추어진 역사

인도-파키스탄 분단으로부터 듣는 여러 목소리

우르와쉬 부딸리아 지음 · 이광수 옮김

산지니

CONTENTS

옮긴이의 말

독립국 인도의 초대 수상이던 자와하를랄 네루는 1947년 8월 15일 제헌의회에서 다음과 같은 연설을 했다. 그리고 그 목소리는 전국에 라디오를 통해 중계되었다. "시계가 자정을 울리면 세계는 잠들어 있지만 인도는 생명과 자유를 깨울 것입니다. 한 시대가 끝나면서 이제 낡은 것으로부터 새로운 것으로 나아가고, 그동안 억눌렸던 국가의 영혼이 목소리를 찾는, 역사에서 흔치 않는 그 순간이 다가옵니다."

전국에서 환호를 지르며 독립을 축하하는 바로 그 순간 인도아대륙의 서북쪽 땅에서는 폭력이 난무하였다. 총으로 쏘고, 칼로 찌르고 몽둥이로 패고, 돌로 찧고, 꼬챙이로 찌르고…… 강간하고, 납치하고, 뺏고, 훔치고…… 인간이 만들 수 있는 지옥과 아비규환이 바로 그곳에 있었다. 그야말로 '……그동안 억눌렸던 악귀의 기운이 목소리를 찾는, 역사에서 흔치 않은 순간이' 다가온 것이었다.

인도는 유럽이나 중국만큼 규모가 크지만 그 역사적 발전 양상은 사뭇 달랐다. 그 가운데 가장 눈에 띄는 것은 전통적으로 민족/국가 개념이 발전하지 않았다는 것이다. 유럽에서는 중세 이후 국민국가가 발전을 했고, 중국은 오래 전부터 '중화'라는 개념 혹은 천자 중심의 세계 질서 개념이 발달해서 근대 이후 민족/국가 개념으로 인한 정치적 혼란이 그리 크지 않았다. 그렇지만 인도는 상황이 크게 달랐다.

인도는 동인도회사가 이 땅에 들어오는 18세기 말까지도 하나의 민족 혹은 국가 혹은 또 다른 방식의 단일한 정치 단위가 만들어지지 않은 상태였다. 100년 정도의 식민주의를 경험한 후부터 어렴풋한 민족의 개념이 발달하기 시작했으나 원 토대의 성격이 그것과는 거리가 멀어 만들어질 때부터 모순을 안고 가기 시작했다. 민족은 영국이라는 타자에 대한 개념으로부터 출발해야 즉, 식민주의에 대한 저항의 방편으로 민족을 형성해야 했기 때문에 어쩔 수 없이 인위적인 것으로 흘렀고, 강력한 위력을 발휘하기 위해 그 규모는 최대공약수를 찾고, 내용은 봉건성에서 찾았다. 그리고 '민족'의 고유한 이분법을 극복하지 못하여 '우리'를 위한 '남'을 그 내부에서 만들 수밖에 없었다. 그래서 만들어진 것이 힌두를 중심으로 한 인도 민족의 개념이었다.

인도는 반식민주의의 기치를 올리기 위해 민족의 가치를 최고로 고양시켰고, 이에 힌두 세계의 가치는 민족적 가치와 일치되면서 갈수록 고양된 반면 상대적으로 이슬람적 가치는 무슬림의 소외와 사회적 위치의 열악함으로 연결될 수밖에 없었다. 반면 영국은 당시를 풍미했던 최고의 세계관 즉, 효율성을 기반으로 하는 실증주의적 공리주의에 따라 지배의 효율을 극대화하려 했고, 이에 힌두와 무슬림을 분리의 대상으로 삼았다.

분리의 대상은 꼭 힌두와 무슬림의 종교공동체만은 아니었다. 카스트 또한 영국인의 중요한 통치 수단이 되었다. 인도인은 카스트 세계 안에서 카스트 외에도 다양한 주체가 섞여 오랫동안 유지되어왔지만 근대 이후 이러한 세계는 크게 흔들릴 수밖에 없었다. 카스트 체계 안에서 하나의 카스트 기능을 맡고 있지만 카스트(즉 사회적 인간)로서 인정도 제대로 받지 못하던 불가촉민不可觸民은 공공연히 근대 사회를 지지하면서 영국 지배를 옹호하고 들었다. 뿐만 아니라 영국인에게는 언어도 그 수단이었고, 지역도 그 수단이 되었다. 이러면서 인도는 식민 지배가 시작된 지 200년 만에 갈기갈기 찢어지기 바로 직전에 와 있었다.

인도의 분열은 그 가운데 가장 취약한 종교공동체 사이에서부터 시작되었다. 1940년대가 시작되면서 반식민 민족 해방 운동은 본격적으로 일어나기 시작했다. 하지만 이는 본격적으로 인도아대륙이 분단으로 치달아가고 있는 것에 대한 또 다른 표현이기도 했다. 영국 지배를 종식시키고 독립국을 세우고자 한 간디와 네루는 또 다른 기운인 무슬림의 분리 운동에 대해서는 과소평가하고 있었다. 그렇지만 민족 운동이 드세게 일어날수록 힌두와 무슬림의 사이는 벌어졌고, 1947년이 목전에 다가왔을 때는 이미 돌이킬 수 없는 수준이 되어버렸다. 영국인이 만든 신화에 의해서든 아니든 그런 이성적인 판단은 아무 역할도 하지 못하였다. 그들에게 자기와 다른 종교공동체는 철천지원수 그 이상이었다.

이 책의 원저는 *The Other Side of Silence: Voices from the Partition of India*(Durham: Duke University Press, 2000)이다. 이 책은 기록, 구조, 논리, 다수, 남성을 중심으로 하여 재구성하는 일반적으로 말하는 역사의 개념으로부터 탈피하여 소수 즉 여성, 아이들, 불가촉민과 같은 소수의 이야기를 중심으로 역사를 재구성하고 있다. 구조에 얽매이지 않고, 다수에 의해 별 의미 없는 것으로 규정될 수 있지만 당사자에게는 무엇보다도 중요한 그 '작은' 일을 시간의 흐름이나 장소의 변화와 같은 구조를 따르지 않고 재구성한 새로운 역사이다.

따라서 이 책에서 말하는 역사는 때로는 홉스봄Eric Hobsbawm이 말하는 풀뿌리 역사라고도 할 수 있을 것이고, 인류학적 방법론과 역사학이 접목되는 역사 인류학 혹은 구술사라고도 할 수 있을 것이다. 혹은 집필 당시 인도의 역사학계에서 시작하여 세계 역사학계에 큰 영향을 끼친 서발턴Subaltern의 역사라고도 할 수 있을 것이고, 또 어떤 면에서는 포스트모던 역사라고도 말할 수 있을 것이다. 하지만 저자 자신이 특정한 이론과 방법 혹은 역사학의 기존 개념에 반발하면서 상호 대화와 교류를 강조한 점으로 미루어볼 때 이 역사를 딱히 어느 한 범주에 집어넣는 것은 그리 썩 바람직하지 않는 것으로 보인다. 그러한 여러 가지 측면이 모두 들어가 있는 새로운 역사라고나 한다면 모를까.

저자 부딸리아는 10년에 걸쳐 70여 명과 심층 인터뷰를 했다. 그리고 이를 바탕으로 하여 그 작은이들의 역사를 복원하였다. 저자가 들은 이야기는 다수에 의해 강요된 침묵의 이면 깊숙한 곳에 50년이 지나도록 묻혀 있었다. 저자는 침묵의 이면이 가리키는 의미를 기억을 통해 복원하고자 한 것이다. 하지만 기억은 자신이 숨을 수 있고 도피할 수 있으며 자신하고만 소통할 수 있는 공간이다. 죽고 죽이는 것을 목격하면서, 그 아비규환의 세계에서 살아남기 위해 발버둥 치면서, 강간당하고, 납치당하고, 자식과 부모와 생이별을 당하면서 어두운 곳에서 쌓인 그 기억의 세계, 그 어리석다고, 더럽다고, 이기적이라고 무시당하는 그 공간, 그 트라우마의 세계를 깨뜨리고 끄집어낼 수밖에 없는 저자의 아픔과 그것을 토로하는 진실이 이 책의 곳곳에 흩어져 있다. 그리고 그에 관해 지금까지 명료하게 풀지 못한 저자의 의문과 자책이 이 책의 중심부를 관통하고 있다. 하지만 이 책을 구성하는 것은 기억을 통해 끄집어낸 이야기, 그 이야기를 기억 속에서 끄집어내는 과정에서 겪는 저자의 번민만이 아니다. 저자는 보통의 역사서가 제시하는 일기, 편지, 공문, 회고록, 보고서, 의회 기록, 통계 등도 폭넓게 활용하였다. 이러한 점이 이 책을 분명한 역사서이면서 기존의 역사서와 다른 차원의 역사서로 평가할 수 있는 또 하나의 이유이다.

이 책을 번역하기로 마음먹은 것은 2006년 가을이었다. 나는 여덟의 동료 연구자와 함께 한국학술진흥재단의 3년 과제인 인도인 디아스포라 연구를 수행하고 있었는데 그해는 그 과제의 마지막 3년째였다. 나는 분단 시기에 이주해 온 파키스탄의 난민이 델리에서 어떻게 정착하여 자신의 정체성에 어떤 변화를 가졌는지를 연구했다. 문헌 조사를 중심으로 하고 10명 가까운 난민을 만나 인터뷰를 하면서 이 연구는 내가 함부로 다룰 게 아니라는 사실을 깨달았다. 연구자로서 연구에 대해 무성의하게 다가섰고, 주제가 주는 의미를 너무 가볍게 판단했으며, 인문학자로서 인간의 아픔을 너무 쉽게 생각하는 치명적 오류를 범했다는 사실을 깨달은 후 나는 몇 개월 동안 그로 인한 상당한 슬럼프에 빠져들었다.

학술진흥재단 연구비에 의존하는, 그러다 보니 제대로 되지 않은 논문인데도 당장 누가 제대로 볼 사람이 없다는 걸 방패삼아 부끄럼 없이 쏟아내는 내 자신의 연구 자세가 심히 부끄러웠다. 난민에 대한 연구를 내 연구비를 들여 장기간에 걸쳐 본격적으로 한번 해볼까도 생각해보았지만, 이내 순간의 객기임을 깨달았다. 학문하는 자세는 차치하고 실력도 없는 데다가 무엇보다도 타지에 가서 장기 조사를 할 수 있는 대학의 여건이 허락치를 않아 스스로의 창조적 연구는 과감히 접기로 했다.

그러다 생각난 것이 바로 이 책이었다. 내가 조사하는 것보다는 능력 있는 연구자가 수행한 훌륭한 연구를 번역하는 것이 더 나을 수도 있겠다는 생각이 들었다. 그거야말로 우선은 내 스스로 공부를 할 수 있어서 좋고, 다음으로는 명실상부한 탄탄한 책을 학계에 소개해 인도사를 한국의 역사학계에 소개하는 내 일생의 포부를 실천하는 데 도움이 될 것 같아 좋았다. 그러고 보니 그해 겨울, 그 부실한 연구도 이 책을 만나게 해준 성과는 낳은 셈이니 나름대로의 보람은 있는 것이 되었다, 씁쓸하지만.

당시 나는 몇몇 연구자와 함께 2005년부터 2년 정도 서발턴 연구자의 구체적 연구물을 번역하기로 계획을 세운 상태였다. 비록 실천은 못했지만 꼭 해보고 싶은 계획이었다. 그것은 한국의 역사학계가 새로운 역사학의 조류에 대해서, 그 담론에는 강하지만 그것을 구체적으로 적용하여 연구물로 생산하는 풍토에는 약하기 때문에 생각한 계획이었다. 인도에서 80년대 후반부터 큰 관심을 받아, 곧 이어 서구의 역사학계에 상당한 반향을 일으킨 서발턴 연구는 90년대 중반부터 한국에서도 주요 관심의 대상이 되었다. 그 즈음에는 미시사라고 통칭하는 또 하나의 새로운 역사학도 한국학계에 상륙하였고, 구술사 또한 마찬가지였다. 그래서 인도사를 소재로 하면서 그러한 풍조를 충실히 반영할 수 있는 서발턴 연구자의 논문을 골라 번역하기로 계획을 세웠던 것이다.

하지만 여럿이서(그것도 전공자도 아닌 사람들까지 모여) 하나의 작업을 한다는 것이 그리 쉬운 일은 아니었다. 결국 나는 제대로 시작해보지도 못한 각 서발턴 연구자의 논문선 번역은 포기하고 대신 좀 더 쉽고, 구체적이고, 한국의 역사학자 누구도 쉽게 공유할 수 있으며, 사적으로 내 관심사에 훨씬 맞는 이 책을 혼자 번역하기로 최종 결정한 것이다. 그리고 무엇보다도 이 책이 서발턴 연구자들이 추구하는 서발턴의 역사를 충실히 반영하고 있고, 그들의 역사 독해 및 재구성 방법과 크게 다르지 않아 이 또한 선택의 중요한 관건이 되었다.

인도-파키스탄 분단이 1947년에 일어났으니 올해로 60년 하고도 2년이 지났다. 이제 그 비극의 역사를 침묵 속에 묻어둔 채 당사자들 대부분이 세상을 떠나고 있다. 침묵 속에 영원히 잊힐 뻔한 그 역사가 한 역사학자의 끈질긴 집념과 각고의 노력 끝에 비록 일부나마 복원되었다. 역사학자가 가야 하는 숙명과 같은 열정에 고개 숙이지 않을 수 없다.

그 분단의 역사는 한국 사회에도 있다. 바로 해방 이후부터 1953년 한국전쟁까지의 분단 공간에서 일어난 폭력과 비극의 역사다. 식민주의는 분단을 낳고, 분단은 집단 광기를 낳았다. 그리고 그 이후 분단된 땅 양쪽 사람들의 삶은 그 사건에 철저히 종속되어 있다는 점에서 두 나라의 슬픈 역사는 닮아 있다. 하지만 그보다 더 닮은 것은 그 사람들의 역사는 지워버려야 할, 국가와 민족의 번영을 위해 잊혀야 할 것으로 국가에 의해 강요당해왔다는 사실이다.

인도-파키스탄 분단의 비극이 1984년 델리 대학살에서 재현되고, 한국의 분단과 동족상잔의 비극이 1980년 광주 대학살에서 재현되는 것은 바로 그러한 역사에 대한 집단 망각 때문이다. 그러한 역사가 다시는 재현되지 않기를 바라는 차원에서 이 책은 집필되었고 나 또한 같은 심정으로 번역하였다.

번역을 하면서 몇 번이나 눈물을 훔쳐야 했다. 많은 책을 번역해보았지만, 역자로서 그 내용에 빠져들어 분노하고, 숨을 고르고, 뜨거운 눈물을 흘린 것은 이번이 처음이다. 번역에 대한 자료 수집과 구상을 제외하고 순수 번역에만 빠진 것이 12개월. 처음 몇 개월 동안은 그 내용이 자꾸 꿈에 나타나는 바람에 너무 힘들어 작업을 제대로 진척하지를 못했다. 그만큼 인도사를 전공하는 내게도 이 내용은 충격적이었다. 작업을 시작한 이래 1년이 넘는 기간 동안 난 이 책으로 인해 내가 그동안 지녀왔던 역사에 관한 혹은 역사적 진실에 관한 세계관이 서서히 바뀌었음을 느꼈다. 어떻게 보면 혼돈 속으로 빠져 들어가는 것도 같고, 어떻게 보면 뒷걸음쳐 들어가는 것도 같고, 어떻게 보면 바깥과의 간격은 더 넓히고 안과의 간격은 더 좁히는 것 같은 느낌이다.

제아무리 산 정상에 오른 기분이 좋다 한들 책 번역 탈고한 순간만큼이나 할까? 힘들고 고통스러운 번역 일을 충실히 할 수 있었던 것은 내가 일하는 직장 구성원으로부터 받은 심한 배신감과 좌절, 그리고 그로 인해 얻은 두문불출의 시간 때문이었다. 교수가 학생을 사주하고,

그 학생은 백주에 테러를 자행하며, 그 불의의 횡행을 애써 외면하는 비겁하고 나약한 교수들로 가득 찬 그 처참함이 이 작업의 원동력이 되었다면, 그것은 비극인가 희극인가? 번역을 하는 동안 여러 가지로 내게 도움을 준 아내와 딸 그리고 아들에게 고맙고, 이 일로 인해 아버지 돌아가신 뒤 홀로 고향에 계신 어머니께 자주 찾아뵙지 못한 것이 죄스럽다. 좋은 책을 번역하고 출판할 수 있는 기회를 준 바르고 참한 출판사 산지니 가족 모든 분께도 감사의 말씀 드린다.

2009년 3월
이광수

한국어판 서문

이 책이 인도에서 나온 지 벌써 여러 해가 지났다. 책은 출판되고 난 후 세계 여러 나라의 언어로 번역이 되었다. 이 책의 저자로서 나는 그 여러 가지 가운데 두 개의 번역에 가장 큰 의미를 둔다. 하나는 파키스탄에서 나온 우르두어 번역이고 또 하나가 바로 이 책 한국어 번역이다.

인도와 파키스탄 사람들이 생명과 심장이 나뉘는 듯한 그 분단의 어려움을 공유하고 있듯이 두 개의 한국도 그러하다. 나는 많은 가족이 찢어지는 역사의 현장을 가까이서 따라갔는데 이는 사람을 생면부지의 장소에 배치하고, 국경을 넘어 헤어진 가족을 찾아나서는 과정을 조사하는 것이었다. 그러면서 내가 사는 나라 아닌 곳에서 분단이 일어나고 그것이 가져다준 영향에 대해 연구할 기회가 있었으면 좋겠다고 생각한 적이 있다.

세계 여러 곳에서 식민주의자들과 정치적 정책 결정권자들은 도저히 해결하기 어려울 것 같은 문제를 푸는 정치적 방법으로 손쉽게 분단을 택하였다. 그런데 거기에는 같은 종족, 종교 혹은 계급 정체성을 가진 사람을 한데 묶어놓으면 그들끼리 평화롭고 조화롭게 살 거라는 하나의 가정 아닌 믿음이 있었다. 하지만 같다는 것이 결코 평화와 조화를 보장해주지 못한다는 사실을 드러내는 증거는 도처에 깔려 있다. 다양한 것이 있다는 것은 서로 다른 것이 있다는 말이 된다. 우리가 인-파 분단을 아래로부터의 시각으로 보아야 한다고 주장하는 건 바로 이런 연유에서다.

분단이 유용한 정치적 책략으로 간주되었을지는 모르지만, 그것이 땅에 터전을 두고 사는 사람들에게는 어떠한 의미를 가져다주었는지, 그 결과를 안고 살아가야 하는 그 사람들에게 분단이라는 것은 무슨 의미를 가져다주는지, 그 결과가 부자와 가난한 사람에게 어떻게 다른 영향을 끼치고 도시에 사는 사람과 촌락에 사는 사람에게는 또 어떻게 다른 영향을 미치는지, 혹은 그 당사자가 남성, 여성, 아이들, 소수자라면 어떤 영향을 끼치는지…… 이 모든 문제에 대해 우리는 지대한 관심을 기울여야만 하는 것이다.

난 한국의 경험이 우리에게 매우 가치 있는 가르침을 주리라 믿는다. 내가 이 책이 한국어로 번역된 사실에 특별히 기뻐한 것은 이런 사실 때문이다. 나를 사로잡았던 여러 가지 의문, 결국 이 연구에 빠져들게 만든 그 의문이 한국인 독자에게도 같은 의미로 다가가기를 바란다. 나는 한국에 몇 번 가보았고, 한국에서 온 여러 사람을 만나본 적은 있지만 한국에 대해 거의 알지 못한다. 그렇지만 한 사람의 출판인으로서 한국이 세계적으로 몇 안 되는 매우 활발한 대중 독자를 가지고 있다는 사실은 알고 있다. 그래서 난 출판인으로서 그리고 동시에 작가로서 이 책이 한국에 소개된다는 사실에 말할 수 없이 기쁘다. 기회가 닿으면 한국의 좋은 책을 인도에 소개하여 출판하는 영광을 가질 수 있기를 바란다.

2008년 3월 17일 델리에서
우르와쉬 부딸리아

감사의 글

이 책을 집필하는 것보다 감사의 글을 쓰는 것이 더 난감했다. 이 작업을 해오는 동안 단순한 조력자 이상으로 내 손을 잡아주면서 여기까지 온 많은 벗들에게 어떻게 감사의 말씀을 드려야 할지 모르겠다. 그들을 기억하거나 할 수 있을지. 그들을 잊어버리진 않을지. 이 작업을 시작한 지 정말 오랜 시간이 흘렀다. 그 작업이 이렇게 책이 될 수 있을지도 감히 예상할 수 없었다. 그렇지만 결국 이렇게 책이 되었다. 이제 이 책이 되기에 이르기까지 여러 다른 길로 영향을 준 많은 벗들에 대한 기억을 되살리기 위해 지나간 그 많은 시간에 내 마음을 바치고 싶다. 물론 이 책에 잘못된 점이 있다면 그것은 모두 내 책임이라는, 우리가 늘 하는 그 말을 되풀이하면서.

우선 영화 〈심장의 분할A Division of Hearts〉의 제작자인 피터 채플Peter Chappe과 삿띠 칸나Satti Khanna에게 감사를 드린다. 이 연구 작업은 그 영화로 인해 시작되었다. 내 친구 숩바라오C. V. Subbarao에게도 깊은 감사를 드린다. 나를 위해 비판하고, 논쟁하고, 잘못을 지적하고…… 이 작업을 밀어주던 숩바가 더 이상 이 세상에 있지 않다는 것은 너무나 슬픈 일이다. 절친한 벗이자 한동안 여정을 함께하면서 같이 작업을 수행했던 동료 수데쉬 바이드Sudesh Vaid가 없었더라면 이 연구는 이루어질 수 없었을 것이다. 수데쉬는 그렇게 비극적인 이야기를 들어주는 커다란 짐을 짊어지기도 했고, 내게 다가와 도움을 아끼지 않았다. 전 세계 곳곳에 흩어져 있는 가족들도 있다. 처음 시작할 무렵에는 런던에 사는 가족, 올리비아 바넷뜨Olivia Bannett, 스티븐 클루스Stephen Clues, 사라 홉슨Sarah Hobson, 아빠르나 잭Aparna Jack, 나일라 까비르Naila Kabeer, 문니 까비르Munni Kabir, 마리온 몰테노와 로버트 몰테노Marion and Robert Molteno, 버니 페이지Bunny Page, 앤 로드포드Anne Rodford, 빠르민데르 위르Parminder Vir, 폴 웨스틀레이크Paul Westlake가 내게 열렬한 지지를 보냈는데, 어떻게 감사를 드려야 할지 모르겠다. 내가 가족을 떠나 있을 때 그들은 나의 따뜻한 가족이 되어주었고, 내가 밑도 끝도 없이 자기들 생활을 방해하고 시간을 빼앗았음에도 내색 하나 하지 않고 참아주었다. 뿐만 아니라 '서론 부분 다섯 쪽만' 읽어달라는 반강제적 부탁을 유머러스하게 들어주는 일에 아침이고 저녁이고 가리지 않았다. 출근하러 나가는 바쁜 와중에도 마찬가지였다. 뭐라고 감사의 말씀을 드려야 할지. 런던에는 또 다른 사랑하는 가족이 있다. 이안 잭Ian Jack, 데이빗 페이지David Page 그리고 랄프 럿셀Ralph Russel은 특히 내게 부드러운(가끔은 꼭 부드럽지만은 않았지만) 비판과 격려를 담아 원고를 읽고 평을 보내주는 일을 마다하지 않았다. 이 연구의 일부를 〈그란타 Granta〉 인도 특집호에 실어준 〈그란타〉 편집장에게도 깊은 감사를 드린다. 여기에 글이 게재됨으로써 나는 연구를 계속할 수 있다는 용기를 갖게 되었다.

런던 가족과 함께 홍콩 가족도 있다. 특별히 기따 짠다Geeta Chanda에게 감사를 드린다. 기따는 이메일로 쉴 새 없이 나를 격려해주었고, 내 작업에 무한한 믿음을 가져주었다. 마찬가지로 내 일을 적극적으로 밀어준 나얀 짠다Nayan Chanda에게도 감사를 드린다. 아레나Arena의 벗 라우 킨 치Lau Kin Chi는 시간을 일부러 쪼개면서까지 나에 대한 믿음을 보여주었다. 파키스탄에 있는 가족, 페리다Ferida, 피르하나Firhana, 랄라Lala, 닐람Neelam 그리고 그 부모님께 감사를 드린다. 내게 베풀어주신 따뜻한 사랑과 환대, 꼭 필요한 도움을 잊을 수 없다. 슈크리아Shukria![1] 모로코에서는 친구 라일라 차우니Layla Chaouni와 파티마 메르니씨Fatima

Memissi가 내가 방에 처박혀 집필할 수 있도록 먹여주고, 재워주고, 보살펴주었다. 특히 파티마는 저녁마다 내가 이 책에 대해 새로운 기획을 제시하면 그에 대해 질문을 던져 내가 그 '시험'을 치르는 준비를 톡톡히 해야 했다.

그리고 집. 집에 대해서는 말할 필요도 없다. 어디서부터 시작해야 하나? 이 책을 조금이라도 읽어준 사람은 정말로 많다. 내가 집필하는 동안 날 찾아주고 격려해준 그 많은 착한 친구들 없이는 일주일도 지나간 적이 없었다. 이 일은 언제 끝나는 거니? 아예 그 일하고 같이 살지 그래? 그렇게 하다가 누가 볼 기회라도 있겠어? 그들의 격려가 없었다면, 혹은 가끔은 그들의 협박이 없었다면 내가 이 원고를 마칠 수나 있었을까? 고우리 짜떼르지Gouri Chatterjee, 로비 짜떼르지Robi Chatterjee가 이것도 읽어주고 저것도 읽어주는 수고를 마다하지 않은 데다가, 내가 이 일에 함몰되어 빠져나오지 못할 때 날 꾸짖어줘 고맙기 그지없다. 엘라 덧따Ella Dutta, 베아트리체 카축Beatrice Kachuk은 이 작업에 의미 부여를 해보려는 내 여러 시도에 대해 상세히 읽고 그 평가를 되돌려주어 고맙고, 아누라다 까뿌르Anuradha Kapur, 아르윈드 꾸마르Arvind Kumar, 찰스 루이스Charles Lewis, 미낙쉬 무께르지와 수지뜨 무께르지Meenakshi and Sujit Mukerjee, 만줄라 빠드마나반Manjula Padmanabhan, 라즈니 빨리왈라Rajni Palriwala, 위노드 라이나Vinod Raina, 산지우 사이트Sanjeev Saith, 꿈꿈 상가리Kumkum Sangari, 쁘라빈 싱Prabeen Singh, 라디까 싱가Radhika Singha, 드라고 스탐벅Drago Stambuck은 내가 정하지 못한 책 제목에 좋은 의견을 내주어 고맙다. 라미야 수브라흐마니안Ramiya Subrahmanian과 라위 바수데완Ravi Vasudevan도 마찬가지다. 편집장 우다얀 미뜨라Udayan Mitra와 인도 측 출판사에도 감사를 전한다. 특히 데이

---

1) 파키스탄에서 가장 널리 쓰이는 언어 우르두Urdu어로 '감사합니다'를 뜻한다.

빗 다위다르David Davidar가 믿고 기다려주며 원고의 세세한 부분까지 빛나는 조언을 아끼지 않았고, 자미르 안사리Zamir Ansari는 원고를 읽을 수 없음에도 내 작업을 믿어 의심치 않았다. 수바드라 산얄Subhadra Sanyal과 람 나라얀Ram Narayan은 아주 귀중한 연구에 관한 도움을 시시때때로 주었다. 그들은 새롭고 매혹적인 자료를 계속 발굴해주었고, 방향을 바로잡아주기도 했다. 샹까르Shankar와 산자이Sanjay는 주말을 포기하였고, 녹음을 할 때는 만반의 준비를 갖추어주었다. 이 책은 인도에서부터 시작하여 영국으로 진출했고 이윽고 미국으로 가게 되었다. 이러한 과정에서 편집 일을 맡아준 마이클 드와이어Michael Dwyer(그는 델리에서 런던으로 가는 비행기에서 이 원고를 읽어주었다)와 이 원고를 출판하기로 결정해준 발레리 밀홀랜드Valerie Millholland에게도 감사를 드린다. 마찬가지로 이 원고를 읽고 평을 해준 익명의 독자 두 분과 진 브래디Jean Brady에게 감사를 드리고, 여러 도움을 아끼지 않은 미리암 앙그레스Miriam Angress에게도 감사를 드린다. 헨리 아론슨Henry Aronson은 '외부자의 입장에서' 이 글을 읽어주어 고맙고, 특히 내 친구인 클라우디오 납뽀Claudio Nappo는 나와 내 연구를 끝까지 믿어주어 참 고맙다.

세 가지의 큰 빚이 여전히 남아 있다. 우선 첫 번째는 몇몇 친구들인데, 그 친구들이 없었더라면 난 이 작업을 감당하기 힘들었을 것이다. 그들은 원고를 읽어준 것을 넘어 각 쪽, 각 장章을 다시 읽고 또 읽어주었다. 뿐만 아니라 그들은 조언과 비판을 아끼지 않았으니, 그런 일로 낮과 밤을 나와 함께한 것이 부지기수다. 그들에게 감사의 글을 쓴다는 건 하찮은 일일 수밖에 없다. 어떻게 그들에게 감사를 해야 할지, 충분히 할 수 있을지 모르겠지만, 내가 할 수 있는 일은 감사의 글을 쓰는 것밖에 없다. 정말로 깊은 감사의 뜻을 전한다. 우마 짜끄라와르띠Uma Chakravarti, 프리밀라 루이스Primila Lewis, 따니까 사르까르와 수미뜨 사르까르Tanika and Sumit Sarkar 그리고 하르쉬 세티Harsh Sethi가 바로 그들이다.

마찬가지로 내게 인터뷰를 허락해준 많은 사람에게 감사를 전한다. 그들은 나에게 시간을 내주었고 신뢰를 보내주었다. 그들이 없었다면, 그들의 이야기가 없었다면 이 책을 결코 쓰지 못했을 것이다. 그들은 너무나 많아서 일일이 거명하기가 힘들다. 그리고 어떤 분들은 이름 밝히기를 꺼려하기도 했다. 하지만 모든 이에게 이 자리를 빌려 정말 심심한 감사를 드린다.

마지막으로 가장 중요한 내 가족이다. 어머니, 아버지, 내 여동생이자 특별 편집자인 벨라Bela, 커피 끓여준 일을 맡아주면서(참으로 필요한 거다. 이것 없이는 내가 쏟아 부은 몇 년 동안의 시간을 잠자는 데 바쳤을 것이다) 원고를 읽어주고 토론도 해준 빵까즈Pankaj와 닐로퍼Nilofer, 낮이고 밤이고 간에 이메일을 사용하도록 도와주고 웃음으로 날 즐겁게 해준 라훌Rahul과 미라Meera. 그리고 내 가장 사랑스러운 조카 다미니Damini, 이샤니Ishani, 비두르Vidur, 이 셋이 없었으면 이 책과 함께 보낸 세월이 이루 말할 수 없이 지루했을 것이다. 국경 넘어 계시는 라나 외삼촌Ranamama, 그가 끝까지 나와 함께 해주셨다. 이 책은 그를 중심으로 많은 부분이 엮어졌다. 내 언젠가 이 책을 외삼촌에게 보여드리고 그것이 내게 얼마나 많은 의미를 가진 일이었는지를 말씀드리고 싶다. 저 세상에 계신 나의 할머니 다야완띠Dayawanti/아예샤Ayesha, 이 책을 마칠 때까지 끝까지 혼령으로 함께 해주셨다.

모든 분께 감사드린다.

'케팔로니아의 새 역사The New History of Cephallonia'는 문제임이 판명되고 있는 중이었다. 자신의 느낌이나 편견 없이 역사를 쓴다는 것이 불가능한 것 같았기 때문이다. 객관성은 도달할 수 없는 것 같았고, 그래서 자신이 오류를 시작하는 것은 일 년의 시간 안에서 그 섬에 대해 정상적으로 쓰는 것보다 더 많은 원고지만을 허비할 뿐이라고 생각했다. 그의 설명 안에 나타나는 그 목소리는 고집스러울 정도로 자기 자신의 것이었다. 결코 역사적인 것이 아니었나. 거기에는 고상함이나 불편부당함이 존재하지 않았다. 그것은 올림포스 신들처럼 당당한 것이 아니었다. 그는 그냥 앉아서 휘갈겼던 것이다. …… '이 섬은 그냥 존재함으로써 자기 주민을 저버리고 만다.'고 쓰고서는 바로 그 원고지를 구겨 방 한구석에 던져버리고 말았다. 다시는 이런 일이 일어나지 않을 거다. 왜 그는 역사가들이 하는 것같이 쓸 수는 없었을까? 왜 열정을 배제하고 쓸 수 없었을까? 분노 없이 말이다. 배신과 억압에 대한 감정이 없이. 그는 처음 썼지만 이내 한구석에 구겨져 나뒹굴고 있는 원고지를 다시 집어들었다. 제목이 적힌 원고였다. '케팔로니아의 새 역사'. 그는 첫 두 단어를 지워버렸다. 그리고 '한 개인의A Personal'라는 단어로 바꾸었다. 이제야 그는 그 부담스러운 객관성과 오래된 역사적 불만을 벗어야 하는 짐을 덜어버릴 수 있었다. 그리고 이제야 그는 로마인, 노르만인, 베네치아인, 투르크인, 영국인 그리고 심지어 그 섬에 사는 자신들에게까지 신랄해질 수 있었다.

—루이 드 베르니에르 LOUIS DE BERNIÉRES,
『코렐리의 만돌린 Corelli's Mandolin』

＊

　정말로 당신의 녹음테이프를 듣고 누군가가 변화할 수 있으리라고 생각하십니까? 그래요, 경험을 만날 수는 있겠지요, 그곳에 있었으니까요. 그런 일이 실제로 인-파 분단 때 그곳에서 일어났던 건 사실입니다. 사람들이 알지 못하는, 혹은 다 잊어버린 일종의 고통이 있긴 합니다. 사람들은 그것이 우리가 독립을 얻을 그때 당시에 일어난 사건이라는 사실을 알지 못합니다. 그래서 이런 작업이 그것을 기억하는 데 도움이 될 수는 있을 겁니다. 그렇지만 이것이 다른 사람에게 무슨 차이를 가져다줄 수 있을 거라고 생각하지는 않습니다.

　정부가 당신 테이프 가운데 몇 개를 틀어본다고 가정해봅시다. 만일 당신이 50명을 인터뷰했는데 정부가 그 가운데 한 사람 것을 틀어본다면, 그런데 그 한 사람이 정부에 대해 아주 쓰라린 경험을 가진 사람이라면—당연히 있을 수 있는 이야기지요—그리고 그가 정부를 심하게 비판했다고 해봅시다. 정부가 그 의견을 받아들일 수 있을 거라고 생각하십니까? 또 다른 점도 있습니다. 당신이 이 테이프들을 보관하고 있더라도 그게 뭔지 누가 알게 됩니까? 당신은 테이프에 표지를 달겠지요, 이것은 인도와 파키스탄의 분단에 관한 거라고. 번호를 단 카드를 만들고, '인-파 분단 시기에 고통을 받은 사람들의 경험'이라고 말을 하겠지요. …… 진실은 이 경험이라는 게 우리에게 오랫동안 있어왔다는 겁니다. 정말로 이 테이프가 다음 통치자들을 뭔가 다르게 만들 거라고 생각하십니까?

—만모한 싱MANMOHAN SINGH,
타말리Thamali 마을에서

1장

시작

BEGINNINGS

인도의 정치적 분단[1]은 인류사에서 가장 큰 격변 가운데 하나를 야기했다. 역사적으로 그 어떠한 사건도 그렇게 많은 사람이 그렇게나 빠른 시일 안에 자신의 집과 나라를 교환한 적은 없었다. 실로 몇 개월 만에 1,200만 명이나 되는 사람이 꼭대기가 잘린 인도, 그리고 동과 서의 두 날개 모양으로 새롭게 만들어진 파키스탄으로 이동하였다. 이 난민들 가운데 대부분은 서쪽 국경을 넘어갔다. 그 수는 약 1,000만 명이나 되었다. 그들은 둘로 나뉜, 그 역사적인 뻔잡Punjab 주를 넘어갔다. 무슬림은 서쪽에 있는 파키스탄을 찾아갔고, 힌두와 시크는 동쪽에 있는 인도로 왔다. 이동에는 학살이 뒤따랐는데, 그로 인해 이동이 더 신속하게 이루어지기도 했다. 영양 결핍이나 전염병으로 죽는 경우도 부지기수였다. 죽은 자의 수는 당시 영국 측이 측정한 20만에서 나중에 인도 측이 제시한 200만 정도까지 추정할 수 있지만, 요즘엔 100만 명 정도라

1) '분단'을 의미하는 학술 용어인 'Partition'은 '분할'의 뜻을 가지고 있고 한국에서 '분단'의 뜻으로 널리 쓰이는 'Division'은 '분리'의 뜻을 가지고 있다. 그런데 한자를 사용하는 일본과 한국의 학계에서 인도사의 'Partition'은 주로 '분리(독립)'로 번역하여 사용하고, 한국의 경우에는 '분단'을 영어로 번역할 때 주로 'Division'으로 한다. 'Partition'의 경우는 그 뜻 안에 '양자의 동의'가 있고 'Division'의 경우는 그 안에 '타자에 의한 강제'가 내포되어 있다는 점에서 차이가 있고, 인도아대륙의 경우 두 개의 민족이 만들어지고 향후 통합의 의도가 존재하지 않는 반면 한반도의 경우는 새로운 민족이 만들어지지 않았고 향후 통합의 의도가 존재한다는 점에서 다른 것으로 이해될 수 있다. 하지만 둘 다 식민주의의 결과로 발생하였고, 그 사건 이후 현재까지 두 나라의 정치, 경제, 사회, 문화 등 거의 모든 삶의 부면이 그 사건에 종속되어 있으며, 나뉘는 과정에서 인류사에서 찾아보기 힘든 질과 양의 인위적 이주와 분쟁의 비극이 초래되었고 그 여파로 이산가족이 아직도 양쪽에 존재하고 있다는 사실을 볼 때는 분명 동일한 '분단'의 범주로 취급해도 무방할 것이다. 따라서 이 책의 가장 주요한 어휘인 'Partition'은 그 역사적 의미를 살려 '(인-파) 분단'으로 한다. —옮긴이

는 설이 널리 받아들여지고 있다.

그리고 항상 그렇듯이 야만적인 성범죄가 횡행했다. 7만 5천 명의 여성이 납치되어 강간당한 것으로 추정되는데, 비단 다른 종교의 남성뿐만 아니라 같은 종교의 남성에 의해 당하기도 했다. 수천수만이 넘는 이산가족이 발생했고, 가정이 파괴되었으며, 곡식이 썩어나갔고, 마을이 버려졌다. 더욱 경악을 금치 못할 일은, 수많은 사전 경고가 있었음에도 불구하고 인도와 파키스탄의 새 정부는 이 엄청난 격변에 대해 아무런 준비도 하지 않고 있었다는 사실이다. 두 정부는, 힌두 대 무슬림으로 대립되는 종교 정체성을 기준으로 하여 산출한 인구수에 의해 그어진 국경이 만든 공포와 불안이, 그토록 많은 사람을 자기편으로 둘러싸인 '좀 더 안전한' 곳으로 피난을 떠나게 할 줄 전혀 예상하지 못했다. 간혹 버스, 자동차, 기차 등으로 이동하는 경우도 있었지만 대부분의 사람들은 까필라kafila라고 하는, 수십 마일이나 이어지는 긴 행렬을 따라 두 발로 걸어갔다. 가장 긴 행렬은 거의 40만 명이나 되었는데, 서뻔잡에서 동쪽에 있는 인도의 어떤 곳으로 이동하는 데 8일이나 걸렸다고 한다.

이것은 인-파 분단의 일반성이다. 이는 역사책에서 공적으로 알려져 있는 것들이다. 특수성을 발견하기는 이보다 훨씬 어렵다. 그것은 인도와 파키스탄에 있는 많은 가정에 사적으로 전해 내려오는 이야기 속에 존재하고 있다. 나는 그 이야기 속에서 자라왔다. 나는 내 또래의 많은 뻔잡 사람들과 마찬가지로 분단 난민 출신이다. 분단의 기억 즉 시간의 공포와 야만 그리고 힌두와 무슬림 그리고 시크가 비교적 평화롭게 조화 속에서 함께 살고 있던 과거로―때로는 신화적이기는 하지만―돌아가는 것이 내가 그동안 함께 했던 그 이야기들의 주요 내용이다.

우리 부모는 파키스탄 국경에서 20마일밖에 떨어지지 않은 라호르[2]라는 도시에서 건너왔다. 라호르는 정말 아름다운 사랑과 감상의 도시였다. 어머니는 당신의 동생들을 인도로 데려오기 위해 두 차례나 감행했던 그 위험한 여행에 대해 나한테 이야기를 해주셨다. 아버지는 사방에서 터지는 총과 불 속에서 라호르를 빠져나오던 일을 기억하고 있다. 난 이런 이야기를 형제들과 같이 듣곤 했는데, 가만히 듣고 있기는 참으로 어려웠다. 우리는 비교적 평온하고 그런대로 살 만한 인도 중산층 가족이었다. 그리고 그때는 관용과 '세속주의secularism'[3]가 논쟁에서 결국 승리할 것 같은 분위기였다.[4] 약탈, 방화, 강간, 살인으로 얽혀 있는 이 이야기들은 서로 다른 시간적 배경에서 나온 것이다. 그렇지만 그런 것은 내게 아무런 의미가 없다.

그러다 1984년 10월, 수상 인디라 간디Indira Gandhi가 경비원 둘에게 암살당하는 사건이 일어났다. 범인은 모두 시크였다. 그 사건 이후 인도 전역에 있는 시크들은 폭력과 복수로 들끓은 아수라장에서 공격 대상이 되어버렸다. 수많은 가정이 파괴당하고 수천 명이 살해당했다. 델리 외곽에서 3천이 넘는 시크가 살해되었는데, 몸에 등유를 뿌리고 불을 붙여 태워 죽이는 일도 흔하게 벌어졌다. 소름끼치도록 처참하게 죽어간 것이다. 까맣게 그을린 자국의 땅이 살해 현장을 보여줄 뿐이다.

그 이후 인디라 간디의 아들 라지브 간디Rajiv Gandhi가 수상이 되었다. 라지브 간디가 이끄는 정부는 학살에 아무런 관심을 보이지 않았

---

2) 현 파키스탄 뻰잡주의 주도. 분단 이전부터 문화, 학술 도시이자 교통의 요지이며 내륙 경제의 중심지. 인도와의 국경에 인접해 있다. 분단 당시 이 지역에는 많은 힌두가 살고 있던 터라 이 책의 주제인 분단의 상처와 흔적이 매우 많이 남아 있는 곳이다.—옮긴이

3) 유럽사에서 secularism이라 함은 교회에 대한 비교회로서의 의미를 가지고 있지만, 인도사에서는 종교가 정치의 근본이 되지 않는 의미를 지니고 있다.—옮긴이

4) 1940년대가 되면서 인도에서는 민족 운동이 과거의 자치로부터 완전 자치 즉 독립을 목표로 매진하고 있었다. 그 안에서 새로이 독립된 국가의 정체성에 대한 논쟁이 활발하게 이루어졌는데, 이슬람과 힌두교를 축으로 하여 신정 국가를 건설해야 한다는 주장에 대해 모든 종교를 관용적으로 받아들이면서 세속 국가를 건설해야 한다는 주장이 대세를 이루었으나, 결국에 가서는 이슬람을 중심으로 하는 종교 국가 파키스탄이 따로 세워지고 만다. 하지만 인도는 세속 국가를 건설한다.—옮긴이

다. 몇몇 시민단체가 모여 식량이나 은신처와 같은 구호의 손길을 제공하기 시작했다. 나는 이런 단체에서 활동하는 수백 명 가운데 끼어 있었다. 우리는 날마다 먹을 것과 담요를 나눠주고 사망자와 실종자 명단을 작성했으며 배상 청구 일을 도와주었다. 그러면서 우리는 고통을 받은 사람들의 이야기를 듣게 되었다. 1947년 인-파 분단 때 난민으로 이곳 델리로 이주해 와 나이가 든 사람은 간혹 이전에 이와 비슷한 테러를 겪은 적이 있음을 기억해내곤 했다. 그들은 "우린 그와 같은 일이 우리나라 안에서 우리에게 일어날 거라고는 생각조차 하지 못했다"고 말했다. "이건 인-파 분단이 다시 일어난 거와 다를 바 없어."

여기, 야무나 강 건너편, 내가 살던 곳에서 불과 몇 마일 떨어진 곳, 평화롭게 살던 보통 사람들이 이웃을 쫓아내고 살해했다. 종교가 다르다는 사실 외에 뚜렷한 이유도 없이. 인-파 분단의 이야기가 더 이상 먼 옛일이 아닌 것 같다. 같은 나라, 같은 도시, 같은 마을에 사는 사람이 서로 다른 종교를 기반으로 하는 정치로 인해 나뉠 수 있고, 한 번 나뉘고 난 뒤에는 서로에게 몸서리치는 짓을 할 수 있다. 2년 후 영국 텔레비전 방송의 한 채널에서 인-파 분단을 다룬 영화 일을 하면서 나는 인-파 분단 생존자의 이야기를 수집하기 시작했다. 많은 이야기가 정말로 소름끼치는 것이었다. 어릴 적 한두 다리 건너 들었을 때는 도저히 믿을 수 없던, 그런 종류의 것들이었다. 강간을 피하기 위해 혹은 강제개종을 당하지 않으려고 여자들이 우물에 몸을 던졌다거나, 딸이 그런 불명예스러운 일을 당하지 않게 하려고 아버지가 직접 칼로 딸의 목을 벴다는 그런 종류의 이야기다. 그런 이야기를 이제 직접 목격한 사람에게서 듣고 있다. 쓰디쓴 분노와 증오로 가득 찬, 그러면서 일단 바깥으로 나오면 소스라칠 정도로 놀랄 만한 그런 이야기를 나한테 들려주면서 그들은 비로소 진실을 말하고 있었다.

그들의 이야기에 나는 깊은 충격을 받았다. 내가 알기로는 우리 가족 안에는 그렇게 잔인하고 피비린내 나는 일이 일어나지 않았다. 그렇지만 난 인-파 분단이, 심지어 내 가족에게도, 역사의 닫힌 장_章이 아니었다는 사실을 알게 되었다. 그 간단하면서도 잔혹한 정치 지리학은 우리 안에 들어와 있고 아직도 우리를 나누고 있다. 그렇게 나누는 것들은 일상생활 속에 그 모순만큼이나 여전히 실재하고 있다. 난 부모와 할머니를 통해 당신들이 라호르에 사는 친구들을 얼마나 사랑하고 그리워하는지, 그러면서도 '그 무슬림'에 대한 편견은 또 얼마나 많은지, 익히 들어 알고 있다. 나로 하여금 어떻게 인-파 분단이 우리 삶에 여전히 존재하고 있는지 깨닫게 한 것 또한 1984년의 사건이었다. 그 사건은 분단이 역사책 한쪽으로 쉽게 치워질 수 없는 성질의 것임을 깨닫게 해주었다. 나는 더 이상 이것이 다른 시기, 다른 사람의 역사인 체하고만 있을 수는 없었다.

*

다른 연구자들도 늘 그렇게 하듯이 인-파 분단에 관해 자료를 훑어보는 걸로 나는 연구를 시작했다. 자료 부족은 전혀 없었다. 그렇지만 내 방식으로 훑어내려 가다 보니 점차 불만족스러운 점이 나타나기 시작했다. 어떨 때는 화가 치밀어 오르기까지 했다. 내가 읽은 책이 믿을 만한지는 모르겠지만, 책에 의하면 인-파 분단은 1947년 8월에 일어났다. 그렇지만 사실은 이미 그 이전부터 연속적인 선상에 있었다. 그 안에 인도국민회의Indian National Congress[5]와 무슬림리그Muslim League[6] 사

---

5) 1885년에 영국인이 '안전밸브' 차원에서 인도 민족 운동을 활성화시키기 위해 조직한 정당. 초기의 친영적 태도를 거쳐 간디 중심의 민족 운동이 이를 중심으로 전개되었고 1947년 이후에는 인도 최고 최대의 정당으로 자리 잡으면서 네루, 인디라 간디 수상을 거치며 거의 40년 동안 집권 여당으로 군림했다. 독립 이후에는 대개 약칭으로 회의당(Congress)이라고 한다.

이에 분열이 커져갔고, 진나Jinnah와 간디Gandhi, 네루Nehru, 빠뗄Patel의 논쟁이 심화되었으며, '정치' 전선에서 진행된 수많은 다른 상황이 발전하면서 이루어진 것이 바로 인-파 분단이다. 폭력, 집단 이주, 피난, 정착과 같은 수많은 사건이 그 뒤를 따랐다. 그렇지만 인-파 분단에 관한 '역사'는 분단에 이르게 하는 정치적 발전 위에만 있는 것 같았다. 그와는 다른 측면 즉, 이 시간까지도 살고 있는 수백만의 사람들에게 일어난 일, 우리가 역사의 '인간적 차원'이라고 부를 수 있는 것들이 그 안에서는 '별 것 아닌' 것으로 취급 받는 것 같았다. 그것은 아마 어려운 일을 처리해야 했기 때문일 것이다. 즉, 잃어버린 것과 나누어 갖는 것, 우정과 적개심, 슬픔과 기쁨 등이 그러한 것인데, 모두 고향과 친구를 잃은 데 대한 회한과 향수 그리고 새롭게 만들어야 한다는 강한 각오를 해야 하기 때문일 것이다. 이런 일을 '사실적으로' 포착하기는 어렵지만, 그렇다고 인-파 분단의 역사에서 전혀 자리를 차지할 수 없는 것이 진실로 가능한 일인가? 그러하다면 왜 그 일이 개인 안에서 그리고 집단 안에서 그렇게 생생한 기억으로 살아 있을 수 있다는 말인가?

이 역사에 관하여 정치적으로 큰 사실들이 말하고자 하는 것이 무엇일까 생각해보았다. 내가 이해한 바가 맞다면, 인-파 분단은 이제 지나간 것이고, 끝난 것이며, 과거의 일이라는 것이다. 그렇지만 우리 주변에는 어디에서나 다른 실체가 분명히 존재한다. 도처에 있는 분단, 공동체 사이의 갈등, 종교 근본주의, 종교를 기반으로 하여 계속 만들어지는 분열 등이 그것이다. 예를 들면, 1984년 델리에서는 시크가 공동체의 표적이 되었고, 1989년 비하르Bihar에서는 인도 최악의 공동체 갈등으로 인해 바갈뿌르Bhagalpur에서 무슬림 수백 명이 살해당했다. 또한

6) 힌두 중심의 민족 운동에 반발하여 1906년 무슬림 민족 운동을 주창하면서 창설한 정당.— 옮긴이

그 몇 년 후에는 광분한 힌두 공동체주의자들이 아요디야Ayodhya의 바브리 모스크를 파괴했다.[7] 인도국민당Bharatiya Janata Party, 국가자원봉사단Rashtriya Swayamsevak Sangh, 세계힌두회의Vishva Hindu Parishad, 쉬바의 군대Shiv Sena 등은 파괴를 공개적으로 지원했다. 그리고 나중에는 무슬림 수천 명이 수라뜨Surat, 아흐메다바드Ahmedabad, 봄베이Bombay에서 표적이 되었다. 이러한 각각의 사건 안에서 공격자들은 인-파 분단의 이야기와 그 기억을 선택적으로 활용했다. 즉, 인-파 분단 때 무슬림이 힌두를 죽이고, 힌두 여자를 강간했다는 일방적인 주장으로 무장 힌두를 동원하였고 그래서 이번에는 그들이 죽어야 하고 그 여자들이 강간당해야 한다는 주장을 폈다.

그러한 형태는 개인의 삶에서도 나타난다. 즉, 독립국 인도에서 무슬림과 힌두는 쉽게 결혼을 결정할 수가 없다. 왜냐하면 둘 중 누구든 상대 가족이나 공동체의 분노를 피해 살아남을 수 있을까를 두려워하지 않을 수 없기 때문이다. 결혼한다 하더라도 이후 결혼이 깨지거나 그 어떤 연유에서든 법정에서 파국을 맞게 되면 그 사람은, 예컨대 판사로부터, 두 민족 이론을 인정하는 사람이거나 그렇지 않은 사람이라는 사실이 공개적으로 알려질 수 있음을 각오해야 한다.

이 모든 상황은 인-파 분단이 쉽게 지워질 수 없는 것이라는 사실을 강조하는 것이다. 그 깊으면서도 개인적인 의미, 파열의 심오한 감정, 그리고 그것이 야기하거나 강화시키는 차이가 수많은 사람의 삶 속에

---

7) 힌두 신화에서 이상적인 군주인 라마Rama 신의 탄생지 아요디야Ayodhya에는 원래 라마 사원이 있었으나 무슬림이 들어와 그것을 파괴하고 마스지드(즉, 이슬람 사원인 모스크)를 건립하였으므로 그 모스크를 파괴하고 다시 힌두 사원을 세워야 한다는 주장이 힌두주의 정치인에 의해 제기되었다. 이에 힌두주의 단체와 인도국민당은 전국에서 행동대원을 모아 아요디야로 집결하여 결국 모스크를 파괴하였다. 이 사건으로 인해 힌두와 무슬림의 분쟁이 격화되었고, 그 후 테러와 학살이 악순환되었다. 2008년 전대미문의 뭄바이 테러 또한 이 악순환 위에 있다. —옮긴이

아직도 살아 있는 것이다. 난 인-파 분단이 단순한 정치적 분리 혹은 재산이나 자산, 채무의 분리가 아닌 그 이상의 무엇이라는 사실을 분명히 깨닫기 시작했다. 생존자들은 그때나 지금이나 인-파 분단에 대해 '심장의 분할'이라는 문구를 사용하곤 한다. 인-파 분단은 말로 표현할 수 없는 고통, 비극, 트라우마, 폭력을 공동체에 가져다주었다. 공동체는 오랫동안 일종의 사회적 계약 안에서 함께 동고동락해왔음에도 불구하고 그러한 폭력에 속수무책이었다. 인-파 분단은 자의로 그린 경계선으로 가족을 떼어놓았고, 부모, 자매, 형제 혹은 자식의 생사조차 알 수 없게 만들어버렸다. 분단의 폭력으로 찢어진 어머니와 딸이 50년이 지난 후에야 한 시사 잡지 통신원의 도움으로 서로를 찾게 되었다. 인도 독립 50주년을 즈음해 이야깃거리를 찾아 나선 기자가 분단으로 이별한 가족을 취재하면서 이루어진 일이었다. 그 잡지 덕분에 오빠와 누이가 50년 만에 국경에서 상봉을 하기도 했다. 열세 살 된 딸이 파키스탄에서 힌두 남자에 의해 납치를 당했는데 그 아버지가 딸을 찾으러 여러 차례 인도를 방문하기도 했다. 그러면서 아버지는 간첩으로 몰려 감옥살이를 하기도 했지만 딸은 결코 아버지를 따라 돌아가지 않았다.

*

이러한 인-파 분단의 여러 측면―가족이 어떻게 나뉘었는지, 국경을 넘어 우정은 어떻게 지속되었는지, 사람들은 트라우마에 어떻게 대처하였는지, 어떻게 삶을 다시 시작하였는지, 물질적인 것이든 정신적인 것이든 자원을 어떻게 활용하였는지, 이산과 트라우마는 그들의 삶을 어떻게 만들었는지 그리고 그들이 실제로 도시와 촌락에 어떻게 정착해나갔는지는 역사에 거의 반영이 되지 않았다. 그렇지만 1984년 이후로 나는 점차 그러한 사실이 인-파 분단에 대한 우리의 인식에서 없어서는 안 될 필수불가결한 것임을 알게 되었다. 그렇다면 무엇이 이 연구를 시작하는 수단이 될 수 있을까, 그리고 내가 방향을 바꿀 수 있는 '자료'는 무엇일까 자문해보았다. 유대인 대학살the Holocaust에 대한 기억과 증언에 대한 기술에 관해 제임스 영James Young은 "우리에게 전해 내려오는 여러 가지 많은 길을 제외한다면 우리가 어떻게 유대인 대학살에 대해 알 수 있겠는가?"[8]라고 물었다. 영은 '역사'를 통하는 것만큼이나 문헌이나 소설, 역사적이거나 정치적인 표현을 통해 대학살을 알게 되듯, 개인적인 증언을 통해서도 그것을 알 수 있는데, 그것은 중요하다고 하는 어떤 사건이 '사실'이기도 하겠지만 사람들이 그 사실을 어떻게 기억하는지 그리고 그것을 어떻게 표현하는지도 마찬가지로 '사실'이기 때문이라고 말한다.

이 질문은 인-파 분단에 대해서도 마찬가지로 적용될 수 있다. 그것은 우리에게 전해오는 여러 길을 통하는 방법을 배제한다면 이 사건을 제대로 알 수 없을 것이기 때문이다. 그러한 여러 가지 길은 소설, 회고록, 증언, 개인적이거나 집단적인 기억을 통해서 가능하기도 하고, 이에 대한 여러 측면 가운데 하나로 인-파 분단에 의해 그 고삐가 풀려버린 종교공동체주의에 의해서, 그리고 인-파 분단이 생산해낸 여러 역사에 의해서 가능하기도 하다. 근대 인도의 역사에서 다른 어떤 사건보다 인-파 분단은, 특히 북부 인도에서, 가족사에 살아남아 있으니, 그안에 공포와 잔혹, 우정과 배려에 관한 이야기들이 공동체, 가족 그리고 개인 사이에서 전해지고 또 전해지고 있다. 뻰잡 난민은 오로지 다른 뻰잡 난민만을 만날 수밖에 없고, 고향에 관한 '그때' 그 이야기를 즉각 교환했다. 마찬가지로 인도 난민과 파키스탄 난민에서도 동일한 과정이 일어날 수 있다. 이렇게 가족에 관한, 혹은 역사에 관한 개인적

---

8) James E. Young: *Writing and Rewriting the Holocaust: Narrative and the Consequences of Interpretation*, Bloomington, Indiana University Press, 1990, Introduction.

이거나 집단적인 회고록을 수집하는 것이 인-파 분단의 실체를 만들어 내는 것이다. 이것이 소위 말하는 '이면' 의 역사를 밝히는 것이다. 이 것이 우리가 그 사건을 알 수 있는 방법이다. 여러 가지 의미에서 이것 들은 사건 역사의 '실재' 이다. 그래서 난 이러한 것들에 방향을 틀기로 결심했다.

결정은 스스로 문제를 불러 일으켰다. 기억으로 작업을 하는 것은 간단하지도 않고 문제를 야기하기도 한다. 난 내가 선택한 방법에 따르 는 문제를 잘 알고 있다. 기억이라는 것이 절대 '순수' 하거나 '변형되 지 않은' 게 아니라는 걸 보여주는 연구가 상당히 나와 있다. 누가 기억 하느냐에 달려 있는 것만큼 언제, 누구와, 누구에게 그리고 어떻게 기억 하느냐에 달려 있기도 하다. 그렇지만 나에게는 사람들이 어떤 하나의 사건, 하나의 역사를 기억해내는 방법이 적어도 소위 말하는 역사의 '사실' 이라고 하는 것만큼이나 중요하다. 왜냐하면, 무엇보다도 후자 는 그 자체가 자명한 존재는 아니기 때문이다. 다만, 그것 또한 어떤 개 인 혹은 또 다른 개인에 의해 기록되거나 기억된 해석이다.

이에 관해 예를 하나 들어가면서 설명해보기로 하자. 내가 조사를 시작할 때 접하게 된 가장 공통적인 반응 가운데 하나는 사람들이 처음 에는 말하기를 꺼려 한다는 사실이다. 그들은 내게 묻기를, 뭐 하러 잊 혀진 과거를 기억해내려 합니까? 라고 한다. 나는 이 질문을 접하지 않 은 적이 없었고, 그래서 스스로 다음과 같은 질문을 하기에 이르렀다. 도대체 왜 사람들은 그때를 기억해내는 걸 그토록 싫어할까? 그 싫어함 자체가 무언가를 가리키는 것임에 분명하다. 그것이 여러 사건이 가지 고 있는 소름끼치는 성격하고만 관련 있는 것일까? 그런 사건의 성격은 역사책 페이지 안의 숫자와 통계 속에서 지워져버렸는데. 아니면 적어 도 몇 가지 예에서 볼 수 있듯, 이 역사 속에서 사람들과 공범의 관계를 갖는 것일까? 인-파 분단에서는 '선한' 사람도 '악한' 사람도 없었다.

실제로 모든 가족은 폭력에 있어서 피해자이기도 하고 가해자이기도 했다. 그것은 사람들이 왜 그렇게, 이 역사의 '추악한' 부분이 억눌려 있는 그들 가족 내부를 제외하고, 공개적으로 그걸 기억하지 않으려 하는지에 대해 무언가를 분명히 말해주었다.

그렇다면 우리는 다음과 같이 물을 수 있다. 제임스 영의 공식을 적용하면, 우리는 우리에게 전해져오는 여러 길을 제외하고서 어떻게 인-파 분단을 알 수 있는가? 인-파 분단으로 인해 생산된 문헌과 기억 안에서뿐만 아니라 사람들이 그것을 기억하지 않으려 한다는 사실을 통해서도 알 수 있지 않을까. 그렇다면 이런 방법을 통해 확보한 지식 안에서는 우리가 '사실'이라고 하는 것 자체가 자명하게 주어진 존재는 아니다. 분단에 관한 현존하는 역사가 이러한 '사실'에 관한 논쟁으로 구성되어 있는 만큼—논쟁은 한 사람의 해석에 대한 다른 사람의 반론이다—나는 이러한 행위를 반복하지는 않으려 한다. 적어도 여기에서는 그 안으로 들어가지 않을 것이다. 따라서 비록 이 책의 주제가 인-파 분단이긴 하지만 분단 과정의 연대기나 그 과정에서 나타나는 수많은 '정치' 협상에 대해서 기술하지는 않을 것이다. 물론 소위 이 역사의 주인공이라 일컬어지는 간디, 네루, 빠뗄, 진나, 리아카뜨 알리 칸Liaquat Ali Khan, 마운트바튼Mountbatten 같은 사람에 대해서도 쓰지 않을 작정이다. 대신에 나는 좀 더 작고, 쉽게 볼 수 없는 주인공들에게 초점을 맞추었다. 보통 사람들, 여성들, 아이들, 지정카스트scheduled caste[9]가 바로 그들이다. 이 작업은 주로 인터뷰와 구술을 통해 이루어졌다.

나는 이제 문제의 영역 안으로 들어가고 있다는 사실을 잘 알고 있다. 구술사는 역사학 담론 가운데 논쟁이 치열한 분야이다. 나는 사람

---

9) 입학, 공무원 채용과 같은 여러 공공 부문에서 일정 부분 혜택을 주는 것으로 미리 지정해놓은 카스트. 일반적으로 말하는 불가촉민이나 간디가 이름을 지은 하리잔Harjan과 동일하다. —옮긴이

들의 구술 혹은 '살아 있는 체험'에 대한 개념 자체를 우리가 보통 역사라고 부르는 것에 대항하는 무언가로 제기하고 싶지는 않다. 나는 역사학자가 아니다. 역사학이 내 전공 분야도 아니다. 내가 이 일을 하게 된 것은 역사와 현대의 종교공동체주의에 대한, 정치적이면서 개인적 차원의 개입과 페미니즘에 대한 깊고 영속적인 신념을 통해서였다. 이모든 것은 나로 하여금, 예컨대 종교가 다르다는 게 왜 그리고 어떻게 종교의 복원력 같은 걸 확보하게 되는지에 대해 이해하고 듣는 것이 극도로 중요함을 깨닫게 하였다. 가족이나 공동체의 기억을 통한 걸 제외하고는 분단에 대한 아무런 참조할 만한 꺼리를 가지고 있지 않았던 분단 이후의 그 많은 2세대와 3세대 시크와 힌두가 '우리'와 '그들'이라는 개념을 어떻게 내면화하게 되었는가? 우정, 배려 같은 개념이 수면 위로 떠오르는 것은 절대 허용되지 않는 반면 공포, 증오 같은 개념은 대단한 회복력으로 키워지는 가운데 그들은 무엇을 기억으로 선택해야 하는가?

나는 스스로 선택한 방법에 필연적으로 따라오는 많은 함정이 있다는 걸 알고 있다. 예컨대, 사람들이 선택적으로 말하는 것이 '진실'인지 아닌지를 알 수는 없다. 뿐만 아니라 그들이 어떤 것을 억제하는 쪽으로 선택하였는지도 마찬가지다. 사건이 일어난 후 사오십 년이 지나버렸는데 우리가 그걸 어떻게 알겠는가? 그 이야기들은 그냥 단순한 공연 리허설 같은 게 아니다. 그 이야기들은 서로 다른 사람에게 서로 다르게 전해진다. 아마 이야기를 하는 사람은 인터뷰하는 사람이 무슨 말을 듣고 싶어 하는지를 고려해 그에 맞춰 재단을 했을지도 모른다. 어떻게 그들이 말하는 이야기를 넘어 그들이 감추는 침묵 속으로 들어갈 수 있을까? 과연 침묵을 깨는 것 즉, 발설하는 게 옳다고 주장할 수 있을까? 그러한 질문은 백 가지도 넘을 수 있다. 나는 우리가 역사의 학문적 이야기로서 이해하고 있는 것에 반하는 구술사를 주장하는 것은 아니다. 차라리 나는 사람들의 이야기가 많은 문제점을 가지고 있다 하더라도 역사의 경계와 정의를 좀 더 확장할 수 있고 그 안에서 자리를 찾을 수 있는 방법은 없는지 묻고 싶다. 역사가 작고 개인적인 목소리를 위한 공간을 마련할 수 있는 그 어떤 방법은 없는 걸까?

그 한계가 무엇이든, 구술 이야기는 역사를 보는 하나의 다른 방법 즉, 또 다른 시각을 제공해준다. 그러한 이야기는 흔히 일시적 시간이라는 관점에서 볼 때 서로의 안으로 흘러 다니기 때문에 역사 그 자체가 위치해 있는 상당히 엄밀한 시간 틀을 섞어버리는 게 사실이다. 사람들은 자기의 기억을 역사의 시작과 끝을 표시하는 사건보다는 서로 다른 날짜와 서로 다른 시간 틀에 위치시켜놓고 있기 때문에 그들의 이야기는 역사의 학문적 이야기를 통해 위와 아래로 흘러 다닌다. 그러한 이야기는 역사적 렌즈를 뭔가 다른 각도로 돌려놓는 방법을 제시하면서 그 시각이 제공하는 것을 바라보는 방법까지 제시해준다. 나는 우리가 역사라고 보는 것을 구술 이야기가 대체할 수 있다고 논쟁하고 싶지는 않다. 다만 그 이야기는 역사에 있어서 하나의 다르면서도 매우 중요한 시각을 제공할 수 있음을 말하고자 할 뿐이다. 그 시각은 분명히 역사를 풍부하게 하는 것이라고 나는 확신한다.

나는 사람들이 인-파 분단을 어떻게 기억하는지 살펴보지 않고서는 인-파 분단이 어떤 것이었는지 이해할 수 있는 방법은 절대 없다고 확신하게 되었다. 나는 이 책을 통해 사람들이 인-파 분단의 역사를 어떻게 기억하고 있는가를 보고, 그 이야기들을 모두 모아 배후에 있는 '진실'이 무엇인가를 찾는 훈련을 하고자 하는 것은 아니다. 대신, 설령 그 이야기가 자리를 옮기고, 변화하고, 믿기 어렵다고 할지라도 그들을 위한 기억에 주목하고자 할 뿐이다. 제임스 영은 다음과 같이 말하고 있다. "생존자의 이야기로부터 어떤 종류의 '소설'이 생겨난다면 그것은 '진실'에서 나온 것이 아니라 다만, **어떤 특정한 형태의 진실의 한 부분**

일 뿐이다."(강조는 필자에 의함) 증언의 가공성은 사실에 관한 논쟁 안에 낄 수 없지만, 그러한 사실을 이해하고 표현하는 데 있어서 목격자보다, 언어보다, 그리고 문화의 차이보다 더 없어서는 안 될 변수임에는 틀림없다.[10] 나는 이 책에 내가 하고 싶었던 것을 가슴 뜨겁게 기술하였다.

*

　자료를 수집하는 일이 책 한 권을 편찬하는 과정에서 가장 쉬운 일일 때가 있다. 그런데 어려운 일은 무엇을 빼고 무엇을 포함할 것인가를 따져보아 결정할 때 생긴다. 이 주제로 연구를 해온 그 길고 긴 시간 동안, 난 약 70여 명에 이르는 사람들과 인터뷰를 했다. 이는 나에게 상당히 의미 있는 분량이지만, 인-파 분단의 영향을 받은 사람들 수를 고려해보면 아무것도 아니다. 이 책의 어떤 부분은 내가 인-파 분단에 대해 이야기하는 것으로 되어 있고, 또 어떤 부분은 내가 인터뷰한 사람들이 자기 이야기를 하는 것으로 되어 있다. 그렇지만 이 책에 나와 이야기를 나눈 사람들 이야기를 모두 실은 것은 아니다. 그것은 실리지 않은 사람들 이야기가 가치가 없어서는 결코 아니다. 사실 각각의 이야기는 모두 풍부한 통찰력을 갖추고 있고, 우리에게 특별한 의미를 보여주고 있다. 그렇지만 분명한 것은 내가 그 이야기를 모두 다 실을 수는 없었다는 사실이다. 결국 그 가운데 일부를 골랐는데, 나에게 가장 의미 있는 이야기, 작업을 함께 한 친구들이나 내가 반복적으로 관심을 갖게 되는 이야기를 선택했다.
　독자들에게 내가 했던 인터뷰를 보여주는 과정에서 나는 그 이야기

---

10) James E. Young: *Writing and Rewriting the Holocaust*, p.32

들을 서사화하는 정도의 편의는 취했다. 즉, 내가 질문하는 내용은 생략하고 마치 계속되는 하나의 이야기처럼 텍스트가 흐르도록 한 것이다. 그렇다고 해서 내용을 연대순으로 표기하지는 않았다. 그리고 소수지만 몇몇 경우에는 다른 사람이 끼어드는 걸 허용하기도 했는데 특히 끼어드는 사람이 텍스트의 어떤 측면을 보충하거나 밝히는 경우에는 그렇게 하였다. 인터뷰를 '읽을 만한' 텍스트로 전환하기 위해 모양을 만드는 일은 상당히 의도적으로 이루어졌다. 나는 어떤 인터뷰든지 그 원고가 조정되지 않은 것은 없다고 믿는다. 말은 텍스트로 변환하는 과정에서 많은 것을 잃을 수밖에 없다. 예컨대, 말을 입으로 뱉는 경우, 그것이 나타내는 어떤 굴절 같은 것, 어떤 생각이나 말에 대해 주저하는 것, 심지어는 어떤 느낌 같은 것이 그런 경우에 해당한다. 그리고 사실 인터뷰를 하는 사람이 인터뷰를 특정 '모양으로 만드는 일'도 마찬가지인데, 그것은 보통 인터뷰를 하는 사람과 인터뷰를 받는 사람 사이에 권력 관계가 형성되기 때문이다. 그럼에도 불구하고 마치 인터뷰가 어떤 '순수한' 형태로 나타날 수 있는 것처럼 독자에게 내놓는 일은 아무런 의미가 없다고 생각했다. 모든 인터뷰의 전체 텍스트와 이 책에 사용하지 않은 이야기는 도서관이나 기록실 같은 곳에라도 보관되었으면 정말 좋겠다. 그래서 그 자료가 이 분야를 연구하는 다른 연구자에게도 활용되었으면 좋겠다.

대부분의 인터뷰가 가족들과 함께 이루어졌다는 사실은 여성이 타인과 이야기할 때 혼자 있는 일이 결코 허용되지 않는다는 걸 의미하기도 한다. 인터뷰가 이루어진 시간은 대부분 자투리 시간일 수밖에 없었는데 그것은 집안일에 얽매여 있는 여성이 낼 수 있는 시간이 오직 그때뿐이기 때문이다. 남편이나 아들이 주변에 있으면 인터뷰에 끼어들려는 경향이 강하게 나타난다. 또, 반대로 침묵을 종용하기도 한다. 이러한 일은 흔한 일이다. 많은 구술사가들이 여성에게 이야기하거나 여성과 함께 이야기하는 것, 다르게 듣는 것을 배우는 것, 더 자주는 은밀한 뉘앙스로 감춘 이야기를 듣는 것, 반쯤 말하는 것, 때로는 말하는 것보다 훨씬 열렬한 표현인 침묵을 지키는 것 등에 대해 어려움을 토로해왔다. 내 생각으로는 여성들 사이에서 여성의 말에 귀 기울이는 것이 여성과 남성 사이에서 여성의 말에 귀 기울이는 것보다 더 어려운 것 같다.

내가 지금 인터뷰를 다시 읽어보니, 남성이 하는 이야기와 여성이 하는 이야기에는 분명한 차이가 있다. 이것은 상당히 놀라운 일이다. 그렇다면 인-파 분단에 관해 이야기하는 것이 성性(gender)에 따라 차이가 날 수 있다는 말인가? 나는 여성이 즉각적으로 그 큰 사건을 자기 인생의 어두운 부분에 위치시키는 방법을 통해 이를 인식한다는 것을 알게 되었다. 대부분의 경우 남성에게서는 공동체 내부의 관계나 좀 더 넓은 정치적 실체에 대한 말을 듣는 반면, 여성에게서는 그들 인생의 세밀한 부분을 배우게 된다. 인터뷰를 받고 있는 남성이 행방불명되었거나 살해당한 아이에 대해 말을 하는 경우는 거의 없었다. 반면, 여성은 결코 그런 일을 말하지 않고 지나쳐버린 적이 없다. 나는 이 문제에 대해 이 책의 결론 부분에서 더 자세히 논의해보고자 한다.

인터뷰 대상을 정하는 작업은 거의 무작위로 이루어졌다. 나는 의식적으로 영국의 '채널4'라는 텔레비전 방송국에서 두 친구가 제작한 〈심장의 분할〉이라는 영화에서 일할 때 같이한 사람들과 우선 인터뷰를 했다. 그렇지만 일단 시작하고 나니 고개를 돌리는 곳마다 그런 이야기가 들려왔다. 특히 델리에서는 한 사람 걸러 한 사람의 뻔자비 Punjabi[11]가 있는데, 그 가운데 일정 나이 이상은 모두 인-파 분단에 대한 하나의 역사를 가지고 있었다. 역사가 모두 자기 가족 안에 존재했

---

11) 뻔잡 사람 혹은 뻔잡어—옮긴이

다. 나는 그 나이로 보이는 사람을 보면 길을 가다가도 멈춰 말을 걸곤 했다.

한 번은 델리의 장뿌라Jangpura에서 어떤 가족과 이야기를 마친 후 집에 가려고 삼륜스쿠터auto-rickshaw를 탔는데 운전사가 전형적인 파키스탄 뻔자비 옷인 살와르-꾸르따salwar-kurta[12]를 입고 있었다. 어디 출신이냐고 물었더니 그 사람은 거꾸로 나한테 질문을 하였다. 그 질문은 북인도 사람에게 출신지를 물어볼 때 공통적으로 나오는 반응이다. "원래 어디에서 왔는지를 묻는 건가요, 지금 어디에 살고 있는지를 묻는 건가요?" 여기에서 '원래'라는 어휘는 이전 시간에 일어났고 그래서 지금은 '뒤에'를 뜻하는 어휘 '삐체 세pichche se'를 비슷하게 번역한 것이다. 나는 지금이 아닌 '원래' 어디에서 왔는지 알고 싶다고 했고, 운전사는 발루치스탄Baluchistan 출신이라며 분단 이후 그곳에 있는 작은 마을에서 대략 10년 동안 머물렀다고 했다. 자기가 살던 마을은 힌두와 무슬림이 아무런 문제도 없이 사이좋게 살던 공동체였다고 말했다. 우리는 운전사의 집에 가서 당시를 회상하는 이야기를 나누었다.

또 어떤 날은 남델리의 한 식당에서 로띠roti[13]와 케밥kebab[14]을 싸서 나오다가 동냥을 하는 걸인 한 사람과 마주쳤다. 특이하게도 그 걸인은 뻔자비 말을 구사하였는데, 도시 전역에서 뻔자비 걸인을 만나는 일은 매우 희귀한 일이다. 어디 출신이냐고 물었다. 그 여자도 똑같이 이전을 말하는 건지 지금을 말하는 건지 되물었다. 나는 같은 대답을 했고, 여자는 짜끄Chak53이라고 하는 작은 마을에서 왔다고 했다. 거대한 난민 행렬을 따라 델리로 왔지만 우여곡절을 겪은 후 길가에서 구걸을 하는 데 이르게 되었다는 것이었다. 나는 이런 식으로 한 사람 한 사람을

---

12) 바지 밖으로 내 입는 긴 셔츠와 목이 좁은 바지—옮긴이
13) 밀가루로 구운 빵. 인도 특히 북부 인도의 주식—옮긴이
14) 고기를 야채와 함께 구워 만든 일종의 산적—옮긴이

만나 이야기를 모았다. 그러니 거의 무작위라고 할 수 있다. 이 책에 나오는 구술 이야기에 분명한 유형이 없는 것은 바로 이러한 이유다.

그렇지만 독자들은 약간의 유형을 발견할 수 있을 것이다. 예를 들면, 나는 많은 인터뷰를 같은 지역 즉 라왈삔디Rawalpindi 출신들과 했는데, 이는 1947년 3월의 분단을 몇 개월 앞두고 그곳에서 발생한 폭력 사태와 깊은 관련이 있다. 인-파 분단이 파괴해버린 공동체를 재건하는 시도 속에서 사람들은 집단적으로 한곳으로 이주하거나 국가에 의해 특정 지역으로 주거지를 옮긴 일이 흔히 있었다. 내가 인-파 분단의 생존자를 추적해나가기 시작했을 때, 무엇보다도 나는 라왈삔디 폭력 사태의 생존자에게로 이끌렸다. 그들은 남델리의 중산층 지역에 살고 있었다. 한 사람은 나를 다른 사람과 만나게 해주었고, 그 사람은 또 다른 사람을 만나게 해주는 방식으로 나는 많은 이야기를 수집할 수 있었다. 이러한 이유 때문에 라왈삔디 생존자들의 이야기가 이 책의 주요 부분을 이루고 있는 것이다.

구술 이야기에 관한 방법론적인 모든 문제는 차치하고서라도 그 이야기들을 실제로 구성의 문제로 다루는 것은 참으로 어려운 일이다. 일차적으로 그러한 이야기로 이루어진 책을 어떻게 구성할 것인가? 인터뷰한 텍스트만 담을 것인가, 주석을 포함할 것인가, 분석이 있어야 할 것인가, 아니면 설명을 할 것인가, 인터뷰를 길게 낼 것인가 짧게 낼 것인가 등에 관한 문제다. 나는 이러한 문제를 붙들고 씨름하였다. 처음에는 주석이나 설명 없이 그냥 단순하게 구술 이야기로만 책을 묶을 작정이었다. 그러다가 점차 생각을 달리하게 되었다. 내가 한 사람의 독자로서 그리고 한 사람의 출판인으로서 생각해보건대, 이야기가 아주 짧지 않은 한 사람들은 그 모음집을 모두 다 읽지도 않을 것이고, 또 그 사람들이 인터뷰를 통해 말했던 내용은 축약해서 짧게 줄이거나 아무런 주석 없이 한 데로 묶어내기에는 너무나 중요하게 생각되었다. 그리고 또 내가 그 인터뷰들을 어떤 모양새로 만들어낸다면, 나로서는 그 인터뷰에서 무엇이 의미가 있는지 지적해줄 필요가 있다고 생각했다. 나는 그 일에 개입을 하면 할수록 내가 인터뷰한 그들이 말한 것 외에 내가 하고 싶은 말이 더 많다는 사실을 깨달았다. 그들이 말한 그들의 이야기가 있었지만 거기에는 내가 그 이야기에서 이해하고 배운 것도 있었다. 그러면서 나는 둘을 하나로 맞물리는 방법을 생각하기 시작했다. 이 책은 바로 이러한 방식으로 구성한 것이다. 즉, 이 책은 인터뷰에서 일정 부분을 추출해내 분석을 하는 장章의 주요 부분으로 삼았다.

그렇더라도 인터뷰 텍스트 전체를 어디에 그리고 어떻게 위치시킬 것인가의 문제는 여전히 남게 되었다. 적어도 내가 골라낸 몇 안 되는 경우에는 이 책을 통합하는 부분으로서 어느 한 곳 정도에는 있는 것이 중요하겠다는 생각을 하게 되었다. 결국 많은 생각을 한 후 나는 책의 끝에 별도의 부분을 두어 거기에 인터뷰 모두를 담아놓기로 결정하였다. 그렇지만 일단 그렇게 하고 나니 같은 문제가 다시 생겨났다. 사람들이 실제로 그 이야기를 읽을 것인가 아니면 그것을 단순히 다른 장과 연결된 것으로 볼 것인가 하는 문제였다. 그 문제는 흔히 일어날 수 있을 것 같았다. 그리고 나에게는 인터뷰가 너무나 중요해서 부록으로 한쪽에 치워놓을 수가 없었다. 최종적으로 나는 인터뷰를 본문 텍스트 안으로 옮기기로 했고, 각 장에서 한두 인터뷰와 함께 말했던 부분은 보유補遺로 옮기기로 했다. 가능한 한 나는 인터뷰를 포함하고 있는 각 장에 그 인터뷰를 연결하려 했다. 그렇지만 이것이 모든 경우에 다 가능하지는 않았다. 사실 이것은 너무나 꼭 짜인 방식이라서 각 장의 끝부분에 그 장의 주제와 완벽하게 맞아 떨어지는 인터뷰를 둔다는 것은 어려운 일이었다. 만약 이 일을 시작하기 전에 미리 인터뷰 목록을 마음속에 정리해두고 있었다면 아마 의식적으로 특정 주제에 바로 연결시킬 수 있는 인터뷰를 찾을 수 있었을지도 모른다.

이렇듯 내가 한 인터뷰는 어떤 특정 유형에 맞추어져 있지 않다. 어쨌거나 난 인터뷰를 골라 각 장에 붙여놓았는데 이는 그 인터뷰가 내가 이 책을 통해 논하고자 하는 바에 관해 통찰력을 제공할 것이고, 나아가 그 인터뷰가 각각 등장하는 특정 장에만 국한되는 게 아닐 거라고 믿었기 때문이다. 때로는 인터뷰가 각 장의 시작부분에 있기도 하지만 대부분은 끝부분에 있다. 그리고 어떤 경우에는 인터뷰가 장을 함께 꿰는 실의 역할을 하기도 한다. 독자들이 인터뷰를 읽어가면서 이러한 점에 유의한다면 상당한 도움이 될 것으로 믿는다.

인터뷰가 이 연구의 가장 주된 자료이지만, 나는 일기, 회고록, 신문기사 그리고 이 연구에 중요하다고 판단한 여러 종류의 자료 즉, 서로 다른 사람이 작성한 편지, 조사위원회 보고서, 팸플릿 그리고 물론 책 등을 두루 살펴보았다. 이러한 자료를 바탕으로 하여 나는 인-파 분단의 서로 다른 많은 '목소리'를 재구성하였다. 거기에는 공인된 것도 있고 비공인된 것도 있으며, 형식에서 벗어난 것도 있고 그렇지 않은 것도 있다. 여기에는 이야기를 전해주는 사람의 목소리도 있고, 회고록, 일기, 자서전을 통해 말하는 목소리도 있으며 공식 담화에서 나오는 목소리도 있고, 공동체 담론 안에 나타나는 목소리도 있다. 또, 이 모든 것이 엮여 있기도 하다. 물론 내 고유의 목소리 내기, 읽어내기, 의사 표명하기, 의문 던지기, 곤란한 문제에 대해 과감히 설명하기 등도 있다.

이 모든 것이 한데 어우러져 내 자신이 저자로서 그리고 해설자로서 그 안에 드러나는 하나의 이야기를 이루고 있다. 이에 대해 어떤 이는 내가 너무 드러난다고 할지도 모르는데 이에 대해 유감의 뜻을 밝히고 싶지는 않다. 다만, 나는 저자가 단순한 전달 도구인 것처럼 쓰인 역사에 대해 항상 깊은 의심을 가져왔다고 말할 뿐이다. 그러한 역사는, 롤랑 바르트Roland Barthe의 문구를 빌어 이야기하자면, "자기 스스로를 쓰는 것 같다." 그러한 역사에서 '나'의 부재는 거리를 두는 것에는 도움이 될 수 있거나 객관성이라고 하는 환상을 창조하거나 사실성이라고 하는 것을 세우는 데에는 도움이 될지 모르겠다. 그러나 나는 이러한 역사를 하고 싶은 생각이 추호도 없다. 그러한 역사는 어떻게 보면 인-파 분단의 '객관적' 표현일 것이다. 그렇지만 그러한 작업이 가능하리라고 생각지는 않는다. 이 작업이 나와 함께 있었던 지난 몇 년 동안 나는 이 안에 깊숙이 그리고 감성적으로, 정치적으로, 학문적으로 개입되어 있음을 실감했다. 그러면서도 이것이 소위 말하는 '그 자체를 적는' 역사인 체하는 것은 부정직한 일일 것이다.

　인-파 분단에 대해 작업을 하는 과정에서 나는 다른 모든 연구자나 작가와 마찬가지로 이 일에 강박적으로 사로잡혔다. 그 몇 년 동안 다른 것은 전혀 생각할 수가 없었다. 처음 시작할 때 나를 엄청나게 괴롭혔던 것 가운데 하나는 내 작업 안에 객관성이라고 할 만한 게 결여되어 있음이 분명하다는 사실이었다. 개인적인 개입을 부인할 수 있는 길은 없었다. 다시 말하면, 나는 감정의 혼입이 없었던 것처럼 가장할 수는 없었다. 내 정치적 색채를 지워버릴 수도 없었다. 이러한 사실에 마음이 편안하게 되기에는 몇 년이 걸렸다. 만약 이 이야기가 역사로 읽혀진다면 그것은 문밖으로 던져지는 편이 나을 것이다. 그렇다면 이를 가장 잘 읽어내는 방법은 무엇일까? 아마 내가 이 책에서 시도하고자 하는, 역사에 '개인적인'이라는 어휘를 첨가하는 일일 것이다. 그것은 객관성이라든가 거리라든가 하는 것들을 일단, 아니 영원히 밖으로 던져버리기 위해서이다. 결국 이것은 객관성을 가장하지 않은 개인적인 역사이다.

　이 이야기 안에서 내 목소리가 이쪽저쪽으로 움직이는 또 하나의 이유가 있다. 구술사는 많은 페미니스트 역사 연구자가 큰 힘을 받는다는 것을 알게 하는 방법론적 도구이다. 여성의 이야기와 증언을 보거나, 공인된 역사 담론과 나란히 놓거나, 혹은 그에 반하는 것으로 위치시켜

보면 페미니스트 역사 연구자들이 역사를 보는 새롭고 다른 시각을 제공한다는 사실을 알게 된다. '역사'가 여성의 눈으로 볼 때는 어떻게 보이는가? 여성이 여성에게 말을 할 때는 그것이 이야기와 증언 속에서 어떻게 생겨나는가? 그렇지만 구술사가 힘을 부여 받는 반면 자체적으로 여러 가지 문제를 불러일으키기도 한다. 무엇보다도 이야기를 하는 것은 항상 일방적인 일이다. 나아가 그러한 역사가는 인터뷰 대상의 경험을 자기 이론을 구축하는 데 사용하는 '가공되지 않은 자료'가 아니라는 사실을 보장할 수 있는가? 어떤 경우에서는, 구술 역사가 특히 페미니스트 역사가가 구술자를 착취하는 게 되지 않도록 하기 위해 연구자 자신의 성과를 인터뷰 대상에게 돌리려는 시도도 있었다. 그러한 시도 또한 동기의 진정성에도 불구하고 구술 증언 수집이라는 행위에 내재된 권력 관계를 변화시키는 데는 아무런 역할도 하지 못한다. 그것은 인터뷰 대상이 이야기를 하고 난 이후 한참 동안 그들의 목소리는 연구자의 연구 안에 살아 있을 것이고, 그것은 아마 연구자의 출세를 도와줄 것인 반면에 연구자가 어디에 관심을 가지고 있는지를 그들은 계속해서 생각하면서 자신들은 배경 뒤로 점점 더 멀어져가기 때문이다. 이러한 양면성에 대한 문제인식은 나로 하여금 그림자 안에서 아무것도 위장하지 못하는 그러한 방법론을 택하도록 만들었다. 나는 그 안에서 중심부 한 곳에 내가 들었던 이야기를 두면서, 그 옆에다 내가 느꼈던 바를 두고, 그리고 그에 대해 계속 느끼려 시도하였다. 그래서 여성, 그들의 역사 그리고 그들이 만들어낸 방법론은 이 책의 중심부에 놓여 있다. 내가 이 책에서 택한 접근 방법론은 페미니스트로서 택한 것이다. 그리고 그 페미니스트에게 페미니즘 역사학이라는 도구는 매우 중요하다.

그럼에도 불구하고 내 작업에는 큰 구멍이 있다. 그것은 일방적으로 인-파 분단의 한 측면 즉 뻔잡 분단하고만 관련이 있다는 점이다. 나는 벵갈의 측면은 전혀 보지 못했다. 그 가장 주된 이유는 내가 그 언어를 구사할 줄 모르기 때문이다. 벵갈 분단은 뻰잡 분단과는 사뭇 달라서 어디서부터 어떻게 시작해야 할지 알 수 없었다. 마찬가지로 나는 정보에 접근할 수 있는 수단도 갖추지 못했고 인터뷰나 그 외의 어떤 것이든 파키스탄으로부터 구할 수 있는 수단이 없었다. 물론 그쪽에 나와 혈연관계가 있는 삼촌의 이야기나 몇몇 친구의 작업으로부터 얻을 수 있는 인터뷰 정도가 있긴 했으나 턱없이 부족했다. 인도아대륙 역사의 그 대사건에 대한 연구자가 제3국 사람이라면 인도와 파키스탄 모두를 통해서만 접근해야 한다는 사실도 인-파 분단이 갖는 여러 비극 가운데 하나다. 연구자가 양쪽으로부터 자료나 문헌을 구하는 일은 그리 쉽지 않을 뿐만 아니라 사람들과 인터뷰를 시도할 때 분단과 같이 감정적인 것에 대해 인도에서 온 사람이 파키스탄에서 온 어떤 사람과 인터뷰를 하거나, 혹은 그 반대의 경우도 마찬가지로 모두 너무 고통스럽고 쓰라려서 현실적으로 불가능할 뿐이다. 나는 여러 차례에 걸쳐 이 작업을 해보려고 시도해보았지만 결국 성공하지 못했다.

이 책에서 독자들이 접하게 되는 인터뷰는 몇 년에 걸쳐 이루어졌다. 사람들과 대화를 시작할 때 나는 마음속에 어떠한 정해놓은 계획도 가지고 있지 않았다. 책은 어떤 목적 위에서 만들어진 것이 아니었고 다만 그 생각이 점차 결정체로 되어갔을 뿐이다. 나는 인터뷰에서 특정 유형을 정해놓고 그것을 따라가지 않겠다는 결정을 상당히 일찍부터 하고 있었다. 즉, 미리 짜놓은 설문지도 없었고 사람들을 지리 혹은 계급이나 다른 범주를 기준 삼아 미리 선택해놓은 '표본'도 없었다. 나는 다만 사람들에게 그때 당신의 인생 속에 일어난 일에 대해 말해달라고 부탁했을 뿐이고, 대화가 그냥 자연스럽게 흘러가도록 놔두었을 뿐이다. 대화는 어느 방향으로 흘러가든지 모두 온당한 것 같다. 이것은 상당히 고뇌어린 결정이었다. 만약 인-파 분단에 관해 사람들의 역사를 제대로 수집하고자 한다면 그런 엄청난 작업을 개인적으로 수행할 수 있는 사람은 아무도 없을 것이다. 내 연구의 경우와 같이 한 개인의 시도는 한계를 낳을 수밖에 없다. 이러한 상황에서 매우 조심스럽게 만들어진 설문지나 사려 깊게 추출한 표본은 그 일을 완벽하게 하는 데 아무런 도움이 되지 못한다. 그래서 나는 결심하기를, 인터뷰가 가리키는 유형이 어떻더라도 그것을 따라가고, 어떤 길이든지 가장 좋은 길이라고 보이는 길에 사람들을 위치시키기로 하였다. 따라서 나는 많은 사람과 대화를 나눴고 시간은 계속해서 연장되었다. 다미얀띠 사흐갈 Damyanti Sahgal 같은 경우에는 인터뷰가 몇 개월씩 걸리기도 했다.

상황이 이런지라 혼자 인터뷰를 감당하기가 정말 어려웠다. 대부분의 대화는 가족이 있는 상황에서 이루어졌다. 한 사람과 말을 할 때도 전 가족이 모이고, 시도 때도 없이 설명을 하겠다거나 질문을 하겠다고 끼어들었다. 전 가족은 몇 세대에 걸치는 경우도 있어 그 수가 정말 많을 때가 많았다. 시작된 이야기가 완결되지 않은 채 남은 경우도 있었고, 간략하게 추리고 나면 다른 데로 빠지고 마는 경우도 있었다. 나중에 가서야 우리는 그 이야기로 다시 돌아올 수가 있었고, 결국 돌아오지 못한 경우도 있었다. 연대순으로 이야기를 깔끔하게 표현하는 경우는 거의 없었다. 나는 과거라는 게 얼마나 많이 그리고 얼마나 빨리 현재 속으로 흘러가는지, 그리고 기억한다는 것이 현재의 맥락 속에서 과거를 어떻게 잊게 해주는지 이해하기 시작했다. 수많은 사람에게 1947년과 1984년은 각자의 속으로 흘러들어갔고, 그러다 보니 자기들이 기억하고 있는 그것들을 풀어헤치기가 무척 어려웠다. 폭력에 대한 기억과 너무나 쉽게 희생물로 전락해버린 사실은 두 사건 사이에 놓여 있던 시간을 쉽게 건너뛰게 하였다.

또 다른 부분은 기억과 과거 발굴의 일을 시작하고 난 후에 갑자기 무언가 너무나 괴로운 기억에 접하게 되는 경우로서 말을 토로하는 데 실패하거나 너무나 두려운 나머지 말을 할 수 없게 되는 경우이다. 이런 경우는 더러 있었는데, "내가 이 일을 어떻게 말로 할 수 있겠어요?", "도저히 말로는 할 수 없어요"라고 하면서 통곡이 터져 나왔다. 그러한 경우에는 더 이상 진척시키지 않고 기억을 떠올려 말로 하는 일을 강요하지 않았다. 그러다 보니 말로 하는 일이 시작은 되었지만 완결되지 않은 채 남는 경우가 있었다. 나는 비로소 과거의 시간을 현재의 시간에 섞는다는 것은 미완결이라는 사실을 확인하게 되었고, 나아가 기억을 하는 과정에서 어떤 사람과 또 다른 사람에게 모순으로 나타나는 일조차도 흔하다는 사실을 확인하게 되었다.

나는 구술사가들이 자주 말하는, 그러한 상황에 내재되어 있는 힘의 불균형에 대해서도 확인하였다. 인터뷰를 하는 나는 대부분 쳐다보고, 듣고, 기록하고 있고, 그들은 인생이 발가벗겨진 채 내 앞에 놓여 있다는 걸 확인하게 된 것이다. 그들이 이번에는 질문을 하겠다고 나설 때가 있다. 도대체 이런 걸 해서 뭘 얻으려는지, 누가 그 테이프를 들을 건지, 이런 작업이 진정으로 뭔가를, 아니 우리 인생을, 다른 사람의 인생을 바꿀 수 있는 건지 등이 바로 그런 질문이다. 나는 그런 질문을 받으면 아무런 답을 할 수가 없었다. 인-파 분단의 기억이 상실되지 않는 게 중요하다고 생각했던 그 사실은 내가 인터뷰했던 그 사람들에게 정말 어떤 의미가 될 수 있을까? 인-파 분단의 역사에 의해 그들의 여러 가지 경험과 이야기가 모두 무시되어버린 반면 내 경우에는 이 이야기들을 역사로 복원하는 일을 이제 막 시작했다는 그 사실을 어떻게 봐야 하는가? 내게 있어서 기억하기는 망각하기에 꼭 필요한 부분은 아니었을까? 나는 이러한 질문에 쉽게 답할 수가 없었다.

끝으로 나를 이 일로 이끈 궤도에 대해 말하고자 한다. 처음에 나는 이 일을 혼자 시작했다. 그렇지만 약간의 시간이 지나고 난 다음에는 혼자서 이 일을 계속 진행하는 게 너무나 힘들었다. 내가 들었던 여러 이야기가 너무나 비참하고, 너무나 고통과 번민으로 가득 차서 나는 더이상 그 이야기를 들을 수 없었던 적이 한두 번이 아니었다. 그리고 이미 내 자신 안으로 옮겨와 버린 그 이야기에 대한 부담으로부터 벗어날수가 없었다. 처음에는 말하는 데 큰 저항을 보이던 사람도 일단 말을해야겠다고 결심을 하고 나면 자기 자신을 깨끗이 씻어내려는 것처럼열렬하게 말을 토해내곤 했다. 이때 인터뷰하는 나는 부담을 갖고 듣는사람이 될 뿐이었다. 어느 날 장뿌라에 사는 어떤 가족과 긴 인터뷰를마치고 나오는데, 그렇게 소름끼치는 폭력과 공포의 이야기를 듣는 걸더 이상은 할 수 없을 것 같다는 생각이 들었다. 절친한 친구 수데쉬 바이드가 이 일에 참여한 것은 바로 그때였다. 내가 부탁해서였다. 그래서 우리 둘은 함께 일을 했다. 그러면서 일은 훨씬 쉽게 진행되었다. 우리는 서로 이야기도 하고 뭔가를 나누기도 하며 다른 일로 웃기도 했다. 이 책에 나오는 몇몇 인터뷰는 우리 두 사람이 함께 한 것이다. 사실내가 인터뷰하는 사람은 둘 이상이어야 한다고 자주 말하는 것은 이런맥락에서이다. 우리는 어떤 일은 내가 먼저 시작했다가 같이 계속한 적도 있고, 어떤 때는 수데쉬가 떨어져나간 적도 있었다. 수데쉬가 떨어져나간 가장 큰 이유는 이런 종류의 이야기를 도저히 더 이상 들을 수가 없다는 걸 느꼈기 때문이다. 그때 나는 이 일에 너무 깊숙이 몰두해있어서 그만둘 수가 없었다. 그래서 다시 혼자 하기로 했다. 수데쉬가이 일을 끝까지 함께 하지 못한 게 가장 큰 아쉬움 가운데 하나다. 수데쉬가 함께 했다면 이 책은 훨씬 풍부해졌을 것이고 훨씬 나은, 아니 전적으로 다른 작품이 되었을 것이다.

그 한계가 무엇이든, 그리고 그것이 얼마나 많든, 나는 이 책을 독자앞에 내놓는다. 그러면서 내가 바라는 소망은 인-파 분단에 관한 여러역사를 기술하는 데 작으나마 기여를 하고, 멀지 않은 미래에 우리 모두가 두 나라 모두에 접근할 수 있게 되었으면 하는 것이다. 1997년에 인도와 파키스탄은 독립 50주년을 '기념' 하였다. 그때 나는 그 순간을 가장 잘 기념하는 것은 설사 짧은, 한 1년이나 2년 동안만이라도 국경을 개방하는 것이라고 생각했다. 그러한 일이 일어난다면 수백 아니 수천 명이 옛 친구와 친척과 고향을 방문하기 위해 '다른' 쪽으로 건너갈 거라고 확신한다. 그렇지만 그 순간은 지나간 과거가 되어버렸다. 이제 우리의 소망은 가까운 미래에 어느 정도라도 개방이 이루어졌으면 하는 것이다. 그런 일이 일어나지 않고, 인-파 분단에 관해 서로 대화를 나누지 못한다면, 분단이 우리 과거의 뒤편에 묶여 있지 않을까봐 나는 두렵다.

2장
피

BLOOD

외삼촌 라나 RANAMAMA

모든 이야기가 필연적으로 그러하듯, 이 이야기 또한 나 자신과 함께 시작한다. 이 이야기가 나와 함께할 동안 나는 이야기를 어떻게 말할 것인가 고민해왔다. 차라리 하지 말까도 생각해봤다. 처음에는 너무 고통스러웠고, 말하기에는 지나치게 사적이라는 느낌이 들었다. 비록 삼촌도 내가 말하는 걸 개의치 않는다고 하셨고, 어머니께서도 내가 이걸 말하고자 한다는 사실을 알고 계셨지만, 나는 이것이 일종의 누설이라는 생각을 지울 수 없었다. 나는 삼촌과 어머니가 자신들이 말하고 있는 것 안에 내포된 의미를 깨닫지 못하고 있다고 생각했다. 할 수 있는 간단한 방법은 내가 그 이야기가 진행되기 전에 그들에게 그 이야기를 보여주는 것이었다. 하지만 정작 그러려고 생각했을 때, 나는 그러고 싶지 않다는 걸 알게 되었다. 왜냐하면, 아주 솔직히, 이 이야기를 공표할 수밖에 없다는 사실을 이미 결정했기 때문이다. 이 이야기는 나에 대한 이야기만도 아니고, 내 가족의 이야기만도 아니다. 그들의 삶과 이야기 그리고 모든 것이 우리가 소위 '국가'라고 하는 것의 이야기로 짜여 있었기 때문이다. 이렇게 말하는 게 매우 거창하게 들릴지도 모른다. 하지만 나는 거대한 것을 이론화할 마음은 추호도 없다. 나는 바로 이 긴 여행을 떠날 때부터 나를 따라다니던 어렵고도 심란한 문제에 대해 의문을 제기하고자 한다.

나에게 이 이야기에 대한 임무가 부여된 이후로 난 이를 어떻게 시작할 것인지에 대해 오랫동안 고민해왔다. 시작이라고 생각할 만한 것은 무척 많았다. 그래서 더 선택하기가 힘들었다. 예컨대, 내가 이때까지 인생을 살아오면서 계속 들어온, 이 일의 계기가 된 인-파 분단이 야기한 그 트라우마와 고통에 관한 이야기로 인해 이 일이 시작되었을까? 아니면 몇몇 친구와 같이 작업했던 분단에 관한 영화를 통해 생존자를 접촉하게 된 것이 이 일의 항로를 잡게 한 것이었을까? 아니면, 인디라 간디의 암살 후유증을 맞이한 1984년 때문이었을까? 1984년 델리에서는 수천 명의 시크가 살해당하고 크게 다치기도 했다. 사람들은 분명히 그 폭력 난동을 인-파 분단이 재현된 것이라고 말했다. 아니면 이 모든 것의 결과인가? 사실 나도 잘 모르겠다. 그렇지만 어쨌든 지금 여기 하나의 시작이 분명히 있다. 그리고 다른 것들도 이 이야기 어딘가에서 떠오를 것이다.

*

때는 1987년 어느 더운 여름 밤 10시 무렵이었다. 나는 라호르 교외의 한 허름한 옛집 대문 앞에 서 있었다. 비비 꼬여 있는 줄 한 가닥에 매달려 먼지를 뒤집어쓰고 있는 전구가 엷고 불그레한 녹색 벽 갈라진 틈 위에 빛을 비추고 있었다. 난 신경이 곤두서 있었고, 약간은 공포에 질려 있는 것 같기도 했으며, 의아해 하고 있는 것 같기도 했다. 내가 하려 했던 그 거대한 일을 난 이제 알기 시작했다. 예상했던 대로 난 어디론가 뛰어 도망치고 싶은 충동을 느꼈다. 그렇지만 뛰어갈 곳이 없었다. 여기는 라호르이고, 지금은 밤늦은 시각인데, 여자가 교통편도 없이 혼자 그 황량한—아니 사실은 북적거렸지만—거리를 돌아다닐 수는 없었다.

해야 할 일을 하는 수밖에 없었다. 초인종을 눌렀다. 조금 있으니 여자 세 명이 격자로 된 창문에 나타났다. 나는 이 집이 내가 찾는 사람의 집인지 물었다. 여자들은 그렇다고 대답했다. 하지만 안타깝게도 그 사람은 없었다. '출타' 중이고, 밤늦게나 돌아올 거라고 했다. 미처 예기치 못한 일이었다. 만약 그 사람이 집에 있었다면, 멍청하게도, 난 그 사람이 나를 바로 알아볼 거라고 착각을 하고 있었다. 그 사람은 나를 한 번도 본 적이 없고 그래서 나라는 존재를 전혀 알지도 못할 텐데 말이다. 나는 무언가에 홀린 것처럼 바닥을 멍하게 내려다보면서 어렴풋한 일을 기억해냈다. 불현듯 어머니께서 말씀하시곤 하던 주사위 놀이가 떠올랐다. 그 놀이판은 내 할아버지가 할머니를 위해 특별히 만들어주신 거라고 어머니는 말씀하셨다. 난, 용기를 내 세 명의 여자들에게 말을 건넸다. "저는 그분의 조카딸입니다. 그분은 제 외삼촌이고요. 그리고 전 델리에서 왔습니다."

문고리가 풀리면서 여자들은 나를 안으로 데리고 들어갔다. 한 분은 외삼촌의 부인 즉 외숙모였고 나머지 두 분은 그 분의 딸로 내게는 사촌이 되었다. 이날이 오기까지 나는 그들이 날 우호적으로 맞이해줄까 어떨까에 대해 확신을 갖지 못하였다. 나는 그때 깜짝 놀랐던 걸로 기억한다. 그것은 그들이 내가 누구인지 아는 것 같아서였다. 그들은, "네가 수바드라Subhadra의 딸이란 말이냐, 그래, 닮았다 닮았어"라고 말을 했다. 그렇지만 그들은 내 어머니를 단 한 번도 본 적이 없었다. 그때 나는 너무 긴장해서 아무것도 물을 수가 없었다. 그들은 나를 어쩐지 으스스하게 장식이 되어 있는 커다란 방으로 데리고 갔다. 한 시간가량 우리는 콜라를 마시면서 조심스럽게 대화를 나누었다. 그러자 피르하나가 날 데리러 왔다. 피르하나는 친구 페리다의 동생으로, 나는 그때 그 집에 머물고 있었다.

이게 이야기의 마지막 부분이 되는 편이 더 나았는지도 모르겠다. 어떤 점에서는 삼촌을 집에서 만나지 못한 게 차라리 속편했기 때문이다. 나는 '그래 이거지 뭐, 난 그래도 일을 마친거야'라고 좋게 생각해버리기로 했다. 이제 난 집으로 돌아갈 수 있고, 그래 다 잊어버리자고 생각했다. 그렇지만 그렇게 생각처럼 일이 쉬운 것만은 아니었다. 역사는 그렇게 쉽게 잊도록 내버려두지는 않는 법이다.

*

　국경을 넘어 파키스탄으로 가는 일은 생각했던 것보다는 쉬웠다. 비자를 얻는 것이 힘들었을 뿐. 파키스탄 대사관의 비자 사무실은 별도의 창구 두 개를 운영하고 있었는데, 하나는 그들이 말하는 '외국인' 창구였고, 또 하나는 인도인 창구였다. 인도인 창구는 사람들이 엄청나게 북적거렸다. 필요한 모든 서류를 작성하기 위해 서로 밀고 밀치는 상황이었다. 밖에서는 머리가 벗겨진 늙은 남자 하나가 허리를 반쯤 구부린 채 즉석 사진을 찍어주고 있었다. 바로 현상을 할 수 있도록 작은 양동이도 하나 옆에 두고 말이다. 그렇지만 일단 국경을 넘고 나면 공항에서는 모든 것이 눈에 익숙한 풍경이었다. 아비규환처럼 혼잡스러운 것도 그렇고, 똑같은 언어를 사용하는 것도 그렇고, 코를 찌르는 냄새도 그렇고, 옷 입고 있는 것도 그랬다. 그렇지만 국경을 건너면서 나를 강하게 잡아당긴 어떤 느낌이 있으리라고는 미처 생각하지 못하고 있었다. 그건 바로 고향에 돌아온 듯한 느낌이었다. 이런 느낌을 다른 어떤 식으로 표현할 수 있겠는가? 난 줄기차게 스스로에게 물었다. 왜? 난 분단이 일어나고 5년 후에 태어났다. 도대체 내가 내 부모와 조부모의 인생 내내 그렇게 따라다니는 그 고통과 괴로움을 어떻게 안다는 말인가? 왜 이곳이어야 하는가? 단 한 번도 본 적이 없는 곳인데, 왜 델리보다 더 고향 같은 느낌을 갖는단 말인가? 델리는 실제로 내가 평생을 살아온 곳인데.

　나로 하여금 그렇게 중요하게 느끼고 그래서 이곳까지 오게 한 역사와 이야기의 기이한 이 길은 도대체 무어란 말인가? 거기 내 삼촌 집 문앞에 서서, 아마 처음으로 기억을 떠올렸는데, 전혀 예기치 않은 것에 대해서였다. 조사를 시작했을 때 난, 뭘 좀 찾을 수 있을 것인지에 대해 전혀 확신하지 못하고 있었다. 그래서 내가 찾은 것에 대해서도 전혀 준비를 하고 있지 못했다. 이는 그 어떤 역사의 교훈도 나한테 미리 준비를 시켜주지 못한 것이었다. 이 사람들, 내가 바로 그 순간에 정말 처음으로 만난, 그 낯선 사람들이 날 가족같이 환대해주고 있다. 그렇지만 사실 우리를 나누는 경계는 너무나 깊게 파여 있어, 우리가 처해 있는 모든 곳 즉 종교, 정치, 지리, 역사 바로 그 모든 곳에서 그것은 추한 고개를 쳐들고, 분단을 극복하려는 모든 노력을 비웃고 만다.

그날 밤 나는 라나 외삼촌 집에서 나왔다. 외삼촌 라나는 내 어머니의 막내 동생이다. 많은 북인도의 가족이 그렇듯, 우리도 인-파 분단으로 인해 가족이 찢어졌다. 내 엄마는 당시 아직 결혼을 하지 않은 몸이었는데 국경을 넘어 인도 쪽으로 오게 되었다. 남동생 라나 외삼촌은 뒤에 남기로 결정했다. 엄마와 다른 친척의 말에 의하면 외삼촌이 그렇게 결정한 것은 어떤 특별한 목적이 있어서였다. 돌아가신 할아버지의 재산을 차지하고 싶었기 때문이라는 것이었다. 이것 때문에 그리고 분단 후에는 서로 연락을 하는 것이 거의 불가능한 상황이어서, 가족은 외삼촌 라나와의 접촉을 '잃어버렸다.' 40년 동안이나 외삼촌과 연락을 해보거나, 뭔가를 듣거나, 외삼촌의 그 어떤 자취라도 본 사람은 아무도 없었다. 다시 말하면 그때 내가 처음이었다.

*

나는 내가 기억할 수 있는 나이가 된 이후 인-파 분단에 대해 여러 차례 이야기를 들어왔다. 우리랑 같이 살던 할머니를 통해서 들었고, 부모님으로부터도 들었다. 하지만 인-파 분단을 거쳐 온 이야기는 서로 달랐다. 내가 희미하게 기억하고 있던 몇 가지 이야기 가운데에는 라나 외삼촌의 이야기도 있었다. 외삼촌은 국경 너머에 머물렀을 뿐 아니라, 더욱 안타깝게도 무슬림으로 개종을 하였다는 것이다. 그것은 우리 집안에서 내놓은 자식 취급해버리는 이유가 되었다.

어머니는 두 번에 걸쳐 어려움을 무릅쓰고 위험한 여행을 했다. 모두 최악의 종교공동체 폭력이 발생했을 때였다. 어머니는 삼촌 가족을 인도로 데려오려 했던 것이다. 첫 번째 여행에서는 동생 빌로Billo와 여동생 사위따Savita를 데려왔고, 두 번째 여행에서는 당신의 어머니와 막내 동생 라나를 데리오려 했다(당신의 아버지께서는 오래 전에 돌아가셨다). 다녀오신 뒤 어머니는 라나 외삼촌이 가지 않겠다고 하면서 더불어 할머니도 못 가게 했다고 말씀하셨다. 외삼촌이 할아버지 재산을 차지하기 위해 할머니를 붙들고 있다고 했다. 재산이 할머니 명의로 되어 있었기 때문이다. 그리고 외삼촌은 할머니를 곧 인도로 보내드리겠노라고 약속했다고 했다. 그렇지만 그런 일은 일어나지 않았다. 분단은 자유로운 이동을 실질적으로 불가능하게 만들었다. 몇몇 특권층을 제외하고는—이 사람들은 비교적 자유로운 이동이 가능했다—대부분 고향으로 갈 수가 없었다. 돌아갈 수 있는 시간이 그리 많이 남아 있지도 않은데 말이다.

양쪽 모두는 서로를 심하게 의심하고, 따라서 국경을 넘는 어떠한 움직임도 경찰과 정보 당국에 의해 감시당하고 통제당하지 않은 것은 없었다. 라나 삼촌은 얼마간은 연락을 해왔는데 편지가 개봉되거나 심문을 받는 등 끊임없는 감시 아래 놓여 있다는 사실을 알게 되면서 서로 연락하려는 노력을 포기해버렸다. 그리고 40년이 그렇게 흘렀다. 그동안 라나 삼촌은 할아버지 댁에 살고 있었지만 아무도 삼촌에게 연락을 하거나 편지를 써본 적도 없고, 그 어떠한 소식도 전해들은 바가 없었다. 누군가가 할머니께서 돌아가셨을 거라는 불분명한 소식을 전해준 것은 연락이 두절된 후 1947년에 가까운 어느 시점이었다. 그렇지만 어느 누구도 정확한 사실을 알지 못했다. 어머니를 비롯한 우리 가족 모두는 큰 상실감에 빠졌고 비통과 분노에 무릎을 꿇었으며 결국엔 무관심으로 흘러버렸다. 이것이 아마 내가 어린아이였을 때 인-파 분단과 우리 가족에 대해 들었던 마지막 접촉에 관한 이야기였던 것 같다.

*

자정이 되자 친구 페리다의 집에 전화벨이 울렸다. 그때 우리는 소금이나 설탕을 타서 마시는 홍차—파키스탄 사람들이 께흐와kehwa라고 부르는—와 커피 한 잔을 놓고 이런저런 이야기에 푹 빠져 있었다. 페리다는 갑작스런 전화벨에 한동안 적잖이 당황하였다. 이 늦은 시각에 누가 전화를 했을까? 페리다는 전화를 받고서 돌연 흥분된 목소리로 "삼촌이야"라며 수화기를 넘겨주었다. 나는 페리다가 전화를 든 순간 저쪽에서 흘러나오는 남자 목소리를 들을 수 있었다. 남자는 거두절미하고 바로 "우리 딸내미가 거기 있다지요? 우리 딸내미를 좀 바꿔주세요. 걔하고 통화하고 싶어요."라고 말했다.

나는 수화기를 받아 들고 몹시 당황하여 인사를 하였다. 그러자 그는 "아가, 거기서 뭐하고 있니? 네 집이 여기 있는데. 얼른 집으로 와라, 여기 있어야지. 그곳 주소를 다오, 내 지금 그리로 가마. 널 데리고 와야지."라고 하셨다. 인사니 뭐니 아무런 말도 없이 단도직입적으로 한 말이었다. 혈연, 바로 그 생각할 필요조차 없는 끈이었다. 난 한편으로는 감동을 받았고 또 다른 한편으로는 뒤통수를 맞은 느낌이었다.

실랑이를 벌인 후 결국 내가 그를 설득시켰다. 시간이 너무 늦었고, 그분은 너무 피곤하셨다. "그러지 말고 내일 만나시지요. 그리고 제 친구더러 그곳에 데려다 달라고 하겠습니다."라고 말하자, 그분은 "그냥 단순히 한 번 만나러 오라는 게 아니다. 여기에서 나가려고 생각하지 마라. 여기가 네 집인데, 여기가 네가 있어야 할 곳 아니냐. 네 가족들과 함께 말이다."라고 말씀하셨다.

집? 가족? 나는 서로 전혀 모르는 사람 사이에 오고간 이상한 말들에 대해 생각했다. 그 집으로 가서 그와 함께 머물러야 하는 건가? 매우 끌리긴 했지만 마음이 선뜻 동하지 않은 것 또한 사실이었다. 설사 가족관계가 있다 할지라도 어떻게 짐을 꾸려 생면부지의 사람 집에 머무르러 간단 말인가?

다음 날 나는 그곳으로 갔다, 짐은 놔둔 채. 그는 바로 그 사실을 알아차렸다. 짐은 어디 있니? 저녁 때 그는 나와 함께 페리다의 집으로 와서 짐을 들고 다시 그 집으로 갔다.

난 삼촌 집에 일주일간 있었다. 머무르는 동안 내내 내 마음속엔 배신이란 감정이 깔려 있었다. 어머니는 삼촌이 장사꾼 속내를 가지고 주도면밀하게 행동했다고 의심했다. 그래서 삼촌과의 관계를 재개하려 하지 않았다. 어머니는 말씀하시기를, 그렇지 않으면 왜 그곳에 남아 그 재산을 다 차지했겠어? 그 재산은 딱 한 사람, 할머니 거였잖아? 해를 거듭하면서 어머니의 비참함과 분노는 커져만 갔다. 하지만 내 자신의 정치적 입장에서 이번 방문은 포기하기에는 너무나 많은 의미를 가지고 있었다. 일단 삼촌을 만나고, 그리고 '딸'이라고 부르는 소리를 듣고 나니 난 선택하기가 정말로 어렵게 되었다. 결국 난 그 엄청나게 큰 저택에 머무르게 되었고, 일주일에 걸쳐 대화를 나누었다. 그 일주일은 정말이지 극도로 긴장되고 정서적으로 불안한 시간이었다. 그 이후로 난 내 인생에서 그렇게 많은 이야기를 누구와 나눠본 적이 없다. 난 당시 함께했던 많은 존재를 기억하고 있다. 숙모, 손아래 조카, 손위 조카, 음식, 잠…… 모두가 이제는 약간 희미해진 가운데. 그렇지만 삼촌과 나 사이에 오간 수많은 대화 가운데 한 가지 분명하고 날카롭게 기억나는 것이 있다.

왜 분단 때 형과 누이를 따라 떠나지 않았느냐고 물었다. "왜 그때 남으셨어요?" 다른 많은 사람들과 똑같은 대답이었다. 그런 식으로 분단이 일어나리라고는 꿈에도 몰랐다는 것이다. "그래, 우리 가운데 많은 사람들은 생각을 했지, 뭔가 변화가 있을 거라고. 그렇지만, 그렇다고 우리가 왜 떠나야 하는데?" 그는 정치적 결정이 자기 삶에 영향을 끼칠 거라고 생각하지 않았고, 시간이 좀 지나 '아, 그게 아니었구나.' 라고 생각을 했을 때는 이미 늦어 되돌릴 수 없었다고 말했다. "내 나이 겨우 스물이었어. 교육도 제대로 받지 못했고. 내가 인도로 가면 할 수 있는 일이 뭐가 있었겠니? 무슨 자격을 갖춘 것도 아니고, 직업도 없고, 내세울 만한 게 아무것도 없었지." 그렇지만 삼촌은 가족이 인도에 살고 있었다. 누구라도 돌봐주지 않았겠는가? "아무도 나를 맡겠다고 나선 사람이 없었다. 네 엄마 빼고 말이다. 그렇지만 그때 네 엄마는 처녀였던 데다가 이미 다른 형제를 둘이나 책임져야 하는 처지였다."

할머니는? 왜 할머니를 그토록 남겨두려고 했는지 물었다. 진심으로 '이해할 수 있을 만한' 이유가 나오기를 가슴 졸이고 기대하면서. 삼촌은 설명을 했고, 난 믿지 않았다. "난 네 엄마가 나이 드신 엄마를 책임져야 하는 부담을 떠맡는 게 싫었다. 네 엄마가 날 책임지겠다고 할 때와 마찬가지로 말이다. 그래서 난 자식으로서 내 역할을 해야겠다고 마음먹었고 그래서 네 할머니 뒷바라지를 하게 된 거다."

할머니 다야완띠Dayawanti는 1956년에 돌아가셨다. 내가 1987년에 삼촌 집을 처음 방문했을 때까지 우리 가족은 그 소식을 몰랐다. 오랫동안 우리는 할머니가 파키스탄에 남아 계셨는데 얼마 사시지 못하고 돌아가셨다는 풍문만을 들었을 뿐이었다. 풍문으로는 할머니가 1949년, 1952년, 1953년에 돌아가셨다고 했다. 그렇지만 실제로 할머니는 1956년까지 살아 계셨다. 분단 후 9년 동안. 그때 할머니의 여덟 자식 가운데 일곱은 인도 국경을 넘어 살고 있었고, 그들 대부분은 델리에 자리를 잡았다. 델리는 라호르에서 비행기로 30분 걸리는 거리에 있다. 그런데도 그들 가운데 그 소식을 아는 사람은 아무도 없었다. 나는 결코 용서할 수 없는 그 무언가를 알게 되었다.

라나 삼촌이 기술하는 방식대로 따라가는 수밖에 없었다. 머무르는 것도 그분이 하라는 대로 할 수밖에 없었으니 나에게는 아무런 선택의 여지가 없었다. 사실 그는, 다른 많은 사람과 마찬가지로, 선택을 하고 싶어서 한 것은 아니었다. 일이 그렇게 결정될 때 그 입장에서는 그렇게 할 것을 기다리고 있었을 뿐이다. 그렇지만 개종을 하는 것도 선택이 아니었단 말인가? 이제 신자란 말인가? 그 이후로 믿는 자가 되었다는 것인가? 그에게 종교란 무엇을 의미하는가? 결국 한 나라에서 두 나라가 만들어진 것은 전적으로 종교 때문이지 않았는가. 그리고 사람들이 널리 믿고 있는 것은—일부는 진실이겠지만—많은 사람이 강제로 '다른' 종교로 개종을 당했다는 사실이다. 그렇다면 삼촌 라나는?

"아무도 내게 무언가를 강요하지 않았다. 그렇지만 어떤 의미로는 선택의 여지가 없었다. 내가 이곳에 머무를 수 있는 유일한 방법은 개종뿐이었다. 그래서 난 그렇게 했다. 난 무슬림 처녀와 결혼을 했고, 이후에 종교를 바꿨다. 그리고 무슬림 이름을 택했다."

그렇지만 삼촌은 진정으로 그 종교를 믿는 것일까? 그 개종이 상황에 따라 했던 것만큼이나 확신에 따른 결과였을까? 사실 나로서는 이 질문에 대한 라나 삼촌의 대답을 진실로 받아들이는 게 그리 쉽지만은 않았다. 내가 받아 적어도 되겠느냐고 물어보았을 때 삼촌은 "물론이지, 좋을 대로 해라. 인생이 더 망가질 게 있겠니?"라고 말했다. 그렇지만 내가 느끼기에는 삼촌이 이 상황이 야기할 수 있는 여러 의미를 잘 알지 못하는 것 같았다. 그래서 난 내가 해야 한다고 생각하는 바대로 그냥 실행했다. 침묵을 지켜야 할 부분에서는 침묵을 지켰다. 나는 지적 양심이라는 신화의 이름으로 라나 삼촌이 상처받지 않도록 노출시키지는 않았다고 변명하고 싶지는 않다.

　내가 한 질문에 삼촌은 "내 한 가지 분명하게 말해줄 수 있는 것은, 내가 지난 사십 년 동안 내가 한 결정에 대해 후회하면서 잠을 못 이룬 적은 단 한 번도 없었다는 사실이다. 단 하룻밤도 말이다."라고 대답했다. 나는 등골이 오싹해졌다. 어떻게 이렇게 말을 할 수 있나. 40년을 어떻게 살아왔다는 말인가? 실제로 그렇게 느꼈다면 정말 삼촌은 40년을 어떤 방식으로 살아왔을까? "아가, 들어봐라." 그는 당시 우리가 같이 사용하던 어떤 추임새를 반복하면서 말을 하였다. "어떻게 보면 개종자는 절대로 받아들여지지 않는다. 네 과거는 항상 널 따라다니지 않니? 집요하게 널 괴롭히면서 말이다. 나로서는 훨씬 더 괴로운 편이었지, 같은 장소에서 계속 살고 있었으니까. 오늘만 해도 그래. 내가 시장에 갔는데 사람들이 '힌두, 힌두'라고 소곤거리는 거야. 자주 듣곤 하지. 아니야, 넌 그런 소리가 어떻게 들리는지 이해 못해. 그 사람들은 개종자를 결코 받아들이지 않는 거야."

　난 왜 라나 삼촌이 가족을 찾아 인도에 오려 하지 않았을까 궁금했다. 만일 가족에 대한 그렇게 깊은 상실감을 가지고 있었다면 왜 다른 사람들처럼 가족을 찾아 나서지 않았을까? 물론 초기에는 사람들이 국경을 넘기가 상당히 어려웠다. 그렇지만 시간이 지나고 난 후 일부에 국한되기는 했지만 상황이 호전된 것은 사실이었다. 이에 대해 삼촌은 이렇게 대답했다. "내가 어떻게 할 수 있었겠니? 내가 가야 할 곳이 어딘데? 내 가족, 내 누이들은 모두 내가 어디에 살고 있는지 알고 있었고 난 그들이 어디에 있는지 모르잖아? 게다가 인도에 있는 그 누가 힌두교를 버리고 이슬람으로 개종한 배교자가 친척을 찾아 나선다면 믿어주겠니? 그리고 이곳은 내가 아는 유일한 내 집이다."

　그렇지만 삼촌은 집을 여러 가지 다른 방식으로 정의했다. 텔레비전이 나온 후 삼촌은 날마다 인도 뉴스를 보았노라고 분명히 말했다. 인도와 파키스탄의 크리켓 경기가 있을 때면 아무도 몰래 인도 쪽으로 뿌리를 내렸다. 인도가 다른 나라와 붙었을 때도 물론 인도를 응원했다. 최근에는 인도 연속극을 텔레비전에서 가끔 보기도 했다. 비록 라호르에 있는 집이 자기가 아는 유일한 집이라고는 했지만 삼촌이 집의 느낌으로 향하고 있던 곳은 인도이기도 했다. 뻰잡어 가운데 정말로 뻰잡 사람들에게 특별한 감정을 불러일으키는 어휘로, 와딴watan이라는 게 있다. 이것은 번역하기가 참 어려운 어휘다. 집home, 나라country, 땅land 같은 것을 의미할 수 있는데 그것 가운데 하나일 수도 있으며 그 모두일 수도 있다. 뻰잡 사람이 자기 '와딴'이라고 말하면 그것은 무언가 형언하기 어려운 것으로 그리워하고longing 원래에 속해 있는belonging, 그리고 뿌리가 되는 어떤 장소를 의미한다.[1] 인-파 분단으로 인해 이산민이 된 대부분의 뻰잡 사람들의 와딴은 그들이 두고 온 곳에 있다. 그런데 라나 삼촌의 경우에는 희한하게도, 파키스탄에 있는 고향에서 계속 살고 있었지만 인도가 와딴이 되는 것이었다. 인도, 평생 딱 한 번 그것도 아주 짧게 가봤던 그곳이.

삼촌의 가족들은 이를 이상하게 여겼다. 그들은 삼촌의 이 은밀한 그리움을 이해할 수 없었고, 그리움은 삼촌의 머릿속에서만 계속되었다. 가족들은 삼촌이 전한 이야기를 마치 국경 저 너머에 있는 삼촌의 가족, 그 힌두와 같이 이상하다고 생각했다. 하루는 삼촌의 어린 딸 둘이 나한테 이런 말을 했다. "언니, 언니가 맞아요. 언니는 우리와 똑같아요. 그렇지만 우리 생각에 그 사람들은 정말 섬뜩해요."라고. 누가 이들을 비난할 수 있을까? 그들이 만난 유일한 힌두는 오래 전에 이곳을 방문했던 먼 친척 부부 한 쌍으로, 그 부부는 보통의 힌두가 무슬림

---

1) 한국어의 '고향'과 놀랄 정도로 유사한 느낌을 갖는다. 뻰잡 사람과 한국인의 '실향'에 대한 감정은 두 나라의 분단과 이산의 역사 연구에 좋은 공통의 연구 소재가 될 수 있을 것이다.— 옮긴이

을 대하는 정통 힌두의 '불가촉성' 관행을 지키던 사람들이었다.[2] 그들은 끝까지 자기 음식은 자기들이 하겠노라고 고집하면서 삼촌 가족이 만들어준 음식은 일체 입에 대지 않았고, 자기들을 먹여주고 재워주는 삼촌 가족에게 오히려 '열등감'을 느끼도록 행동했다. 비르 바하두르 싱Bir Bahadur Singh이라고 나중에 내가 이 연구를 위해 인터뷰를 했던 분인데, 그분이 힌두와 시크가 무슬림을 어떻게 대접했는지에 대한 생각을 다음과 같이 말한 바 있다:

우리는 이렇게 좋은 관계를 유지하고 살았기 때문에, 우리 집에 무슨 경사가 나면 무슬림을 초청하여 함께 음식을 먹곤 했습니다. 그런데 우리는 그 사람들 집에 가서 음식을 먹지 않았어요. 이제야 깨달은 건데, 참 나쁜 짓이지요. 그들이 우리 집에 오면 우리는 구석에 식기를 갖다 놓고 그 식기로 먹으라고 했습니다. 그러면 그 사람들은 그 식기로 밥을 먹고, 깨끗이 닦아 한쪽에 치워놓고 갔지요. 참 흉측스러운 짓이었어요. 이게 바로 파키스탄이 태어난 이유였습니다. 우리가 그 사람들 집에 가거나 결혼식 또는 다른 행사에 참여하면 그 사람들은 정말로 우리를 존대해주었습니다. 우리한테 음식으로 기ghee,[3] 밀가루, 달dal,[4] 갖가지 채소, 닭고기, 심지어는 양고기까지 주면서 일부러 모두 요리하지 않은 채 날것으로 주었습니다. 그런데 우리는 그 사람들을 대접하는 게 참 돼먹지 않았습

---

2) 힌두는 서로 다른 카스트와 함께 음식을 먹지 않는 관습을 강하게 가지고 있다. 대개 힌두 다수의 마을에서 힌두의 방식에 따라 카스트가 아주 낮은 것으로 취급당하는 무슬림과도 음식을 공유하지 않는다. 시크 또한 이러한 힌두의 관습을 따른다. 하지만 무슬림은 그런 관습이 없다.—옮긴이

3) 우유에서 추출해낸 식용유—옮긴이

4) 녹두나 팥으로 만든 일종의 죽. 가장 대중적인 인도 음식으로 로띠를 여기에 찍어 먹는다.— 옮긴이

니다. 말로 표현하기조차 민망할 정도로요. 손님이 우리 집에 왔는데 그 손님한테 식기를 들고 가서 다 먹은 다음에는 씻어놓으라고 합니다. 어머니나 누이가 그 사람들에게 로띠를 줄라 치면 어느 정도 거리를 둔 채 던져주듯 합니다. 혹 그들 손이 우리 음식그릇에 닿을까봐 그렇게 하는데, 그렇게 되면 오염된다고 믿기 때문입니다. …… 우리는 낮은 카스트를 취급할 때도 힌두와 시크가 무슬림을 취급할 때처럼 그렇게 하지는 않았습니다.

*

시간이 지나면서 라나 삼촌은 내면의 삶을 살기 시작했다. 대부분이 그의 머릿속에서만 움직였으니 그에 대해서는 아무도 알지 못하였다. 그러나 모두 특히 가족들은 그에 대해 의심을 하고 있었다. 삼촌의 아이들, 특히 딸들과 며느리들은 삼촌을 잘 모셨지만 아버지의 머릿속에서 무슨 일이 돌아가는지 몰라 두려워했다. 딸들은 아버지에게 애정이 많았지만 내가 보기에 아들들은 별로 그런 것 같지 않았다. 아들들의 관심은 오로지 재산에만 있었다. 삼촌의 머릿속에서 맴도는 딜레마를 이해하는 사람은 어떤 의미에서는 내 외숙모였다. 외숙모는 상당히 일찍부터—그리고 내가 보기에 꽤 명민하게—자식들이 아버지가 겪은 정체성의 위기를 겪지 않도록 해야겠다고 결심한 것 같았다.

아이들은 독실한 무슬림으로 키워졌다. 딸은 뿌르다purdah[5]를 따르게 하였고, 무슬림 학자를 모셔 집에서 교육을 받았으며 코란을 학습했다. 특히 인-파 분단에 대한 기억을 전혀 갖고 있지 않은 어린 자녀들에

---

5) 여성을 집 안에 격리시키는 무슬림 풍습. 보통 집 안의 특정 구역 외에 못 나오게 하거나 얼굴을 가리게 한다.—옮긴이

게 아버지의 가족이나 친구 혹은 집에 관한 그 많은 이야기는 아버지와 함께 낯선 존재로 남겨졌다. 어떻게 보면 이로 인해 삼촌은 가족들로부터 더 멀어졌고 더욱더 격리되었다. 이를 또 달리 보면, 아주 희한한 종류의 모순인데, 삼촌의 가부장적 권위가 침해되었고, 그로 인해 중산층 뻔잡 사람 집에서 쉽게 찾아볼 수 있는 보통 사람보다 훨씬 인간적인 아버지가 되어 있었다. 그렇지만 집안의 몇몇 사람에게 삼촌은 재산을 가지고 있는, 불편한, 그래서 하루 속히 멀리 보내버려야 할 존재일 뿐이었다.

나는 삼촌이 어떻게 이런 삶을 살아왔는지 이해할 수가 없었다. 이야기를 할 만한 다른 사람이나 있었을까? 삼촌은 없다고 했다. 어떻게 그 깊고 고통스러운 것을 말할 수 있으며 누구에게 말하겠느냐는 것이다. 어떤 것은 말하지 않고 묻어두는 것이 더 좋기도 하다고 했다. 그렇다면 나한테는 왜 말하는 걸까? 내가 누구길래? 어느 날 우리는 깊은 밤이 되도록 이야기를 나누었다. 차를 마시거나 과자 부스러기를 몇 개 집어 먹기 위해 쉴 뿐이었다. 삼촌은 분단 이후의 자기 삶에 대해 이야기를 해주었고, 난 심한 압박에 눌리기 시작했다. 왜? 난 물었다. 왜 이런 이야기를 저에게는 해주시는 거죠? 저를 알지도 못하시잖아요. 만약에 절 길거리에서 만나면 또 하나의 낯선 사람일 뿐일 텐데요. 비록 같은 언어를 말하고 같은 종류의 옷을 입고 있다지만 그것 말고도, 라고 난 물었다. 삼촌은 날 한동안 물끄러미 쳐다보더니, "아가, 이것이 내가 내 혈육에게 말하는 처음의 일이란다." 했다.

"아니지." 삼촌은 말했다. "그들에게 난 이방인일 뿐이야. 너, 너는 내가 지금 뭘 말하고 있는지 이해할 거야. 그래서 네가 이 조사를 하려고 여기에 있는 거고. 아니, 설령 아무 일도 일어나지 않는다 할지라도, 적어도 넌 내 짐을 덜어주려 이리로 보내진 걸 알고 있어."

어떻게 보면 그건 사실이었던 것 같다. 난 이해할 수 있었고, 놀라기 시작했다. 인-파 분단이라고 하는 그 사건, 역사라고 알려진 그것으로 인해 얼마나 많은 사람이 이렇게 찢어졌는지, 얼마나 많은 사람이 침묵과 함께 살아야 했는지, 얼마나 많은 사람이 말을 할 수 있었는지. 학교에서 근대사를 배우고, 독립과 함께 찾아온 인도 분단이라는 그 사건을 알고 있는 우리는 왜 분단의 저쪽에 대해서는 전혀 배우지 못했을까? 왜 이 이야기들은 숨겨진 채로 남겨졌을까? 역사 속에 그것을 위한 자리는 진정 없는 걸까?

*

처음 파키스탄에서 인도로 돌아왔을 때 난 국경 이쪽에 있는 가족 모두에게 주는 메시지, 편지, 선물 등을 가지고 왔다. 라나 삼촌은 누이들 모두에게 장문의 편지를 보냈다(당시 삼촌의 유일한 형은 돌아가시고 안 계셨다). 맨 처음, 우리 어머니가 비통함과 분노를 이겨내고 내가 가지고 온 편지를 대면하기를 너무 힘들어 하셨다. 우리 집에 모인 삼촌의 누이 다섯 명은 한 줄로 앉았는데, 이상하게도 하나같이 잔뜩 화가 난 표정이었다. 그때 누군가가 편지를 꺼내 읽어 내려가기 시작했다. 그리고 바로 편지는 이 손에서 저 손으로 건네졌다. 옛 기억이 교차하면서 눈물이 떨어지기도 하고, 옛 이야기를 회상하고 서로 나누면서 웃음보가 터지기도 하였다.

어머니와 이모들이 나한테 물었다. 집은 어떻게 생겼고 구아버 나무는 아직도 그 자리에 있는지, 주사위 놀이판은 어떻게 되었는지, 지금 뒷집에는 누가 사는지…… 나는 모두 대답을 해주려 했으나 다 만족시킬 수는 없었다. 어떻게 한 번도 본 적이 없던 집에서 누가 어디에 살고, 무엇이 어떻게 변했는지 말해줄 수 있겠는가? 그들은 라나 삼촌의 편지를 읽고 또 읽고, 만져보고, 맡아보고, 웃고 그리고 울었다. 그러던 중 어머니와 이모들은 국경을 넘는 어떤 가족의 소식을 듣게 되었다. 우리는 그 후 서로 연락을 주고받았고 어쩌다 한 번씩 편지를 받게 되었다. 이후 나는 라호르를 몇 번 더 갔고 삼촌을 다시 만났다. 한 번은 삼촌이 어머니에게 편지를 보냈는데, '내 심정으로는 우르와쉬를 새장에 가두어 이곳에 두고 싶을 정도예요' 라고 쓰여 있었다. 그러자 어머니는 내가 삼촌의 인생을 정말 크게 변화시켰다고 말씀하셨다. 내 인생도 마찬가지였으니, 내 생각에, 그것은 그가 이제 철수하기에는 너무나 어렵게 되어버린 길 위에 날 데려다놓았기 때문이다.

그렇지만 오래된 분노란 쉽사리 죽는 게 아니다. 수면 아래 잠복해 있으면서 우리가 감지하지 못하는 것들이 많은 것 또한 사실이다. 한번은 내가 삼촌을 만나러 가려고 하니 어머니가 말을 건넸다. "삼촌에게 이걸 물어봐라…… 돌아가신 할머니를 매장했는지 화장했는지 말이다." 나는 멍하게 어머니를 쳐다보았다. 어머니가 종교에 큰 의미를 두어본 적은 없었다. 어머니는 무신론자는 아니었지만 종교에 사로잡히는 것 또한 못 견뎌 하는 사람이었다.

"그게 어머니하고 무슨 상관이 있는데요?"라고 묻자 매몰차게 "그냥 물어보라니까." 하고 말을 끊었다.

그래서 나는 삼촌에게 물어보았다. "할머니가 어떻게 이곳에서 당신의 원래 이름으로 살 수 있었겠니? 난 할머니를 개종시켜야 했다. 할머니 이름은 아예샤Ayesha다."라고 삼촌이 말했다. "할머니를 묻어드렸다."라는 말과 함께.

*

난 가끔 인-파 분단 후 9년의 세월 속에 할머니가 살았던 세계에는 어떤 종류의 침묵이 어스름하게 비쳤을까 궁금했다. 할머니는 자식들이 떠나버린 그곳이 이상하지 않았을까? 도대체 무슨 일이 일어난 건지 할머니가 이해나 할 수 있었을까? 자비로운 사람이라는 뜻의 다야완띠라는 이름은 사실 할머니가 행운을 타고 태어나면서 붙여진 이름이다. 대가족의 축복 속에 살았고, 아홉 명의 아이 가운데 여섯은 딸, 셋은 아들이었다. 남편은 크게 성공한 의사였다. 이만하면 행복하게 살기에 충분한 조건을 갖춘 것이다. 그러다가 갑자기 비극이 닥쳐왔다. 남편이 병으로 쓰러지더니 이내 세상을 떠났다. 어머니 말씀으로는, 이후 할머니는 집안 골방으로 물러나 아이를 돌보거나 밥을 할 때만 밖으로 나오셨다고 한다. 그러면서 두 번째 비극이 닥쳐왔는데, 장남 비끄람Vikram 이 비행 연습 도중에 사고로 죽은 것이다. 이후로는 내면의 세계에서 위로를 찾을 뿐이었다.

인-파 분단이 발생했을 때 할머니는 무슨 일이 일어났는지 알지 못했다. 할머니는 보통 사람이 말하는 '제정신'이라는 것과 함께 자신의 내면과 외부의 어스름하게 빛나는 세계로 긴 여행을 떠나버렸다. 할머니는 가족에 대해 무엇을 궁금해 했을까? 누구에게 물어볼 수 있었을까? 자신에게 부여된 새로운 정체성에 대해 어떤 느낌을 가졌을까? 어머니는 할머니를 '근본주의적 힌두'라고 하셨지만 그렇다고 광신적이지도 않고 열변을 토하는 유형도 아니라고 했다. 그렇지만 할머니는 독실한 믿음을 가지고 계신 분이라서 매일의 기도와 금식을 통해 마음의 위안을 받는 분이었다. 도대체 다른 신앙과 다른 일상으로 느닷없이 개종을 한 것은 무슨 대가가 있어서였을까? 혹시 이로 인해 더욱 깊은 격리감 즉, 내면의 세계로 더욱 소용돌이쳐가는 그 무엇을 가져온 것은 아니었을까? 아니면 거꾸로, 돌아가실 때까지 살아야 하는 동안 해야 하는 거짓을 정확하게 이해하고 냉정하게 제정신을 차렸던 것은 아니었을까? 그 9년 동안 누가 할머니와 함께하였을까? 역사는 다야완띠 할머니의 삶과 죽음에 대해 대답할 수 있는가?

*

인-파 분단은 1,200만 명이 뿔뿔이 찢어지는 결과를 낳았다. 그리고 거의 백만 명이 죽었다. 7만 5천 명에 달하는 여성이 강간당하거나 납치당했거나 유괴했고, '다른' 종교 남성의 씨를 강제로 잉태하였다. 수천수만의 가족이 서로 찢어졌고, 집이 불타거나 파괴당했으며, 마을이 폐기되었다. 북인도의 주요 도시에는 난민촌이 일상적인 풍경으로 자리 잡았지만, 반세기가 지난 지금까지도 어떠한 기념물이나 기념행사가 없다. 다만 남아 있는 것은 가족의 역사나 공동체의 기억 안에 있는, 그러나 빠른 속도로 죽어 사라져가고 있는 것들뿐이다.

내가 조사를 시작할 때 들었던 몇 가지 이야기는 너무나 몽환적이어서 믿기 어려울 정도였다. 우리는 국경 양쪽에 있는 수많은 마을에서 수백 명의 여성이 끌려가거나 강간당하거나 납치당하거나, 다른 종교로 강제 개종을 당할 것이 두려워 우물 안으로 뛰어들었거나, 그렇게 하라고 강요를 당했다는 이야기를 여러 차례 들었다. 정말 괴이한 노릇이었다. 종교가 이끄는 힘이 사람으로 하여금, 아니 더 구체적으로 말하자면 여성들로 하여금 자기 자신을 죽일 만큼 강했다는 말인가?

그러고 나서 난 비르 바하두르 싱의 어머니 바산뜨 까우르Basant Kaur를 만나게 되었다. 키가 크고 건장한 60대 중반의 여성 바산뜨 까우르는 여성들이 우물에 뛰어들기로 결정이 난 1947년 3월에 자기 마을인 토아 칼사Thoa Khalsa 그 현장에 있었다. 그녀는 90명이 넘는 여성이 무슬림을 두려워하며 우물 안으로 몸을 던지는 상황을 직접 목격했다. 그녀 또한 몸을 던졌다. 하지만 몸이 잠길 만큼의 물이 더 이상 남아 있지 않아 살아남았다. 그렇게 살아남은 사람이 몇 사람 되었다. 그녀는 말하기를, "이건 딴두르tandoor[6]에서 로띠를 굽는 것과 같아서, 꽉 차버리면 맨 위에 것은 구워지지 않아 빼내야 하는 상황과 마찬가지였습니다. 우물이 꽉 차버려서 우리는 물에 빠질 수가 없었고…… 죽은 사람들, 또 죽은 사람들, 그리고 살아 있는 사람들, 그들은 꺼내졌습니다. ……"

그녀의 아들 비르 바하두르 싱은 아버지가 누이들을 죽이는 걸 직접 목격했다. 그는 그 사건을 매우 자랑스러운 목소리로 들려주었다. 목소리에는 누이의 용기와 그 누이의 '순교'에 대한 자부심이 묻어 있었다. 누이들이 시크교의 순교자 반열에 올라 있기 때문이었다. 내가 처음 가족의 죽음 즉, 집안 남자들이 여자와 아이들을 죽이는 그 놀라운 사건을 접하게 된 것은 영화 〈심장의 분할〉을 제작하는 동안 아므리뜨사르Amritsar에서 망갈 싱Mangal Singh이라는 노인을 만나면서였다. 망갈 싱은 나한테 자기가 두 형제와 함께 어떻게 열일곱이나 되는 가족을 죽이기로—그는 '순교'라는 어휘를 사용했다—결정했는지 말해주었다. 노인은 "우리가 이렇게 한 것은, 만약 그렇게 하지 않으면 개종을 당할 수밖에 없기 때문이었습니다."라고 말했다. 바로 그 '의무'를 다하고 난 뒤 망갈 싱은 아므리뜨사르로 건너와 새 삶을 살았다. 내가 그를 만났을 때 그는 세 형제 가운데 유일하게 살아남은 사람이었다. 그는 새 삶을 꾸려 새 아내와 아이들, 손자들을 두었다. 모두 그 이야기를 들었으나 다 잊어버렸다. 그는 계속해서 나한테 "그런데 이런 이야기는 어째서 알고 싶어 하는 겁니까?"라며 무슨 소용이 있느냐고 물었다. 나는 어떻게 그런 비통함과 상실감, 죄악을 직면하면서 살아왔는지 알고 싶다고 대답했다. 그는 "배고픔은 모든 슬픔과 비통함을 다 쫓아내는 법입니다. 이해하시겠습니까?"라고 했다. 가진 게 아무것도 없을 때는 슬픔과 비통함을 느낄 여유도 없다면서……

---

6) 화덕. 화덕 안벽에 밀가루 반죽을 아래부터 차례로 붙이는 식으로 로띠를 굽는다. —옮긴이

*

무엇 때문에 그걸 알려고 합니까? 이것은 내가 인터뷰를 하려는 사람이나 내 작업을 보여주려 했던 사람들로부터 수도 없이 반복해서 받은 질문이다. 인-파 분단에 대한 작업을 두세 번 시작한 후에야 난 용기를 냈고 연구 모임에서 몇 가지 논문을 읽었다. 나는 그동안 날 괴롭혀온 몇 가지 질문을 다른 사람과 나누고 싶었다. 예를 들면, 보통의 역사적 기술은 인-파 분단의 역사에서 왜 이렇게 감추어진 측면을 진정으로 다룰 수 없는 것인지, 사람들의 경험은 왜 함께 모을 수 없는지, 그리고 그것이 우리가 오늘날 알고 있는 인도를 만드는 데 어떠한 역할을 하였는지를 왜 볼 수 없는지, 다른 사람과 나누고 싶었다. 그것은 고통과 슬픔으로 찢긴 이야기를, 그리고 너무나 많은 사람과 밀접한 관계를 맺고 있는—그런 몇 가지 점에서 우리 가족은 분명 분단 난민이었다—그 이야기를 다루어야만 하는 사실을 알고 있었기 때문이었을까? 아니면 이 연구를 실제로 시작하기 전에 어느 정도의 시간이 경과하도록 두어야만 했던 그 이야기를 다루어야 했기 때문이었을까? 나는 내가 들었던 그 많은 이야기를 어떻게 독해해야 하는지 알고 싶었다. 역사학자로서가 아닌 개인의 나로서는 이 이야기들을 아무런 문제없이 쳐다볼 수가 없었다.

예를 들어, 내가 들은 이야기가 '진실'임을 믿을 수 있을까? 이렇게 많은 세월이 흐른 뒤 끄집어낸 기억을 사람들은 얼마나 신뢰할 수 있을까? 자기 이야기를 내게 들려준 그 많은 사람에게 난 단순히 또 하나의 들어주는 사람일 수밖에 없을 것이고, 경험이라는 것은 아마 단지 또 하나의 이야기를 하는 것일 뿐이리라. 내가 중산층에 속해 있고, 여성이면서 뻔자비이고, 절반은 시크라는 사실은 내 인터뷰에 응하는 사람들의 태도를 좌지우지했을 것이다. 그렇다면 나는 그들의 기억, 그들의 회상 위에 어떤 가치를 두어야 했을까? 인터뷰를 통해 터져 나오는 이야기가 너무나 고통스럽고, 분노와 종교공동체적 감정으로 가득 차 있던 일은 아주 흔했다. 그래서 나는 공포에 질리기도 했다. 그러한 자료는 어떻게 해야 하나? 그것은 역사가가 되었을지도 모르는 나에게 자료에 충실하도록 만들기 위함은 아니었을까? 아니면 하나의 세속주의 인도인으로서 내 스스로가 보이도록 만든 것과 보이지 않도록 만든 것 모두에 대해 주의를 기울이도록 실제 훈련을 해야 하는 걸까?

나를 집요하게 따라다니던 의문 하나는, 이런 인터뷰가 만일(내 경우가 그렇듯) 이야기의 한 측면만을 다루고 있다면, 그래도 그것을 공론화하는 일이 정당한가에 관한 것이었다. 그런 자료가 한쪽 혹은 다른 쪽에 의해 악용되지는 않을까? 지금까지도 나는 이 딜레마를 해결하지 못하고 있다. 솔직하고자 하는 욕망과 신중하자는 욕망 사이에서 갈등했다. 그리고 그 모든 시간 동안 다음과 같은 질문을 받았다.

"왜, 도대체 너는 왜 이 일을 하는가?"

이 질문은 또 다른 이유로 중요한 의미를 갖는다. 두 나라 사이에 국경이 그려진 이상, 사실 내가 조사를 위해 혹은 인터뷰를 수행하기 위해 파키스탄으로 여행을 떠나는 일은 불가능했다. 그 결과는 내 연구가 매우 일방적인 것으로 남아 있고, 아니 지금도 계속되고 있는 것으로 나타났다. 난 이것이 옳지 않음을 잘 안다. 난 내가 무엇을 하고 있어야 하는지를 알지 못했고 지금도 알지 못하고 있다. 그렇다면 내가 이 일을 그만두어야 하지 않나? 이에 대해 쉽게 답을 내릴 수는 없었다. 그렇지만 결국 이 조사가 나에게 많은 의미가 있다면 계속 진행해야만 한다고 단순하게 생각하기로 했다. 난 포기할 수가 없었다.

*

    한동안은 인도와 파키스탄 사이의 국경을 통해 서로 통행이 이루어질 것 같았다. 그 결과 나는 파키스탄을 몇 번 방문할 수 있었고 라나 삼촌과 단단한 관계를 이룰 수 있었다. 한번은 삼촌의 둘째딸 결혼식이 있어서 내가 어머니와 큰이모를 대동하고 삼촌댁을 방문하기로 했다. 우리는 계획을 세우면서 그야말로 엄청난 흥분에 사로잡혔다. 정말 전혀 모르는 사람 집을 방문하는 기분이었다. 어머니와 이모는 남동생이 어떻게 변했는지, 동생이 자신들을 어떻게 대할지, 집은 어떻게 변했는지, 보고 싶은 고향은 어떤 느낌을 선사해줄지…… 전혀 알지 못했다. 라나 삼촌이 누이들을 만나기 위해 라호르 공항으로 나왔다. 어머니와 이모가 동생을 마지막으로 본 것이 41년 전이었는데 그때 라나 삼촌은 스무 살의 젊은 청년으로 호리호리하고 키가 컸으며 깔끔한 용모였다고 한다. 지금 어머니와 이모가 만난 동생은 이제 60대에 접어들어 머리는 벗겨지고 흰머리가 보이는 초로의 남자가 되어 있었다. 삼촌은 아와미awami 정장을 입고 나왔다. 그 옷은 헐렁한 살와르salwar와 셔츠가 한 벌인데 부토Bhutto가 입어 유행했던 옷이다.

    나는 삼촌의 눈에 뭐가 보일지 상상해보았다. 머리가 하얗게 된 두 여자. 70대 이모와 60대 어머니. 재회는 망설이며 매우 어렵게 이루어졌는데, 그들은 만나자 마자 모두 눈물을 훔치느라 여념이 없었다. 내가 이제는 제3자가 되어 옆으로 비켜 서 있었다. 공항에 나온 내 친구 랄라는 이제껏 저런 표정을 본 적이 없다며 도저히 말로 표현할 수 없다고 안타까워했다. 차에 오르고 몇 마디 주고받은 걸 빼면 집에 도착할 때까지 아무도 거의 말을 하지 않았다. 집, 이 집이 바로 내 어머니와 그 형제자매가 자란 곳이다. 어머니와 이모는 집안 구석구석을 샅샅이 알고 있었다. 그렇지만 지금은 그 집의 많은 부분을 모르는 사람들이 차지하고 있다. 그래서 어머니와 이모는 마치 남의 집에 방문한 것처럼 조심스레 행동해야 했다. 숙모는 우리를 따뜻하게 맞아주었지만 의심의 눈초리를 거두지는 못했다. 숙모는 딸 결혼식에 도대체 외부에서 친척들이 어떻게 여기 와 있는지 이상하게 생각하고 있음에 틀림없었다. 그 친척들이 하객들 앞에서 자신을 당혹스럽게나 하지 않았으면 좋겠다고 생각하고 있음에 틀림없었다.

처음 이틀간은 라나 삼촌과 두 누이도 서로 가장자리만 맴돌고 있었다. 서로 말은 나눴지만 긴장의 끈을 놓지 않은 채 공손하게 행동했다. 셋째 날이 되면서 둑이 무너지고 말았다. 세 사람은 완전히 방에 틀어박혀 울다가 웃고, 또 추억을 더듬으면서 하염없이 말을 나누었다. 외삼촌은 비로소 두 누이에게 집안을 제대로 보여주기 시작했다. 어머니와 누이는 그 옛날 자신들이 쓰던 방으로 돌아갔고, 그렇게 좋아하던 그 나무도 보았으며 돌아가신 부모님과 친척들을 떠올렸다. 공항에서 중개자였던 나는 이제 별 필요 없는 존재가 되어 있었다. 전부터 나는 친구 랄라 집에 가 있을 수도 있다고 말씀드렸지만 결국 그냥 이곳에 머무르게 되었다. 거기에 대해 뭔가 죄의식 같은 건 없었고, 오히려 뭔가를 달성해낸 것 같아 뿌듯했다. 그들은 이제 나라는 존재 없이도 서로 말하고 있지 않은가.

그렇지만 같은 가족이 묶이게 되면 다른 사람은 더 멀어지게 될 거라는 점은 미처 생각지 못했다. 라나 삼촌의 가족들이 두 누이가 온다는 사실에 우려하는 것은 아주 자연스러운 일이었다. 가족 가운데 딸 하나가 결혼을 앞두고 있다. 사돈 될 사람이 이쪽 가족에 힌두가 있다는 사실에 이의를 달지는 않을까? 그 힌두들이 토지를 돌려달라고 하지는 않을까? 결혼식장에서 자신들을 당혹스럽게 하는 무슨 일을 저지르지나 않을까? 그보다 더 복잡한 일은 어머니와 이모가 연장자라는 사실이었다. 관습에 따르면 어머니와 이모는 마땅히 윗사람으로 예우를 받아야 한다. 다시 말하면 결혼 의례에 두 사람을 위한 자리가 따로 마련되어야 하는 것이다. 그렇지만 어떻게 그런 일이 가능하겠는가? 그래서 '이' 쪽 가족과 '저' 쪽 가족 사이에 작은 침묵의 벽이 쌓이기 시작했다. 이를 보면서 난 우리가 금방 건너왔다고 생각한 그 경계를 다시 만드는 게 얼마나 쉬운 일인가를 깨달을 수 있었다.

*

라나 삼촌과는 이후 몇 년간 서로 연락을 유지하였다. 이런저런 끝에 나는 파키스탄을 간신히 다시 방문할 수 있었고 삼촌을 또 만났다. 그렇지만 그게 쉬운 일은 아니었다. 삼촌은 경찰의 감시를 걱정하기 시작했고 그러면서 서서히 편지를 중단하였다. 한동안 어머니는 삼촌에게 편지도 보내고 선물도 보내곤 했다. 그렇지만 이조차도 점차 사그라져갔다. 난 몇 차례 친구들을 통해 삼촌에게 편지와 전갈을 보냈다. 통 답이 없다가 어느 날 전갈이 하나 왔는데 이제 연락을 하지 않았으면 한다는 내용이었다. 이로 인해 너무 힘들어졌다는 것이었다. 이는 그냥 공식적인 것만은 아니었다. 왜냐하면 삼촌의 아들들이 우리와 연락을 끊으라고 아버지를 계속 압박했기 때문이다. 그리고 그 어떤 이유를 대더라도 여행허가를 받기가 갈수록 어려워진 것도 또 하나의 사실이었다.

라나 삼촌을 본 지가 벌써 여러 해가 지났다. 난 이제 삼촌이 살아 있는지조차도 모른다. 그러나 살아 있을 거라고 **생각한다**. 아니 살아 있기를 **바란다**. 삼촌이 돌아가셨다는 말을 한 사람이 아무도 없었으니 나는 살아 있다고 믿을 것이다. 그리고 난 스스로에게 계속해서 말을 하고 있다. 만약에 삼촌에게 무슨 일이 생기면 누군가가 분명히 나한테 전해줄 거라고. 그렇지만 지금은 내가 한 그 말을 스스로 믿고 있는지 확신이 서지 않는다. 몇 년 전 어머니가 할머니를 매장했는지 화장했는지 물었을 때, 그리고 삼촌이 매장했다고 대답했을 때, 난 삼촌에게 그러면 할머니 묘에 한 번 데려가주실 수 있는지 물은 적이 있다. 나는 그날 저녁 삼촌 집 앞 희미한 불빛 아래 삼촌과 함께 서 있던 기억이 난다. 길 위를 쳐다보면서 삼촌에게 말을 건넸다. "삼촌, 할머니 묘를 보고 싶어요. 한 번만 데려다주세요." 삼촌이 날 바라보지 않은 채 대답을 한 건 그때가 처음이었다. 삼촌은 땅을 질질 끌면서 말을 했었다. "아가, 아직은…… 아직은 내가 준비가 돼 있지 않구나."

*

1996년 8월 14일 밤, 인도 뻰잡주 와가Wagah에 있는 인도-파키스탄 국경을 수백 명의 인도인이 찾았다. 인-파 양국의 몇몇 집단이 오랫동안 염원해온 목적을 달성하러 그곳엘 간 것이다. 얼추 같은 수의 사람들이 양쪽 국경에 서서 평화의 노래를 불렀다. 사람들은 거기가 국경이니 초소가 있을 테고, 한쪽에서 다른 쪽 사람들의 얼굴을 볼 수 있을 거라고 상상을 했다. 그렇지만 그들은 크게 낙담하여 돌아왔다. 국경은 그들이 생각한 것보다 훨씬 더 복잡했는데, 중간지대도 있고 규모도 생각보다 훨씬 컸다. 인도 쪽에는 네온사인이 밝혀진 큰 아치가 있었는데 큰 글씨로 '메라 바라뜨 마한MERA BHARAT MAHAN' 즉 '내 조국 인도는 위대하다'라고 쓰여 있었다. 파키스탄 쪽에도 비슷한 네온 아치가 있었는데 거기에는 '파키스탄 진다밧PAKISTAN ZINDABAD' 즉 '파키스탄이여 영원하라'라고 적혀 있었다. 사람들은 이곳에 소풍을 와서 즐겁게 먹고 마시고 놀고 간다.

국경에서는 매일 저녁 사람들로 하여금 침략을 잊지 않게 하기 위해 서로 상대방을 향한 의례를 행사한다. 국기 강하식이 거행되면 양국 국경경비대원은 서로를 향해 돌진하듯 다가서 얼굴을 들이밀다가 깔끔하게 돌아서 자기 쪽으로 퇴장하는 것이다. 의례 전체가 얼마나 정확하게 진행되는지, 경계선을 조금도 넘지 않으면서 절도 있게 움직이는 모습을 보고 있노라면 얼마나 연습을 많이 했을까 감탄하지 않을 수 없다. 밑으로 내려오면 앗따리Attari라는 곳이 있다. 낮 동안 그곳에서는 사람들이 국경에 도착하면 서로 다른 색의 옷을 입은 짐꾼들이—푸른색과 붉은색은 '우리'와 '남'을 구별하게 해준다—12인치 폭의 선으로 그어져 있는 국경선에 마주보고 서서 가지고 온 무거운 가방과 짐을 자신의 머리에서 상대방 머리로 건네준다. 짐꾼들의 머리는 서로 만나고 발은 떨어져 있는 바로 그곳을 국경이 관통한다.

분단의 고통과 슬픔은 국경에서 기념되지 않는다. 뿐만 아니라 인도, 파키스탄 그리고 방글라데시 외의 그 어느 곳에서도 공개적으로 표현되지 않는다. 백만 명이나 죽어갔을 텐데도 아무런 기념물 하나 없다. 이야기는 오로지 사람들 사이에 있다. 모두가 다 가지고 있는 것이다. 하지만 그것이 가족이나 종교공동체 사이의 경계를 넘어서는 것은 아니다. 사람들은 자기 핏줄에게만 말을 한다.

수바드라 부딸리아 Subhadra Butalia

'같은 부모에게서 나온 자식, 같은 피'

수바드라 부딸리아는 내 어머니다. 내가 라나 삼촌을 방문하고 그 결혼식에 어머니를 모시고 다녀온 후부터 어머니와 나는 라나 삼촌과 인-파 분단에 대해 이야기를 나누기 시작했다. 아주 주저주저하면서. 난 우리가 얼마나 자주 그리고 규칙적으로 라호르, 고향 옛집, 할아버지 할머니에 대해 이야기를 들었는지를, 그렇지만 얼마나 그 이야기에 무관심하였는지를 그제야 깨달았다. 라나 삼촌이 처음으로 답장을 쓰기 시작한 후, 특히 어머니가 라호르에 다녀오신 후부터 난 어머니가 동생을 만난 심정이 어땠는지 그리고 고향집을 다녀온 기분이 어땠는지에 대해 이상하리만큼 관심이 많아졌다. 내가 라호르에 가보고 싶은 감정이 그 정도로 강했다면 어머니는 어떠했겠는가? 난 몇 년에 걸쳐, 조금씩, 조금씩, 어머니로 하여금 당신의 경험을 풀어내도록 설득해나갔다. 그리고서 난 또 다른 모순에 빠져들게 되었다.

　　우리 부모 세대의 어른들은 분단에 관한 이야기를 시도 때도 없이 한다. 분단은 이미 그들의 마음을 점령하고 있고, 그들의 삶을 꽉 채우고 있으며, 그들의 과거를 기념물로 만든다. 그렇지만 바로 이런 이야기에 대해 인터뷰를 하듯 공식적인 자리를 마련하면 이상하게도 이야기를 하려 들지 않는다. 나는 이에 대해 정말 많이 생각해보았다. 그리고서는 다음과 같이 결론을 내릴 수밖에 없었다. 기억을 되살리는 일이 스스로를 의식하는 일이거나 자기 내면을 돌아보는 일일 때 사람들은, 아마 자기가 한 말이 '정확'한지 그리고 진실인지에 대하여 확신을 갖지 못한다면, 스스로를 내세우기 싫어할 수밖에 없다고.

그렇지만 항상 그런 것만은 아니었다. 내 생각에 어머니는 상처가 너무 깊어 이야기를 꺼내기가 갑절로 어려웠을 테고 더군다나 딸에게 말하는 거라 더욱 그러했을 것이다. 아마 어머니와 개인적인 친분이 없는 사람이라면 내가 실패한 곳을 이어갈 수 있을 것이다. 라호르에서 할머니를 두고 떠날 것을 강요받을 때의 심정을 말하던 지점에서 어머니는 "누가 자기 어머니를 두고 떠나올 때의 고통을 말로 표현할 수 있겠니."라고 할 뿐이었다. 나는 그때 내 생각이 너무 짧았음을 깨달았다. 우리는 부모가 자식을 두고 떠나야 하는 고통에 대해서는 이해한다. 그러나 우리가 거의 생각지 못한 그 무엇으로 그와는 전혀 다른 방식의 일이 일어날 수도 있다. 이 역사의 소용돌이 속에서 얼마나 많은 부모가 자식을 잃어버릴 수밖에 없었는지에 대해 아는 사람은 아무도 없다. 그들 가운데 얼마나 많은 사람이 사고로 죽었는지, 혹은 살해당했는지에 대해서도 전혀 알 수가 없다.

내가 어머니와의 인터뷰를 책에 포함시키기로 한 이유는 어떤 면에서 보면 이 인터뷰가 라나 삼촌 이야기의 또 다른 측면이기도 하면서 다른 면에서는 가족 내의 침묵을 끄집어내는 것이기도 하지만 동시에 이 너머로는 더 넘어갈 수 없는 어려움을 보여주는 것이기 때문이기도 하다. 침묵에 대해 물어보는 것만큼이나 중요한 것은 침묵에 대해 어떻게 물어볼 것인가이다. 그 물음을 누가 던질 것이고, 언제 던질 것이며 또 그 침묵이 깨지는 것에 대해서는 누가 책임을 질 것인가가 중요한 관건이 되는 것이다.

어떤 친구가 몇 년의 침묵 끝에 자기 어머니가 끈질기게 달라붙는 어떤 연구자에게 분단의 기억을 어떻게 풀어냈는지 나에게 말해준 적이 있다. 어머니는 당시의 고통과 분노를 기억해내면서 몇 주 동안 잠을 이룰 수 없었는데, 어머니에게 무리하게 이야기를 종용했던 연구자는 또 다른 인터뷰를 위해 다른 곳에 있었다는 것이다. 이것은 단순히 침묵이냐 말이냐의 문제가 아니다. 왜냐하면 말을 하는 것이 항상 자신을 정화하는 역할을 한다거나 말을 함으로써 해방되는 것만은 아니기 때문이다. 나는 연구를 하면서 기꺼이 자신의 이야기를 하려는 사람하고만 이야기를 나누고자 최선을 다했고, 나온 말이 의미하는 것에 대해서는 책임을 지고자 했다. 이러한 접근 방식이 옳은지 어떤지에 대해서는 알 도리가 없다. 그렇지만 적어도 내게는 이것이 내가 택할 수 있는 유일한 방법이었다.

내가 내 어머니를 인터뷰에 포함시키는 것이 중요하다고 느낀 또 하나의 중요한 이유가 있다. 어떻게 보면 라나 삼촌은 나보다는 당신 누이에게 훨씬 솔직하게 이야기를 했을 것이다. 삼촌은 자신이 파키스탄에 남은 이유 중에 하나가 그 집이라는 사실을 시인했다. 분단 당시 그 집은 라나 삼촌에게 일종의 자유와 기회로 표현되기도 했지만, 바로 그 집이 나중에는 무거운 굴레가 되었다. 삼촌의 말을 믿는다면, 삼촌은 자식에 대해서는 별 의미를 두지 않는 사람이었다. "나는 내 자식들에 의해 내 집에 갇힌 사람입니다."라고 삼촌이 어머니에게 말한 것처럼.

수바드라 부딸리아

1946년에 나는 나바Nabha에 있는 주립고등학교에서 일하고 있었다. 학교는 부지도 넓었고 건물도 컸다. 슬럼에 둘러싸여 있어서 학교 주변에는 매춘부까지 있었다. 그리고 사방이 모두 무슬림 다수 거주 지역인데다 정말 가난한 무슬림도 꽤 있었다. 이때는 사람들이 모이면 인-파 분단에 관한 이야기를 하곤 했는데 주제는 항상 그 사건이 일어났어야 했느냐 말았어야 했느냐에 관한 것으로 흘렀다. 나는 여교장 선생님 란지뜨Ranjit와 어머니, 형제자매들과 함께 살았는데 그런 이야기가 퍼지면 주변에 사는 무슬림이 곧 한바탕 난리를 칠 것 같았다. 그리고 그렇게 되면 우리 여학교가 제일 먼저 공격을 당할 것 같아 두려움에 떨고 있었다. 그때 우리 집은 수위도 하녀도 모두 무슬림이었다. 그래서 두려웠고 무슨 일을 어떻게 해야 할지 막막하기만 했다. 우리는 가족들에게 일종의 행동지침을 내려놓은 상태였다. 잠은 밖에 나가서 즉, 열려 있는 집 정원에서 자곤 했다. 그것은 사방에 있는 벽이 경계를 만들어 주기 때문이었다. 밖에서 자다가 만일 어떤 소란스러운 소리가 나면 바로 집안으로 들어가라는 것이 행동지침이었다.

학교에서 바로 길 건너에 매춘부 하나가 살고 있었다. 하루는 그녀가 어떤 사람과 싸움을 벌였다. 상대방은 군인이었는데 싸우다가 그만 그녀에게 총을 쏴버렸다. …… 두 방. 밤중이었다. 군인은 바로 담을 넘어 도망을 쳤는데 나중에 총으로 자살을 했다. 우리는 정말 무서웠다. 그래서 모두 안으로 피신했다. 막내 여동생 문나Munna는 잠시 정신이 나갔는지 안으로 들어오지 않고 밖으로 뛰쳐나가 숨었다. 우리는 극도의 공포에 빠져들었다. 문나, 문나! 문나 어디 있니? 바깥에서 무슨 일이 일어났는지 누가 알겠니? 란지뜨는 내가 밖으로 나가려는 걸 뜯어

말렸고 나는 어떻게 그 어린 걸 혼자 두겠느냐고 소리쳤다. 정말 심각한 상황이었다. 그때 문나가 우리가 싸우는 소릴 들었고, 우리는 얼른 그 아이를 안으로 데려왔다. 아침이 돼서야 우리와 관련이 없는, 아무것도 아닌 일이었음을 알게 되었다. 그리고 군인이 매춘부를 죽였다는 걸 알게 되었다.

남자는 군대에 가서 여자한테 돈을 부쳐주곤 했다고 한다. 외출을 나와서 청혼을 했는데 여자는 너처럼 날 좋아해 내 발등에 입을 맞추는 사람이 줄서 있으니 꺼지라면서 바로 거절을 했다 한다. 뭐 대략 이런 이야기였다. 여자의 어머니는 밤이 되면 '알라Allah'를 외치곤 했는데 정말 소름끼치도록 섬뜩하게 소리를 질렀다. 우리가 그렇게 무서워했던 것은 우리 안에 남자가 하나도 없었기 때문이다. 우리는 모두 여자였고 그래서 더욱 무서웠던 것이다. 긴장은 극도로 높아져만 갔다. 나는 우리 모두 여길 떠나 다른 데로 멀리 도피해야 하지 않을까 생각했다. 동생들은 라호르로 갔으면 했다. 그건 당시 라호르에서 어떤 일이 벌어지고 있는지 모르고 있었기 때문이다. 란지뜨는 그곳 상황이 심각하니 그리 가면 안 된다고 말렸다. 우리가 이런 일로 논의를 하고 있을 무렵 라호르에 살고 있던 남동생 라나가 왔다. 라나는 지금 밖에서는 온통 인-파 분단에 관한 이야기밖에 없으니 하루 속히 이 집을 팔고 이곳을 떠야 한다고 주장했다.

라나에 대해 몇 가지 더 이야기를 하자면, 라나는 우리 아홉 남매 중 여섯째였다. 아버지는 돌아가실 때 우리에게 충분한 재산을 남겨주셨다. 장차 먹고살기에 충분한 재산이었다. 그래서 아버지 장례 때 찾아온 조문객들조차도 우리 가족은 앞으로 먹고사는 데 부족할 게 없겠다는 말들을 하곤 했다. 그렇지만 우리에게는 뭔가 다른 일이 하나 있었다. 큰오빠 비끄람이 당시 대학을 중퇴한 상태였는데 장사를 하나 해보려고 어머니에게서 돈을 좀 가져갔다. 그런데 그만 장사가 실패하고 말왔다. 그렇지만 그 정도는 집안 살림에 아직 큰 충격은 아니었다. 비끄람은 나중에 공군에 입대했다. 입대 소식을 가지고 집에 오는 길에 오빠는 아미나Ameena라는 아주 아름다운 무슬림 처녀를 데리고 왔다. 오빠는 첫 월급을 받는 날 아미나와 결혼을 하겠다고 말했다. 그렇지만 그런 일은 결코 일어나지 않았다. 첫 월급날 오빠는 월급을 받으러 사무실에 갔는데 아무도 아직 출근을 하지 않은 상태였다. 그래서 잠깐 한 바퀴 돌고 올 요량으로 비행기를 타고 나갔다가 전봇대를 들이받아 바로 불귀의 객이 되어버린 것이다.

어떤 점에서 라나의 삶은 비끄람의 죽음에 큰 영향을 받았다. 삼촌 한 분이 라호르 대법원의 법관으로 계셨는데, 라나를 시골로 보내는 게 좋겠다는 의견을 내놓았다. 그래서 열둘인가 열셋인가 하는 어린 나이에 라나는 학교를 그만두고 빠라그뿌르Paragpur로 가게 되었다. 그때 라나는 정말로 가기 싫어했다. 고향으로 간 후 어느 날 라나가 나한테 편지 한 통을 보냈는데 "여기서는 침대보도 내가 빨아야 하고, 나 정말 여기 살기 싫어. 나 정말 안 불러주면 어디로 도망쳐버릴 거야."라고 쓰여 있었다. 그리고 얼마 되지 않아 라나가 없어졌다는 소식을 들었다. 그렇지만 그 아이를 찾기 위해 뭘 어떻게 해야 할지 모르겠더구나. 이즈음 어머니는 간질병을 앓고 있었고 언니들은 다 시집가서 집에 없었으며 난 겨우 스무 살이었으니…….

라나가 어떻게 이모 집에 있었는지는 잘 기억이 나지 않는다. 우리는 라나를 데려오려 했고 라나는 다시 내빼버렸다. 이후 2년 동안 라나를 추적할 수 없었던 터라 우린 또 한 명의 남동생을 잃었구나 하고 생각하고 있었단다. 난 그 어느 누구보다 상실감이 컸다. 그러던 어느 날 언니가 라나 손을 잡고 집안으로 걸어 들어오는 것이었다. 기차역 식당에서 발견했다면서……. 탕아가 집에 돌아온 거였다. 라나는 우리 가족에게는 이방인이 되어버렸지만 한편으로는 생존의 기술을 터득하기도 했더구나.

나중에 우리 모두가 나바로 이사했을 때 라나는 혼자 라호르에 남았다. 나는 나바에서 직장을 잡게 되어 어머니를 모시고 남동생, 여동생과 함께 있게 되었다. 라나가 그 집에 남아 얼마나 자신을 잘 지탱하면서 살았는지는 아무도 모른다. 가끔 라나는 나한테 조금만 돈을 꿔달라고 하기도 했다.

인-파 분단의 먹구름이 우리를 덮쳤을 때 나는 라호르에 있는 집을 걱정하기 시작했다. 그 집은 우리에게 유일한 안전장치였다. 분단의 와중에 누군가 그 집을 빼앗아간다면 우리는 완전히 빈털터리가 될 거라는 걱정이 되었다. 어느 날 나는 신문광고에서 사하란뿌르Saharanpur에 집 한 채가 매물로 나온 것을 보게 되었다. 소유주는 무슬림인데, 파키스탄으로 이주를 하려고 하니 라호르에 있는 비슷한 수준의 집과 맞바꿨으면 좋겠다는 거였다. 조건이 딱 맞는 것 같아서 나는 즉각 협상을 시작했고 이 소식을 삼촌께 알려드렸다.

그런데 삼촌으로부터는 연락이 없고 며칠 뒤 라나가 왔다. 라나는 내가 이번 일을 하는 데 대해 기뻐했고, 더 자세한 사항을 고려해볼 것이 있으니 어머니를 모시고 가겠다고 했다. 나는 기꺼이 동의했고, 내 노력이 성사되는 것 같아 기뻤다. 그런데 며칠 뒤에도 어머니가 돌아오지 않는 것이었다. 난 걱정이 되기 시작했다. 라나는 어머니가 편찮으셔서 그런다고 했다. 그래서 난 어머니를 뵈러 라호르로 갔다.

거기에서 난 삼촌이 라나에게 내가 그 집을 통째로 차지하려고 하니 조심하라고 일렀다는 사실을 알게 되었다. 라나가 어머니를 모시고 온 것은 그렇게 해야 자기가 그 집을 차지할 수 있기 때문이라고 생각해서였다. 라나에게 묻자 라나는 "난 배우지 못한 사람이에요. 내가 인도에서 할 수 있는 일이 뭐가 있겠어요? 누나가 날 언제까지 돌봐줄 건데요? 누나는 곧 결혼할 거고 그러면 누나 가족이 누나 재산이 될 텐데 난 이 집이 내 피난처잖아요."라고 대답했다.

난 라나에게 따져 물었다. 만약 파키스탄이 현실이 된다면 어떻게 거기서 살 수 있겠느냐고 묻자 라나는 명쾌하게 답을 했다. "종교가 생존보다 더 중요한 건 아니지요."라고. 라나는 모든 계획을 세워놓았다고 했다. "자띤데르Jatinder 씨 옆집에 사는 그 아주머니 아시죠? 그 아주머니 딸이 나랑 결혼하자고 했어요, 내가 개종만 하면."

그럼 어머니는 어떻게 할래? 하고 묻자 라나는 자신의 어머니이기도 하니 걱정 말라고 했다. 라나는 무슬림이 되어 그 처녀, 파우지아Fawzia와 결혼을 할 거고, 어머니를 모실 거라고 했다.

누가 제 어미를 놓고 떠나야만 하는 고통을 말로 표현할 수 있을까? …… 나는 라나에게 제발 나와 내 바로 밑 남동생이 어머니를 모시고 가도록 해달라고 간청을 했다. 더 이상 라나를 믿을 수가 없었다. 라나가 재산에 눈이 멀어 어머니나 남동생을 죽일 수도 있을 거라는 생각이 들기도 했다. …… 긴장은 이루 말할 수 없을 정도로 컸고, 나는 겁에 질렸다. 더 이상 그 집에서 잠을 잘 수 없을 정도였다. 결국 나는 떠나야만 했다. 병들고 가련한 우리 어머니를 남겨두고.

나는 라나가 저지른 그 잔인한 짓을 단 한 번도 용서해본 적이 없다. 내가 떠나려고 하면서 눈물을 그치지 않으니 라나는 이렇게 말하더구나. "누나는 내가 무슬림으로 개종을 한다니 그리 슬픈 거지요?" 나는 라나의 손을 잡고 통곡을 했단다. 그러면서 어머니를 잘 부탁한다는 말밖에 남기지 못했다. "네가 힌두든 무슬림이든 내겐 아무 의미도 없단다." 아버지는 무엇보다 앞서가는 사람이면서도 세속적인 사람이었지만 라나가 나에게서 낚아채간 그 여인네는 지금 병중이고 몸이 허약해 돌봄이 필요한 사람이었다. …… 나는 무거운 마음으로 집에 돌아올 수밖에 없었다. 언니들 가운데 누군가 나서서 어머니를 나한테 보내라고 라나를 설득해주길 바랐지만 그런 일은 일어나지 않았다. 어머니는 어떻게 사셨는지, 누가 잘 보살펴드리기는 했는지, 진지는 잘 드셨는지, 굶지는 않으셨는지 …… 이런 걱정에 대해 단 한마디도 들어본 적이 없다. 어머니는 매일 저녁 기도하는 걸 빼먹지 않는 독실한 힌두였는데 어머니의 일상은 어떻게 바뀌었을까 걱정되었다.

라나는 압둘라Abdulla가 되고, 파우지아가 라나의 아내가 되었다. 우리가 어린 시절을 보냈던 그 집은 이제 스스로 원하여 개종한 무슬림 가족의 집이 되었다. 라나는 행복하였을까? 어머니는 잘 돌봐드렸을까? 알 길이 전혀 없었다. 한 번인가 두 번 라나가 여동생 문나에게 편지를 보낸 적이 있었다. 그런데 문나는 더 이상 편지를 보내지 말라고 해야 했다. 문나의 남편이 군대에 근무하고 있었는데 그로 인해 너무나 많은 의심을 받을 수 있었기 때문이다. 시간은 흐르고 라나는 점점 더 외로움을 느끼기 시작했을 거다. 내 생각에 라나가 우리를 보고 싶어하기 시작한 것 같았다. 그렇지만 라나는 단 한 번도 나한테 편지를 보낸 적이 없다.

그리고 몇 년이 흘렀을까, 네가 삼촌과 접촉을 했던 거다. 그리고 널 통해 편지를 보낸 거고. 라나는 이제 네 아들과 세 딸의 아버지라고 썼더구나. "제가 젊었을 때 했던 짓을 결코 용서해본 적이 없어요. 그렇다고 내가 걸어왔던 길을 다시 밟을 수도 없어요. 전 이곳에서 받아들여진 적이 없습니다, 심지어는 제 가족 한테도요.……"

라나의 편지를 받고 나니 정말 마음이 심란하더구나. 내가 답장을 썼지. 나는 라나더러 적어도 자기 집에서 살아왔으니 좋았겠다고 했단다. 그러자 라나는 자기더러 좋았겠다는 말을 하지 말아달라는 거였다. "전 개종 이후 단 하루도 편안하게 잠을 자본 적이 없어요. 이 집에 있는 순간순간이 저를 저주하는 것 같았어요. 내 과거를 내가 부인했는데, 내가 택한 이 신앙은 받아들여지지가 않아요."라고 하면서 말이다.

라나가 어머니를 데리고 갔을 때 난 그 머리에 뭔가 부정한 생각이

들어 있으리라고는 추호도 생각하지 못했다. 걱정은 많이 됐지만, 그렇다고 뭘 어떻게 해야 할지도 몰랐다. 동생들부터 머수리Musoorie에 사는 언니 수니띠Suniti에게 보내야겠다는 생각이 들었다. 이곳은 안전하지 않아 동생들을 보내니 며칠만이라도 언니가 좀 데리고 있어줘, 좀 나아지면 다시 데려올게, 하면서 말이다.

아이들도 안전하게 보살핌을 받고 있고 나도 시간도 좀 나고 하니 미란다하우스Miranda House[7]에 입학해 러시아어를 공부하고 싶은 마음이 생기더구나. 오랫동안 러시아어를 공부하고 싶었거든. 입학을 해서 기숙사에 들어갔단다. 그게 1946년도 일이다. 그때는 갈등이 갈수록 커져만 갔고, 사태는 악화되기만 했다. 하지만 동생들이라도 안심이니 다행이다 싶었지. 그러던 중 수니띠가 가족휴가 때문에 동생들을 마땅히 봐줄 사람이 없다면서 애들을 돌려보냈다. 그러자 란지뜨가 시골로 내려갈 건데 아이들을 데리고 갈 테니 걱정하지 말라는 것이었다. 아이들 걱정은 하지 말고 러시아어 공부나 열심히 하라는 당부와 함께. 란지뜨는 그렇게 좋은 친구였다. 그 덕에 난 러시아어를 계속 공부할 수 있었고.

처음 6개월은 잘 가더라, 방학 때만 나바로 갔었으니까. 여름방학이 끝나자마자 델리 상황이 갑자기 악화되기 시작했다. 대학 학장 라자람Rajaram 선생님이 어느 날, 일요일이기도 하니 시장에 뭐 좀 사러 가자며 우리 여학생 몇을 지프에 태우고 밖으로 나갔단다. 그런데 그때 상황이 극도로 악화된 것이다. 도처에 시체가 깔려 있고. 우리는 캠퍼스에서 레드 포트Red Fort[8] 쪽으로 갔던 것 같다. 내 기억에. 레드 포트에서 어떤 마차 안에 처녀 넷이 칼을 찬 남자와 함께 있는 걸 보았는데 갑자기

---

7) 델리대학교에 속해 있는 한 여자대학—옮긴이
8) 올드 델리Old Delhi의 중심부에 있는 옛 무갈 제국의 궁성. 붉은 사암砂巖으로 되어 있어 힌디어로 랄 낄라Lal Quila라고 한 것을 영어로 이렇게 번역한다.—옮긴이

처녀 하나가 밖으로 뛰어내리자 남자가 처녀를 쫓아가더구나. 그리고
는 무슨 일이 벌어졌는지는 모른다. 그곳에는 정말 시체가 사방에 깔려
있었다. 그래서 라자람 선생님이 지프를 라즈뿌르Rajpur 쪽으로 운전하
라고 지시했다. 거기에는 경찰서가 있으니 빨리 가서 신고하자는 것이
었다. 선생님이 신고를 했는데 경찰은 인력이 없어 할 수 있는 일이 아
무것도 없다고 하더란다. 우리는 기차역으로 갔는데, 무엇 때문에 거길
갔는지는 잘 모르겠지만 아무튼 그리로 갔는데 그곳 또한 온통 피와 시
체로 뒤범벅이었다. 그러자 선생님은 더 이상은 가지 말자면서 차를 돌
렸고, 기숙사에 우릴 내려주었다.

나는 자히라 일라히Zahira Ilahi라는 무슬림 여학생과 방을 같이 썼는
데 그 애는 사이예드 아흐마드 경Sir Syed Ahmed Khan[9]의 조카였다. 그래
서 권력 있는 사람과 연결이 잘되었다. …… 당시는 대학에서도 약탈과
방화가 많았다. …… 케레시Quereshi라는 역사학 교수 한 분이 계셨는데
나는 지금도 그때 그 장면을 생생하게 기억한다. 남학생 하나가 그 교
수의 코트와 넥타이를 잡고 있는 모습이었다. 그때 여러 사람이 하는
말을 들었는데 그 양반이 고서화 같은 값나가는 물건을 많이 가지고 있
다는 말이었다. 그때 그들은 닥치는 대로 약탈을 했다. 기숙사에는 여
학생 예닐곱밖에 없었을 거다. 사감이 한 사람 있었고 통통한 딸아이가
하나 있었고. …… 우리는 어떻게 하면 이곳을 안전하게 지켜낼 수 있
을까 하는 생각밖에 없었다.

그런데 어느 날 식사 시간에 밥을 먹으려고 앉아 있는데 어떤 남자
가 뛰어 들어오더니 자히라의 손목을 잡아끌고 가려는 것이었다. 잠깐
의 틈도 없이 자히라가 끌려가는 모습에 우리는 하얗게 질려버렸다. 나
중에 알게 되었지만 그 남자는 자히라의 오빠였는데 폭도들이 기숙사

---

9) 1817~1896. 무슬림 사회개혁운동가. 알리가르 무슬림 대학교Aligarh Muslim University를 창
   립했다.—옮긴이

로 쳐들어오거나 그런 비슷한 일이 일어날 거라는 정보를 들었던 것이다. 그래서 오빠는 자히라를 데려갔고, 자히라의 물건은 주인을 잃은 채 나뒹굴었다. 나중에 알게 된 거지만 자히라는 꼬따 하우스Kota House라는 데서 살다가 이내 하이드라바드Hyderabad인가 그 근방인가로 옮겨졌다고 하고 그 뒤로는 더 이상 자히라의 행방을 알 수가 없었다. 자히라는 가고 없는데 폭도들은 결국 기숙사까지 쳐들어와서 계속 소리를 질러댔다. "자히라를 내놓아라, 자히라를 내놓아라." 우리는 모두 한 방에 들어가 문을 잠근 채 숨을 죽였고 얼마 후 사감이 우리를 빼내 라자람 학장 사택으로 보내주었다.

폭도들은 자히라가 피신했음을 알아차렸다. 이후 우리는 학장님 댁에서 며칠을 더 묶었다. 난 여기 왔다 간 사람들이 하나같이 약탈품을 몇 박스씩 챙겨간 사실을 분명히 기억한다. 그들은 밖에 있던 우리를 두세 번씩이나 불러 세우더니 실크나 기타 필요한 물건을 사라고 하더구나. 시집갈 때 쓸모가 있을 거라며.

이제 학생들은 기숙사를 나와 집으로 돌아가야만 했다. 다들 그렇게 했지만 나는 갈 곳이 없었다. 어디로 갈지도 몰랐고 또 갈 수 있는 곳도 없었다. 정말 어떻게 할 수가 없는 상황이었다. 그래서 고민 끝에 약간은 무모한 생각을 해냈다. 나바에 있는 마하라자 사무실로 가기로 마음먹은 것이다. 나는 사무실에 가서 내가 나바에서 일을 한 적이 있다는 말을 했다. 그런데 지금은 오도 가도 못하는 신세가 되어 있으니 선처를 바란다고 하면서. 그러자 사무실에 있던 어떤 사람이 나바로 가는 차가 날마다 있으니 그 가운데 하나를 보내주겠다고 나섰다. 그 차는 군용차였는데 나는 그 안에서 우연히 친구 외삼촌을 만나게 되었다. 우리는 함께 나바로 갔다. 나는 나바에서 6년 동안이나 일을 했다. 일에 지치기도 하고 앞으로 결혼도 해야 하는데 아무것도 결정된 것 없이 시간만 축낸다 싶어 그만두고 나왔지만. 당시에는 개인적인 일로 약간의 갈등이 있었고 거기서 나와 뭔가 더 자격을 갖추어야겠다는 생각을 했다. 그래서 다른 일을 찾은 것이다. 이제 다시 돌아가는 중인데, 암발라Ambala쯤 왔을까? 차가 멈췄다. 캄캄한 밤이었는데 왈칵 무서운 생각이 들었다. 친구 외삼촌에게 날 기차역에 내려주면 어떨지 물어보았다. 그러자 그분은 끝까지 보호해줄 테니 걱정하지 말라고 하시더구나.

나바에 도착하니 새벽 두시 반이었다. 그분은 학교 정문 앞에서 나한테 자기 집에 가서 자고 내일 아침 이리로 데려다주면 어떻겠느냐고 물었고, 난 괜찮다고 대답했다. 나는 이제 이 늦은 밤에 어디로 갈까? 그분은 정문 앞에 나를 내려주고 떠났다. 수위 이름이 지우나Jiwna였는데 나는 큰소리로 지우나를 불렀다. 지우나! 지우나! 하지만 아무도 없었다. 문을 살짝 밀어보니 열리더구나. 안으로 들어갔다. 세상에 이렇게 커다란 공간에 아무도 없다니……. 불빛 하나 없고 지우나 방은 잠겨 있었다. 그제야 나는 깨달았다. 그들은 모두 파키스탄으로 갔다는 것을. 그곳에 일하는 사람으로 사이라Saira라는 여자도 있었다. 사이라를 한번 불러봤다. 허탕이었다. 이번엔 사옥으로 가봤더니 잠겨 있었다. 모두 시골로 가버린 것이다. 란지뜨가 내 동생을 모두 데리고 갔던 것이다. 동생 수다Sudha는 결혼을 했으니 됐고, 다른 동생 부뜨쩨르Bhutcher는 깐야대학교Kanya Mahavidyalaya 기숙사에 넣어두었으니 물론 그 아이도 없었다. 남동생 빌로는 집을 나가 라호르로 가버렸고, 문나와 어머니는 어디로 갔는지 알 수가 없었다. 아니지, 라나가 어머니를 모시고 갔지, 그래서 아무도 없었구나. 그 큰 집이 텅텅 비어 있었다. 예닐곱 에이커나 되는 큰 곳이 말이다. 정말 깊은 밤이었지. 개미새끼 한 마리도 얼쩡거리지 않는 밤. 난 뭘 해야 할지를 몰랐다.

일단 베란다에 앉아 한숨 돌리고 있노라니 사방의 어둠이 갑자기 엄습해와 죽을 것 같은 공포에 휩싸이게 됐다. 사방에 무슬림이 살았었는데. 그제야 난 내가 참으로 멍청한 짓을 했음을 깨달았다. 위험천만한 짓을 말이다. 그러다 갑자기 학교 뒤쪽에 물지게꾼 한 사람이 살았다는 생각이 났다. 이름은 도저히 기억이 나질 않더구나. 거의 벽에 딱 붙고 기다시피 해 뒤쪽으로 가서 그를 불렀다. 그랬더니 그가 깜짝 놀라 일어나며, 어이쿠, 아기씨 무슨 일입니까? 이 늦은 밤에 어디서 오신 거예요? 하고 놀라면서 바로 담을 넘어 안으로 들어오더구나. 그가 문을 열어주어 난 안으로 들어갈 수가 있었단다. 그날 나는 안에서 자고 그는 바깥 베란다에서 잠을 잤다. 아침이 되어 그가 자전거를 타고 란지뜨네 시골로 가 내 소식을 알렸고 곧바로 란지뜨가 왔다. 그래서 난 그곳에서 얼마간 머무를 수 있었다.

　그 기간 동안 라호르엘 한 번 다녀왔다. 라나에게 어머니를 보내달라고 부탁하려고. 난 어머니를 모시겠다고 약속했다. 삼촌이 라나한테 보낸 편지를 본 것은 바로 그때였다. 수바드라가 재산을 혼자 먹어 치워버릴 심산이니 네 어머니를 수바드라 누나에게 보내지 말라는 내용이었다. 나는 이제 다 엎질러진 물이구나 하는 생각이 들었다. 그래서 라나에게 제발 그리 도망가 있는 빌로만이라도 보내달라고 빌고, 빌고, 또 빌었다. 라나가 재산 때문에 어머니를 데리고 온 거라면 빌로를 죽일 수도 있겠다는 생각이 들어서였다. 다행히 라나는 빌로를 보내주었다.

　이 일은 분단 전에 일어났다. 1947년 일이긴 해도 분단 조금 전의 일이란다. 난 라호르에 두 번 갔는데, 두 번 모두 분단 전인 건 확실한데, 정확한 시점은 잘 모르겠구나. 참 바보같이 나는 라호르 역에서 집으로 가면서 마차를 잡아탔다. 아무 겁도 없이. 싸움이 한창인 그때 말이다. 두 번째 방문했을 때 라나에게 "네가 어떻게 어머니를 돌봐드릴 수 있겠니"라면서 간곡하게 어머니를 보내달라고 사정을 했다. 결국 그때 빌로만 데리고 온 거다. 올 때는 빌로랑 다른 칸에 타고 있었는데 느닷없이 어떤 사람이 나한테 오더니 같이 탄 소년이 기차 밑으로 떨어졌다는 말을 하는 거야. 미친 듯이 뛰어가 보니 다행히 빌로는 아무 다친 데도 없이 무사하더구나.

빌로가 구르가온에 가서 직장을 구하겠다고 나섰다. 물론 빌로는 일종의 떠돌이였는데 …… 아이들이라는 게 이런 식으로 정착을 하곤 했다. 나는 이제 네 아버지가 있던 시믈라Simla로 가야 했다. 그 외엔 다른 방도가 없었다. 그런데 시믈라로 가는 기차가 없는 거야. 이런저런 궁리를 하고 있는데 누군가 그리 가는 택시가 1인당 600루삐라는 말을 해주더구나. 난 돈을 긁어모아 델리에서 시믈라로 가는 택시를 탔단다. 나는 내 물건을 자히라 것과 함께 기숙사 사감에게 두고 떠났다―그런데 자히라 물건은 나중에까지 찾지 못했다―가방은 나중에 찾았는데 열쇠가 잠겨 있었지만 가방 안에는 아무것도 없었다.

네가 우리를 라나에게 데려가 라나를 다시 보게 되었지. 그때 심정을 말로 표현하는 건 사실 무척 힘드는 일이다. 공항에서 라나를 처음 보았을 때 느낌은 예전의 호리호리하고 마른 젊은이의 모습이 전혀 아니구나 하는 거였다. 그 사이에 40년의 세월이 흘렀으니 그럴 수밖에. 라나는 살이 좀 쪘고, 그래서 그런지 아버질 참 많이 닮았더구나. 아버지는 키가 참 컸는데―6피트 3인치였으니―라나는 상당히 말끔하더구나. 라나가 내 앞에 서 있는 것을 보니 꼭 아버지가 살아오신 것 같았다. 그러자 아버지 생각이 나고, 어릴 적 추억이 떠오르고, 어머니가 떠오르고, 그 배신……. 그렇지만 난 내 동생을 미워하지 않았다. 그에게 연민의 정을 느꼈다고나 할까. 라나는 마치 제가 친 덫에 붙잡힌 도망자처럼 날 쳐다보더구나.

내가 라나에게 다가가서 팔로 감싸 안았더니 라나가 기어들어가는 목소리로 아직도 자기에게 화가 났느냐고 묻더라. 나는 흐느껴 울었다. 우리는 같은 부모를 둔 같은 자식인데, 한 핏줄을 나눈 형제인데, 그런데 오늘 우리는 서로 이방인같이, 두 적국의 국민이 되어 있구나. 나는 개종이 문제가 된다고 생각하지는 않았다. 다만 내가 라나를 용서할 수 없는 것은 어머니에게 한 짓이었다.

라나는 우릴 데리러 차를 가지고 나왔다. 우리는 몇 년 동안 우리가 살았던 그 집으로 갔다. 도착해서 본 그 집은 장엄한 자태가 예전 그대로였다. 하지만 어둠 속에서 봐서 그랬는지 없어진 게 두 가지가 있었다. 문 앞에 새겨진 아버지 이름과 집 위 물탱크에 새겨진 커다란 '옴 Om'[10] 글자가 보이지 않는 거였다. 우리는 라나의 가족을 만났다. 부인과 세 아들을 만났는데 넷째는 나가고 없었다. 우리는 편안해졌다. 그때가 12월이었는데도 방은 참 따뜻하더구나. 그런데도 방마다 히터가 켜져 있었다. 파키스탄은 관을 통해 가스를 공급받기 때문에 가격이 싸다고 했다.

나는 아침이 되어서야 과일나무가 모두 다 없어진 사실을 알게 되었단다. 라나는 물이 부족해서 나무를 모두 베어버렸다고 변명했다. 왠지 모를 상실감이 생기더구나. 꼭 내 몸에 상처가 난 것 같았단다. 그 나무들은 우리 아버지가 어떤 것보다 더 끔찍이 아끼시던 거였다. 그래서 더욱 커다란 배신 같은 걸 느꼈는지도 모른다. 분단으로 인해 너무나 많은 것을 우리가 잃었구나 생각했다. 그깟 나무 몇 그루 가지고 뭘 그러느냐고 할 수도 있겠지만 그때 나는 모든 걸 다 잃어버린 느낌이었다. ……

그날, 네 친구 랄라가 와서 우리에게 라호르를 구경시켜주던 날, 라호르가 그렇게 많이 바뀌었는지 미처 몰랐다. 난 할 로드Hall Road에 가서 내가 다니던 옛 대학을 한 번 보고 싶었단다. 그런데 막상 거길 가보니 대학이 보이질 않는 거야. 옮겼다더라. 내가 잘 알던 곳을 여러 군데 가보았는데 변하지 않은 게 하나도 없었다. 그 굉장한 국제도시가 이제

---

10) 힌두교 세계관에서 우주의 진리를 한 음성으로 표현한 것—옮긴이

단지 하나의 무슬림 도시로 바뀌어버렸다. 목청 높여 기도하는 사람들 …… 가게, 거리 할 것 없이 모든 게 다 바뀌어버렸더라.

파키스탄에 가서 우리 집에 하루를 꽉 채워 있었지만 난 다른 방에 가보지는 않았다. 옛날 내 방을 정말 보고 싶었는데 그럴 용기가 나지 않더구나. 저쪽 방 여럿에는 임박한 결혼식 때 쓸 다우리[11]로 물건이 산더미처럼 쌓여 있었다. 지금은 아무도 그 방을 사용하지 않는 것 같았다. 라나 가족은 2층에만 살고 있는 것 같더라. 저녁이 되자 모든 사람이 한데 모여 아주 맛있고 편안한 식사를 했다.

며칠 후 라나가 우리 방으로 왔다. 그리고 말을 하기 시작했다. 말을 하면서 문을 닫았다. "만일 이 집이 없었다면 우리는 모두 함께 있었을 텐데. 나는 개종할 필요도 없었을 거고, 내 생애 아름다운 시절을 모두 잃어버리지도 않았을 거고."라는 라나의 말에 나는 분명히 말했다. 개종한 것은 네가 선택한 게 아니었느냐고. 라나는 그렇다고 하면서, 그렇지만 아직도 자기는 이 사회에서 받아들여지지 않고 있다고 했다. "그들에게 나는 아직도 힌두일 뿐이에요. 만일 어떤 처녀가 결혼해주지 않았다면, 그리고 여전히 내 존재가 필요했다면, 난 아마 감옥에 가 있었겠지요." 이 말에 우린 아연실색하지 않을 수 없었다. 그러면서 라나는 아들 하나가 자기를 힌두 간첩으로 고발까지 했다고 털어놓더구나. "저는 이방인이에요. 제 자식에 의해 제 집에 갇힌 자지요." 라나는 몇 번이고 반복하더니 하나의 결론에 도달했다. 누구든 자기 종교는 바꿀 수는 없다는 거였다.

그게 파키스탄에서의 마지막 밤이었다. 참, 기억나는 게 하나 더 있다. 다음 날 우리가 떠나기 전에 식사를 하러 앉았는데 라나가 냉장고에서 하얀 버터가 담긴 그릇을 꺼내 오더구나. "이 하얀 버터를 얼마나

---

11) 힌두 결혼 풍습의 하나로 결혼 때 여자가 남자에게 바치는 지참금―옮긴이

좋아하셨는지 아직도 기억하고 있어요. 어제 시장에 가서 사왔습니다." 그러면서 그릇을 내 앞에 갖다놓더라. 난 눈앞이 흐려졌다. 이게 라나와 내가 마지막으로 나눈 말이다.

난 라나가 진실을 이야기했는지 그렇지 않았는지 판단을 할 수 없다. 그런데 라나의 문제는 정말 개종으로부터 온 걸까? 개종을 해서 잘 살고 있는 사람도 많지 않니? 종교가 정말 그렇게 중요한 건가? 아니면 간단하게, 그 이전부터 해온 것처럼 생존을 위해 또 하나의 거짓말을 하는 방편을 택한 건 아닐까? 정말 난 알 수가 없구나.

3장

'사실'

'FACTS'

찢어진 여러 인생

인도에서 인-파 분단계획은 1947년 6월 3일 발표되었다. 결정이 나기 전의 지루한 협상과 논의에 직간접적으로 연루된 사람들에게 그 발표는 안도의 그 무엇이었다. "우리는 우왕좌왕하는 그 모든 상황에 정말 지치고 또 질렸습니다." 당시 인도국민회의의 일원으로 정치가였던 상코 짜우드리Sankho Chaudhry는 이렇게 말했다. "마침내 뭐든 결론이 났다는 게 정말 반갑습니다. 우리는 이게 마지막 해결책이라 생각하고, 이제 살 수 있을 거라고 믿습니다." 이런 그의 감상은 다른 몇몇 사람에게도 동조를 받았다. 나중에 구호활동가가 된 어떤 부부는 "마침내 불안에 덜덜 떠는 시대가 지나갔고, 이제 새로운 시작이 이루어질 수 있습니다."라고 했다.

그렇지만 그 해결책은 실제로는 해결책이 되지 못했다. 시작이 되지 못한 것도 물론이었다. 이제 완전히 결정이 났구나 하면서 정치지도자들과 정부가 집단적으로 안도의 한숨을 쉴 때 수만 명의 사람들은 당혹감에 빠져 있었다. 이것은 무엇을 의미하는가? 분단으로 이어지는 몇 개월 동안, 특히 1947년 6월 인-파 분단 계획을 발표한 이후 전인도국민회의위원회All India Congress Committee는 도대체 무슨 일이 일어나는 것인지 알고자 하는 편지를 수많은 사람으로부터 수도 없이 받았다. 그러면 우리는 어떻게 되는 겁니까? 인도가 분단된다는데, 그러면 우리는 어디로 가야 하는 겁니까? **어떻게** 가야 하는 겁니까? 그럼 우리 직업은요? 우리가 이주를 하면 새 나라에서도 우리 직업을 다시 가질 수 있는 겁니까? 이주를 한다면, 우리 집과 땅은 어떻게 됩니까?

'제이 비 끄리빨라니J.B.Kripalani 선생님께' 라고 하는 1947년 5월 14일자 이 편지는 다음과 같이 말하고 있다:

선생님께서 뻔잡의 소수민(즉, 스스로를 소수민이라고 하는 힌두와 시크)들에게 스스로를 방어할 수 없는 사람은 이주하라고 한 충고는 정말 경악 그 자체였습니다. 그 말은 단지, 그 강력하다는 인도국민회의가, 뻔잡, 벵갈 그리고 신드의 그 힘없는 소수민을, 방어하거나 항변하고자 하는 의지를 갖고 있지 않다거나, 가질 수 없다거나, 갖는 데 실패하였다는 것으로밖에 보이지 않습니다.

인도국민회의는 비폭력의 복음을 설파함으로써 힌두를 무방비 상태로 만들어버리더니 이제는 이주하라는 걸 충고랍시고 들고 옵니다. 어떤 지역을 이주민에게 할당이나 해두셨는지 말씀 좀 해주시겠습니까? 그 사람들이 인간답게 정착할 수 있도록 어떤 준비를 해두었는지요? 도대체 어디로 가야 한단 말입니까? 도대체 몇 명이, 도대체 어떤 방법으로요? 그 사람들이 가지고 있는 부동산은 어떻게 하라는 말씀이신지요? 당신은 모든 사람에게 직업이나 사업체를 마련해주실 수 있으신가요? 그 사람들은 거지같이 와서, 당신들의 그 구호촌에서 거지같이 정착하고, 연합주(UP), 중앙주(CP), 비하르, 봄베이Bombay 등지에 버려진 빵부스러기같이 빌붙어 연명해야 하는 건가요?

우리는 비하르나 마드라스, 연합주의 형제들과 마찬가지로 다섯 강이 흐르는 지역을 우리 땅으로 존중하며 살아왔고 지금도 살고 있습니다. 우리는 충분히 알고 있습니다. 당신들은 우리의 희생을 대가로 일곱 주의 독립을 얻었고 벵갈 사람과 뻔잡 사람에게 무슨 일이 일어날지에 대해서는 눈곱만큼도 신경 쓰지 않는다는 사실을 말입니다. 그것이 우리에게 해줄 수 있는 모든 것이라면, 그리고 당신이 힌두가 다수를 차지하는 주에서든 소수인 주에서든 힌두에게 무슬림과 싸우거나 무슬림을 죽이라는 조언을 할 처지가 아니라면, 그리고 만일 당신이 우리를 보호하지 못하고 우리 스스로 보호에 나서야만 한다면, 제발 우리 일에서 손을 좀 떼어주시기 바랍니다.

당신들 가운데 어느 누구도 우리의 이 뜨거운 땅을 그 잘난 발로 밟고 가지는 못합니다. 우리는 그런 조언 필요 없습니다. 우리는 그 잘난 감언이설로 구제받을 수 없습니다. 그것은 우리에게 아무런 실질적인 지원을 하지 못합니다. 우린 우리를 보호하고 당신의 어머니 인도의 통합을 유지하기 위한 실질적인 도움을 필요로 하는 겁니다.

우리는 유목민이나 집시처럼 이주할 수는 없습니다. 우리는 끝까지 싸울 거고, 신의 뜻으로 이겨내고 살아남을 겁니다. 그렇지만 만약 여의치 않다면 라왈삔디의 운명이 우릴 기다리겠지요. 그리고 그렇게 되면 힌두를 유지하면서 거지가 되어 당신 집 앞에서 동냥을 하러 돌아다니고, 그래서 당신이나 당신 자손들로부터 놀림당하고 비웃음당하는 것보다는 무슬림이 되는 게 몇 배 아니 몇 십 배 아니 몇 백 배 낫겠지요.

당신이 우리를 보호해줄 수 없다면 우린 당신의 충고는 받아들일 수 없습니다. 우리도 당신과 똑같은 인간입니다. 우리의 삶도 당신만큼이나 귀하고 가치 있는 겁니다. 우리는 당신의 관대하고 고상함을 위해 학살자가 되고 싶지는 않습니다. 우리는 우리의 삶을 명예롭게 살고 싶습니다. 만약 인도국민회의가 우리를 보호할 능력을 가지고 있지 못하다면 삔잡의 인도국민회의 조직을 당장 해산하고 힌두로 하여금 원하는 길로 가도록 하세요. 우리는 당신이 솟구쳐 올라 있는 그 하늘이나 높디높은 그 연단에서 내려주는 교

훈이나 말씀 따위는 필요치 않습니다. 당신들은 겁쟁이이고, 당신
들의 복음은 겁에 질려 있고, 당신들은 겁에 질려 거기에 딱 붙어
있습니다. 이제 당신들에게 안녕을 고합니다. 우린 절멸하거나 아
니면 살아남겠지요. 우리는 살 수 있거나 죽겠지요. 아니면 힌두로
살거나 우리가 원하는 무엇으로든지 간에 그것으로 살겠지요. 부
디 우리에게 물질적인 도움을 주지 못하겠다면 제발 손 떼고 멀리
꺼져버리기만을 간절히 빕니다.[1]

이 편지가 보여주는 몇 가지 질문—대부분은 답이 안 된 것들이지
만—과 깊은 배신감은 무슨 일이 일어나는지를 잘 알고 있거나 적어도
이해는 하고 있는 사람으로부터 나온 것이다. 아마 수만 아니 수백만에
이르는 다른 사람은 그런 변화가 일어나리라고는 추호도 생각하지 못
했을 것이다. 더구나 그게 잠깐이 아닌 항구적인 것이라고는 생각조차
못하고 있었을 것이다. 그 많은 사람의 인생이 그렇게 쉽게 뒤바뀔 수
는 없지 않은가. 라진데르 싱Rajinder Singh은 "정치가, 왕, 지도자 같은
이들은 항상 권력을 위해 싸워왔다." 면서 뭔가 많은 사람에게 반복적으
로 울림을 주는 어떤 것에 대해서 말을 했다. 라진데르는 "왕이나 지도
자는 바뀌지만 사람들은 언제 바뀐 적 있습니까?"라고 하는데 이는 전
적으로 틀린 말이다. 다 그렇지만 그 말은 잘못된 것이다. 사람들은 변
화했다. 그런데 그 변화가 지리적 위치와 관계를 맺지 않았을 뿐이다.
　사태가 더욱 심각해지자 그는 이렇게 말했다.

　우리는 떠날 시간이 되었다는 걸 알았습니다. 이 지역이 모두 파
키스탄이 된다는데, 떠날 수밖에 없지 않습니까? 땅을 가진 사람은

---

1) AICC papers, Punjab, F. No. CL-9 (I)/1946. 나는 이 편지의 원 자료와 글을 간직하고 있다.

말하기를 "장사치들은 뭐가 어렵습니까? 자와 저울추만 챙기면 되는 걸. 우린 땅이 여기 있는데 그걸 어떻게 가져가지요? 머리에 이고 갈까요? 장사치는 아무 데나 갈 수 있겠지만요." 사람들은 줄기차게 되뇌었습니다. "이런 일은 일어날 수도 없고 일어나서도 안 되는 일이야. 왕은 바뀔 수 있지, 그렇지만 사람들이 언제 바뀌었어? 시크가 권력을 잡았을 때도 그 사람들이 언제 무슬림을 내친 적 있냐고? 걱정하지 마, 아무 일도 안 일어날 거야." …… 이게 그들이 스스로를 다짐하고 또 다짐한 방법이었습니다. 우리 아버지는 이렇게 말씀하셨습니다. "이제 이야기는 끝났다. 마을에서도 더 이상 사람들이 너희를 눈으로 보지 않는다."

아마 가장 경악스러운 것은 수많은 사람이 그렇게 걱정을 한 것과는 달리 인도 정부나 파키스탄 정부, 또 영국 정부 모두 할 것 없이 그렇게 거대한 규모의 인구 이동에 대해 아무도 미리 준비하지 않았다는 사실이다. 공포에 질려 사람들이 함께 살 만한 땅을 찾아 떠나야 한다는 그 사실에 대해 아무도 신경조차 쓰지 않은 것이다. 인-파 분단계획이 공표되었을 때 뻔잡은 이미 큰 폭력 사태를 겪은 터였다. 1947년 3월 라왈삔디 폭동은 수천 명의 사망자 외에도 전역에 걸친 약탈, 방화, 파괴 그리고 여성에 대한 폭력을 낳았는데 이러한 것이 분단 폭력의 특징이 되어버렸다. 그 이전인 1946년에는 벵갈, 노아칼리Noakhali, 비하르, 가르흐 묵떼쉬와르Garh Mukteshwar에서 힌두와 무슬림 양쪽이 서로 폭력을 주고받는 사태가 발생했다. 그럼에도 불구하고 분단이 일어난 후 이틀이 지난 8월 17일에서야 인도와 파키스탄 양국 수상이 암발라에서 만나 인구 교환을 합의했을 뿐이다.

재활부Ministry of Rehabilitation 보고서에 따르면 이때까지 이미 50만이 넘는 인구가 파키스탄에서 인도로 그리고 인도에서 파키스탄으로 국경을 넘어 이주했다. 일단 사람들이 이동을 하는 것이 분명해지자 그제야 양국 정부가 어쩔 수 없이 그걸 받아들인 것이다. 그런데 피난을 원하는 사람은 갈 수는 있게 하되 기계, 차, 공장 부품 같은 자산을 가지고 가는 것은 허락하지 않았다. 자산은 이주 속도를 늦추기도 할 뿐만 아니라 동시에 남기고 떠난 그 나라에 도움이 되는 것이기도 했다.

그 후 몇 년 동안, 사실은 현재까지도, 분단에 연루된 사람은 스스로에게 묻곤 한다. 비록 서로 다른 삶이기는 했지만 인생을 함께 나누고 서로 의존하면서 그렇게 오랜 세대를 함께 살아온 그 끈끈한 정을 적개심으로 바꿔버린 것은 도대체 무어란 말인가. 국경 도시 앗따리에 살던 시크 하르지뜨Harjit는 이에 대해 이렇게 말했다. "그걸 설명할 수는 없습니다. 하지만 어느 날 우리 마을 전체가 근처 무슬림 마을에 원정을 떠났지요. 사람들을 죽이는 난리 속에서 모든 걸 다 차지했을 때 우린 완전히 정신이 나간 상태였습니다. 그 대가로 나는 50년 동안 후회로 날을 새우고 잠을 못 이루었습니다. 내가 살해한 그 얼굴들을 잊을 수가 없습니다." '다른 쪽'에 대해 그가 느낀 감정의 정확한 메아리를 나시르 훗세인Nasir Hussain이라는 군 출신 농부가 느낀 감정에서 찾을 수 있었다. "전 그때 저와 다른 젊은이들에게 일어났던 그 일을 아직도 이해할 수가 없습니다. 이틀에 걸친 난리였는데, 우리는 이 야만스러운 증오의 물결에 완전 휩쓸렸지요. …… 전 실제 제가 얼마나 많은 사람을 죽였는지조차도 기억을 할 수 없습니다. 그건 우리가 도저히 통제할 수 없는 정신 상태 기간이었습니다. 우리는 우리가 뭘 하고 있는지도 모르고 있었으니까요." 하르지뜨의 경우와 마찬가지로 훗세인 또한 자기 인생에서 실성을 한 그 순간에 대한 후회로 정신이 절반쯤 나간 상태였다.

'남'이라는 것이 인간에서 적으로 즉 그 사람이 나를 죽이기 전에 반드시 내가 먼저 그 사람을 죽여야 할 그 어떤 것으로 바뀌는 사실이 가장 중요하면서도 피할 수 없는 지상 명령이 되고 말았다. 증오, 무관심, 혐오 외의 그 어떤 느낌도 여기에 자리를 잡을 수 없었다. 그런 감정은 나중에도 폭력에 가담했던 사람이나 거기에 무관심했던 사람들에게 모두 찾아와 그들을 괴롭혔다. 한 70대 노교수는 회상하기를, 자신은 빠띠알라Patiala에서 국가자원봉사단(RSS)[2]의 일원으로 활동하면서 가까운 도매시장 근처에서 어떤 무슬림 여성이 강간당하고, 결국 죽으면서 지르는 외마디 비명을 들은 적이 있다고 했다. 노교수는 비명을 듣기는 했지만 아무렇지도 않았다는데, 그것은 "그때의 상황에서 그리고 국가자원봉사단의 일원이라는 상황에서 우리는 '그들'을 위해 뭔가를 느낄 수 있도록 허락받지 못했다."고 고백했다. 50년이 지난 후에 노교수는 자신의 무관심에 대한 반성과 그 여인을 위한 마음에 참회의 눈물을 흘렸다.

정치지도자들이 내놓은 그 '해결책'의 아이러니는 아무 곳에서도 드러나지 않았다. 그들은 만약 군벌이(만약 자신들이 군벌이라면) 갈라서기를 원하면 그들 사이에 영토 표시 선을 긋는 것만으로 문제가 해결될 거라고 그렇게 단순하게 상상을 했던 것이다. 그렇지만 전쟁과 전투는 경계를 전혀 고려치 않고 그걸 넘나들면서 악명을 떨쳤다. 그리고 얽히고설킨 시대가 선을 한 번에 찍 그어 끝내는 걸로 놔두지는 않았다. 무엇보다도 더 아이러니한 것은 그 '해결책'이라는 게 결국 문제의 시작이 되었다는 사실이다.

---

2) Rashtriya Swayamsevak Sangh. 1925년에 설립된 힌두지상주의를 주창하는 극우 정치 집단. 현재에는 인도 국내외에 3만여 개의 지부를 두고 있다. 1980년대 이후 인도국민당, 세계힌두회의Vishva Hindu Parishad 등과 함께 힌두 공동체주의 중심의 정치를 펼치고 있다.─옮긴이

*

인-파 분단계획이 공식적으로 발표된 다음 양자에 의해 받아들여지고 나자 계획을 행동으로 옮기기 위한 기구가 필요하였다. 거의 암묵적으로 동의에 이른 것이라서 정말 미묘한 문제로 국경을 획정하는 문제가 대두되었는데, 이는 다름 아닌 수백만 명의 삶을 바꾸는 것이라 나중으로 미뤄둔 것이었다. 파키스탄과 인도의 지도가 어떤 모습을 할 것인지를 결정하는 과업을 맡은 시릴 래드클리프Cyril Radcliffe는 권력 이양이 다 이루어져 두 나라가 독립국이 된 뒤에도 그 일을 마무리 짓지 못했다. 두 나라는 나중이 되어서야 자기 영토의 지리적 경계를 배워야 했고 이후에도 몇 년간 그걸 사이에 두고 분쟁을 벌였다. 인-파 분단계획이 발표된 직후인 1947년 7월 18일에 인도 독립 법안이 영국 의회를 통과하였다. 그 법의 규정에 의해 인-파 분단의 여러 측면에 대처하기 위한 아래와 같은 10개의 전문위원회가 설치되었다.

1. 조직, 기록 및 정부 인사
2. 자산과 부채
3. 중앙 세입
4. 계약
5. 통화, 화폐 주조, 통화 교환
6. 경제 관계 (i)
7. 경제 관계 (ii)
8. 주거
9. 해외 관계
10. 군대[3]

여기에 사람들의 혼란이나 싸움에 대처하기 위한 기구는 없었다. 공포와 불신의 기운이 갈수록 커져감에도 사람들의 안전과 복지에 관한 관심에는 아무도 귀 기울이지 않았다. 대신, 정치인은 사람들이 그냥 사는 곳에 눌러 있기만 한다면 일은 곧 좋아질 거라는 장담만 줄기차게 하고 있을 뿐이었다. 1947년 8월 초가 되면서 간디는 사람들이 집을 떠나 피난을 가는 걸 보고 크게 낙담했다. 간디는 이것이야말로 '일어나서는 안 되는 일'이라고 했다. 그해 11월이 되어 전인도국민회의위원회가 사람들에게 귀가를 종용하는 결의안을 채택하였다. 사람들에게 안전을 보장하면서 제발 이주하지 말아달라고 호소하고 또 호소하는 성명서가 연이어 발표되었다.

하지만 이러한 보장과 권고에 대해서는 아무도 귀를 기울이지 않았다. 사람들은 이제 이주가 더 이상 미룰 수 없는 일임을 알았던 것이다. 라왈삔디에서 벌어진 일을 알았고 비하르, 노아칼리 등에 대해서도 마찬가지였다. 일단 이주가 시작되자 그것은 차원이 다르게 요동을 치기 시작했다. 인류의 역사 가운데 그 이전에도 없었고 그 이후에도 없는 엄청난 규모의 인민 대탈출이 그 짧은 기간에 이루어졌다. 규모 자체는 단순한 현상일 뿐이다. 양쪽으로 건너가고 건너온 사람이 1,200만이나 된다. 1947년 8월부터 11월 사이 즉, 단 3개월 동안 난민열차가 673번에 걸쳐 약 280만이나 되는 난민을 국경 넘어 인도로 이주시켰다. 동뻰잡으로 사람들을 이주시키기 위해 군피난조직Military Evacuation Organization(이름이 가리키듯 군인으로 구성된 사람을 도피시키기 위한 목적으로 설치된 조직이다)이 단 한 달 동안 사용한 가솔린의 양은 자그마치 100만 갤런이나 되었다. 비록 부유층이나 공무원에 국한된 일이긴 했지만 비행기도 8월 말까지 운항되었는데, 인도와 파키스탄 사

---

3) *After Partition*, Modern India Series, Delhi, Publications Division, 1948, pp. 20~21.

이에 매일 평균 예닐곱 번을 운항하여 사르고다Sargodha, 라이얄뿌르Lyallpur, 물딴Multan, 라왈삔디로부터 난민을 퍼 날랐다. 이것은 물론 델리, 카라치Karachi, 라호르, 퀘타Quetta 그리고 라왈삔디 간에 있었던 정기 운항에 추가로 계산된 것이다. 11월 셋째 주 무렵까지 3만 2천 명의 난민이 비행기를 이용하여 양쪽으로 이주하였다. 또 신드Sindh에서는 가장 직선 항로가 배편을 이용하여 봄베이로 가는 것이었으니, 11월 21일까지 13만 3천 명이 기선이나 국적선을 타고 이주하였다. 아마 이 방법으로 이주한 사람이 이보다 더 많을 수도 있었겠지만 카라치항 당국이 하루 승선 가능 인원을 2천 명으로 제한하였기 때문에 이 정도가 되었을 뿐이다.[4]

가난한 사람, 그리고 열차나 도로 교통수단을 확보하지 못한 사람이 새 조국을 찾아 떠나는 길은 까필라라고 하는 대규모 인간 행렬을 따라 걸어가는 것뿐이었다. 이 행렬은 분단 선언 약 2주 후부터 움직이기 시작했는데, 처음에는 3만에서 4만의 규모이던 것이 점차 커져 나중에는 40만에 이르는 대규모 행렬이 되어 국경 어느 지점을 건너는 데만도 8일이나 걸릴 정도였다고 한다. 9월 18일부터 10월 22일 사이에 힌두와 시크로 구성된 스물네 개의 까필라가 라이얄뿌르와 몽고메리Montgomery로부터 인도로 이주했는데 이를 통해 이동한 인원이 84만 9천 명이나 되었다. 서에서 동으로 이주한 사람을 합하면 1백만 명이나 되었다.[5]

사람들이 이동하는 모든 길에는, 그것이 걸어서 가는 길이든 기차나 자동차로 가는 길이든, 어디든지 습격자가 기다리고 있었다. 또 까필라가 서로 다른 방향으로 이동하면서 교차할 때는 서로를 똑같이 쳐다보

---

4) *After Partition*, pp.50~55.

5) *After Partition*, pp.50~55. 및 U. Bhaskar Rao, *The Story of Rehabilitation*, Delhi, Department of Rehabilitation, 1967.

고(언뜻 외견만 봐도 힌두인지 무슬림인지 금방 알아차릴 수 있다) 가난과 고통의 짐을 진 사람들이 상대방에 대해 돌연 살의를 가지고 공격을 하곤 했다. 납치되고 강간당한 수천 명의 여성 가운데 많은 수는 까필라의 끝자락에서 뜯겨난 사람들이었다. 필사의 행렬 속에서 약하고 다치기 쉬운 사람, 즉 노인, 허약자, 불구자, 아이, 여성은 가끔 뒤로 낙오하기도 했다. 자기 자신 외에 다른 사람을 돌볼 시간은 없었다. 9월에는 여기에 설상가상의 상황이 벌어졌으니 폭우가 쏟아져 홍수가 나고 통신이 두절된 것이다. 열차는 속도를 늦출 수밖에 없었고 육로를 통해 이주하는 것 또한 어렵게 되었으며 까필라 안에도 비로 인해 병들어 아픈 사람이 많이 생겨났다. 도로와 다리를 복구하기 위해 군대가 투입되었고, 육로와 기차를 통해 이주하는 사람을 보호하기 위해 군과 경찰이 투입되기도 했다.

그렇지만 경찰이 항상 바른 경찰만은 아니었다. 경찰이라는 것은 원래 그 임무가 법과 질서를 공명정대하게 지키는 것인데 사실 그렇지만은 않았다. 그런 점에서는 군인도 마찬가지였다. 군인은 주어진 임무를 수행하는 중립적 병력이어야 하는데 그렇지 않았던 것이다. 분단은 정부군의 중립성과 객관성의 신화를 결정적으로 깨뜨려버렸다. 분단 당시 약 60%의 경찰 병력은 무슬림으로 구성되어 있었다. 파키스탄에서 인도로 이주하는 비무슬림과 인도에서 파키스탄으로 이주하는 무슬림은 오직 '자기 쪽' 경찰이 호위를 해줄 때만 안심할 수 있었다. 그렇지만 이는 제한된 의미로만 가능하였으니 그것은 경찰이나 군인 또한 자기 관할을 표시해야 했기 때문이다. 파키스탄 내에서 인도로 향하는 난민은 파키스탄 '군'(그들이 이렇게 불렀다)에 의해 호위를 받았고, 어떤 지점부터는 인도인이 그걸 맡았다.

경찰 병력의 다수가 무슬림으로 구성되어 있었다면 군대는 이와 반대였다. 무슬림은 단지 30%밖에 되지 않았고 나머지는 비무슬림이었다. 일단 나라를 둘로 나눈다는 결정이 내려지고 나니 모든 것이 둘로 나뉘어야 했다. 물론 군대도 이에 포함되었다. 군용차, 전차, 총기류, 탄약고와 같은 장비, 창고는 두말할 필요도 없고 인원도 그리해야 했다. 병력은 각자의 종교공동체에 기초하여 나뉘었다. 무슬림 군인은 파키스탄으로, 비무슬림 군인은 인도로. 군대 재구성에 관하여 인-파 분단위원회가 규정안 일반 수칙의 (f)항은 다음과 같다:

> 군대의 분할은 두 단계를 거쳐 행한다. 첫 번째는 잠정적으로 현존하는 군대 구성원을 각자의 종교공동체에 기초하여 나눈다. 그리고 그 계획은 향후 정식으로 수립하도록 한다. 다음 단계는 지망 우선 배정을 기초로 하여 각 지역의 군대로 이동시키는 것이다. 그렇지만 거기에는 예외가 있다. 현재 인도군에 복무하고 있는 파키스탄 지역 출신의 무슬림은 인도 연방의 군에 입대할 자격이 주어지지 않는다. 그리고 이와 동일한 맥락으로 현재 인도군에 복무하고 있는 인도의 나머지 지역 비무슬림은 파키스탄군에 입대할 자격이 주어지지 않는다.[6]

이렇게 군에 입대하는 데 있어서 선택이라는 요소가 있긴 했지만 지금의 파키스탄 지역에 거주하던 무슬림에게 그리고 지금의 인도 지역에 거주하던 힌두와 시크에게는 그것이 인정되지 않았다. 이것은 기묘한 논리였다. 만약 누군가가 무슬림이고 라호르에 있는 군대에서 복무하고 있으면 인도군에 입대를 할 수 없지만 힌두인데 라호르에 있는 군에서 복무하고 있다면 인도나 파키스탄 어디든 입대할 수 있다. 그리고

---

6) Armed Forces Reconstruction Committee of the ten committees set up to deal with 'The Administrative Consequences of Partition'.

구르카족은 이에 해당하지 않는다. 구르카족은 인도군의 약 7%를 차지하는데, 설령 그들이 힌두 국가인 네팔 출신이라 할지라도 별도의 중립 범주로 취급하였다. 분할 이전 인도군은 10개의 구르카 연대를 가지고 있었다. 인도, 네팔 그리고 영국 사이에 체결된 임시 협정에 의해 10개 연대 가운데 6개는 인도군에 남고 나머지 4개는 영국군에 귀속되었다. 당시 파키스탄에서 인도 그리고 반대 방향으로 이주한 많은 사람에게 유일하게 안전한 군대는 힌두도 아니고 무슬림도 아닌 중립성향의 구르카 연대였다.

*

지금에 와서 돌이켜 생각해보건대, 모든 일이 다 불합리하다는 생각이 들던 때가 있었다. 두 사람의 인생을 나눈다는 것도 말도 안 되는 일인데, 하물며 수백만의 사람을 나눈다는 것은 가히 미친 짓이다. 일단 나누고 나면 너무나 많은 게 함께 나뉘어야 한다. 물리적인 경계를 그린다는 게 어디 쉬운 일인가? 뻔잡주 전체를 종횡으로 달리는 도로망과 철도망을 어떻게 나눈다는 말인가? 뻔잡을 흐르는 다섯 강은 그 지역에 물을 공급해주는데 이걸 이제는 나누어야 한다는 말인가. 이 다섯 강이 물을 공급해주는 운하는 뻔잡의 많은 지역을 윤택하게 해주었다. 예를 들면, 바리 도압Bari Doab 상류 유역 운하는 서뻔잡의 라호르와 몽고메리 지역의 관개를 맡았지만 그 일을 조정하는 곳은 동뻔잡에 있었다. 또 서뻔잡 여러 지역의 관개를 담당한 데빨뿌르Depalpur 운하 또한 동뻔잡에 있는 페로즈뿌르Ferozepur 둑에 의해 조정되었다. 모든 행정 단위도 나뉘었고 따라서 그곳의 근무자들 또한 인도로 갈 것인지 파키스탄으로 갈 것인지를 선택해야 했다.

이주를 택한 사람들에게 또 다른 문제가 발생했다. 자신들이 받는 연금은 어떻게 되는 것인가 하는 문제였다. 예금은 어떻게 되고, 은행이나 고용주한테 빌린 대출금은 어떻게 되는가? 한 사람이 나라를 고르는 일은 비교적 간단할 수도 있겠지만 그 선택을 실제로 행사하는 데에는 여러 문제가 발생하기 마련이고 그것이 시작되면 일은 더욱 복잡해진다. 불확실하고 혼란스러운 상황이라는 것은 때로는 사람들로 하여금 며칠이든 몇 달이든 이주를 시작하기 전에 준비기간이 있어야 함을 의미하기도 한다. 이 난리 동안에 직업은 어떻게 되는 것인가? 급여는 누가 주는가? 교육은 중단되었고, 각 대학을 나누는 것이 옳은 짓인지 그렇지 않은지에 대해 끝없는 논쟁이 일어났다. 당시 상당수 학자가 고향에서 일어나는 소요와 폭동에서 벗어나 다른 곳으로 가버렸다. 그 가운데는 정부가 지급한 장학금으로 해외에 나가 특정 학문을 공부해온 정부 학자도 많았다. 이제는 그들 또한 두 나라 가운데 하나를 선택해야 한다. 국비로 해외로 나가 있는 학생들에게 두 나라가 정비를 하는 동안에는 누가 그 장학금을 지불할 것인가가 명확하지 않았다.

동뻔잡에서 숙련 인력이 유출되어 무슬림이 인력의 대부분을 차지하던 메리야스 제조업과 금속가공업 그리고 철도가 비틀거리지 않을 수 없게 되었다. 예를 들어, 금속 가공 중심지인 바딸라Batala는 무슬림 인력이 떠나면서 쇠락의 길을 걸었다. 양쪽 뻔잡 사이의 교역은 금지되었다. 이전에는 카라치에서 구입할 수 있었던 화학제품과 기계제품 그리고 원자재를 더 이상 구입할 수 없게 되었고 그 대신 봄베이가 새로운 공급처로 자리를 잡았다. 아므리뜨사르의 핵심 산업 가운데 하나인 메리야스 산업은 노동력을 구하기 위해 이제 인도로 눈을 돌려야 했다.

도시의 외형 또한 변화할 수밖에 없었다. 라호르는 한때 약동하는 문화 도시였는데 이제는 그 풍채가 더 이상 남지 않았다. 한때 번영하는 상업 도시로서 뻔잡의 심장이던 아므리뜨사르는 대간선로Grand Trunk Road[7] 상의 와가 국경 이전의 마지막에 위치한 도시가 될 뿐이었다.[8] 사람들은 급히 떠나야 했기 때문에 많은 재산을 두고 올 수밖에 없었다. 현금, 귀금속, 장신구, 예금, 유가증권, 금고 안에 보관하던 것, 오래된 편지, 장부, 서류 등 …… 실로 다양한 종류의 물건이 이에 속한다. 많은 사람이 곧 돌아오리라 믿고 귀금속, 돈, 금 등을 갖가지 장소에 묻어두었다. 이것들은 어떻게 찾아낼 수 있을까? 1947년 8월 이후 수년 동안은 양국 정부 사이에 수많은 회의가 열려 은닉재산을 찾은 데 대해 누가 소유주이고 얼마만큼 소유를 인정할 것이며 그것을 어떻게 소유하게 할 것인지에 대한 논의가 무수히 열렸다. 은행에 돈이나 물건을 예치해둔 사람은 난민재산관리인Custodians of Evacuee Properties에게 자신의 재산을 찾아가기 위한 허가를 신청해야 했다. 국민저축확인서 National Savings Certificates, 방위확인서Defence Certificates 등 이와 유사한 서류를 가지고 있는 사람은 자신의 예탁재산을 양쪽 어디에서든 우체국에 신청하면 그것을 실제로 찾기 전에 정교한 확인 절차를 거치도록 되어 있었다. 심지어는 무기도 서로 교환해야 했으니, 그 첫 교환이 1956년 10월 라호르에서 이루어졌고 같은 날 잘란다르Jalandhar에서도 이루어졌다. 이 외에도 네 번의 교환이 더 있었다. 맨 마지막 교환이 1958년 2월에 있었는데 인도 측에서 1,200점의 무기를 소유주에게 반환하도록 인수했다. 이와 병행하여 1954년부터 1958년 5월까지 파키스탄 국내에서는 매장 귀중품 발굴이 2,200건이나 있었는데 그 가운데 약 1,300건이 성공을 거두어 약 690만 루삐 상당의 귀중품을 회수했다.[9]

영국 식민 통치의 유산 가운데 하나는 행정 체계와 '서류' 에 대한 신

---

7) 꼴까따Kolkata에서 뻬샤와르Peshawar에 이르는 북부 인도의 중추 횡단 도로—옮긴이

8) Navtej K. Purewal, 'Displaced Communities: Some Impacts of Partition on Poor Communities', in *International Journal of Punjab Studies*, Vol. 4, No.1, Jan-June 1997, 129~146.

9) 참조, Kirpal Singh, *The Partition of the Punjab*, Patiala, Publications Bureau, 1972.

뢰성이다—파일에 어떤 경우는 주석을 달고, 어떤 경우에는 해결 표시를 달고, 어떤 경우에는 미결 표시를 달고……. 1947년이 되면서 하나의 행정 체계가 둘로 전환되면서 모든 파일은 이제 사본을 만들어야 했다.[10] 당시에는 사본 만들기가 오늘날처럼 그리 쉽지는 않았다. 그래서 수개월 동안 파키스탄을 택한 행정 관료들이 인도의 각 부처에 자리를 잡고 앉아 필요한 서류를 모두 일일이 손으로 베껴 썼다. 충분히 일어날 수 있는 일이지만 만약 어떤 사람이 베껴 쓰다가 잠이 들어버린다거나 실수로 잘못 옮기면 어떻게 될까? 이런 생각을 자주 하곤 한다. 역사는 그런 상세한 사항으로부터 만들어지는 것이다.

*

인-파 분단계획이 발표된 지 3주 후인 1947년 6월 30일, 인도 총독은 뻔잡 및 벵갈의 국경위원회Boundary Commissions for Punjab and Bengal를 구성하였다. 각 위원회는 위원 4명으로 구성되었는데 그 가운데 둘은 힌두, 둘은 무슬림이고 두 위원회 모두 영국 변호사 시릴 래드클리프 경이 의장을 맡았다. 그는 '위대한 법률 지식, 고매한 인격 그리고 다양한 행정 경험'을 갖춘 사람으로 평가를 받는 사람이었다. 국경위원회의 임무는 '무슬림 다수 지역과 비무슬림 다수 지역이 분포한 장소를 확정하는 기초' 위에서 인도와 파키스탄의 국경을 획정 짓는 일이었다. 그리고 그렇게 하는 과정에서 '기타 요인'을 고려하는 것이었는데, 이것이 무엇을 의미하는지에 대해서는 정확하게 알려지지 않았다. 래드클리프가 인도에 도착한 것은 1947년 7월 8일이고 국경이 확정된 것은 8

---

10) Kirpal Singh, *Select Documents on Partition of Punjab, 1947, India and Pakistan: Punjab, Haryana and Himachal - India and Punjab - Pakistan*, Delhi, National Bookshop, 1991, pp.144~146.

월 16일이었으니 그가 활동한 약 5주일 동안 그에게는 '3,500만이 넘는 인구, 수천 개의 마을, 읍, 도시, 하나로 일체화되고 통합되어 있는 운하와 교통 통신망, 종교가 서로 다름에도 불구하고 문화, 언어 그리고 역사를 공유해온 1,600만의 무슬림과 1,500만의 힌두 및 500만의 시크를 나누어야 하는'[11] 엄청난 임무가 주어졌다.

누구나 쉽게 예견할 수 있겠지만 위원들 사이에는 도저히 합의할 수 없는 차이가 드러났고 다른 정치 조직 사이에서는 국경을 획정해야 하는 그 나름의 해석을 가지고 있었다. 무슬림은 지역을 무슬림과 비무슬림의 분포 인구를 기초로 하여 경계를 그려야 한다고 주장하였고, 힌두는 '기타 요인'을 기초로 해야 한다고 주장하였다. 그들은 라호르가 '역사적으로 힌두·시크와 깊은 관련이 있기 때문에' 그리고 그 상업과 산업 대부분이 비무슬림에 의해 운영되고 있기 때문에 당연히 동뻔잡에 포함되어야 한다고 주장했다. 그렇지만 만일 분단선이 무슬림 다수와 비무슬림 다수 지역으로 그어진다면 시크는 가운데가 둘로 찢어질 수밖에 없었다. 따라서 만일 그런 원칙을 따르면 자기 종교의 성지 대부분이 파키스탄에 포함되어버리기 때문에 그럴 수는 없다고 주장했다. 그들은 자기들이 토지 대부분을 소유하고 있고 토지세 대부분을 납부하고 있기 때문에 무슬림 다수 지역이라 하더라도 어떤 부분은 자기들에게 속해야 한다고 주장했다. 이러한 불일치와 갈등이 불을 보듯 훤하게 드러났고, 결국 최종 결정권은 래드클리프에게 돌아갔다.

래드클리프의 임무는 그리 쉬운 것이 아니었다. 우선 시간이 부족했고, 인도라는 나라와 그 사람들 그리고 이제는 오래되고 이미 시대에 뒤떨어진 것이 되어버린 센서스 통계에 대해 익숙하지 않았기 때문이었다. 국경은 보통 지리적 형세 즉 강, 산 등에 따라 획정된다. 그런데

---

11) *After Partition*, pp. 28~29.

국경을 사이에 두고 양쪽이 다투는 상황에서는 지리적 경계마저도 기준이 되지 못한다. 예를 들어, 강과 같은 경우 간혹 그 경로를 바꾸기도 하는데 이것이 갈등의 원인으로 작용하기도 한다. 그리고 그 어떤 경우라도 종교 분포라는 것은 결코 지리적 유형을 따르지 않는다. 시크교 최고의 성소인 낭까나 사힙Nankana Sahib은 서뺀잡 깊숙이에 들어가 있다. 라호르는 양쪽 모두가 사랑하고 공유하는 도시였다. 아므리뜨사르도 이와 마찬가지였으니 시크에게 성도이긴 하지만 무슬림에게도 마찬가지로 사랑을 받은 명실 공히 상업과 종교의 중심지였다. 구르다스뿌르Gurdaspur군[12]은 무슬림 다수 거주 지역으로 알려져 있지만 사실 경제적으로 볼 때 이 지역을 지배하던 건 시크였다. 최종적으로 국경이 된 선 위에는 무슬림 성자의 사당이 수도 없이 많이 포함되어 있었다. 그런데 이 성소들을 찾는 사람 가운데는 수천수만의 시크, 힌두, 기독교인도 있었다.

국경은 정치적인 고려에 의해 종교 분포에 따라 획정되었지만 지리는 달랐다. 정치적 요구는 지리적 제한에 일치하지 않고, 결국에 가서는 정치가 지리를 이긴다. 결국 자연 경계를 따를 수는 없고 해서 래드클리프는 '복합적인' 경계를 획정할 수밖에 없었다. 이는 마을, 황무지, 사원 그리고 사람들의 삶을 모두 관통하는 것이었다. 뿐만 아니라 지리적 제한은 경제나 상업의 측면과도 잘 맞아 떨어지지 않는다. 힌두와 시크는 종교적 정체성과 경제의 부문에 있어서 상당히 속내가 다른 친구 관계를 유지하고 있던 게 보통이었다. 그들은 라호르에서 산업과 상업이 크게 발전하는 데 자신들이 한 역할을 강조했다. 그들은 은행, 보험, 공장, 교육 등에서 대부분의 규모를 차지하고 있었다. 인도 측 위

---

12) district. 행정 단위로 한국의 군보다는 크고 도보다는 작다. 그 아래 단위인 떼실Tehsil은 군보다는 작고 면보다는 큰 단위로서 '세무읍'으로 번역한다.—옮긴이

원 가운데 한 사람인 판사 메헤르 짠드 마하잔Meher Chand Mahajan의 의견에 의하면, 이러한 것들이 국경위원회가 고려할 필요가 있는 '기타요인'이다. 단순히 인구에 초점을 맞추는 것은 충분하지 않은 것이다.

결국, 누구나 예상하였듯이 국경 제정은 그 아무도 만족시키지 못했다. 사실 국경 획정에서 만족이란 있을 수 없는 것 아닌가. 〈아므리따바자르 빠뜨리까Amrita Bazar Patrika〉지는 이를 두고 "힌두와 무슬림 모두가 영제국주의를 발로 차 떠나보내는 것"이라고 꼬리표를 달았고, 〈돈Dawn〉지는 이를 "테러리스트의 살해"라고 하면서 "파키스탄이 정당하지 못한 획정과 편견에 차 내린 결정, 한때는 중립적이었기 때문에 공정할 것을 기대한 자가 저지른 수치스러운 불공정성에 의해 파키스탄이 속은 것"[13]이라고 했다.

래드클리프 입장에서는 스스로 지지를 얻지 못하리라는 사실을 잘 알고 있었다. 그는 다시는 인도에 돌아가지 않겠다는 편지를 조카에게 보낸 바 있다. "인도에서 날 좋아하는 사람은 아무도 없을 거야. 뻔잡과 벵갈에서 내가 했던 그 국경 획정 때문에. 그로 인해 약 8천만 명의 사람들이 큰 슬픔을 안고 날 찾아다닐 거다. 나는 그들이 날 찾아내지 못길 바란다. 난 열심히 일했고, 여러 곳을 돌아다녔으며, 땀에 젖었다. …… 난 온종일 땀에 절어 살았는데……." 후에, 아주 많은 시간이 지난 후에, 그는 어떤 인터뷰에서 시간이 좀 더 있었으면 좀 달리 만들 수 있지 않았을까요? 하는 질문을 받은 적이 있는데 이에 대해 그는 "예, 그렇습니다. 나는 도착하자마자 내 손에 쥐어진 시간이 너무 없음을 모든 정치지도자에게 이야기했습니다. 그렇지만 모든 정치지도자, 예컨대 진나, 네루, 빠뗄 등은 자기들이 원하는 것은 8월 15일 이전에 선을 획정하는 것이라고 하였고, 그래서 난 그렇게 했을 뿐입니

---

13) *After Partition*, p.30.

다."[14]라고 말했다.

래드클리프가 경계를 정하던 일 이전에 있어왔던 정치 발전은 힌두와 시크 그리고 무슬림 사이의 적대감을 키우는 데 크게 일조를 했다. 이러한 현상은 비단 종교하고만 관련이 있는 건 아니다. 그 외에도 관련 있는 게 많은데 직업, 생계, 재산, 고향의 땅 등이 바로 그러한 것들이다. 이러한 것들과 관련하여 일종의 쟁탈전이 발생했는데 그 쟁탈전이 바로 종교의 경계 위에서 발생한 것이다. 다른 일반적인 경우와는 달리, 그리고 아주 의미심장하게. X나 Y의 직업을 다름 아닌 무슬림이 잡았다거나 힌두가 잡았다거나 하는 것들이다. 종교가 지리와 갈등을 일으키는 것과 같이―어떤 강이나 산, 황무지의 이쪽이나 저쪽에 사는 힌두 혹은 무슬림 몇 사람이 어쨌다고 하는 것처럼―종교가 재산이나 취업과 관련하여 어떤 일과 갈등을 갖게 된 것이다.

적대감이 쉽게 커가는 만큼 국경선 획정은 더 어려워진다. 국경이 있음에도 불구하고 사람들은 서로 왕래했다. 파키스탄과 인도 사이에 몇 년 동안은 여권 제도가 없었다. 이와 같이 이전의 '개방'이라는 한 슬픈 코미디 속에서 파키스탄 사람과 인도 사람은 이제 상대를 방문하려면 비자를 얻어야 하는데, 그게 하늘에 별 따기만큼이나 어려운 일이 되었다. 만약 비자를 얻는 데 성공하였더라도, 상대 나라에 도착한 직후와 떠나기 직전에 그 나라 경찰에 반드시 신고해야 하고, 그 나라에서 방문할 수 있는 곳은 딱 세 곳으로 제한되었다.

아이러니하게도 긴박한 적개심은 몇 가지 공통점에 의해 서로 협력을 하도록 만든다. 양국은 불붙은 증오와 원한을 가지고 상호 의존 관계로 서로 묶여 있다. 이발사, 직조공, 재단사, 금세공공 등이 대규모로

---

14) Kirpal Singh, *Select Documents on Partition of Punjab*, p.744(저자가 시릴 래드클리프와 했던 인터뷰)

파키스탄으로 이주해버림으로써 특히 델리의 일상생활 일부가 비틀거리게 되었다. 파키스탄에서는 회계 직원, 은행원, 변호사, 교사 등이―그 정도는 서로 다르지만―유사한 종류의 타격을 입었다. 신생국으로서 파키스탄은 통화를 주조 및 인쇄할 수 있는 준비가 되어 있지 않았다. 조폐국이 인도 측에 있었던 것이다. 뿐만 아니라 파키스탄은 아직 자국 지폐가 없었다. 그래서 일 년 동안 파키스탄 통화는 인도에서 인쇄되었다.(파키스탄이 자국 지폐를 마련할 때까지는 인도 지폐가 법정통화로 통용되었다.) 파키스탄 정부에서 사용하는 여러 비품도 마찬가지였으니 인도 시믈라의 정부 인쇄소가 전적으로 파키스탄 정부를 위한 용도로 사용되었고, 알리가르Aligarh의 일부 시설이 마찬가지 용도로 사용되었다. 파키스탄의 통화 담당 공무원이 인도에서 몇 주일 동안 연수를 받았고, 인도는 파키스탄의 회계 업무를 돕기 위해 회계사를 파견하였다. 1948년 7월 파키스탄 국립은행State Bank of Pakistan이 설립되기 이전까지는 인도준비은행Reserve Bank of India이 두 나라를 위해 해당 기능을 계속해주었다. 이 기간 동안 파키스탄의 새로운 지폐 도안이 만들어졌고, 일단 인쇄가 되고 난 이후부터는 법정통화로서 인도 지폐 사용이 중지되었다. 그렇지만 이런 변화 뒤에 일련의 불일치가 잇달아 생겨나기도 했으니, 인도는 파키스탄에서 더 이상 필요가 없는 인도 화폐 수용을 거절하였고, 이에 파키스탄은 인도를 크게 비난하였다.

*

인-파 분단의 상황을 삔잡에서는 쉽게 볼 수 있었다는 주장에 대해서는 논란의 여지가 많다. 비무슬림 즉 힌두와 시크는 비록 수적으로는 열세에 놓여 있었지만 경제적으로는 지배적 위치에 있었다. 그들은 대부분의 산업, 농업, 상업을 소유하고 있었고 또 대금업자도 많았다.

당시 배후에는 지배와 착취에 대한 실제적인 공포가 무슬림에게 깔려 있었고 이것이 무슬림으로 하여금 분리 선거구를 요구하게 한 것이었다. 자기들의 대표를 권력의 중앙에 보내면 자기 공동체의 이익을 보호해줄 것으로 믿었기 때문이다. 반면, 인도의 다른 지역에서는 분리 선거구가 수적으로 소수인 공동체에게 주어졌다. 만약 센서스 수치가 신뢰할 만하다면, 여기 뻔잡에서는 무슬림 인구가 약간 더 많았지만 힌두 및 시크에 대한 경제·사회적 지위는 훨씬 낮았기 때문에 무슬림이 분리 선거구를 요구한 것이었다. 쉽게 예상할 수 있듯이, 뻔잡에서 이에 대한 힌두와 시크의 반응은 부정적이었고 나아가 시크도 그와 비슷한 권리를 인정해달라고 로비 활동을 하였다. 각 주장은 어느 정도 타당성이 있긴 했으나 한쪽의 요구는 다른 쪽의 불평등을 의미할 수밖에 없었다.

그렇지만 의회에서 목소리를 내기 위해 정치적인 힘을 요구하는 것은 또 다른 일이다. 아무리 그렇다고 그것이 어떻게 별도의 **나라**로서 하나의 국가를 요구하는 것으로 바뀔 수 있었단 말인가? 어떻게 그리고 언제부터 인도와 파키스탄의 분할이라는 개념이 생겼단 말인가? 항상 그렇듯이 어떤 생각이 단순한 생각으로 그치지 않고 더 커지는 경우에는, 어디서부터 그런 일이 시작되었는지 딱 집어내기가 무척 어렵다. 인-파 분단 또한 예외가 아니다. 인-파 분단을 주제로 다룬 책들을 보면 어떤 이는 그 개념이 짜우드리 라흐마뜨 알리Chaudhry Rahmat Ali로부터 시작한 것으로 보기도 하고, 또 어떤 이는 시인 모함마드 이끄발 Mohammad Iqbal로부터 시작한 것으로 보기도 한다. 또 다른 견해에 따르면 그 개념은 인도의 정치가 랄라 라즈빠뜨 라이Lala Lajpat Rai에 의해 이론화되었고, 1940년 라호르 결의(보통 파키스탄 결의로 불리기도 한다) 이후 진나에 의해 하나의 사상으로 '고착'되었다고 한다. 그렇지만 사실 생각이라는 것은 그렇게 단순한 역사나 지리 속에서 이루어진 것만은 아니다. 최근의 연구를 보면, 인도국민회의와 무슬림리그 사이에 긴장이 고조되는 가운데 파키스탄 건설자라 불리는 무함마드 알리 진나는 소위 라호르 결의 이후에도 매우 모호한 태도를 취한 반면에 인도국민회의는, 일반적으로 알려진 것과는 달리, 그 안을 받아들이는 데 훨씬 주저하지 않았다고 한다.[15]

대중적 차원에서 볼 때도, 종교적 차이가 그다지 심하지 않았다는 데에 대한 근거가 있다. 역사학자 수미뜨 사르까르Sumit Sarkar는 인-파 분단 이전 시기에는 두 가지 상반된 흐름이 나타난다는 것을 지적하고 있다. 힌두-무슬림 단합이 두드러지게 나타나는 수많은 저항운동[16] 그리고 인도국민회의와 무슬림리그가 동맹과 분리를 거듭하면서 벌이는 복잡한 게임이 좀 더 큰 수준의 정치에서 벌어지고 있었다는 것이다. 이를 통해 영국은 신중한 태도의 교섭을 벌였는데, 한편을 지지하다가 태도를 바꿔 다른 편을 지지하곤 했다. 이러한 접근은 본국에서의 정치 발전(1945년 선거에서 노동당의 승리)과 국제적인 장면(1939년 2차 세계대전 발발)에서의 정치 움직임에 맞추어 변화시킨 것이었다.

그렇지만 인-파 분단에 대한 생각이 어디에서 기원하였든 간에 1946년까지 영국이 철수한다는 것은 이제 바로 임박한 사안이 되었다. 영국에서는 1945년 7월 선거를 통해 노동당 정부가 압도적인 승리를 거두었고 2차 세계대전 직후 노동당 정부는 인도의 선거를 공표했다. 이전에 약속한 보통선거제에 의한 선거와는 거리가 상당히 멀었지만 인도국민회의와 무슬림리그는 기꺼이 이를 받아들였다. 그들은 대대적인 선거운동을 벌여 상당한 승리를 거머쥐었는데 특히 무슬림리그는 처음

---

15) 예를 들어 다음과 같은 글을 참조하라. Aijaj Ahmed, 'Tryst with Destiny - Free but Divided', in *India! Special Issue on 50 Years of Independence*, published by *The Hindu*, August 1997.

16) Sumit Sarkar, *Modern India 1885~1947*. Madras, Macmillan India, 1983, 'Introduction'.

으로 뻔잡의 모든 주요 선거구에서 상당한 약진을 거두었다. 그렇다 하더라도 무슬림리그는 확실한 다수당에 끼지 못하였으니 그것은 연합당Unionist Party, 인도국민회의, 그리고 아깔리당Akalis 사이에 전략적 연대가 이루어졌기 때문이었다. 그렇지만 이 연대는 약 1년 만에 붕괴되고, 뻔잡주 수상인 키지르 하야뜨 칸 띠와나Khizir Hayat Khan Tiwana가 1947년 6월에 사임을 하게 되는데, 그로 인해 무슬림리그가 뻔잡을 장악하는 길이 열리게 되었다. 이러한 투표 행태에 관한 중요한 의미는 종교공동체적 조짐이었다. 그것은 바닥에서부터 종교적 긴장이 서서히 증가하고 있었음을 반영하는 것이다. 아리야 사마즈Arya Samaj, 싱 사바Singh Sabha를 비롯한 몇몇 강력한 부흥 운동이 뻔잡에 오래 전에 굳건한 뿌리를 내렸다. 그런데 이제는 좀 더 새로운 운동이 경쟁판에 뛰어들었으니, 국가자원봉사단, 무슬림리그 국가호위대Muslim League National Guards, 아깔리 세나Akali Sena 등이 그 대표적인 예이다. 이런 조직들은 너나 할 것 없이 서로 다른 종교공동체 사이의 긴장을 고조시키는 데 적잖은 역할을 하였다.

다른 정치 발전도 뒤를 이었다. 1947년 2월 영국 수상 클레멘트 아틀리Clement Atlee는, 영국은 "늦어도 1948년 6월 이전에" 인도아대륙에 권력을 이양한다고 공표했다. 이에 무슬림리그는 뻔잡에서 권력 획득을 위해 일치단결하였고 뻔잡주 수상의 사임과 함께 이것이 현실이 되었다. 1947년 3월 8일에는 라왈삔디에 있으며 시크가 다수 지역인 여러 마을마저도 무슬림 폭도의 집중 공격을 받았고, 결국 인도국민회의집행위원회Congress Working Committee가 뻔잡을 두 개의 주로 나누는 것을 요청하는 결의안을 채택하였다.

이 모든 가닥이 어떻게 인-파 분단과 그렇게 꼬일 수 있는가에 대해 많은 해석이 있다. 이에 관한 여러 가지 논쟁은 잘 알려져 있고, 그런 논쟁은 이 시기를 기술하는 역사서의 많은 부분을 이루고 있다. 난 이 자리에서 이 논쟁에 끼어들 생각은 없다. 그런 논쟁은 인도국민회의와 무슬림리그 가운데 누구 책임이 더 큰가 혹은 영국은 어떻게 자신들의 철수를 조작했는가 혹은 누가 더 종교공동체적 분쟁을 부추겼는가 하는 따위의 것들이다. 나는 역사학자도 아닐뿐더러 이런 질문에 답할 능력도 없고 캐내고 싶은 흥미도 없다. 오로지 나의 관심은 인-파 분단의 연속선 위에 있는 사람에 관해서이다. 그리고 그 결과가 지금 그들의 삶에 어떻게 나타나느냐에 관해서이다. 내 초점은 여기 작은 역할을 하면서 단역을 맡은 사람들이다. 그들의 삶은 다른 모든 사람들의 삶과 마찬가지로 더 큰 정치 현실과 떼려야 뗄 수 없을 만큼 얽혀 있다. 이러한 정치적 실체가 그 사람들에게 어떠한 영향을 주고 그들의 삶을 어떻게 변화시켰는지가 바로 내 연구의 주요 관심이다.

발단이 언제부터 시작한 것이든 '분할' 이라는 개념이 전혀 새로운 것은 아니었다. 예를 들어 인도는 이미 벵갈 분할을 겪은 적이 있다.[17] 그렇지만 하나의 내부 분할 즉, 하나의 주를 둘로 나누는 것은 하나의 **나라**를 둘로 나누는 것과는 전적으로 다르다. 뻰잡에서 벌어진 초기 논의 또한 주를 둘로 분할하는 가능성을 포함하고 있었다. 힌두와 시크가 다수를 차지하는 동과 무슬림이 다수를 차지하는 서로 나누는 것이었다. 모든 방책이 검토되었다. 한 종교공동체가 수적으로 우세한 집단이 되게 하기 위하여 암발라를 뻰잡에서 떼어내는 것을 논의하기도 했고, 라왈뻰디와 물탄(몽고메리와 라이얄뿌르를 제외하고)을 서북변경주 North West Frontier Province와 병합하여 남은 뻰잡주에서 힌두와 시크가 확실하게 다수가 되도록 하는 방안이 고려되기도 했다.

문제는 세 종교공동체의 힘의 역학 관계가 고르게 균형을 맞추고 있

---

17) 1905년 영국 정부가 효율적인 통치를 위해 벵갈을 동과 서로 분할한다고 발표했다. 이에 대해 민족주의 운동 지도자들은 벵갈의 민족 운동을 약화시키기 위한 술수라고 철회를 줄기차게 요구하는 운동을 벌였다.—옮긴이

다는 사실인 것 같았다. 따라서 어느 한쪽을 떼어내 버리면 힘의 역학 관계가 변화하고 이로써 아마 문제가 풀릴지도 모른다. 하지만 일이 그렇게 단순하지만은 않다. 선거에서 이기고, 비록 제한된 수준에서지만, 권력을 쥐면 양쪽 모두 권력의 유혹이 얼마나 강한지를 알게 되고 혼란 속에서 특히 일을 밀어붙이면서 서로 결탁하는 데에 주저하지 않는다. 당초의 독립 예정일은 '시간에 쫓기는' 남자로 알려진 마운트바튼 총독에 의해 쫓기듯 제시되었고 정치지도자들이 시간 단축 방안에 찬성하면서 사람들은 결단을 내리는 데 심사숙고할 시간을 갖지 못하였다. 일찍이 1940년에 네루는 독립을 연기하는 것보다는 분단을 선택하는 게 차라리 낫다고 말한 것으로 전해진다. 애초에는 나라 분할을 꺼려했음에도 불구하고 정치지도자들 특히 인도국민회의 지도자들은 분할을 독립을 얻기 위해 치러야 할 대가로 생각하고, 사르다르 빠뗄이 말한 바 '병든 다리'를 절단하는 과정을 모의하는 데 동일 보조를 취한 것이다. 그렇지만 그로 인해 흘린 피는 다리 하나가 아니라 수천의 생명을 잘라냄으로써 생긴 것이었다.

인-파 분단에 관한 개념의 씨앗은, 어느 정도는, 힌두-시크와 무슬림 사이에 존재하는 경제적·사회적 차이 안에 이미 뿌려져 있었다고 말할 수 있다. 인-파 분단에 관한 기억의 대부분은 분단 이전의 날들에 대해 말을 하는데 그때는—비록 신화적이긴 하겠지만—힌두와 무슬림 그리고 시크가 조화로운 상태에서 같이 살아왔다는 것이었다. 그렇지만 이 조화는 현실적이고 물질적인 차이 위에 세워진 것이었다. 매일의 삶이라는 수준에서 보면 다른 여러 가지 차이가 많이 존재하였다. 내가 몇 년 전에 이야기를 나눈 비르 바하두르 싱은 이에 대해 다음과 같이 설득력 있게 말하고 있다:

…… 만일 어떤 무슬림이 길을 걷고 있고 우리가 그 사람을 만나

악수를 했다면, 그때 우리가 음식을 가지고 있다고 해봅시다. 그렇게 되면 우리는 그 음식이 오염된 걸로 믿어 먹지 않고 다 버립니다. 그런데 우리가 한 손으로 개를 데리고 있고 다른 손으로는 음식을 가지고 있었다면 그건 아무렇지도 않아요. 음식을 든 채 무슬림을 만나 악수를 하면 할머니나 어머니는 우리더러 그 음식은 오염되었으니 먹지 말라고 하는 겁니다. 이렇게 그들을 취급한 겁니다. 어떻게 한 마을에 두 쪽의 사람들이 살 수 있겠습니까? 어떻게 그 가운데 한쪽은 다른 쪽을 그렇게 존대하고, 다른 쪽은 또 그 한쪽을 개만도 못하게 대접할 수가 있냐는 말입니다. 어떻게 그럴 수가 있습니까? 그 사람들은 우리 어머니나 누이를 할머니라고 부르고, 우리를 형제, 자매, 아버지로 여기고 또 우리가 무슨 도움이 필요할 때는 항상 우리를 도와줬는데, 우리는 그들이 우리 집에 오면 어떻게 그렇게 막돼먹게 대접을 했을까요? 이건 정말로 나쁜 짓입니다. 파키스탄이 만들어진 것도 다 이런 것 때문이지요.

*

인-파 분단에 관한 몇 가지 '사실'이 있다. 실제로 그것들은 역사의 미세한 점에 관해서만 상세하게 말할 뿐 일반적이고 전체를 포괄하는 유형에 대해서는 말하지 않는다. 이에 대해서는 잘 알려져 있으므로 더 이상 여기서 반복할 필요는 없을 것이다. 내가 관심을 갖는 것은 좀더 조그만 역할로 단역을 맡은 사람들에 관해서다. 우리가 인-파 분단에 대해 알고 있는 그 역사를 뒤돌아본다 할지라도 내 의도는 그 '사실'의 진실성에 대해 의문을 제기하는 것이 아니라 무엇을 그러한 사실에 관해 '타당한 것'으로 가장 잘 기술할 수 있는가에 대해 의문을 던져보는 것이다. 인-파 분단의 역사를 계속 넓은 정치적 교섭의 견지에서만 생각할 것인가? 그렇다면 내가 여기에서 말하고자 하는 그 '사실'이라고 하는 것들은 어디에 두고, 그 밑에 혹은 뒤에 놓여 있는 이야기들은 또 어디에 둘 것인가? 사람들의 기억을 듣고, 그들의 이야기를 모으는 일로 10년이 넘는 시간을 보내면서 나는 다음과 같은 질문을 하게 되었다. 내가 들은 이야기들로부터 내게 주어진 것은 무엇이고, 내가 처한 맥락과 정치로부터 내가 그 안에서 읽어낸 것은 무엇이며, '그' 역사를 제공하는 것은 지금 가능한 일인가? 카롤린 스티드먼 Carolyn Steedman은 내가 생각하는 것에 대해 '사실'을 해석(혹은 재해석)하는 과정의 하나로서 노력하고 있다고 기술한다. 즉 '이미 일어난 것, 현재의 사건에 대해 의미를 부여하는 것'을 다시 작업하는 것이다. 카롤린은 "관건은 거기에 있지 않고, 과거 그 뒤에 있다. 그 사건들이 일어난 그 잃어버린 시간 뒤에 있다. 관건은 오로지 해석에 놓여 있을 뿐이다."[18]라고 말한다.

내가 여기까지 적은 사실 그리고 이 책에 적지 않은 사실의 뒤에 인간이 놓여 있다. 삶이 인-파 분단에 의해 심각하게 영향을 받은, 그 실재하는, 피와 살로 이루어진 인간이 놓여 있는 것이다. 내 삼촌이 그러하였듯 어떤 사람은 영원한 상실과 회한의 심정으로 살아왔고 또 어떤 사람은 강간의 트라우마를 안고 살아왔으며 납치와 같은 깊은 폭력의 상처를 서서히 그리고 언제나 힘들고 어렵게 인식하면서 살아왔다. 또 어떤 사람은 과거에 누군가를 죽였다는 사실을 잊지 못한 채 살아왔고 …… 누구든 과거를 쳐다보고 분단의 '사실' 너머를 쳐다볼 때만이 이렇게 서로 다르면서 켜켜이 쌓인 역사가 풀어헤쳐지기 시작할 수 있다. 그러므로 내가 이 책에서 말하고자 하는 이야기는 관례적인 역사라는 수단을 사용하여 우리가 파악할 수 있는 것들과는 사뭇 다른 '사실'의

---

18) Carolyn Steedman, *Landscape for a Good Woman*, London, Virago, 1986, pp.5~6.

질서라고 말할 수 있다. 서류, 보고서 혹은 연설문 등을 다루는 것으로 사용되는 그러한 수단은 내가 지금 보고자 하는 침묵의 저쪽에 숨겨져 봉합된 상처를 끄집어내기에는 전혀 적합하지가 않다. 예를 들면, 만일 내가 가진 것 전부가 다 관례적 역사의 수단뿐이라면, 거기에는 나로 하여금 내 삼촌 이야기 같은 걸 바라보거나 찾도록 해주는 역사가 시작하는 지점은 없다. 그 어떤 역사적 자료도 삼촌의 고통과 분노를 가늠해주지 못하고, 그 누구도 삼촌의 트라우마를 고민하거나 삼촌이 갖는 혼돈과 양면성을 이해하려는 시도조차도 하지 못한다. 그뿐만 아니라 이 책에 나오는 다른 사람 모두를 인간으로 여기는 사람은 아무도 없다. 그들의 몸과 목숨 위에서 역사가 세워지는 그런 인간으로 보지 않는다는 것이다. 인-파 분단에 관한 대부분의 책에서 사람은 단지 숫자에 지나지 않거나 그렇지 않으면 '정보제공자' 즉, 정보의 단순한 원천이라는 흉측한 어휘일 뿐이다. 인-파 분단 연구에서 내가 말을 건네는 사람은 인-파 분단사를 통합하는 주체이다. 여러 가지 의미에서 많은 목숨들이 바로 인-파 분단의 역사인 것이다.

결국 이 책은 이야기와 역사를 서로 엮어내고자 하는 시도이다. 이 점에 관하여 이야기 하나를 들려주면서 설명해보고자 한다. 내가 이전에 언급한 적이 있는 분단에 관한 여러 사실 가운데 하나는 군대 분할과 깊은 관련을 가지고 있다. 군의 자산 즉, 동산과 부동산은 나누어졌고, 군인은 인도 군대에 남을 것인지 파키스탄 군대에 편입할 것인지를 선택할 수 있었다. 일을 면전에 둔 상태에서 이는 단지 정보일 뿐이지만 나는 이상하게도 상당히 흥미가 끌렸다. 사람들로 하여금 이쪽 혹은 저쪽을 선택하도록 하는 요인은 무엇일까? 단지 종교뿐일까? 이렇게 나누어지는 것은 인생에서 어떤 역할을 할까? 당시 군에서 가장 낮은 계급이던 압둘 슈둘Abdul Shudul은 동료들과 같은 방법으로 결정을 했다. 인도에 남기로 했는데 앞에는 파키스탄 측에서 나온 장교와 인도 측에서 나온 장교가 나란히 테이블에 앉아 있었다. 압둘은 그들 앞에서 인도에 남겠다고 확실하게 말했다. 비록 마을 사람들끼리 삐거덕거리고 불만이 있기는 했지만 자신의 가정과 가족들이 엄연히 그곳, 델리 부근의 베굼뿌르Begumpur에 있기 때문에 압둘은 이웃들에게 크게 두려움을 느끼지 않았다. 압둘은 좋은 직업이 있고 얼마 전 새 가정을 꾸미기도 해서 여기 머무르는 편이 훨씬 쉽게 느껴졌다.

그렇지만 압둘의 인생은 예기치 않은 방향으로 흘러가버렸다. 그는 혹시 모를 문제가 생길까봐 아내와 두 달 된 딸을 파키스탄으로 이주하기로 한 형에게 보냈다. 형 일행은 델리의 다른 쪽에 있는 사돈집으로 가 파키스탄으로 떠나기 전까지 그곳에서 임시로 머무르기로 했다. 그런데 가는 도중에 문제가 발생한 것이다. 결국 목적지로 가지 못하고 뿌라나 낄라Purana Quila 난민 캠프에 합류하게 되었다. 그곳에는 많은 사람이 모여 살면서 파키스탄으로 보내지기만을 기다리고 있었다. 형 일행은 난민촌에 도착한 지 1주일이 지난 후 파키스탄으로 보내졌다. 이런 사실을 모르고 있던 압둘은 어느 날 가족을 찾아오기 위해 형의 사돈댁으로 사람을 보냈는데 그제야 자기 가족이 그곳에 도착하지 않았다는 사실을 알게 되었다. 압둘은 부리나케 난민촌으로 가서 샅샅이 뒤졌으나 그들은 이미 1주일 전에 파키스탄으로 떠나버린 뒤였다. 압둘은 가족이 모두 살해당했을지도 모른다는 공포에 빠졌다. "파키스탄으로 가는 기차 몇 대가 중간에 폭도에 의해 멈췄고 그 안에 있던 사람이 모두 살해당했다는 사실을 알고 있었습니다. 이런 일이 우리 가족을 피해가지만은 않았을 겁니다." 넋이 빠진 상태로 집에 돌아온 압둘은 이제 혼자서라도 살아갈 준비를 하기 시작했다. 몇 주가 지난 후, 정말로 우연히 압둘은 짐 가방 하나에서 자기 형이 파키스탄으로 가면 살려고 했던 뻬샤와르의 주소가 적힌 쪽지를 발견했다. 그래서 그는 파키스탄으로 갈 채비를 했다. "그때는 여권이라는 제도가 없었기 때문에 그곳으로 가는 게 그렇게 어렵지는 않았습니다." 압둘은 1947년 10월 파키스탄으로 떠났다.

압둘이 뻬샤와르에서 처음으로 방문한 곳은 군사령부였다. 그리고 거기서 예전에 인도에서 함께 근무했던 장교 한 사람을 운 좋게 만나게 되었다. 장교는 압둘에게 다시 군인이 될 수 있도록 해주겠다고 약속했다. "지난 번 자네는 인도에 남겠다고 했는데 …… 정말 파키스탄에서 살려는 거지?"라고 그는 압둘에게 물었다. 이에 압둘은 정말로 파키스탄에서 살고 싶다고 재차 확인해주었다. 가족이 이제 파키스탄에 있으니 인도로 다시 돌아갈 이유가 없지 않느냐고 분명하게 말했다. 이후 몇 개월 동안 인도에 있는 군사령부에 압둘의 병적 기록을 보내달라는, 그래서 그가 이쪽으로 편입되어 근무할 수 있도록 해달라는 공문을 수차례 주고받았다. 그러다가 난민 출신인 그 장교는 다른 난민들을 도와주기 위해 다른 곳으로 전출을 가게 되었다. 난민 출신이 아닌 다른 사람은 압둘을 달가워하지 않고 의심하던 차에 아마 누군가가 인도에서 오는 공문을 차단해버린 것 같았다. 아니면 인도 측에서 그냥 그런 일을 해주기가 귀찮아 끊어버렸는지도 모른다. 아무튼 압둘의 서류는 결국 오지 않았다. 압둘에 의하면, 파키스탄의 군사령부에는 인도가 파키스탄을 선택한 사람에 대한 서류를 보내주는 걸 달가워하지 않아 일이 성사되지 않도록 방해했다는 사실이 널리 알려져 있다는 것이었다. 압둘은 자신도 모르는 사이에 두 나라 사이의 작은 권력의 희생물이 되어버린 것이다.

한편 우여곡절 끝에 가족과 형을 만나게 되었고, 압둘은 한동안 뻬샤와르에서 지냈다. "그렇지만 우리는 행복하지 않았습니다. 아는 사람은 아무도 없고, 사람들은 난민들과 잘 섞이질 않았습니다. 그래서 우리 집사람은 하루가 멀다 하고 인도로 돌아가자는 말만 했습니다. 나도 이곳에서 직업을 갖지 못할 바에는 인도로 다시 돌아가서 직업을 돌려

받는 게 낫겠다고 생각했습니다." 결국 1948년 2월 그들은 다시 인도로 돌아왔다. 그런데 고향 베굼뿌르에 있는 집은 새로 온 힌두 난민들이 차지하고 있었다. 그들은 집을 돌려달라고 진정을 했다. 그리고 옛 직장에 가서 다시 일을 할 수 있는지 문의했다. 신청하는 데만 몇 개월이 걸렸는데 아홉 달이 흐른 뒤 최종적으로 다시 정착을 하게 되었다. 그로부터 얼마 되지 않아 집 또한 되돌려 받았다. "사실 그 사람들더러 집을 비워달라는 요청은 했지만 그 사람들도 다른 집을 얻을 때까지 기다려야 했습니다. 그들은 우리더러 조금만 시간을 달라고 하면서 반드시 돌려주겠다고 약속을 하더군요. 자신들이 떠나면 꼭 내가 그 집으로 들어올 수 있도록 해주겠다고 약속을 했고 그 약속을 제대로 지켰습니다." 오늘날 압둘은 베굼뿌르 옛집에서 3대가 함께 살고 있다. 그 마을에서는 그들이 거의 유일한 무슬림 가족이다. "사람들은 변했습니다. 옛날 사람들은 거의 다 갔는데 여기 우리에게는 아무 문제도 일어난 적이 없습니다."라고 압둘은 말했다.

압둘이 말하는 걸 들어보면 국가나 나라는 그에게 아무런 의미를 주지 않은 것 같다. 중요한 것은 일이 있고 가족이 있는 곳이 어디냐는 것이었다. 만일 일과 가족이 그를 파키스탄으로 데리고 간다면 당연히 가는 거고, 그것이 인도로 다시 오게 하면 그것 또한 당연히 돌아오는 것이다. 나는 줄기차게 그에게 물어보았다. 왜 인도로 다시 돌아왔느냐고. 그리고 파키스탄 생활은 어떠했냐고. 그 물음 안에는 조금이나마 애국심이나 조국애 같은 게 있지 않을까 하는 기대가 있었던 것도 사실이다. 그렇지만 압둘의 대답은 지극히 현실적이면서도 직접적인 것이었다. "내가 돌아온 이유는 간단합니다. 거기에서는 옛 직업을 가질 수 없었기 때문이었습니다. 인도 정부가 제 서류를 보내주지 않고 있지 않았습니까? 그러자 제 아내가 말했지요, 고향으로 돌아가자고 말입니다. **적어도 우리가 살 집은 있지 않느냐**(강조는 필자에 의함) 하면서 말입니다. 그래서 우리는 그렇게 한 거지요."

인-파 분단에 관한 '사실' 뒤에 놓여 있는 이야기가 바로 압둘 슈둘의 이야기 같은 것이다. 그리고 우리로 하여금 사실이 밝혀내는 것 너머를 바라볼 수 있게 해주는 것도 바로 이런 이야기이다. 무엇보다도 어떤 사람이 군대에서 이쪽 나라를 택하느냐 저쪽 나라를 택하느냐를 선택하는 문제는 그렇게 쉽게 결정할 수 있는 문제가 아니다. 그리고 그 선택은 이야기의 끝이 아니었다. 바로 시작이었다.

내 삼촌의 이야기. 압둘 슈둘의 인생. 이 책에서 또 만나게 될 이야기들의 경험이야말로 나에게 있어서 그것들이 담고 있는 여러 견해, 그것들이 들추어내는 느낌, 인-파 분단의 의미를 만들어내는 것이다. 분단 이후 세대의 한 여성으로서, 난민 부모 밑에 태어난 사람으로서, 하나의 페미니스트로서, 세속주의와 민주주의의 이상에 헌신한 한 중산층 인도인으로서 나는 지금 서 있다. 그리고 내가 지금 서 있는 여기에서 나로 하여금 돌아가 또 하나의 다른 시각과 해석에 도달하게 하는 것은 바로 이러한 것들에 대한 이해이다. 거대 정치 대신에 사람을 그 중심에 놓을 때, 나한테 보이는 분단은 바로 그런 것이다. 그 뒤를 따르면서 나는 인도사에서 가장 소외된 세 가지 주변인 집단의 역사에 대해 바라보며 그러한 것을 파헤쳐보고자 한다. 세 주변인 집단은 바로 여성, 아이들 그리고 힌두 사회에서 하층 가운데 최하층인 하리잔Harijan[19]이다.

---

19) 카스트의 전통적 분류인 바르나varna의 네 부류에도 들지 못하면서 숱한 차별을 받아온 최하위 계급을 일반적으로 불가촉민Untouchables이라 부른다. 하지만 간디가 그들의 처우를 개선하자는 의미에서 '신의 아들'이라는 뜻의 하리잔을 그들을 가리키는 이름으로 사용하자고 하였다. 이는 널리 통용되었으나, 일부는 이를 온정주의라고 비판을 하면서 반발하였다. 반발을 하는 당사자들은 스스로를 '짓밟힌 자'라는 뜻의 달리뜨Dalit라 부르고 있다. 그들 가운데 일부는 현재까지도 무력 투쟁을 하고 있고, 선거에서는 상당한 위력을 발휘하고 있다.—옮긴이

라진데르 싱 Rajinder Singh

'어느 도시? 어느 쪽? 어느 방향?'

1990년 수데쉬와 나는 델리에서 삼륜 스쿠터 운전을 하는 라진데르 싱과 대화를 나누기 시작했다. 그날 우리는 시내에서 어딜 가는 도중에 그의 스쿠터를 타게 되었다. 운전수가 인-파 분단을 겪었을 나이가 되어 보여 우리는 가면서 어디 출신인지 물어보았다. 그러자 자기 집으로 오면 이야기를 해주겠다고 하는 것이었다.

이야기는 델리 교외에 있는 난민 정착지 간디 나가르Gandhi Nagar로 우리를 인도했다. 라진데르 싱과 그 가족은 간디 나가르의 비좁고 복잡한 골목길 아주 작은 집에 살고 있었다. 우리가 방문했던 다른 모든 가정과 마찬가지로 그들도 우리를 가족처럼 따뜻하게 맞아주었다. 그와 그의 형제인 만모한 싱Manmohan Singh과 여러 번 인터뷰를 하는 과정에 이웃 사람들이 끼었다 빠졌다를 반복했다. 이웃들은 무슨 일인지, 그리고 자신들의 이야기를 하는 사람이 누구인지 매우 궁금한 모양이었다. 이야기가 시작되면, 중간도 못 되어 꼭 누군가가 방해를 하기 시작했다. 어떨 때는 라진데르와 만모한이 이런 이야기를 해도 되는지 갑자기 생각이 났다며 서로 되물어보면서 이야기가 중단되기도 했다. 가족과 인터뷰를 할 때는 항상 그렇듯, 우리가 직접 부인과 이야기할 수 있는 경우는 거의 없다. 부인이 혼자 있게 되는 절호의 기회를 잡은 경우는 물론 예외지만. 처음에는 이 문제로 걱정을 하다가 점차 남녀를 동시에 인터뷰하지 않고 나중에 따로 하기로 결정을 보았다.

인-파 분단은 서로 다른 많은 사람에게 서로 다른 많은 것을 의미하였다. 라진데르 싱에게 가장 강력하게 남아 있는 기억은 사건 자체가 아니고 그 사건이 일어나기 몇 년 전의 일이었다. 소년 라진데르는 라호르에 있는 히라 만디Hira Mandi의 길거리에서 노래 부르고 매춘부 일을 하던 조직에 들어가기 위해 가출을 했다. 그가 사라진 지 4년이 지난 후 아버지가 간신히 라진데르를 찾아내 그를 데리러 갔다. 젊은 라진데르는 가게 지붕에서 아버지가 시장 안으로 들어오는 걸 보았다. 늙은 아버지가 심하게 조롱당하는 모습, 꽃장수 하나가 일부러 발을 걸어 아버지를 자기 '집' 계단 앞에 넘어뜨리는 모습을 직접 목격했다. 아버지가 넘어지면서 시크에게는 최고의 명예의 상징이던 터번이 땅에 떨어져 굴러 다 풀어져버렸다. 그러자 아버지는 터번을 다시 주워 담으면서 천천히 사라지는 것이었다. 좋아하는 곳에서 계속 지내고 싶은 마음과 아버지에 대한 애정 사이에 갈등하던 라진데르는 결국 아버지를 따라 역으로 가 집으로 돌아가는 기차에 몸을 실었다. 집에 도착한 라진데르는 다스까Daska에 있는 한 그릇 공장에 취직해 일을 하기 시작했다.

라진데르가 인-파 분단 이후 훨씬 더 첨예하게 드러난 분열의 근거를 처음 보게 된 것은 바로 그 공장에서였다. 공장 주인은 힌두였고 종업원은 시크, 무슬림, 힌두가 다 있었는데, 분단이 다가오자 그들 사이에 싸움이 벌어지기 시작했다. 라진데르는 무슬림 동료에게 특별한 적대감이나 미워하는 감정을 가진 적은 없었다.

여기에 내가 기술한 것은 라진데르가 이야기한 것 가운에 전체를 관통하면서 사실과 현실성을 갖춘 일부만 옮겨놓은 것이다.

전문 직업이 없는 다른 많은 사람과 마찬가지로 라진데르는 인도로 건너온 후 여러 가지 다른 일에 손을 대곤 했다. 아므리뜨사르에서는 제과점에서 일을 했고, 그러다가 나중에는 손수 제과점을 차리기도 했으며, 이후에는 잠깐 동안 마차를 몰기도 했고, 우리를 만났을 때는 개인 소유 삼륜 스쿠터 운전사였다. 내가 라진데르의 이야기 가운데 한 부분을 이곳에 포함시키기로 결정한 이유는 자기 가족과 마을 사람이 시간이 흐르면서 갈수록 규모가 커지는 그 피난 행렬에 끼어 걸어서 여기까지 온 과정을 상세히 말해주었기 때문이다. 어떤 지점까지는 그 피난 행렬을 파키스탄 군인이 호위해주었고 그 이후로는 인도 군인이 인수인계를 받았다.

라진데르는 이 이야기를 아무에게도 해본 적이 없다고 했다. 손자들은 너무 어려서 이야기를 나눌 수가 없고, 자식들은 하루하루를 살아가는 데 너무 바쁘기 때문에 들으려고 생각지도 않는다는 것이었다. 그렇지만 우리가 그 집에 가서 앉아 이야기를 하려고 하니 가족이 모두 나와, 녹음기 이 부분을 틀어 달라 저 부분을 다시 틀어 달라 하며 개입을 하는 게, 마치 녹음기를 통해 그 목소리를 듣는 게 뭐 대단한 권위를 부여받는 것처럼 생각하는 것 같았다. 라진데르는 얼마나 많은 사람이 전혀 준비도 없이 이주를 해야만 했고, 어떻게 그래야만 한다고 확신을 하게 되었으며, 일단 행동에 옮기고 난 후에는 얼마나 큰 고난과 고통을 겪어야만 했는지 자세하게 말해주었다.

라진데르는 한 여성이 피난 중에 여자아이 하나를 낳은 이야기도 들려주었다. 그 아이는 데끄Dek 강가에서 낳았다고 해서 이름을 데꼬Deko라고 지었다 한다. 그런데 어느 노인이 손녀딸을 뒤에 남겨두고 와서 그렇다면서 그 아이를 키우는 데 힘껏 돕겠다고 나섰다. 우리는 그 노인의 손녀딸이 납치되었는지, 살해되었는지, 아니면 다른 곳으로 보내졌는지에 대해선 들은 바가 없다. 다만, 산모를 돕겠다는 그 말이 일종의 참회로 느껴졌을 뿐이다.

나는 라진데르의 이야기가, 보통 사람들이 그렇게 향해 가듯이, 처참하고 더디면서 고통스러운 움직임을 보여준다는 사실을 알게 되었다. 그러한 움직임은, 스스로 말했듯이, 불가항력에 의해 산산조각이 났다가 전혀 앞이 보이지 않는 미래를 향해 움직이고 있었다. 라진데르의 말에 의하면, "우리 마음은 온통 두려움으로 꽉 차 있습니다. 우리는 어디로 가고 있는 걸까요? 그리고 어디에서 끝나는 걸까요?" 이 질문은 내가 들었던 모든 인-파 분단에 관한 이야기들에 하나같이 실제적으로 관통하고 있는 의문이었다.

라진데르 싱

제 고모의 사위들은 리짜데Richade라는 마을에 살고 있었는데, 제 동생이 고모의 작은아들과 함께 그곳에 가 있었지요. 동생은 어떻게 해서든 그곳에서 빠져나가야 한다고 생각했습니다. 조금씩 조금씩 빠져나가면서 한꺼번에 다 도망쳐야 살아날 수 있을 거라고 생각했지요. 잘못하다간 다 몰살당할지 모르니 도망칠 때 사방으로 퍼져 달아나야 된다고 생각한 거지요. 그래야 혹시 한두 사람이라도 살아남을 수 있을 테니까요. 저는 아내를 데려오러 그곳에 갔습니다. …… 그러다 보니 동생이 혼자 떨어질까 봐 걱정이 됐습니다. 그래서 우리는 다 함께 바바 라칸 Baba Lakhan이라는 곳으로 갔습니다. 그곳에 가니 그 마을에서 나온 사람들이 머물고 있었습니다. 저는 그 사람들에게 당신들 수가 적으니 이 마을 사람들과 합치면 어떻겠냐고 물었습니다. 그 가운데는 시크도 상당히 많았습니다. 그들과 합치면 피난 행렬 덩치가 커질 테고, 힘도 세질 거 아니겠습니까? 보통 그렇듯, 마을 한 곳에서 나온 사람 수는 얼마 안 됩니다. 그러니 당연히 수를 불려야지요. 이런 식으로 하면서 우리 피난 행렬은 앞으로 나아갔고 다른 사람들이 합세하면서 행렬은 계속 커져갔습니다.

우리는 또 다른 마을로 갔습니다. 거기 가서 보니 사람들이 무사태평하게 잠만 자고 있는 거였어요. 그때 시각이 아홉 시였습니다. 사람들은 모두 잠에 빠져 있었는데, 아무 걱정도 하지 않고 있었던 거지요. 우리가 정황을 이야기해주자 그 사람들은 그런 일이 어찌 세상에 일어나겠느냐며 믿지 않았습니다. 그런 일이 이전에는 일어난 적이 없지만 오늘 일어났다고 말해주었습니다. 이런 일이 일어나지 않을 거라고 생각한다면 그건 큰 오산이다, 이건 실제 상황이다, 이렇게 말을 해주었지요. 그러자 나이 드신 몇몇 분이 주의를 기울이십디다. 그분들은 정말 그런 일이 일어난 거냐고 물었고 저는 정 못 믿겠으면 밖으로 나가 보시라, 바바 라칸엘 가보시면 알게 될 거라고 했습니다.

그곳에는 많은 사람들이 기다리고 있었습니다. …… 우리가 바바 라칸에 도달하자 그곳에는 또 다른 마을 두 곳에서 나온 사람들이 합세해 있었습니다. 전에는 그 수가 한 사오백이나 되었을 텐데…… 다 힌두와 시크지요. …… 사람들은 집어 들 만한 것이라면 크든 작든 모조리 집어 들고, 옷가지를 머리에 이고, 어깨에 걸치는 거추장스러운 것들은 다 내팽개쳤습니다. 부랴부랴 손에 잡히는 건 다 들고 피난 행렬에 끼었습니다. 무거운 짐을 들고 가는 사람은 아무도 없었지요. 그리고서는 행렬이 움직이기 시작했습니다.

피난길에서 들른 다음 마을은 까띠아나Katiana였습니다. 그곳에 가니 결혼식이 열리고 있었습니다. 한 무슬림의 결혼이었지요. 폭죽이 사방에서 터졌습니다. 그 소리에 처음에는 총격전이 벌어진 줄 알고 마을에서 떨어진 곳에 행렬을 멈추었습니다. 몇몇 사람이 상황을 알아보겠다면서 마을로 갔고 모두 조심해서 들키지 말라고 신신당부를 했습니다. 상황을 알아보러 간 사람이 들켜서 살해당하는 일이 일어나면 절대로 안 되는 거니까요. …… 그 사람들이 가까이 가서 보니 음악 소리가 들리고, 그래서 결혼식이 벌어지고 있다는 사실을 알게 되었습니다.

날이 점차 밝아왔습니다. 그날이 첫날이었고 이제 새 아침이 되었습니다. 비가 내리더군요. 폭우가 쏟아지다 보니 옷가지가 비에 젖어 들지도 못할 정도로 무거워졌습니다. 옷가지는 시간이 갈수록 더 무거워지고 그래서 사람들은 그냥 버릴 수밖에 없었습니다. 허기는 지고 옷은 완전히 젖다 보니 우리는 두려움에 휩싸였습니다. 이제 우리는 어디로 가야 하나? 이 일은 어디에서 끝나게 될까? 서러움이 북받쳐 올랐습니다. 우리는 앞으로 어떻게 될까? 도대체 어디로 가야 한단 말인가? 선생은 오늘

집을 나올 때 간디 나가르로 가는 것으로 알고 있었지요? 그런데 당시 우리는 그조차도 알지 못했습니다. 도대체 어느 도시로? 어느 쪽으로? 어느 방향으로? …… 입맛도 전혀 없었지만, 사실 아무것도 먹을 게 없었습니다. 우리는 집을 떠나올 때 밀가루조차 가지고 나오지 못했습니다. 그러니 빵 하나 제대로 구워 먹을 수가 없었지요. 우리는 밀가루를 구해 빵을 구워 먹을 엄두도 내지 못했습니다. 빈털터리로 나왔으니까요.

그러면서 몇몇 사람이 아프기 시작했는데, 일부는 상심이 커서 그랬고 일부는 설사나 고열에 시달리기도 했습니다. …… 많은 병자들이 순식간에 우리 곁을 떠났습니다. 그 가운데 일부는 집을 떠나올 때 이미 병중이기도 했고, 일부는 슬픔을 못 이겨 아프게 된 사람도 있었고, 일부는 찌는 더위와 폭우가 반복되면서 몸이 축나 아프게 된 사람도 있었습니다. 물론 그런 게 다 겹쳐 아픈 사람도 많았지요. 우리는 이런 상태로 그날 오후 까띠아나에 도착하였던 겁니다.

임신을 한 부인이 한 사람 있었는데 해산할 조짐이 보였습니다. 행렬이 움직이기 시작했지만 그 부인은 당황한 채 사람들에게 자기는 죽을 준비가 되어 있으니 그냥 두고 가라고 했습니다. 저는 그 어떤 고난이라도 맞닥뜨릴 각오가 되어 있었습니다만, 주변에 부를 만한 사람이 마땅치 않았습니다. 그때 제 옆에 영감님 한 분이 계셨습니다. 전 그분께 당신은 처음에 손녀딸을 데리고 나와 같이 피난을 떠나지 않았느냐, 이 가엾은 부인을 보시라, 아이를 낳으려고 하는 저 여인을 어떻게 저 차디찬 길바닥에 그냥 두고 갈 수 있겠느냐고 말을 건넸습니다. 좋은 일 한번 해보자고 그분께 청을 넣었습니다. 그리고선 우리는 이 비참한 처지에 모두 목 놓아 울었습니다. 그러자 그 영감님이 무슨 일이냐고 되묻더군요. 난 그 여인에게는 형제도 없고 아버지도 없고 남편은 살해당했는데 지금 혼자 아이를 낳으려고 한다고 설명을 해주었습니다. 그때 그 여인 옆에는 다른 여인이 몇몇 있었습니다. 그런데 행렬이 움직이자 그 사람들도 행렬을 따라 발길을 옮겨버렸습니다. 그러자 그 영감님이 여인에게 자신이 타고 있던 말 윗자리를 비워주면서 아무 데라도 도움을 얻을 수 있는 곳까지 데려다주겠다고 했습니다. 그런데 그 여인은 무서워서 그랬던 것 같은데, 그냥 그 자리에서 애를 낳겠다고 했고, 이윽고 딸을 낳았습니다. 탯줄을 끊어야 하는데 우리는 칼 같은 걸 아무것도 가지고 있지 않았습니다. 두려웠습니다. 그때 칼을 차고 있는 한 영감님을 보았습니다. 반가운 마음에 그분께 좀 도와달라고 했고 그분이 흔쾌히 그렇게 하라고 하여 무사히 탯줄을 잘랐습니다. 행렬은 45분 정도 지체하였습니다. 우리는 칼을 빌려준 그 영감님께 모르는 사람 가문을 위해 스스로의 명예를 뒤로 하신 훌륭하신 분이라고 칭송을 해드렸습니다.

피난 도중 빠스루르Pasroor라고 하는 마을이 있었습니다. 그곳에서는 발루치Baluchi 군인들이 우리와 함께했습니다. 그들은 한 학교에다 우리를 대피시켰습니다. 군인들은 누구든 이 사방 벽 바깥으로 나가려고 하는 사람은 목을 벨 거니까 그리 알라고 했습니다. 학교 담 높이는 약 4피트 정도 되었습니다. 그들은 아주 엄하게 우리를 대했지만 우리는 먹고 마실 게 전혀 없어서 …… 사람들은 밖으로 나갔고, 가게를 털어 땅콩 몇 자루를 가져와 구워 먹었습니다. 그런 것 말고 우리가 할 수 있는 일이 뭐가 있었겠습니까? 사람들마다 뭔가를 훔쳐가지고 왔습니다. 어떤 사람은 담을 넘어 사탕수수 밭으로 들어가 사탕수수를 훔치기도 했습니다. 결국 군인들이 몇 사람을 죽였습니다. 나는 자뜨 한 사람을 죽이는 걸 보았습니다. 그 자뜨 가족은 수레 하나를 가지고 있었는데, 수레에 물건을 실어왔습니다. 그러자 군인들이 총을 쏜 겁니다. 그 사람을 사살한 것이 마지막 의례였지요.

나로와르Narowar 이후부터는 따밀 나두 출신 군인들이 우리 행렬과 함께했습니다. 그 군인들이 발루치 군인들더러 이제 임무를 마쳤으니 돌아가라고 했습니다. 그러면서 두 군인들이 대치를 하게 되었습니다. 한쪽이 이제 호송은 우리 일이라고 하면 또 다른 쪽은 자기 일이라고 하면서 실랑이를 벌이더군요. …… 우물이 몇 개 있었는데, 약이 되기도 했지만 독이 되기도 했지요. 죽은 사람 시체가 그 안에서 썩고 있었고 물은 말라비틀어졌습니다. 우리는 굶주린 데다 목이 말랐으나 아무것도 먹을 수도 마실 수도 없었습니다. 그러자 군인들이 트럭 두 대를 타고 나로와르로 가 거기에다 밀가루를 가득 싣고 돌아왔습니다. 이내 군인들은 방수포를 넓게 펼쳐 거기에 밀가루를 퍼붓더니 가져가고 싶은 만큼 가져가라고 했습니다. 그리고서는 옥수수를 또 가져다주더니 부지런히 먹고 저 논밭에 들어가 남김없이 다 쓸어버리라고 했습니다. 그 따밀 나두 출신 군인들은 정말로 우리를 많이 도와주었습니다.

행렬 안에서 슬픈 일을 당하지 않은 사람은 없었지요. 어머니를 잃은 사람도 있고, 아버지를 잃은 사람도 있고, 딸을 납치당한 사람도 있었어요. 우리는 다시 이동을 했습니다. 이제는 가다가 죽은 사람을 봐도 전혀 두려워하지 않게 되었습니다. …… 얼마 동안 가니 라위Ravi강 다리가 나왔습니다. 그곳에서 군인들은 자기들 임무가 여기까지라며, 다스까에서 온 또 다른 피난 행렬을 호송하기 위해 돌아가야 한다고 했습니다. 우리는 데라 바바 나낙Dera Baba Nanak에서 기차 한 칸에 살해당한 힌두가 가득 찬 것을 보았고, 또 루디아나Ludhiana 쪽에서 온 무슬림이 기차 한 칸에 살해되어 있는 걸 보았습니다. …… 서로를 죽인 거지요. 우리는 많은 무슬림 시체를 보았어요. 진흙 밭에 뒹구는 솥이며 냄비며 옷가지며……. 어떤 사람은 다른 시체 밑에다 묻어놓은 것도 보았습니다. 병이 사방에 창궐했습니다. 우리가 데라 바바 나낙에 도달하니 이제 고향으로 들어온 거라는 말이 들리더군요. 하지만 우리의 고향은 저쪽에 있다고 생각했지요. 우리는 고향을 떠나온 겁니다. 여기가 어떻게 고향이라는 말입니까?

4장

여성

WOMEN

다미얀띠 사흐갈 Damyanti Sahgal

'할 이야기가 엄청나게 많을 거야. ……'

내가 처음 다미얀띠 사흐갈을 만난 것은 1989년이었다. 그때 그분은 나이가 80이었는데 몸집이 작으면서 두 눈에 장난기와 유머가 가득하고 힘이 넘치는 사람이었다. 다미얀띠를 소개해준 사람은 그분의 조카 리나 딩그라Lina Dhingra였다. 리나에게 인-파 분단에 관한 내 연구에 대해 이야기를 하자 리나는 "우리 이모 한번 만나볼래? 할 이야기가 엄청 많을 거야"라고 말했다. 그렇지만 막상 다미얀띠를 만나보니 그녀 또한 전혀 열정적이지 않았다. "나랑 이야기해서 뭣 하려고?"라고 물으면서, "말해줄 게 없어요. 바보 같은 이야기가 여기저기 조금 있을까……"라는 것이었다. 난 바보 같은 이야기든 아니든 듣고 싶다고 끈질기게 졸라댔고 결국 그녀는 마지못해 좀 누그러졌다.

이야기를 하기로 마음을 먹자 다미얀띠는 신나게 그 세계로 빠져 들어갔다. 다미얀띠는 내가 이야기를 들으러 집으로 가겠다는 제안을 무시하고 우리 집으로 오곤 했다. "그러면 당신은 나한테 커피 한 잔에 점심을 주면 되는 거고, 대신 나는 즐겁게 놀다 오면 되는 거니까." 그래서 우리는 재미가 있었다. 이 인터뷰가 나로선 유일하게 처음부터 끝까지 우리 집에서 이루어진 인터뷰였다. 보통 우리는 가능하면 사람들이 가장 편안함을 느낄 수 있는 환경에서 인터뷰를 하려고 했다. 그래서 대부분의 인터뷰는 그분들 집에서 이루어졌다. 다미얀띠가 꼭 우리 집에 와서 인터뷰를 하겠다고 고집을 부린 것은 인-파 분단 이후 계속해서 그녀와 함께 해온 떠돌이 마음으로부터 생긴 것임을 나는 이내 알아차렸다. 그녀는 자기 집이라고 할 만한 집이 없었던 것이다. "하르드와르Hardwar에 있는 그 작은 오두막을 집이라고 부르지 않는다면, 난 집이 없어."

우리가 만나기로 한 첫 날, 다미얀띠는 여동생 까믈라 불둔 딩그라 Kamla Buldoon Dhingra, 조카 리나와 함께 왔고 나는 내 친구, 아니 그때는 이미 동행자가 되어 있던 수데쉬 바이드와 같이 있었다. 이 긴 인터뷰는 여러 부분으로 나뉘어 진행되었고 수개월이나 걸렸다. 내가 했던 많은 인터뷰와 마찬가지로 이 인터뷰도 대개 개인적으로보다는 집단으로 진행되었다. 그러다 보니 모두가 다 함께 참여하는 대화가 되어버린 적이 한두 번이 아니다. 다미얀띠와 했던 인터뷰 가운데 어떤 부분에서는 다미얀띠의 여동생이 왜 이렇게 하지 않았느냐, 왜 저렇게 하지 않았느냐 하는 따위의 질문을 하면서 끼어들기도 했고, 어떤 때는 여동생이 본격적으로 나서서 직접 이야기를 시작하기도 했으며, 또 어떤 경우에는 또 다른 사람이 방에 들어와 이야기에 끼어드는 바람에 정작 다미얀띠가 이야기를 마무리하지 못하는 일도 있었다.

그렇지만 여기 소개하는 인터뷰는 그런 식으로 방해받은 형태 그대로가 아니라 끊이지 않고 하나로 계속 연결되어 있다. 아니 더 정확하게 말하면 그렇게 편집되어 있다. 나는 인터뷰의 시간에 따른 순서는 바꾸지 않으면서 의식적으로 나와 수데쉬가 던졌던 질문과 중간에 끼어든 이야기, 우연히 나눈 대화 등은 여기에 포함시키지 않았다. 이런 방식은 여기에서나 이 이후에 나오는 인터뷰에서나 모두 마찬가지로 적용된다. 그렇지만 두 가지 점에서 나는 다미얀띠와 까믈라와의 대화를 지속적으로 유지했다. 우선은 그 두 사람이 지적하고 있는 부분이 특별히 중요하기 때문이고, 다음으로는 그 이야기들을 그냥 일어나는 대로 보여주는 것이야말로 그 순간들이 그려내고자 하는 그 무엇인가를 포착할 수 있는 유일한 방법이라고 생각하기 때문이다.

다미얀띠와 했던 인터뷰를 정리해놓은 원고를 다시 읽어보니(사실

독자들은 전체 텍스트 가운데 일부밖에 읽지 못할 것이다) 광범위하면서 약간은 서로 겹치는 네 가지 부분으로 나뉘는 것 같다. 그 가운데 첫 번째는 다미얀띠가 자신에 대해 기술하는 부분인데, 분단 이전에 겪은 그녀의 삶, 그녀가 겪은 어려움, 파키스탄이 만들어지면서 인도로 오게 된 상황에서 혼자 찢어지게 가난하게 살던 그 삶에 관한 것이다. 지금 여기 기술한 것은 이 부분에 관해서이다. 두 번째 부분은 나중에 나타나는데, 처음에는 말하기를 꺼려했고 나중에 천천히 이야기했던 부분으로, 사회사업이라고 알려진 일에 뛰어든 이야기이다. 세 번째와 네 번째는 이 장章의 끝 부분에 나오는데 파키스탄에서 납치당하고 강간당한 여성의 '회복', '구출' 그리고 '재활'과 같은 실제 활동과 관련되어 있다. 각 부분은 분명하게 쪼갤 수 있는 것이 아니고 서로 흐름이 연결되어 있다. 세 번째와 네 번째 부분은 필연적으로 두 번째 이야기에 연계되어 있고 어떻게 보면 실제 활동의 단계를 중심으로 일직선으로 서술되어 있다. 즉, 첫 번째 단계가 구출이고, 그 다음이 회복이며, 맨 나중이 재활이다. 첫 번째와 두 번째 부분에는 더 큰 위험이 따르고 재활은 그래도 '좀 안전한' 축에 속한다. 다만, 재활은 그 여성에게나 사회 활동가에게나 그 자체의 위험성을 가지고 있는 것도 사실이다.

자기 이야기를 통해서 다미얀띠는 사회 활동가로서, 아니, 새로 만들어진 국민국가의 공무원으로서의 자신과—더 넓은 의미로 보면 그 자신이 개인적으로 섬기는 신의 도구로서—다른 여성을 향한 한 여성으로서의 자신 사이에 존재하는 갈등을 말하고 있다. 많은 여성들이 자신을 구출해주는 걸 반대하였듯이 다미얀띠도 자신이 하는 일에 대해 사적으로는 반발하였다. 그렇지만 흥미로운 사실은 그 둘 사이에서 모순을 발견하지 못하였다는 점이다. 그녀가 특정한 일에 반발하는 데 성공했다는 사실은 분명히 자신이 속한 계급과 자신에게 주어진 일에서도 중요한 부분이었다. 이러한 사실은 파키스탄 고위공무원과의 만남이나 그 이후 여성들의 나이를 증명하는 일을 하는 부(副)치안판사와의 만남을 통해 잘 드러난다.

나에게는 다미얀띠와 했던 인터뷰가 나와 수데쉬가 했던 많은 인터뷰 중 가장 중요한 것 가운데 하나다. 몇 개월에 걸쳐 우리는 이야기를 나누었고 그러면서 서로 친구가 되었다. 다미얀띠는 계속해서 우리더러 자기를 친근하게 단띠Danti라고 부르라면서 너무 불편하면 그 뒤에 '이모'를 붙여 부르면 되지 않겠느냐고 했다. 우리가 서로 만났을 때 그리고 그 전후의 상당 기간 동안 다미얀띠는 델리에 사는 동생 까믈라의 아파트에 주로 머무르거나 하르드와르에 있는 방 한 칸짜리 오두막에 머무르곤 했다. 시간이 지나면서 하르드와르에 더 많이 머물렀고 언제부턴가는 델리로 오는 걸 거절했다. 하르드와르에서 혼자 살다가 죽고 싶었던 것이다.

다미얀띠의 이야기가 중요한 것은 또 다른 이유 때문이기도 하다. 인-파 분단은 다미얀띠에게 그랬던 것처럼 수천 명의 여성을 혼자 지내게 만들었다. 분단으로 인해 그들의 삶은 처참하게 찢겼으니, 주로 결혼하는 시기에 그리되었다. 그들은 대개 결혼과 같은 평범한 삶으로부터 평생 철저하게 버림받고 살았다. 유명한 작가이면서 스스로 인-파 분단을 관통하며 살아온 끄리슈나 소브띠Krishna Sobti는 인-파 분단에 의해 처참하게 파괴된 한 여성의 일대기를 물 흐르듯 이야기해주고 있다.[1] 난민 가족 안에서 가능한 모든 인력은 부서진 집을 다시 짓는 것과 같은 재건축 일에 동원되었다. 이때 처녀나 젊은 여성은 또 다른 종류의 일, 즉 가사나 전문적인 일에 주로 동원되었다. 일이 좀 더 '정상적'으로 되면, 그들의 존재는 거의 눈에 띄지 않는다. 가족이 여성의 노

---

1) 끄리슈나 소브띠와의 인터뷰.

동력에 매우 의존적인 경우에는 여성이 원하는 게 반드시 고려해야 하는 대상으로 자리 잡기도 하지만 그렇지 않은 경우에는 아주 간단하게 가족들로부터 버려지고 잊혀진 존재가 되기 일쑤다.

다미얀띠 또한 그런 여성이었다. 실질적으로 집 없는 떠돌이인 그녀는 이모 쁘렘바띠 타빠르Premvati Thapar가 억지로 밀어붙여서 사회사업 일을 하게 되었다. 그렇지만 다미얀띠는 자기 친 가족과는 접촉을 전혀 하지 않았다. 아니, 그녀의 말을 믿는다면, 그 가족들은 그녀가 어디 사는지에 대해 아무런 관심조차 없었다. 그녀는 일단 사회사업 일을 하고 나서는 자기 인생의 오랜 기간을 거기에 바쳤다. 그렇지만 또 하나의 아이러니가 여기에 있다. 가족에 의해 '거부' 당했다는 사실, 철저하게 홀로 살 수밖에 없게 만든 그 사실은 다미얀띠를 이제 공공의 영역에 발을 딛게 하고, 거기에 인생의 의미를 두게 한 것이다. 인-파 분단에 의해 여성의 한 세대가 통째로 파괴되어버린 것과 마찬가지로, 인-파 분단은 많은 여성으로 하여금 그때까지는 전혀 알려지지 않은 공공의 영역으로 옮겨가게 하기도 했다.

나는 가끔 다미얀띠가 그 외로움을 어떻게 느꼈는지 궁금했다. 다미얀띠는 인터뷰 앞부분에서 자기도 남들에게 매력적으로 보이고 결혼도 하고 싶다는 말을 했다. 그렇지만 인-파 분단이 발발하면서 이 모든 바람은 뒤편으로 밀려나버렸다. 그때 이미 나이 40이 다 되어갔기 때문에 결혼하기에는 너무 늙어버린 것이다. 그렇지만 내 생각에는, 그렇다고 꿈마저 포기할 나이는 아니었다. 결국 그녀는 그 일을 시작했고, 내가 느끼기로는, 그렇다고 그 일을 일종의 '책무'로서 추진해나간 것은 아니었다. 그녀는 그 일에 억지로 끌려왔다. 더 간단히 말하면 그냥 일이 거기 있어서 했을 뿐이었다.

나는 또 다른 몇 가지의 이유 때문에 다마얀띠의 인터뷰가 중요하다고 생각한다. 그녀의 말에 따르면, 그녀는 살아온 삶에 대해 남에게 이야기한 게 처음이었다. 누군가가 삶에 대해 **물어보는** 것도 처음이었고, 누군가와 함께 그리고 누군가에게 자기 과거를 떠올리는 것도 처음이었다. 심지어는 동생이나 조카조차도 그녀가 이야기해준 그 경험이 모두 처음 듣는 것이었다. 어떤 지점에서 까플라는 다미얀띠에게 왜 그런 이야기를 지금까지 하지 않았는지 묻기도 했다. 난 그들이 하는 이야기를 들으면서 심지어 같은 가족 내 가장 가까운 사람 사이에서도 다른 사람의 인생에 무슨 일이 일어났는지를 무시하거나 그렇게 무관심할 수 있다는 사실을 알게 되었다. 내 생각에 다미얀띠는 사랑과 무관심 사이의 거리가 백지 한 장도 되지 않는다는 사실을 우리 중 어느 누구보다도 잘 이해하고 있었던 것 같다. 바로 그래서 그녀는 대부분의 인생, 특히 후반부를 홀로 사는 것으로 택했을 것이다. 여러 가지 점에서 다미얀띠는 자기와 같이 일하는 많은 사람과 정말 가까이 지냈고, 심지어는 어머니같이 살기도 했다. 그렇지만 어떤 측면에서 보면 그녀는 철저히 홀로 떨어져 살았다. 이런 사실로 인해 나는 납치된 여성의 이야기들을 통해서 그들이 기본적으로 역사에 의해 얼마나 소외당했는지를 점차 깨닫게 되었다. 하지만 다미얀띠는 진실로 자기 스스로의 인생에 대해 기술하고 있었다. 어떤 부분에서는 그러한 사실에도 불구하고 가족과 연락이 다시 이루어지기도 했지만, 기본적으로 다미얀띠는 혼자였다.

다미얀띠는 고통을 겪으면서 죽었다. 그때 그녀는 하르드와르에 있었는데, 더 나은 치료를 받을 수 있는 델리로 가자고 동생과 조카가 그렇게 애원했음에도 불구하고 그 청을 거절하였다. 죽을 때 그녀는 자기 인생 내내 그랬던 것처럼 혼자였다. 나중에 '아들들' 가운데 하나가— 분단의 소용돌이에서 고아가 된 아이인데 그 아이에게 다미얀띠는 어머니와 다름없었다—시신을 거두어 마지막 장례를 치렀다.

내가 다미얀띠의 이야기를 중요하게 여긴 데에는 또 하나의 이유가 있다. 그녀는 인도 정부에서 주관한 구출 및 구제 작전을 하면서 많은 시간을 보냈다. 많은 곳을 다녔는데, 보통은 파키스탄 경찰이 동행을 했다. 파키스탄 경찰은 대개 그녀에게 적대적으로 대할 뿐만 아니라 파키스탄 내부에까지 들어와 납치된 여성을 추적하는 그 작전 개념 자체에 대해 무척 적대적이었다. 그녀와 인터뷰를 하면서 난 구출과 구제 작전의 성격과 그 활동을 통해 구출된 여성들에 대해 그 어떤 책을 읽은 것보다 훨씬 많은 것을 배웠다. 강간, 강제 납치와 결혼 그리고 그 구출과 회복을 위한 작전을 수행하는 과정에서 국가에 의해 저질러진 같은 종류의 추후 폭력의 역사를 복원시키는 일에 그녀의 통찰력과 기술이 특히 가치가 있다는 사실을 알게 되었다. 이러한 것을 들여다보면서 연구자는 곤란한 딜레마에 봉착하게 된다. 그러한 폭력을 경험한 여성의 목소리를 어떻게 재생해낼 것인가? 그러한 폭력을 겪으면서 살아온 여성을 찾아내 말하는 주체로 복원하는 시도를 꼭 해야 하는가? 나에게 있어서는 분노로 가득 찬 납치 여성에 대한 다미얀띠의 기술이 그래서 이중으로 중요했다.

이런 모든 이유로, 분단 시기에 자행된 여성의 납치와 강간의 역사를 다룬 이 길디 긴 장章을 하나로 관통하여 엮어내는 것으로 다미얀띠의 이야기를 일부러 선택한 것이다.

다미얀띠 사흐갈

분단 당시 나는 우리 마을 꼬뜨라Kotra에 있었습니다. 꼬뜨라는 라호르에서 30마일 떨어져 있는 곳인데 물탄 가는 대로변의 라이윈드Raiwind 정류장 가까이에 있지요. 거기서 우리는 없는 것 없이 다 가지고 있었어요. 공장도 하나 가지고 있었고요. 전 결혼을 하지 않았기 때문에 아버지와 함께 살았어요. 어머니는 안 계셨습니다. 전 아버지의 벗이었어요, 무슨 일이 일어나든지……. 제 아버지는 큰 재산을 다 가지고 계셨기 때문에 무슨 일이 생겨도 직원들이 자기를 다 도와줄 거라고 생각하셨지요. 그 정도로 굳게 믿었는데……. 당시 라호르의 행정장관 Commissioner이던 타빠르P. N. Thapar가 제 삼촌이었는데 하루는 사람을 보내 잔디알라Jandiala에서 시크들이 회의를 열었다는 소식을 전해주었습니다. 구루드와라2)에 모여 라왈삔디에서 일어난 일로 무슬림에게 보복을 맹세했다고 하더군요. 정확한 날짜는 기억이 나질 않습니다. 그들은 무슬림 전체에 대해 피의 학살을 시작하기로 했다고 했습니다. 그래서 삼촌은 극비 상황을 알려주니 빨리 이곳을 빠져나가라는 것이었습니다. 아므리뜨사르 가까이에 있는 잔디알라에서 무슬림을 처단하기 위해 시크들이 구루드와라에 모여 맹세를 했다는 겁니다. 그렇게 되면 바로 반격이 일어날 테고, 무슬림은 힌두를 죽일 겁니다. 라왈삔디에서 우리 여자들에게 무슨 일이 일어났든 그들은 복수를 하지 않고 그냥 지나칠 수는 없을 겁니다. …… 아버지께서는, 타빠르는 겁쟁이로구나, 어떻게 모든 걸 다 놔두고 그냥 도망갈 수가 있단 말이냐? 나는 사람을 많이 데리고 있는데 그 사람들이 다 날 보호해줄 거야. 앞으로

---

2) 시크 사원—옮긴이

며칠 동안 조금 시끄러워지기는 하겠지만 며칠 지나면 잠잠해질 거야, 생각했답니다. 그래서 아버지는 다른 곳으로 떠나라는 삼촌의 제안을 사양하셨습니다. 그러자 또 한 차례 전갈이 왔습니다. …… 아버지가 너무 완고하니 저라도 반드시 떠나라는 내용이었습니다. 기껏해야 아버지는 살해당하면 그만이겠지만, 저는 겁탈당할 것이고 그건 우리로서는 견딜 수 없는 문제라는 거였습니다. …… 그래서 저더러 떠나라는 거였지요.

아버지는 동의하지 않았습니다. 공장 직원은 다 섞여 있었지요. 자뜨Jat[3]도 있고, 힌두도 있고, 그렇지만 전체적으로 이곳은 무슬림 마을이었기 때문에 무슬림이 많기는 했습니다. …… 그때 그들은 예의 바르고 겸손했습니다. 그래서 무사하리라 생각했습니다만 ……

아버지를 설득하려고 하자 아버지는 저한테 무서우면 너는 가도 된다고 말씀하셨습니다. 내가 아버지를 부르며 자꾸 졸라대도 무서우면 떠나라는 말씀만 하셨습니다. 그렇지만 제가 혼자 어디를 가겠습니까? 그때 난 라호르로 갔습니다. 기억에 나는 아버지에게 뭘 어떻게 해야 하는지 계속 물었고, 아버지는 떠나기를 계속 거절하였습니다. 그리고 그들은 그때 힌두에게 가장 안전한 곳은, 까믈라야, 그곳을 지금은 어디라고 부르지? 베아사Beasa 북쪽에 있는 곳 말이야. …… 도대체 요즘은 왜 그렇게 순식간에 다 까먹는지……. 그래, 꿀루, 꿀루 마날리Kulu Manali, 그 지역 말이야.

분단이 시작되었어요. 나는 혼자 갔고, 아므리뜨사르에서는 폭동이 일어나고 있었습니다. 나는 혼자였습니다. 당시 아버지와 내 곁엔 항상 조그마한 사내아이가 따라다니곤 했는데……. 이름이 뭐더라? 디뿌

---

3) 인도 북부와 파키스탄에 퍼져 있는 한 종족 집단ethnic group. 주로 농사일을 많이 하고, 종교적으로는 힌두, 무슬림, 시크로 골고루 분포되어 있다.—옮긴이

Dipu든가, 띠뿌Tipu든가? 사내아이였는데……. 결국 아버지는 돈과 함께 그 아이를 몸종으로 내게 붙여주면서 날 보내셨습니다. 아버지는 꿀루에 도착하거든 데위 짠드Devi Chand 박사님이 그곳에 집이 한 채 있다고 하셨으니 그곳으로 가라고 말씀하셨습니다. 그곳은 안전하니 일단 피신해 있다가 일이 진정되면 다시 돌아오라고 하셨지요. …… 그래서 난 약간의 돈과 함께 그 아이를 데리고 떠났는데, 돈은 얼마나 가지고 갔는지 정확하게 기억이 안 납니다. 이삼백 루삐 정도였던 것 같은데, 아니 백 루삐 정도였는지도 모르지요. 아므리뜨사르에 다다랐을 때, 그 사람들이 이미 열차를 세우고 사람들을 죽이기 시작했다는 걸 알게 되었습니다. 그렇지만 우리에게는 운이 따랐습니다. 그들이 사람들을 베어 죽이니 창문을 빨리 위로 닫으라고 사람들이 말해주었습니다.

기차 안에 탄 모든 사람이 그야말로 공포의 도가니에 빠졌습니다. 계속해서 창문을 위로 닫으라고 소리쳤습니다. 아므리뜨사르에 이제 다 와 가고, 그들이 사람들을 베어 죽인다는 것이었습니다. 우리는 하라는 대로 창문을 위로 닫았습니다. …… 신은 그들이 밖에서 저지른 짓을 알고 계실 겁니다. 우리는 너무 무서워서 밖을 쳐다보지도 못했고, 제발 기차가 멈추지 말고 통과하도록 기도만 하고 있었습니다. 그러자 우리 기차가 그곳을 멈추지 않고 그냥 통과했습니다. …… 우리는 그곳에서 사람을 닥치는 대로 죽이고 약탈하는 짓이 벌어지고 있다는 이야기를 들었습니다. 무슬림이 무기를 들고 일어나니 시크도 들고 일어났다는 이야기도 들었습니다. 어쨌든 그곳에서 빠져나와 곧장 꿀루로 향했습니다. 그리고 얼마 동안 데위 짠드 보흐라Devi Chand Vohra 씨의 집에 머물렀습니다. 제 몸종인 그 사내아이도 저와 함께 있었지요. 그리고 얼마 후 그곳을 떠나 다른 곳으로 갔습니다. 그곳, 어디지? 까믈라 네가 있던 곳 말이야. 그곳으로 갔다가 마날리로 갔습니다.

나는 그 지역 전체를 엄청 돌았는데, 한동안은 여관에서 머물렀습니다. 여관에는 머무를 수 있는 기간이 정해져 있습니다, 팔일에서 십일 사이이지요. 도착해서 여관에 들어가면 숙박부를 기재하곤 했는데 그때 여관 급사가 숙박부를 가져오곤 했습니다. 정해진 기한이 지나자 더 머무를 수 없다고 해서 저는 숙박비를 다 치르고 나왔습니다. 그러자 조금 후 여관에서 나가르Nagar로 가보는 게 좋겠다며 저희를 그리 보낸 걸로 기억합니다. 내 기억으로는 그곳을 떠날 때 난 옷을 한두 벌밖에 가지고 있지 않았습니다. 그래. 아버지는 그곳에 도착하면 집을 한 채 빌리라고 했습니다. 그리고 나서 전보를 치든 편지를 보내면 아버지가 오겠다고 했습니다. 아버지는 이런 모습으로 너와 함께 떠날 수는 없다고 하셨습니다. 나는 늙었는데 네가 어디로 나를 데리고 다니겠느냐는 거였지요. 그러니 이런 상태로 너와 함께 떠날 수는 없고 일단 자리를 잡은 다음 연락을 하면 이쪽으로 오시겠다는 거였습니다. 그렇지만 자리를 잡고 말고 할 게 뭐 있습니까?

　　우선 나는 다람살라Dharamsala로 갔습니다. 그 사내아이는 나와 한 달 가까이 지냈는데 이제 나한테 남은 돈이 없다는 걸 알아차렸습니다. 그때 나한테는, 그 아이는 차치하고라도 내 끼니를 때울 만큼의 돈조차도 없었지요. 그러자 그 아이는 몰래 도망쳐버렸습니다. 깡그라Kangra 쪽으로 갔는데 어디로 갔는지는 자세히 알 수 없었습니다. 다음날 난 그 아이 이름을 종일 불렀습니다. "디뿌, 디뿌" 하고 목청껏 불렀지만 그 아이는 나타나지 않았습니다. 도망쳐버린 거였습니다. 그러자 여관에서 저에게 숙박비를 달라고 하더군요. 저는 돈이 없다고 말씀드리면서 사실은 제가 괜찮은 집안에서 온 사람이니 여기에다 이름을 적고 서명을 하겠다고 말했습니다. …… 집에서 피신을 나온 터라 지금으로선 돌아갈 수 없다고 말했지요. 신문과 라디오를 통해 그곳에서 약탈과 학살이 만연하고 있다는 소식이 들려왔습니다. 저는 친척이 어디에 사는지 모르겠지만 연락이 닿는 대로 바로 돈을 갚을 수 있다고 말씀을 드렸습니다. 그리고 나가르로 갔고 다시 돌아왔습니다. 돌아온 곳이 어디인지 기억을 할 수가 없네요. 또 다른 곳이었습니다.

이곳저곳에서 사람을 죽이는 일이 벌어졌는데 그곳에 있던 구자르 Gujar들이 무슬림을 죽이기 시작했습니다. 잔상Jan Sangh⁴⁾에 속한 사람들이 무슬림을 주로 죽였는데, 술을 마시고 사람을 죽이더군요. 보통 힌두들은 겁에 질려 그런 짓을 못했습니다. 젊은 청년들이 술을 엄청나게 마시고 와서 무슬림을 많이 죽였습니다. 한 청년이 있었는데, 마치 빠탄Pathan족같이 키는 작지만 단단하고 잘 생긴 청년이었습니다. 그때는 내가 데위 짠드 박사님 댁에서 머무르고 있었을 때입니다. 사람들이 울부짖고 소리를 지르기 시작할 때 나는 서서 쳐다보고 있었습니다. "사람들이 저 아이를 죽이려고 해요, 사람들이 저 아이를 죽이려고 한다고요, 제발 죽이지 말아주세요, 저 아이는 너무 어리잖아요."라고 애원했지만 그들은 이렇게 대답했습니다. "우리는 저놈에게 단지 힌두가 되라고 말할 뿐입니다. 그러면 놓아주겠다는 겁니다. 그런데 그렇게 하지 않으면 놓아줄 수가 없어요." 우리는 그 아이를 설득하기 시작했습니다. "애야, 그냥 힌두가 되면 되지 않느냐." 하고 간청을 했더니 아이는 울부짖으며 다음과 같이 말했습니다. "난 힌두가 되지 않을 겁니다. 내 목을 벨지라도 난 힌두가 되지 않을 겁니다." 세상에 그런 용기가. 그리고 그들은 울부짖는 아이를 데리고 가버렸고, 그 뒤론 죽였는지 어쨌는지 알지 못합니다.

상황은 정말 좋지 않았습니다. 시체가 이곳저곳에 뒹굴고 있었고 베아스 강은 불어났습니다. …… 엄청난 비가 쏟아 부었지요. 난 그렇게 비가 많이 내린 건 처음 봤습니다. 강물은 넘쳐 둑을 무너뜨려버렸고,

---

4) 힌두주의를 주창하는 우익 정당. 현 인도국민당의 전신—옮긴이

시체는 강물을 따라 아래로 흘러 내려갔습니다. 나는 돈도 없고 옷도 없고 거적때기밖에 없었습니다. 어떻게 어떻게 해서 나는 쟁반 하나를 살 수 있었고 밀가루를 긁어모아 그 위에서 그냥 로띠를 만들어 먹는 정도로 연명하고 있었습니다. 상황은 정말 안 좋았습니다.

어느 날 저녁, 나는 강둑을 걷고 있었습니다. 호주머니에는 돈 한 푼 없었지만 손에는 염주를 들고 있었습니다. 어느덧 나는 고행승이 되어 있었던 거지요. 꼬뜨라에 있을 때 나는 결혼하지 않겠다는 결심을 하면서 이미 내가 섬기는 신과 결혼을 하였습니다. 이제 사랑하는 분은 그분밖에 없었습니다. 오로지 내가 사랑하는 분은 그분이라 이제 한 종류의 내 인생을 끝냈던 겁니다. 그래서 난 항상 염주를 손에 들고 다녔고 그분 이름을 입술에 달고 다녔습니다. ……

이전에 난 물론 멋 부리기 좋아하고 내 얼굴 쳐다보기 좋아하고 그랬습니다. 제 동생들은 모두 피부가 희고 난 까무잡잡했지만 난 내 모습이 항상 자랑스러웠습니다. 항상 자를 가지고 요리 재보고 저리 재보고 하면서 희희낙락거렸지요. …… 그런 저런 것들 있잖아요, 포도를 먹으면 가슴이 더 커진다든가, 이렇게 하면 어디에 좋고 저렇게 하면 어떻고 하는 것들. 그러면서 내 자신을 재보고, 어떨 때는 외향적으로 했다가 또 내성적으로 했다가……. 머리도 당시 유행을 따라 나뭇잎을 머리카락에 꽂기도 했는데, 당시에는 나뭇잎을 머리카락에 꽂으면 파마머리가 된다나? 그러다가 또 누군가가 그거 해봤자 아무 효과 없다면서 꽂으려면 산딸기 잎을 꽂아야 한다고 하기도 하고, 또 누군가는 그게 아니고 알코올을 두르면 된다고도 하고……. 내 생각에는 그걸 하면 표백에 방해되는 것 같았는데……. 물론 머리카락은 응당 되어야 하는 방향대로 되었더랬지요. …… 그렇지만 손톱, 허리는……. 아! 신이 내게 축복을 내리실 때 난 왜 그렇게 모르고 있었는지……. 나는 하르드와르에 있는 야무나 강가에서 시간을 보내고 난 후로는 항상 신만을 마음에 품고 살았습니다. 그러자 아버지가 내 머리가 이상해졌다고 생각한다는 말을 전해 들었습니다. 그래도 난 홀로 기도하러 다니고 그랬는데……. 이런 상황에서 인-파 분단이 발발했습니다.

여관에는 한 늙은 수위가 있었습니다. 나는 하루나 이틀 내내 아무것도 먹지 않기도 했습니다. 돈이 있어야 먹을 수 있는 거니까요. 그 무렵 공무원 한 명이 들어왔습니다. 그 사람은 수위에게 옆방에 누가 묵고 있는지 물어보았고, 수위는 잘 모르지만 어떤 여자 하나가 묵고 있는데 하루 종일 문을 잠그고 있으면서 아무것도 먹지 않는다고 말하더군요. 당시 나는 볼도 붉은색을 띠면서 건강한 상태였습니다. 그러자 그 공무원은 노크를 하더니 자기는 이 지역 공무원인데 업무차 여기 들른 거라고 하면서 제게 어디서 왔는지 묻더군요. 나는 여기 오게 된 경위를 자세히 말해주었습니다. 그 공무원이 무얼 먹고 마시며 사는지 묻는데 나는 아무 말도 할 수가 없었습니다. …… 내가 뭐라 대답하겠습니까? 아마 제 눈에 눈물이 고였겠지요. 마음이 많이 언짢아진 그는 나에게 자기를 따라오라고 하더군요. 여기서 이렇게 살 수는 없다는 말을 하면서요. 그리고 음식을 가져다주었습니다.

그러던 어느 날 그 수위가 나한테 와서 이야기를 하나 해주었습니다. "내 너에게 이야기 하나 해주마. 이곳 행정 부장관Deputy Commissioner인 영국 사람이 있는데, 이름이 뭐더라? 그분이 여기 묵은 적이 있다, 그때 나는 그분의 급사로 같이 있었지. 어느 날 밤 들어오더니 날 불러 신발을 벗기라고 하더구나. 그러면서 나에게 이야기를 하나 해주며 종이에 적으라고 하더라. …… 간디 이야기를 꺼내더니, 간디가 말썽을 많이 일으켰다고 하면서, 숨도 제대로 쉬지 않은 채 가쁘게 이야기를 하더구나. 간디가 자기들더러 자꾸 나가라고 밀어붙이는데 자기들도 나갈 테니 걱정 말라고 하더라. 그렇지만 한 가지를 가르쳐놓기 전에는 못 떠난다고 하면서, 앞으로 형제간에 싸움이 벌어지고 또 자매

간에 싸움이 벌어지니, 죽이고 불 지르고 강간하는 그런 상태가 올 것이고, 결국에는 간디도 손을 쓸 수 없는 때가 오고, 그때가 되면 두 손을 모아 빌면서 영국 사람을 다시 돌려 보내달라고 우리 신에게 간구할 때가 온다는 말을 하더구나. 그러면 사람들이 그 난장판에서 간디를 욕하고, 간디에게 이런 사태를 초래한 데 대한 책임을 지라고 아우성을 칠거라 하더라. 그러면서 자기네들은 갈 텐데, 가기 전에 딱 하나 가르쳐 준다면서, 그런 일은 분명 일어날 것이고, 그때가 되면 한 사람도 빠짐없이 영국인을 다시 돌려달라고 간청할 거라 하더라. ……"

*

까믈라: 도대체 이게 무슨 이야기야? 우리에겐 여태 말 한마디 하지 않더니…….

다미얀띠: 까믈라야 넌 모른다. 아무것도 알 수 없단다, 영국에 가 있었으니까. ……

까믈라: 아니야, 우리는 이야기할 시간이 많지 않았던 거잖아. …… 여기서 찔끔, 저기서 찔끔……. 언니는 잠깐씩 들를 뿐이었고…….

다미얀띠: 그러니까, 그 이후로 난 전적으로 다른 인생을 살아온 거야. 상황은 계속 변해 갔고…….

까믈라: 그래, 우리는 언니에게 단 한 번도 어떻게 왔는지 물어본 적이 없었어.

다미얀띠: 혼자서 왔지.

까믈라: 아니, 내 말은……. 우리는 생각하기를…….

다미얀띠: 아니야, 아니야 전혀…….

까믈라: 우리는 영국에서 왔기 때문에 당연히 그럴 거라고 생각했지. 우리는 모든 사람이 다 건너온 사실을 알고 있는데, 어떻게 건너왔는지

는 물어본 사람이 없어. …… 으레 그러려니 했으니까. ……

다미안띠: 까믈라야, 아무도 도와준 사람이 없었어. ……

까믈라: 아니, 내가 말하는 건 언니는 아슈람[5]에서 이리로 왔잖아. ……
아무도 몰랐지. …… 다른 사람은 모두 함께 왔는데…….

다미안띠: 그게 있잖아…….

까믈라: 다른 사람은 다 함께 왔는데, 우리는 언니도 그 사람들이랑 같이
온 줄로만 생각하고 있었지.

*

난 세상에 나 혼자 있는 것 같았습니다. 정말 어디에 누가 있는지 알
지 못했습니다. 난 돈도 없이 산 속에 혼자 있었습니다. 내가 무엇을 할
수 있었겠습니까? 어느 날 우연히 강둑에서 어떤 두 사람이 서 있는 걸
보았는데, 서로 아주 다정하게 대화를 나누고 있었지요. 무슨 소릴 하
는지 들어보려고 하니……. 그들은 자기들 사무실이 곧 다시 열릴 테니
떠날 필요가 없겠다는 이야기를 하더군요. …… 나가르로부터 전기를
받아 쓴 지역이 한 군데 있었습니다. 까믈라야, 그곳 이름이 뭐지? 곧
기억이 나긴 할 텐데……. 그 사람들은 걱정을 하고 있었는데, 너무 많
은 시간이 흘러서 자신들의 일을 위에 보고해야 했다는 이야기였습니
다. 귀를 쫑긋 세우고 들었습니다. 산중에 가면 고개가 한 군데 있는데
그곳은 경찰이 가는 곳이고……. 고개는 고개인데, 카이바르 고개는 아
니고, 뭐더라……. 산 가운데를 가로지르는 건데……. 그들은 그리로
가게 될 거라고 했습니다. 그때 강물은 불어 있었고, 난 그 사람들 곁으

---

5) ashram. 기도하거나 휴식을 취하기 위해 가는 도량道場. 이 책에서 언급하는 아슈람은 보호
소이다.—옮긴이

로 다가가 아주 공손하게 말을 건넸습니다. 그리로 가실 건지, 하고 말입니다. 그들은 그곳에 있는 사무실이 이제 곧 열릴 테니 그리로 갈 거라고 했습니다. 난 나를 좀 데리고 가달라고 부탁을 했고 그 사람들은, 미안하지만 길이 너무 험해서 안 되겠다고 합디다. 강물이 빠져 있을 때도 적어도 하루나 이틀 밤은 강에서 머물러야 하기 때문에 당도하기가 너무 어렵다고 했습니다. 난 기를 쓰고 떼를 썼지만 그들은 단호했습니다.

둘은 서로 내일 몇 시에 만나자고 약속을 하더군요. 아침에 산이 시작하는 곳에 난 미리 도착해서 자리를 차지하고 앉아 있었습니다. 어쨌든 내가 잃을 게 뭐가 있겠습니까? 나는 가지고 있던 걸 모두 걸쳐 입었습니다. 그리고 내 자신에게, 내가 막무가내로 따라 나선다면 그 사람들이 날 어떻게 떼어놓을 수 있겠느냐고 다짐을 했습니다.

그러기 전에 나는 산을 지키는 사람들한테 먼저 갔었습니다. 그 사람들한테 난 중간에 산장이 있는지, 있으면 자리를 하나 예약할 수 있는지 물어보았습니다. 그들은 그 지역이 아직도 위험한 곳이라고 했습니다. 여전히 사람들을 죽이고 약탈하는 일이 도처에서 벌어지고 있다고 했습니다. 난 그 사람들에게 시믈라에 아는 사람이 있으니 제발 그곳까지만 도로로 데려다 달라고 간청을 했습니다. 그렇지만 그 사람들은 거절하더군요. 그 사람들은 나에게 차라리 돈을 좀 주겠다고 했습니다. 그러면서 내가 유복한 집안에서 온 것도 알고 그래서 자기네 누이 같고 어머니 같으니 돈을 받으라고 줄기차게 부탁했지만 난 받지 않았습니다. 난 어쩔 수 없이 그 두 사람을 따라 산길로 가기로 마음먹은 것입니다.

그들이 왔습니다. 젊은 두 사람은 날 보고 깜짝 놀랐습니다. 나더러 이 길바닥에서 뭐 하고 있느냐고 하더군요. 도대체 이 길은 너무 위험해서 같이 갈 수 없다고 몇 번이나 이야기하지 않았느냐고 다그쳤습니다. 그렇지만 난 길을 따라 계속 걸어가면 되지 않겠냐고 끝까지 고집을 부렸습니다. 돈도 없었고요. 그랬더니 그 사람들이 나더러 차라리 돈을 주겠노라고 했고, 난 받을 수가 없다고 했습니다. 그곳을 무조건 떠나고 싶었으니까. 그래, 그 있잖니, 전기를 보내주던 곳 말이야, 만디 Mandi던가? 나는 그들에게 날 그곳까지만 데려다주면 그곳에서 다람살라나 뻰잡으로 이어지는 연결 도로를 택할 수 있다고 했습니다. 그래도 그 사람들은 너무 위험하다며 계속 거절했고, 난 끝까지 따라나섰습니다. 그 사람들은 무척 화를 냈지만 그 이상의 일은 하지 않았습니다.

어느 정도 가더니 그들은 멈추고 짐 보따리를 풀어서 먹을 것을 꺼내 나에게도 주더군요. 그들은 웬 찰거머리인가 하고 질겁했겠지만 나로서는 어쩔 도리가 없었습니다. 난 다만 그들을 떠날 수가 없었을 뿐이었습니다. 난 몸이 약하고 눈이 빨간 …… 그리고 돈이 하나도 없는 사람이었습니다. 조금 더 가니 우리 앞에 작은 마을 하나가 나타났습니다. 그곳에서 사람들은 내게 로띠도 주고, 우유도 줬습니다. 이튿날 아침, 난 어김없이 그들을 따라갔고 …… 풀이 매우 미끄러워 발이 자꾸 빠지고, 긁히고, 멍들고 …… 춥기는 또 얼마나 추운지 따뜻한 옷 하나도 없이 얼어 죽을 것만 같았습니다. 그러다가 우리는 어느 지점에 도착했는데 그곳은 버스가 출발하는 곳이었습니다. 파출소도 한 군데 있었습니다. 두 사람은 내가 너무 막무가내로 따라오니 날 그 파출소에 떼어놓으려고 마음을 먹은 것 같았습니다. 그들은 날 일종의 승강장 같은 곳에 앉히더니 물하고 먹을 것을 좀 보낼 테니 움직이지 말고 가만히 있으라고 해놓고 몰래 도망쳐버렸습니다. 결국 그들은 나를 떼놓아야만 했던 것입니다.

그곳에 앉아 있으니 경찰이 왔고 난 어떻게 해서 여기까지 흘러 들어오게 되었는지 설명해줬습니다. 난 라호르에서 왔는데, 누구 딸이고, 이런저런 사람과 친척 관계에 있다는 말을 해주며 다람살라에 데려다

달라고 했습니다. 경찰은 나더러 다람살라에서 뭘 할 거냐고 물었고 난 그곳에 가면 현직 행정 부장관과 연락을 할 거라고 했습니다. 그런데 내게 지금 돈이 한 푼도 없으니 버스를 어떻게 좀 태워줄 수 없겠느냐고 물었습니다. 경찰은 자기들이 검문소에 있다고 했습니다. 내 발은 부어올랐고, 몸은 굳어 있었으며, 난 움직이기조차 힘들었습니다. 그들은 도로 한 가운데에 큰 줄이나 체인을 돌에 묶어 올렸다 내렸다 하면서 버스를 정지시켰습니다. 버스 한 대가 왔습니다. 경찰은 버스를 세워 나를 좀 데리고 가달라고 부탁을 했는데 버스 운전사는 자리가 없어 안 되겠다는 것입니다. 경찰이 한 번 더 나를 태워달라고 하자, 승객들이 자기들은 결혼식 하객인데 정말 자리가 조금도 없다는 것이었습니다. 그러자 경찰이 이 여성은 상황의 희생양이라면서 꼭 좀 데려가 달라면서 반드시 그 전기를 보내주는 곳까지—그곳 이름이 뭔지 도통 기억이 나지 않는구나—꼭 데려가 달라고 또 부탁을 했고, 그들은 도저히 자리가 없는데 어떻게 하느냐고 또 거절을 했습니다. 그러면서 뒷문을 열더니 아주 좁은 공간에 날 들어 구겨 넣다시피 했습니다. …… 항상 신의 가호가 있어서……. 난 몸이 굳어서 도저히 서 있기조차 힘들었습니다. 버스는 출렁거렸고, 머리가 심하게 흔들리고 핑 돌더니 결국 게우기 시작했습니다. 절반은 실신 상태였습니다. …… 무엇을 어떻게 해야 할지 몰랐습니다. 옷에다 계속 토하고 그만 쓰러져버렸습니다. …… 신에게 기도를 했습니다. 신이시여, 드라우빠디Draupadi의 굴욕[6]을 제게 주시나이다. 제게 일어난 일을 두 눈을 뜨고 지켜보소서. 신이시여, 도와주소서.

---

6) 드라우빠디는 고대 서사시 마하바라따Mahabharata에 나오는 드루빠다Drupada 왕의 공주로 꾸루Kuru 왕국의 다섯 빤두Pandava 왕자의 공동의 처가 되는 사람이다. 도박에서 져 다섯 왕자와 함께 노예로 전락하게 되고 이에 모두 왕자와 공주의 옷을 사람들 앞에서 벗으라는 굴욕을 당하게 되는데, 드라우빠디는 끄리슈나 신에게 기도를 하고 그의 도움으로 그 굴욕을 면하게 된다. —옮긴이

계속 기도를 하면서 다음 정거장을 맞았습니다. 난 창문 밖도 쳐다볼 수 없을 정도로 탈진했습니다. 토해서 엉망이 된 옷을 입고 쭈그려 앉아 있었는데, 그때 문이 열리더니 카디khadi[7]를 입은 키도 크고 멋지게 생긴 젊은 청년 하나가 내게 안으로 들어가 자기 자리에 앉으라고 권하는 것이었습니다. 난 괜찮다고 사양했지만 그는 막무가내였습니다. 난 도저히 말도 제대로 할 수 없는 상태였는데, 그 일이 기도가 바로 끝나자 일어난 겁니다. 난 너무 더럽고 또 자리마저 더럽힐 테니 제발 그냥 여기 혼자 있게 해달라고 애원했으나 그 청년은 자리를 더럽히는 게 무슨 문제냐면서, 자기 양심이 허락치를 않는다고 했고, 내가 완강하게 버티자 결국 날 들어 자기 자리로 옮기고 내가 토해놓은 자리를 대충 치우더니 그 위에 앉았습니다. 거기가 어딘지 난 알지 못합니다.

우리가 그 전기 보내주는 곳에 이르니 버스가 멈추었습니다. 그리고 난 그곳에서 다른 버스로 갈아타야 했습니다. 내가 일어서려고 하니 누군가가 그냥 앉아 있으라면서 다음 버스가 오면 탈 수 있게 알려주겠다고 했습니다. 난, 돈이 한 푼도 없다면서 제발 다람살라까지 갈 수 있도록 도와달라고 간청을 했습니다. 그러자 그 젊은 청년이 일어서더니, 자기가 이곳에서 근무하면서 살고 있으니 자기를 따라 내리라고 했습니다. 내가 싫다고 하자 그는 왜 싫으냐고 묻더군요. 난 그냥 싫다고 했고 그는 이런 몸으로 얼마나 버틸 수 있겠느냐면서 따라오라고 했습니다. 내가 도저히 한 발자국도 움직이지 못하는데 어떻게 산으로 올라가느냐고 하니 그가 걱정 말라고 하면서 다른 사람 한 사람을 불러 돌아가면서 나를 업고 가면 된다고 했습니다. 그의 숙소는 꽤 높은 곳에 있었습니다. 아무튼 그는 결국 나를 업어다 자기 숙소 베란다에 내려놓았

습니다. 그러더니 여동생을 부르며 손님 한 분을 모셔왔으니 나와보라
고 했습니다. 이윽고 문이 열렸는데, 세상에 이럴 수가, 나온 여자는 다
름 아닌 내 학생이었습니다.

세상에, 세상에, 언니 어떻게 이럴 수가, 도대체 무슨 일이 일어난 거
냐고 나에게 물었습니다. 까를라야 그게 누구냐면, 마힐라 데위Mahila
Devi 출신 샤꾼딸라Shakuntala다. 샤꾼딸라가 나를 부둥켜안고 엉엉 울
고, 나는 진정 샤꾼딸라냐고 물으면서 같이 울었습니다. 난 샤꾼딸라에
게 내 몸이 너무 더러우니 좀 떨어지라고만 했고, 샤꾼딸라는 자기 오
빠한테 이분은 자기 목숨보다 더 소중한 분이라고 하더군요. 샤꾼딸라
는 모두가 하나같이 예뻐하는 학생이었습니다. 이윽고 샤꾼딸라가 따
뜻한 물과 함께 깨끗한 옷도 한 벌 가져다주고, 따뜻한 차를 한 잔 주더
니 잠자리를 봐주고 히터로 방을 데웠습니다. 그리고 나를 침대에 뉘었
습니다. 내가 하염없이 눈물을 흘리자 샤꾼딸라는 왜 그렇게 우느냐며,
당신은 제게 지혜를 주신 분이니 그만 울고 마음 편안히 갖고 계세요,
했습니다. 난 샤꾼딸라에게 도대체 내가 뭘 해야 하는지, 어디로 가야
하는지, 왜 이렇게 되었는지를 도무지 알 수가 없으니 서럽다고 하면서
날 다람살라로 보내달라고 했습니다. 아무것도 가진 게 없으니 도와주
면 평생 은혜를 잊지 않겠다고도 했습니다. 그러자 샤꾼딸라는 자기를
부끄럽게 만들지 말아달라고 하면서, 이 몸을 하신 분을 도대체 어디로
보낼 수 있겠느냐며, 일단 쉬고 나서 원기를 회복하면 …… 여기는 선
생님 집이나 마찬가지예요, 우리는 선생님 자식과 다를 게 없고, 이 집
은 제 언니 집입니다, 하는 것이었습니다.

난 그 집에서 한 열흘 남짓 머물렀습니다. 정말로 극진한 간호를 받
으면서요. 의사도 불러주었고 마사지도 해주었습니다. 난 행복했지만
누군가로부터 무한한 친절을 받는다는 사실에 적잖이 마음이 헝클어졌
습니다. 시간이 지나고 그들은 날 다람살라로 보내주었습니다. …… 난

곧장 행정 부장관에게로 가서 어떻게 여기까지 피신을 해왔는지 설명하고 그동안의 자초지종을 모두 말씀드렸습니다. 내가 바라는 건 다른 아무것도 없고 오로지 뺀잡으로 데려다주기만 하면 된다고 말씀을 드렸습니다. 아므리뜨사르에 가면 산또시 싱Santosh Singh 박사가 계시는데 그분 외에 친척들이 어디 사는지 잘 모르니 그분에게로 좀 보내달라고 했습니다. 부장관은 걱정 말라며 일단 자기 집에 들어가 있으라고 하면서 운전사를 불러 날 그 집으로 보냈습니다. 부인은 천식 환자였는데 근 한 달 동안 절 극진히 돌봐주시더군요. 그리고 지금은 강물은 불어 넘쳐나고 모든 도로가 닫혀 보낼 수가 없다는 것이었습니다. 상황이 좋아지면 갈 수 있겠지만 지금은 도로가 너무 미끄러워 지프차가 도저히 다닐 수가 없다고 합니다.

*

까믈라: 잠깐, 그러면 집안 어른들은 아무도 신경 쓰지 않았단 말이야? 정말 아무도 걱정하지 않았단 말이야? 쁘레미Premi 이모도?

다미얀띠: 까믈라야, 그 사람들이 뭘 알았겠니? 그리고 나도 아는 바가 아무것도 없었고. 그 사람들이 알 수 있는 건 내가 꼬뜨라에 계속 있든지 아니면 죽었든지 아니면……. 그땐 그랬어. …… 아무도 다른 사람 행방에 대해 알 수가 없던 때인 데다가 아무도 다른 사람에게 관심을 기울이지 않던 때야. 그래서 아무도 내가 어떻게 됐는지 알 수가 없었던 거지. 아마 내가 어떻게든 버텨내고 있을 거라고만 짐작하고 있었겠지. ……

숨겨진 역사

내가 언제 여성의 역사에 대해 자각하게 되었는지 정확하게 말할 수는 없다. 내가 '자각하게 되었다'고 말하는 이유는 그 과정이 단번에 일어난 것이 아니라 축적된 결과이며, 이야기가 서서히 내 의식 속으로 퍼져가는 동안 그리 되었기 때문이다. 그때 비로소 내가 추구해야 할 그 어떤 것이 있구나 하는 게 분명해졌다.

이렇게 말은 하지만 나에게도 그건 좀 낯선 것이 사실이다. 페미니스트의 한 사람으로서, 가끔은 고통스러우면서까지, 누군가가 그 역사(혹은 우리가 사실이라고 이해하고 있는 것)와는 다르고 복잡한 '진실'에 도달하려 하기 전에 그 여러 층위를 뒤로 접어 젖힐 필요성을 잘 알고 있을 뿐이다. 그때 난 여성의 '발견'이 왜 그렇게 놀랄 만한 일인가, 스스로에게 자주 묻곤 했다. 그렇지만 그건 사실이었다. 그건 아마 내가 이 연구에 임하면서 정해놓은 아주 간단한 전제조건 때문일 것이다. 내가 알기로, 인-파 분단의 역사는 여성에 대한 언급을 전혀 하지 않았다. 한 여성으로서 그리고 한 페미니스트로서 나는 인-파 분단에서 여성을 '찾기' 시작했고, 일단 시작한 이상 그것이 잘 보이도록 최선을 다했다. 어떻게 보면, 그것은 완성되지 못한 그림을 '완성하는' 일일 게다.

물론 완성된 그림이란 없다. 난 이제 그걸 알고 있다. 그림을 그리는 사람이라면 누구든지 새롭게 그리려 한다. 돌이켜 생각해보면, 그림은 시시때때로 변화한다. 당신이 누구이고 어디에서 왔으며, 누구에 대해 말하고 있고 언제 그들에게 말하고 있으며, 어디에서 그들에게 말하고 그들로부터 듣는 것은 뭐가 있는지, 그들이 당신에게 말해줄 것으로 무엇을 골랐는지. 이런 모든 것은 당신이 그리는 그림을 좌지우지한다. 라나 삼촌 이야기를 들으면서 나는 이에 대해 깊이 깨닫게 되었다.

예컨대, 라나 삼촌이 자기 이야기를 하기가 그렇게 어려웠다면 여성이 그렇게 하는 것은 얼마나 더 어려웠겠는가를 깨닫게 된 것이다. 여성은 그 이야기를 누구에게 하고, 누가 그 이야기를 들어주겠는가? 나는 또 내 질문 속에서 그동안 고려하지 못한 것을 깨달았는데, 여성의 목소리가 '들리게' 하기 위해서는 질문을 달리 해야 한다는 점과 다른 상황 속에서 질문을 해야 한다는 것, 그리고 무엇보다도 가장 중요한 점으로 들을 준비를 하고 있어야 한다는 사실이 바로 그것이다. 그들의 말에, 그들의 침묵에, 그 반쯤의 말에, 그 뉘앙스에 대해 준비를 해야 하는 것이다. 남성은 여성에 대해 거의 말을 하지 않는다. 여성은 자신에 대해 이야기한 적이 없다. 그리고 실제로 여성들은 말할 만한 '가치 있는' 일을 한 게 아무것도 없다는 자세를 취하는데, 남성들은 보통 그에 공조하거나 여성들이 말을 하려는 곳에 존재하지 않는 것이 거의 모든 경우다. 그런데 이방인으로서, 그리고 외부인으로서 내가 그들의 인생을 파헤치려 하고, 그들로서는 잊어버리는 편이 더 나을 과거로 돌아가 기억을 애써 떠올리라고 거의 강제로 몰아붙이는 것은 또 옳은 일일까? 특히 내가 알고자 하는 그 역사가 폭력과 강간 그리고 살인의 역사였다는 사실에 대해 알게 되었을 때 나는 더욱 그런 느낌이 들었다.

그 뒤 한동안 난 여성들과 대화를 나누지 않고 있었다. 그 역사들 안에는 암호화되어 있는 침묵의 수많은 층위가 있고, 난 스스로에게 다른 곳을 조사할 수도 있을 텐데, 라고 수차례 되뇌기도 했다. 난 분명히 지금도 계속 그 침묵을 벗겨내고 있다. 그래서 난 내가 가끔 원하던 바로 그 '문서'로 눈을 돌리기도 했다. 신문 기사, 회고록, 그 외의 자료가 여러 조각을 하나의 이야기로 묶어내는 데 도움을 준 것은 사실이다. 사랑과 미움의 이야기, 두 나라에 걸친 네 사람 인생 이야기, 여성의 역사로 날 데려다준 한 이야기. 자이나브Zainab와 부따 싱Buta Singh 이야기가 그런 예에 속한다.

자이나브는 젊은 무슬림 처녀였는데 가족과 함께 파키스탄으로 피난을 가는 행렬 도중에 납치되었다고 알려진 여성이다. 누가 납치했는지는 아무도 모르고 몇 사람의 손을 거쳤는지도 아무도 모른다. 다만, 최종적으로 자이나브는 아므리뜨사르에 사는 부따 싱이라는 한 자뜨에게 팔려왔다. 여성을 납치하거나 아니면 그런 여성을 사들이는 다른 많은 남성과 마찬가지로 부따 싱은 당시 총각이었고 그래서 결혼 의식을 거행하고 자이나브와 '결혼'을 했다. 시간이 흐르면서 두 사람은 서로 사랑하게 되었고, 두 딸을 가진 단란한 가정을 꾸렸다. 분단 이후 몇 년이 지난 후 납치 여성을 찾는 수색대가 두 사람이 살고 있던 아므리뜨사르까지 자이나브를 찾아나섰다. 이때 부따 싱의 동생인가 조카인가 하는 사람이 수색대에게 자이나브의 근황을 신고해버린 것이다. 그들은 부따 싱의 딸 둘이 가족의 재산을 가져가면 자기들 몫이 줄어들지 않을까 걱정하던 차였다. 그래서 그런 짓을 한 것이었다. 그런 방식으로 '구출된' 많은 여성과 마찬가지로 자이나브 또한 선택의 여지가 없었다. 강제로 떠나야 하는 것이었다. 신문 보도는 그 장면을 비통한 어조로 전해주었다. 자이나브가 떠나는 모습을 보기 위해 마을 주민 전체가 모였다. 자이나브는 아이를 안고, 옷 보따리를 하나 든 채 힘없이 집에서 나왔다. 지프차에 짐이 실리고, 이어 자이나브는 차에 오르면서 남편에게 고개를 돌려 큰 딸을 가리키면서 "이 아이를 잘 보고 계세요, 걱정하지 말고……. 곧 돌아올 테니……."라는 말을 남겼다.

자이나브를 찾아내게 된 것 또한 재산 문제 때문이라는 사실은 놀랄 만한 것도 아니다. 자이나브의 부모는 살해당했다. 그렇지만 자이나브의 가족은 인도 뻔잡주의 라이얄뿌르에 두고 온 재산에 대한 보상으로 토지를 불하 받았다. 자이나브와 그 자매가 아버지 몫을 승계 받았고, 삼촌 한 사람이 붙어 있는 땅 조금을 불하 받았다. 풍문에 의하면 자이나브의 구출에 보이지 않는 역할을 한 사람이 그 삼촌이었다고 한다. 삼촌은 땅이 자기 가족에게 넘어올 것을 바라고 있었고 그래서 자이나브를 찾아 자기 아들과 결혼시켜 그 재산을 차지하고 싶었던 것이다. 그런데 그 아들은 자이나브와 결혼하고 싶지 않았다. 그 이유는, 앞서 이야기한 바대로, 자이나브가 시크와 결혼해서 몇 년을 살았기 때문이다. 이 문제로 가족들 간에 여러 번 회의가 진행되었고 그 사이에 부따 싱은 이웃을 통해 간헐적으로 그녀에 관한 단편적인 소식이나마 계속 접하고 있었다.

한편, 부따 싱은 손닿는 곳은 어디든지 가서 사정을 말하고 간곡히 호소했다. 그렇지만 모두가 허사였다. 파키스탄으로도 가보려고 했으나 이 시기에는 그게 그리 쉬운 일이 아니었다. 그러던 어느 날 파키스탄으로부터 편지 한 통이 날라 왔다. 겉에는 자이나브 이웃으로부터 온 것이라 되어 있지만 아무도 알아차린 사람은 없었다. 편지는 그에게 가능한 빨리 그쪽으로 오라는 것이었다. 자이나브의 가족이 그녀에게 빨리 결혼을 하라고 강요하는 것 같았다. 부따 싱은 땅을 팔고 돈을 모았으나 두 나라 사이 국경을 넘는 그 험한 길을 해결할 수가 없었다. 그는 여권과 비자가 필요해 델리로 갔다. 그는 거기에서 맨 먼저 이슬람으로 개종하는 일부터 했다. 무슬림이 되면 파키스탄으로 가는 게 한층 쉬울 거라고 생각해서였다. 이제 부따 싱은 자밀 아흐메드Jamil Ahmed가 되었다.

그리고 그는 여권을 신청했고, 파키스탄 국적을 신청했다. 만일 그것이 자이나브를 다시 만날 수 있게 하는 길이라면, 그는 그 일을 당당히 하고 싶었다. 그렇지만 당시와 같은 시대 상황 속에서 다른 나라의 국적을 취득한다는 것이 그리 쉬운 일은 아니었다. 파키스탄 대사관은 부따 싱의 국적 취득 신청을 받아 심사 기구에 회부하였다. 국적 변경이라는 것이 사실 단순한 것이기도 하지만, 두 나라는 실제로 전쟁 상태에 있었고, 서로를 향한 뿌리 깊은 의혹이 일상을 지배하고 있는 형편이며, 더 이상 국경을 자유롭게 넘나들지 못하는 상황이라 국적 변경이 그리 단순한 문제만은 아니었다. 그래서 어떻게 '다른' 나라 국적을 취득하려고 안달이 난 한 남자의 간청을 액면 그대로 받아들일 수 있겠느냐는 것이었다. 몇 달이 지나고 난 후 부따 싱의 신청은 각하되었다.(흥미로운 사실 하나는 그와 비슷한 시기에, 신문 보도에 의하면, 유명한 여배우인 미나Meena가 파키스탄인이 되고 싶어 국적을 신청했더니 바로 허락을 얻었고, 그녀의 변절이 신문에 대서특필되었다는 것이다.)

그렇지만 부따 싱은 쉽게 포기하지 않았다. 그는 단기 비자를 신청했고, 이제 파키스탄 대사관에서도 그가 어떤 사람인지 알고 있어서 비자를 받게 되었다. 이제 부따 싱, 아니 자밀 아흐메드는 파키스탄으로 향했다. 그러나 그는 도착해서 자이나브가 자기 조카와 이미 결혼을 해 버렸다는 사실을 알게 되었다. 운명의 장난으로 그는 세상의 종말을 맞은 것 같았지만 자이나브를 찾기 위한 또 한 번의 기회를 포착하게 되었다. 급하게 자이나브를 찾으러 가다가 경찰에 도착 사실을 보고하는 걸 잊어버린 것이다. 이 시절에는 인도든 파키스탄이든 상대 나라에 여행을 가게 되면 도착 후 24시간 이내에 도착 사실을 경찰에 보고해야 했다. 이로 인해 부따 싱은 판사 앞에 출두하라는 명령을 받았다. 판사 앞에서 그는 자이나브를 잃게 된 나머지 너무나 상심해 정신을 차릴 수가 없어서 보고를 잊어먹었다고 말했다. 판사는 그 말을 듣고 자이나브에게 법정에 출두해 그에 관한 진술을 하라고 명령했다. 부따 싱이 가지고 있던 모든 희망이 꺾인 것은 이때였다. 친척들에 둘러싸인 자이나브는 부따 싱을 거부했다. "저는 결혼한 여자예요. 이제 이 남자와는 아

4 장 • 여 성　175

무런 관계도 없어요. 제가 데리고 온 그의 둘째 아이를 데려가라고 하
세요."라고 말할 뿐이었다.

　다음 날 부따 싱은 달리는 기차 밑으로 몸을 던져 스스로 목숨을 끊
었다. 그의 호주머니에서 유서가 발견되었는데, 자이나브가 사는 마을
에 묻어 달라는 것이었다. 그렇지만 그는 마지막 소망조차도 이루지 못
했다. 부따 싱의 사체는 부검을 받기 위해 라호르로 이송되었는데, 그
때 밖에는 사람들이 구름같이 몰려들었다고 한다. 어떤 사람은 흐느껴
울고, 한 영화감독은 그의 이야기를 영화로 만들겠다고 밝히기도 했다.
나중에 경찰 부대가 그의 시체를 자이나브가 사는 마을에 운구했으나
마을 사람들이 매장을 하지 못하도록 막는 것이었다. 그들은 이 사건이
영원히 사람들의 입에 오르내리는 것을 원치 않았던 것이다. 부따 싱
혹은 자밀 아흐메드는 다시 라호르로 돌아와 그곳에 묻혔다.[8]

*

　부따 싱은 죽고 나서 영웅이 되었다. 이 전설의 소재가 불행한 연인
들의 땅에 자리를 잡게 되었다. 히르Heer와 란자Ranjha, 소흐니Sohni와
마히왈Mahiwal이 그 좋은 예이다. 한편 자이나브는 침묵 속에 둘러싸여
계속해서 '살아' 있었다. 그녀는 사랑하는 사람의 죽음에 슬퍼할 수도
통곡할 수도 없었고, 어떤 말도 할 수 없었다. 하지만 그녀는 수천 명의
그러한 여성 가운데 한 사람일 뿐이다.

　자이나브와 부따 싱의 이야기는 내 뇌리를 떠나지 않았다. 그 이야

---

8) 나는 이 이야기를 신문 기사, 책 그리고 출간되지 않은 한 원고(솜 아난드Som Anand 편 『라
　호르: 하나의 회상 Lahore: A Memoir』)로부터 그 단편들을 수집해 하나로 묶어냈다. 부따
　싱-자이나브 이야기는 수도 없이 많은 판을 가지고 있는데, 이제는 전설의 경지에 올랐다고
　까지 할 수 있다. 이 이야기를 토대로 만든 영화 〈부따 싱의 순교와 사랑 Shaheed-e-
　Mohabbat Buta Singh〉이 최근 텔레비전에 방영된 바 있다.

기는 계속해서 움직이고 있었고 나아가 집요하게 따라붙는 불만의 감정으로부터 난 끊임없이 그 생각에 사로잡혔다. 앞에서 이야기했듯이, 이것은 한 영웅과 한 '피해자'의 이야기다. 우리는 그 영웅에 대해 뭔가를 배웠다. 그의 격정적인 성격, 정직함, 끈질김, 사랑하는 여인을 위해 모든 것을 포기하는 의지, 사랑의 힘. 그렇지만 피해자에 대해선 아무것도 모른다. 최선을 다해보았지만, 난 **그녀의** 목소리를 복원시킬 수 없었다. 자이나브는 무엇을 느꼈을까? 그녀는 진정으로 부따 싱을 좋아했을까? 아니면 자기 인생에서 그 두 사람 모두에게 아무런 관심을 갖지 않았을까? 그녀가 겪은 납치와 분명히 뒤따랐을 걸로 보이는 강간의 경험은 자신에게 어떻게 각인되었을까? 자이나브와 부따 싱은 행복하게 살면서 서로 사랑하기까지 한 것으로 알려져 있다. 하지만 사실 그 남자는 여자를 노예 사듯 돈으로 사지 않았던가. 그렇다면 그런 남성을 어떻게 사랑할 수 있었을까? 나는 이야기를 나누러 그때로 돌아가야 한다는 사실을 깨달았다. 만일 어떤 여성이 아직 살아 있다면, 이것이 내가 그들의 경험과 감정에 대해 배울 수 있는 하나의 방법이 될 수 있을 것이다.

그 결정은 쉬운 게 아니었다. 연구는 그 안에서 끝나는 지점이 있다. 당신이 조사하는, 사람이라는 주제는 단순히 정보를 제공하는 자가 될 뿐이고, 그 '정보제공자' 즉 자기 스스로의 감정을 제거한 자야말로 연구에 중요한 존재가 되는 것이다. 난 이런 종류의 사람을 침해하거나 착취하는 위치에 서고 싶지 않았다. 난, 라나 삼촌과 인터뷰에서 그렇게 하였듯, 이 연구에 대해서는 나만의 침묵을 지키기로 결정을 내렸다. 나는 이제 인-파 분단의 역사란 육체적이든 정신적이든 간에 여성에 대한 심각한 폭력의 역사라는 사실을 알게 되었다. 이제 난 그것에 대해 이야기를 하고자 하는 사람하고만 이야기를 나눌 것이다. 그리고 난 여성의 역사를 회복하는 일에 도움이 되는 다른 자료를 계속해서 찾아 나설 것이다. 신의 섭리에 의해서였을까—일단 어떤 일을 시작하면 그것과 관련된 것을 차례로 알게 된다는 사실을 깨달았기 때문에 그 당시에는 그렇게 여겨졌다—다음 차례가 자연스럽게 이어졌다.

*

1988년 여성 문제를 다루는 잡지 〈마누쉬Manushi〉가 구자라뜨어 Gujarati로 된 『찢겨 나간 뿌리Mool Suta Ukhde』의 서평을 실었다. 그 책은 까믈라벤 빠뗄Kamlaben Patel이라는 분단 당시 납치되어 강간당한 한 여성에 대한 일종의 기록 내지는 회고록이었다. 까믈라벤의 이야기는 가히 충격적이었다. 기록에 의하면 분단 당시 양쪽 모두에서 거의 7만 5천 명의 여성이 납치되고 강간당했다고 한다. 카시미르Kashmir를 포함하면 그 숫자는 훨씬 더 늘어날 것이다. 10만 명에 육박하지 않을까 싶다. 강간뿐만 아니라 더욱 구체적인 종류의 폭력이 가해지기도 했다. 옷을 벗겨 거리를 행진하도록 내몰린 사람이 수도 없이 많고, 가슴을 도려내거나, 몸에 '다른' 종교의 문신을 새기는 경우도 있었다. 소위 그 인종의 '순수'를 더럽히기 위하여 여성은 다른 종교의 남성과 강제로 성관계를 당해야만 했고, 그 결과 임신하는 경우도 있었다. 임신을 하여 출산을 하면 보통 아이는 강제로 빼앗아 가버렸다. 어떤 경우에는 자기 가족이 풀려나기 위하여 여성을 상대방에 넘겨주기도 했고, 어떤 경우에는 난민촌에서나 맨발로 국경을 넘어가는 피난 행렬 가운데서 느닷없이 사라져버리거나 납치되는 경우도 많았다. 그렇지만 이제야 수백 아니 수천 명의 여성이 강간을 당하거나 납치를 당했다는 사실이 드러나고 있을 뿐이다.

까믈라벤은 다른 여성과 함께 자신의 책에서 언급한 그 수많은 납치 여성을 찾아 구출하는 일을 했다. 그렇지만 그녀가 자기가 한 일에 대하여, 그리고 그 일을 하면서 느낀 점을 책으로 펴내기까지는 수십 년이 걸렸다. 도대체 왜? 나는 의아했다. 왜 그녀는 그토록 오랜 세월 동안 침묵의 길을 택했을까? 그리고 무엇이 결국은 그 이야기를 공개하기로 마음먹게 했을까? 나는 까믈라벤을 찾아 나섰다. 그리고 찾았다. 키가 작고 꼿꼿한 독신 여성으로 벗이라 할 수 있는 양녀 한 사람과 봄베이에서 살고 있었다. "내가 왜 이 책을 쓰지 않고 묵혀두고 있었는지 알고 싶다고 하셨어요? 그래요, 말씀드리지요."

내가 이 책을 좀 더 일찍 쓰지 않은 이유는 내가 일을 하는 동안 보아온 것들을 받아들일 수 없었기 때문이지요. 인간이 어떻게 이럴 수가 있을까, 도저히 믿을 수가 없었습니다. 마치 악마가 이 땅에 내려온 것 같았지요. …… 악마가 쉬바 신과 싸움을 시작할 때 쉬바 신은 죽음과 파괴의 춤을 추지요. …… 마치 이런 악령에 남녀 할 것 없이 모두 사로잡혀 있었던 것 같았습니다. 인-파 분단은 죽음과 파괴의 춤인 것 같았습니다. …… 나는 있을 수 없는 것들을 너무 많이 보았어요. 그래서 끊임없이 스스로에게 물었지요. 이런 것들을 내가 적어서 뭘 할 건지, 도대체 내가 왜 이런 것들을 적어야 하는지 말입니다. ……

까믈라벤의 침묵은 분명 하나의 예다. 그렇다면 내가 이야기한 그 가족들은 도대체 무엇이란 말인가? 왜 그들은 여성의 강간과 납치에 대해 한마디도 언급하지 않았을까? 그렇다면 내가 뭔가 질문을 잘못했다는 사실을 분명히 확인해주거나 그럴 수 있다는 것을 보여주는 것인가? 아니면 아주 간단하게, 그 반쯤 뱉은 말이 전달하는 뉘앙스를 알아차리지 못했다는 말인가? 난, 그 사람들이 이에 대해 뭔가 이야기를 하기는 했을 텐데 아마도 내가 그걸 놓쳐버리지 않았을까 생각했다. 그래서 난 내가 그동안 했던 인터뷰로 다시 되돌아갔다. 그러다가 갑자기 그 오묘한 침묵 속에 뭔가 애매모호한 구절이 있다는 걸 알아차렸다. 라왈삔디 폭동에서 살아남은 생존자로 지금은 델리에 살고 있는 어떤 형제가 가족에 대해 이렇게 말했다:

그때 델리 집에는 할머니, 할아버지, 아버지, 어머니, 세 형제, 세 자매(세 자매 가운데 한 사람은 동삔잡에 살았습니다)가 살고 있었고, 숙모 한 분이 딸과 함께 우리 집에 들렀다가 변을 당했습니다. 우리 가족은 모두 살해당했습니다. 우리 둘만 빼고요.

…… 몇몇은 구루드와라에서 살해당하고 그 외는 다른 곳에서 살해당했습니다. 할머니와 할아버지는 집에서 살해당했는데, 빠탄족이 죽였습니다. 다른 사람들…… 어머니와 남동생은 구루드와라에서 살해당했습니다. 아버지는 간신히 도망을 쳤는데 길가 어디에선가 결국 살해당했습니다. …… 우리만 남았지요, 살아남은 유일한 사람입니다.

그때 살해당한 사람들 가운데는 가족 구성원이 여럿 있었다. 그런데 그들은 자기 누이들에 대해서는 직접적인 언급을 하지 않았다. 자매 둘, 그들은 그때 '실종' 되었다. 주변에 있는 사람들은 모두 이 이야기를 **알고** 있었다. 그 사람들은 같은 공동체에 속한 사람들이거나 같은 마을 사람들인데 모두 다 귀엣말만 할 뿐이었다. 어느 날 그 가운데 한 사람이 "그 사람들에게 말을 해보세요, 그들의 자매 둘이 그때 실종되었거든요"라고 말해주었다. 그런데 그가 나한테 말을 건네는 품이 어딘지 모르게 수치스러운 무언가가 있는 듯했다. 그래서 난 물어보지 않았다. 그렇지만 내가 다시 그들과 나눈 대화 속으로 돌아왔을 때 그 어색한 침묵, 주저하는 몇 마디는 아마 두 자매의 실종과 관련하여 어딘가에 숨겨져 있을 거라는 생각이 뇌리를 강타했다. 침묵으로 덮인 아주 작은 틈새 어딘가에 숨겨져 있는 것이다. 나는 이 침묵이 인-파 분단의 숨겨진 많은 이야기들을 덮고 있다는 사실을 깨달았다. 그 숨겨진 이야기는 이미 밖으로 나온 이야기의 가장자리를 항상 배회하고 있다. 그것은 해방의 어두운 쪽에 대한 표현인 것이다. 내가 찾기 시작했을 때 이 역사는 천천히 그러면서 냉정하게 그 모습을 드러냈다.

까믈라벤을 만난 지 몇 달 후, 수데쉬와 난 헌책방에서 우연히 어떤 책 한 권을 보게 되었다. 그 책은 인-파 분단 후 가족이 납치되거나 실종되었다고 보고한 사람들의 명단을 보여주고 있었다. 1,414쪽이나 되는 방대한 분량에 대단히 큰 사이즈의 책이었다. 실종된 것으로 보고된 여성과 아이들의 명단을 군별로 정리해두고 있는데 그 수가 21,809명이나 되었다. 분명히 완벽한 명단은 아니지만, 끔찍한 것만은 사실이다. 위에서 말한 두 자매의 이름도 셀 수 없이 많은 이름과 함께 거기 있었다. …… 젊은 처녀, 나이 든 여성, 아이들……. 그들은 자기 마을에 사는 사람에 의해 끌려간 경우도 상당수가 되었다. 종교공동체 사이의 갈등을 연구하는 역사학자들이 갖고 있거나 그 갈등의 피해자들이 함부로 내뱉는 신화 가운데 하나는, 가해자가 항상 외부인이라는 것이다. 그렇지만 나에게 이 명단은 그와 정반대의 사실을 증명하는 것이었다. 수도 없이 많은 여성이 같은 마을 남성에 의해 끌려갔다. 또 오륙십대의 **나이 든** 여성이 납치된 경우도 대단히 많았다. 활동가들의 말에 따르면 이런 일은 흔한 일이라고 했다. 왜냐하면 납치범은 자신이 표적으로 삼고 있는 여성의 주변 환경을 잘 꿰고 있기 때문에 나이 든 여성, 과부, 남편이 살해된 여성들을 데리고 갔는데, 그 이유는 모두 재산을 빼앗기 위해서였다. 그들은 납치를 하고 난 후 그 여성의 '아들'이 되게 해달라고 요구한다. 그 방법이 재산을 차지하는 데 가장 빠른 길이기 때문이다. 이 명단에서 발췌한 예 하나가 〈표1〉에 나타나 있다.

내가 찾은 그 책은 플렛처A. J. Fletcher(암발라 및 잘란다르 관구 행정
장관 겸 인도 피랍 여성 및 자녀 구출담당관)가 펴낸 『파키스탄 및 휴전
선 기준 파키스탄 영토 잠무-카시미르에서 발생한 비무슬림 여성 및
아동 납치 명부List of Non Muslim Abducted Women and Children in
Pakistan Side of the Cese-Fire Line in Jammu and Kashmir State』로 대중
에게 공개되지 않은 책이었다. 이 책이 공개되지 않은 이유는 명단에
실린 여성과 그 관계자가 가질 수 있는 마음의 상처를 '배려하기' 위해
서였다. 플렛처는 서문에서 다음과 같이 기술하고 있다:

1. 이 책은 1947년의 동란 가운데 서뻔잡(파키스탄) 주에서 납치
된 힌두 및 시크 여성과 아동에 관한 이름, 기타 사항을 상세하게
알파벳순으로 최신 편찬해놓은 것이다. 이 정보는 기본 및 보유 명
단Basic and Supplementary List을 통해 파키스탄 정부에게 때때로 전
달된 것이다. 이제 이 명단 기록이 점점 커지고 너무 흩어져 있어서
특정 정보를 열람하기가 너무 시간이 걸리고 어렵게 된 데다 때로
는 너무 혼란스럽기까지 하다. 여기에서 각 이름은 해당자가 현재
거주하고 있다고 보고된 군에 따라 구별되어 있다. 확인 작업을 위
해 납치된 사람이 살던 원래 고향과 납치된 것으로 알려진 곳 모두
에 대한 조사가 필요할 것이다.
2. 이 책의 출판은 피해자와 그 관계자의 감정을 배려하는 차원
에서 좀 더 일찍이 이루어지지 않았다. 그렇지만 이 불행한 사람들
과 관계를 회복하고 재활하는 작업을 더 이상 지체하지 않는 것이
최고의 고려가 될 것이고 나아가 납치당한 사람이나 그 관계자가
이 책 안에 담겨 있는 특정 부분에 대해 가질 수 있는 감정이 무엇
이든지 간에 이 인도적인 작업을 조기에 완수하고 더불어 아직 귀
환이 이루어지지 않은 많은 피랍자들에 관한 특정 정보를 두 나라

정부가 쉽게 입수할 수 있도록 하는 것이 꼭 필요하다는 생각이 들어 이 책을 출판하게 된 것이다. 여기에 게재되어 있는 특정 정보는 서뻔잡 피난민들이 인도 국경 안으로 들어온 지점에서 혹은 그 이후 그들이 임시로 정착한 곳에서 인도 당국에 보고한 정보를 취합한 것이다.

〈표1〉 구즈라뜨Gujrat 군

연번	등록번호	피랍자 성명 및 특정 정보	납치 장소 및 일시	납치자, 구금자 세부 사항 및 기타
851	GRT/S-2/ N/11C	삐아라 싱, 10세, 구즈라뜨 군, 팔리아 세무읍, 끼다르 촌, 까니야 랄의 아들	구즈라뜨 군, 끼다르, 1947년 8월 28일	미안 사다르 딘, 구즈라뜨 군, 팔리아 우체국, 가잔 촌, 나사르 딘 깝시의 아들
852	GRT/B/ U-97W	빠르메슈와리 바이, 28세, 바누 군, 따끼마르 와르 세무읍, 간디 켈 촌, 하리다얄의 처	구즈라뜨, 1948년 1월 12일	구즈라뜨 내 혹은 그 부근
853	GRT/B/ U-98W	삐리 바이, 18세, 바누 군, 미랄리 세무읍, 훗소칼리 촌, 물 짠드의 처, 반 람의 딸	구즈라뜨 역, 1948년 1월 10일	구즈라뜨 내 혹은 그 부근
854	GRT/B/ O-6C	뻬샤와리 랄, 9세, 구즈라뜨 군, 팔리아 세무읍, 부르끄 바크떼다 촌, 빨라 람의 아들	만디 바하웃딘, 1947년 8월 28일	람바르다르 마울루, 구즈라뜨 군, 끼다라바드 세무읍, 부르즈 촌, 떼자의 아들

연번	등록번호	피랍자 성명 및 특정 정보	납치 장소 및 일시	납치자, 구금자 세부 사항 및 기타
855	GRT/B/ U-94W	쁘라까시 까우르, 22세, 구즈라뜨 군, 카리안 세무읍, 딩가 촌, 쁘리땀 싱의 처	딩가, 1947년 4월 18일	구즈라뜨 군 딩가 내 혹은 그 부근
856	GRT/S-2/ U16C	빠슈, 6세, 구즈라뜨 군, 카리안 세무읍, 쪼끄리 삘로왈 촌, 사르다리 랄의 딸	...	구즈라뜨 군, 쪼끄리 삘로왈 촌 내 혹은 그 부근
857	GRT/S/I/ O-8W	뿌로, 25세, 구즈라뜨 군 및 세무읍, 바고왈 우체국 및 촌, 사르다르 싱의 딸	바고왈, 1947년 8월	라흐마뜨 칸 및 굴람 까디르, 구즈라뜨 군, 바고왈
858	GRT/S/I/ N-5C	쁘라까시, 10세, 구즈라뜨 군, 카리안 세무읍, 깜비 촌, 모한 랄의 아들	라테리, 1947년 8월	달라뜨 칸, 구즈라뜨 군, 카리안 세무읍, 깜비 촌
859	GRT/S-14/ 199W	쁘렘 데위, 40세, 미르뿌르 군, 빔베르 세무읍, 바딸라 촌, 바가뜨 람의 처 및 자만 람의 딸	바딸라	볼라, 바딸라 촌의 목수
860	GRT/S-14/ 201W	쁘렘 까우르, 34세, 구즈라뜨 군, 카리안 세무읍, 라테리 촌, 람 싱의 처	라테리, 1947년 8월	수베다르 아나야뜨, 라테리 촌의 우두머리

가족들은 집안에서 실종된 여성에 대해 신고를 하였다. 그리고 경찰을 고소했다. 문제가 커지면 국가는 반드시 관여를 해야 했고, 구체적인 행동을 취해야 했다. 첫 번째 해야 할 일은 실종 여성의 명단을 작성하는 일이었다. 이 명단은 조사의 기초가 된다. 그렇지만 이 일이 그렇게 쉬운 것은 아니다. 실종된 여성 한 사람을 여러 곳에 흩어져 있는 가족이 모두 신고하는 바람에 서너 번 겹치는 경우도 많았다. 당시에는 정보를 서로 나누어 대조하는 체계가 만들어지지도 않아서 명단을 전적으로 신뢰할 수만은 없다. 명단 작성 업무는 에드위나 마운트바튼Edwina Mountbatten의 구제복지연합협의회United Council for Relief and Welfare에 주어졌는데, 이곳에서는 명단에 나오는 이름을 대조한 후 특정 지역 경찰에 보내는 일을 했다.

그리하여 명단의 크기가 놀랄 정도로 커짐으로써 두 나라 정부는 행동에 들어가지 않을 수 없었다. 일은 신속하게 진전되어 1947년 9월에 양국 수상이 라호르에서 만나 납치 여성 회복을 위해 노력하기로 결정했다. 두 정상은 회담을 통해 다음과 같은 공동선언문을 발표했다

양국의 중앙 정부와 동뻔잡 및 서뻔잡주 정부는 강제 개종과 결혼은 인정할 수 없다는 것을 분명하게 밝힌다. 나아가 납치 여성은 반드시 가족의 품으로 돌려보내야 한다. 그리고 정부와 모든 공무원은 납치 여성을 찾고 회복시키는 일에 만전의 노력을 기해줄 것을 당부한다.[9]

그들이 전제로 삼은 것은, 납치 여성은 모두 강제로 다른 종교로 개종을 당했기 때문에 그러한 개종은 인정할 수 없다는 것이었다. 이후 같은 해 12월 6일, 즉 펜, 연필, 책상 그리고 기타 비품이 가까스로 분할되었을 때 그리고 몇몇 민감한 문제가 남아 있던 때에 처음의 이 합의는 국가 간 조약Inter-Dominion Treaty에 의해 실천에 옮길 수 있는 힘을

---

9) U. Bhaskar Rao, *The Story of Rehabilitation*, p.30.

부여 받았다. 흥미로운 것은 두 정부 모두 납치가 발생했다는 사실을 부인하지 않았고—그건 아마 그들이 자기 나라 남성을 잘 알고 있어서 그랬을 것이다—상대방 영토에서 납치된 여성을 구출해내는 기구를 설치하기로 합의하였다. 그리고 다른 종교의 남성과 함께 살고 있는 여성은 그 '자신의' 가정—즉 그들 종교의 장소—으로 반드시 되돌려 보내야 하되, 필요하다면 강제력이라도 발동해야 한다는 것이다.

이건, 적어도 인도의 경우에는, 정말 희한한 역설일 수밖에 없다. 인도가 분단을 반대했던 것은(최근의 역사는 이에 대해 의문을 제기하고 있지만) 스스로를 세속적이고 이성적인 즉, 한 개인의 정체성이 종교로 정의 내려지지 않는 국가라고 규정하는 사실에 기반을 두고 있어서였다. 그렇지만 적어도 이론적으로는 이 국가의 동등한 국민인 여성은 오로지 종교적 정체성에 의해 규정될 수밖에 없게 되어버렸다. 그래서 납치된 것으로 추정되는 힌두와 시크 여성에게 그 '진정한' 가정은 힌두와 시크의 종교의 고향인 인도가 되고, 무슬림 여성에게는 파키스탄이 되며, 그들이 실제로 살고 싶어 할지 모르는 곳은 가정이 될 수 없었던 것이다. 이론적으로는, 분단 시기에, 모든 국민이 자신이 속하고 싶은 국가를 선택하였다. 그렇지만 납치되는 불행을 겪은 여성은 그러한 선택권을 가질 수가 없었던 것이다.

여성을 회복하는 일을 담당하도록 설치된 기구는 경찰과 여성으로 구성되었다. 그 여성들은 사회사업가이든지 아니면 대개 잘 사는 집 출신으로 그러한 일에 시간을 바치고자 하는 사람들이었다. 그러한 여성들로 므리둘라 사라바이Mridula Sarabhai, 쁘렘바띠 타빠르Premvati Thapar, 까믈라벤 빠뗄 그리고 다미얀띠 사흐갈 등이 있다. 아래의 긴 글은 다미얀띠 사흐갈이 어떻게 해서 이 일에 뛰어들게 되었는지를 기술한 것이다.

다미얀띠 사흐갈

내 이모 쁘렘바띠 타빠르는 결혼 후 3개월 만에 홀로 되었습니다. 이모는 결혼했다는 이유로 학교에서 쫓겨났는데, 3개월 후에 남편이 죽어 다시 학교(수도원 부속)로 돌아갔습니다. 이젠 미스Miss 타빠르가 되었습니다. 남편은 수학자인 데위 다얄Devi Dayal이었습니다. 이모는 그 학교에서 학사 학위와 석사 학위를 취득했습니다. 그리고 캠브리지대학교 경제학 우등졸업시험에 합격했습니다.

어느 날 라호르에서 유명한 아리야 사마즈Arya Samaj[10] 운동가인 마하뜨마 한스 라즈Mahatma Hans Raj가 외할아버지를 만나러 왔습니다. 그는 중요한 부탁을 하나 드릴 게 있다고 말했습니다. "아시다시피 우리 아리야 사마즈 운동가들은 궁극적인 이유가 없이는 아무 데도 가지 않습니다. 제가 여기 온 것 또한 중요한 부탁을 하나 드리고자 해서입니다. 그 부탁이 뭐든 꼭 들어주겠다고 약속을 좀 해주십시오." 그러자 할아버지는 "그렇다면 뭐라도 좀 힌트를 주셔야지요."라 했고 그분은 "아니, 들어주겠다는 약속만 해주십시오."라고만 했습니다. 아리야 사마즈 운동가들은 잘 알려져 있는 바대로 매우 고집이 센 사람들입니다. 할아버지는 그분에게 생각을 잘해서 들어줄 수 있는 부탁을 해달라고 받아 넘겼습니다. 그러자 그분은 "이제 막 귀국한 따님의 삶을 저희에게 주십시오. 이곳에는 다브Dav 여자대학이라는 대학은 있는데, 중고등학교가 없어서 따님에게 중고등학교 하나를 맡기고 싶습니다. 그리고 따님은 무급으로 일을 해주길 바랍니다."라고

---

10) 18세기 인도에 일어난 종교 사회 개혁 운동 가운데 하나로 근대화나 기독교를 통한 사회 개혁을 반대하며 베다 시대로 돌아갈 것을 주장하면서 복고적, 보수적 힌두주의의 성격을 띠었다. ─옮긴이

했습니다. 할아버지는 도대체 무슨 소리를 하는 거냐며, "내가 그 아이에게 교육을 시키느라 돈이 얼마나 들었는지 알고 하는 소립니까? 더군다나 그 아이에게 지금 요청 들어온 게 얼마나 많은데,(갑자기 상당수의 직장에서 요청이 들어왔습니다.) 그 아이를 무급으로 달라고요? 그러면 그 아이는 뭘 먹고, 어떻게 살라는 겁니까?"라고 했습니다. 그러자 그분은 큰 웃음을 지으며 "선생님, 애들 같은 말씀 하지 마시지요. 아들이 셋이나 있으시잖아요. 네 번째 아들이 있다면 그 아이를 어떻게 하실 생각이십니까? 밖에 그냥 버리시진 않으실 거 아닙니까? 따님을 아들이다 생각하시고 따님에게 아들 몫으로 미리 떼어주시면 그 돈으로 충분히 먹고 살 수 있지 않겠습니까?"라고 말하더군요. 할아버지는…… 그렇게 하고 싶지 않았습니다. 내 얼마나 투자를 했는데, 세상에, 그냥 달라고? …… 그런데 쁘레미 이모가 그 소리를 듣고 나오더니 그렇게 하겠다는 거였습니다. 저분들과 같이 일하기로 결심했다는 겁니다. 할아버지는 계속해서 이모를 말렸지만 이모는 요지부동이었습니다. 그 이후 이모는 한 달에 1루삐를 받고 일을 했고, 우리 모두 이모 밑에서 한 달에 1루삐를 받으며 일을 했습니다. 한 달에 1루삐를…….

이모는 그렇게 멋쟁이였습니다. 그런 인격을 가진 사람입니다. 그런 이모는 일생을 바쳐 라호르에서 사회사업 활동을 했고, 그 밑에서 수도 없이 많은 사람이 일을 했습니다. 나중에 이모가 네루 부인을 만나 무슨 할 만한 일이 없냐고 물은 적이 있는데, 그 부인이 네루가 뭔가 일을 하고 있는 게 있다는 거였습니다. 그때 두 정부 사이에 협정이 체결되면, 저쪽으로 납치된 우리 여성들이 너무나 불쌍하니 그들을 저 악마의 손에서 하루속히 구해내는 일을 해야 하지 않겠냐고 했습니다. 여기에서는 시크도 같은 일을 하고 있고 우리가 회복을 위한 조직을 가동시킬 계획을 세우고 있으니 그쪽에서 일을 해보는 게 어떻겠냐고 제안했습니다. 이모는 자기에게는 돈이 없는데, 돈은 조금만 있으면 되고 다만 숙소와 차 그리고 급사 한 사람만 붙여주면 된다고 했습니다.

언젠가 이모가 나한테 이런 말을 했습니다. "단띠야, 이제 겨울이 오는구나. 그런데 우린 돈도 없고 옷도 없으니……." 사실 쁘레미 이모는 옷가지를 참 좋아했습니다. 그리고 아주 깨끗하고 좋은 방도 좋아하고 생활을 즐기는 걸 좋아했습니다. 라호르에 있는 우리 집 장롱에는 갖가지 것들로 꽉 차 있었는데, 그 집을 누가 가져갔는지도 우리는 알고 있습니다. 그 당시에는 호송단이 라호르에 가곤 해서 우리도 가보기로 했습니다. 가서 라호르에 있는 다브 대학도 가보고, 관용 지프를 타고 옛날 우리가 살던 고향집에도 가보고, 가서 옷이랑 숄이랑 좀 가져오자고 했습니다. 그리고 그곳에 갔습니다. 정말로 다브 대학도 갔고, 관용차로 옛집에도 갔습니다. 그 집에서는 무슬림 부인이 나왔는데, 우리를 반갑게 맞이해주었습니다. 그들은 우리가 아는 사람들이었습니다. 우리는 장롱을 잠가놓고 왔는데 지금 날이 너무 추우니 옷가지 좀하고 숄을 좀 가져갔으면 해서 왔다고 했습니다. 그랬더니 그들은 무슨 말을 하느냐면서, 전부 '주인 없는 물건'으로 신고해 다른 곳으로 가져가고 지금 남아 있는 것은 아무것도 없다고 했습니다. 이모와 난 충격을 받았습니다. 그들은 차라도 좀 마시고 가라 했지만 우린 그럴 수가 없었습니다. 그들은 여기에 남은 것은 아무것도 없다는 말을 계속했습니다. ……

우리는 난민촌으로 돌아와서 식사를 했습니다. 난민촌은 난민을 모으는 곳인데, 난민이 일정한 수가 되면 호송관이 와서 국경 너머로 데려다주는 일을 했습니다. 그곳에는 아주 커다란 솥이 있었고, 우리는 거기서 끓인 달과 로띠를 먹었습니다. 그때 프리둘라 사라바이가 우리에게 뛰어왔습니다. 이모는 그녀를 잘 알지만 난 몰랐습니다. 이야기로

만 들었을 뿐이었지요. "타빠르 양, 여기 계셨네요?" 하고 그녀가 말을
하자, "아, 네, 우리 살던 옛날 집에 가서 옷가지를 좀 가져오려고 했는
데 아무것도 가져오지 못했어요."라고 이모가 대답했습니다. 브리둘라
사라바이는 방금 가동되기 시작한 '피랍여성 회복을 위한 중앙구출기
구Central Recovery Organization to Recover Abducted Women'에 대해서 알
고 있는지 물어보면서 이모를 소장으로 선임했다는 소식을 전했습니
다. 그러면서 나를 가리키며 누구냐고 물었고 이모는 조카라고 소개를
시켜줬습니다. 그녀는 내가 여러 가지로 도움이 될 수 있겠다면서, 꼭
바라던 사람이라고 반가워했고, 일이 시작되면 이모는 그쪽 소장을 맡
고 나에게 이쪽 소장을 맡기면 되겠다고 했습니다.

　난 수줍음을 많이 타는 편이라 하루 종일 말 한마디 안 하고 지내면
서 염주를 돌리고 기도하며 주위를 배회했습니다. 무슨 일이 어떻게 돌
아가는지를 알지도 못하고 해서, 나는 그냥 혼자 있게 해달라고 했습니
다. 그렇지만 그녀는 아니라고 하면서 날 연락 총책으로 삼으면 좋겠다
며 이곳에서 주재하도록 하고 곧 임명장도 보낼 테니 이모에게 날 데려
가지 말라고 당부를 했습니다. 내가 그녀에게 어떻게 돌아가는 일인지
모르겠다고 하니 날 소장으로 삼겠다고 말하더군요. 무슨 일을 하는 소
장이냐고 하니 구출하는 일이라는 겁니다. 나는 구출이 뭐고 소장이 뭔
지도 몰랐습니다. 난 그 둘이 어떻게 결합되는지를 알 수가 없었습니
다. 그녀는 아니라면서 그건 다 마무리된 일이라고 하더군요. 난 입을
옷이 없단 말을 했고…… 그녀는 지프로 옷을 보내주겠다고 했습니다.
나는 도대체 무슨 영문인지 알 수가 없었습니다. 그리고 홀연히 이모가
떠나버렸습니다. …… 그래서 난 이런 습관을 갖
게 된 겁니다. 어려움에 처하게 되면 내가 섬기는 신과 대화를 나누는
습관 말입니다. 난 아무것도 모릅니다. 난 다만 내가 섬기는 신이 사용
하는 도구일 뿐입니다. 나는 그래서 신에게 물었습니다. 도대체 지금

당신께서 하시는 게 무슨 게임이냐고 말입니다. 어쨌거나 여기서 나는 소장이 되었고 편지를 한 통 받았습니다. 내 아버지도 할아버지도 소장이 되지 못했는데, 이제 내 자존심을 세우는 것은 너에게 달려 있다고 하는 편지를 말입니다.

그 직후 납치된 젊은 여성이 하나 있다는 통보가 왔습니다. 여기서 멀지 않은 곳에 있다고 해서 우리는 그 여성을 구출하였습니다. 난민이 큰 규모로 결집해 대단위 규모로 커지면 호송단이 출발했습니다.

역사는 여성의 몸이다

대규모의 여성 납치 문제를 파악한 인도와 파키스탄 정부는 1947년 12
월 6일 국가 간 조약을 체결하여 가능하면 최대한 납치된 여성을 회복
시키자고 하는 데 합의했다. 그 작전은 중앙구출작전Central Recovery
Operation이라고 알려졌고, 한 여성, 구체적으로 거명을 하면, 므리둘라
사라바이가 작전을 지휘하기로 했다. 사라바이는 아호메다바드
Ahmedabad의 유력한 실업가 집안 출신으로, 간디와 네루에게 상당한
영향력을 행사하는 사람이면서 인도국민회의 정치에도 깊게 연루되어
있었다. 사라바이는 납치 여성을 구출해내는 일의 필요성을 개괄하는
열네 쪽의 보고서를 네루에게 제출해 정부로 하여금 구출 작전을 실시
하도록 합의하는 데 적극적인 역할을 했다. 그리고 1947년의 국가 간
회담에서 이 문제가 합의를 이루었을 때 인도 정부는 사라바이에게 여
성 구출 문제에 대한 책임을 맡기면서 그녀를 이 사업의 최고 책임자로
지정했다. 그리고 주로 경찰로 구성된 실무 팀을 지원하였다.

　그로부터 얼마 되지 않아 두 정부 사이에 이루어진 최초의 합의는
법적 강제력이 부여되었다. 애초의 피랍자회복반환규정The Abducted
Persons Recovery and Restoration Ordinance이 법안으로 바뀌었고, 1949
년에는 법령으로 법제화가 이루어졌다.[11] 이 법률에 기초하여 인도 정
부는 실무 기구를 설치하였고, '피랍자'라는 용어가 의미하는 바가 무
엇인지에 대한 정의를 내리는, 아주 중요한 의미를 갖는 일에 도달하
였다.

---

11) The Abducted Persons (Recovery and Restoration) Act, 1949(Act No. LXV of 1949).

이것이 매우 중요한 일이 된 것은 복합적인 문제 하나 때문이었다. 누구는 납치된 자이고 누구는 납치되지 않은 자인지를 어떻게 결정하는가에 관한 문제인데 만일 여성이 자신의 의지로 따라갔다면 어떻게 할 것인가? 심사숙고해야 하거나 고려해야 할 것들이 분명히 있었다. 국가라고 하는 공공 기관에서는 이 민감한 문제를 결정하는 데 시간, 날짜, 수 등을 계산하는 게 훨씬 단순한 일이다. 그래서 날짜가 고정되었다. 뻔잡에서 폭력 사태가 발생한 것이 1947년 3월 초. 따라서 1947년 3월 1일 이후 한 여성이 다른 종교의 남성과 같이 산다거나 어떤 형태의 관계 속에서 배우자가 되어 있다면 그 여성은 강제 납치로 추정되었다. 그리고 이 날짜 이후에 다른 종교의 사람과 결혼하거나 개종한 것은 강제적인 것으로 간주되었고 따라서 양 정부에서는 그걸 인정하지 않기로 했다. 해당 여성이 무슨 말을 하든지 간에, 얼마나 항변을 하든지 간에, 드물게 '진짜' 관계가 있다 할지라도 그 여성은 이 문제에서 선택권을 갖지 못했다. 날짜를 고정함으로써 많은 문제가 해결되지 않은 채 남게 되었다. 그 날짜 이후에 서로 다른 종교를 가진 두 사람 사이에서 태어난 자식을 가진 여성도 납치 여성으로 간주할 것인가? 그 날짜는 3월 1일 이후 임신을 해 낳은 자식하고만 관련을 가지는 것인가? 법은 이러한 문제까지 명쾌하게 해결할 수가 없었다.

구출 작업에서 최고 책임자는 대부분 경찰로 구성된 부대의 지원을 받았다. 이 부대는 경감 1인, 경위 2인, 수사관 15인, 부수사관 10인, 부수사관 보조 6인으로 구성되었다. 여성 활동가와 함께 이 경찰 부대는 양국 모두에서 특정 여성을 수색하기 위해 상대 국가로 이동할 수 있고, 상황에 적합한 '구출' 혹은 '회복' 작전을 수행할 수 있는 권한을 부여받았다. 양국 모두에서 활동가는 납치된 여성을 찾기 위해 할 수 있는 모든 수단을 다 강구해야 했다. 그들을 대동하고 피랍 여성을 찾기 위한 작업에 지원을 하는 각 지역 단위의 경찰력이 사전에 정보를 흘려 피랍 여성을 은닉시킬 수 있도록 한 일도 자주 있었다. 이에 대해 기발한 활동가는 여러 가지 방안을 사용해 대처하기도 했다. 즉, 변장을 한다거나, 가짜 이름을 사용한다거나, 비밀리에 행동을 하거나, 납치로 의심되는 여성이 있다고 판단되는 집을 급습한다거나 하는 식이었다. 이에 관한 다음 두 이야기를 들어보자.

우리는 오전에는 농촌 지역에서 여성을 찾는 작업을 했습니다. 그리고 저녁이 되면 난민촌 본부로 돌아갔고, 대원들이 그 지역에서 모아온 여성을 난민촌으로 데리고 오면 우리가 그들을 맞이했지요. 그리고 나서 그들은 두 국가 간에 교환되었습니다. 활동가들은 정말 대담하게 일을 했는데, 그들은 나가고 찾아오고를 반복하였습니다.

우리는 계란을 팔러 나가기도 했습니다. 마을 안으로 자주 가는데, 아주머니를 만나면 살갑게 아줌마, 아줌마 하고 말을 붙이면서, 먼 길을 온 사람인데 계란을 좀 드릴 테니 랏시lassi[12] 한 잔 좀 마실 수 있겠냐는 청을 넣으면서 이야기를 겁니다. 저 멀리 힌두스탄에서 왔는데, 남동생이 하나 있는데, 이 개 같은 시크 새끼들이 남동생 처를 납치해 가버려 동생이 너무 큰 상실감에 빠져 있어 못 보겠다며 혹시 주변에 시크 딸이 있으면 돈을 두둑이 주고 사서 그 불쌍한 동생과 새 가정을 꾸려주고 싶다고 이야기를 건네는 겁니다. 그렇게 되면 대개 나이가 지긋한 여성은 그런 사실을 잘 알고 있어서 어디어디에 가면 그런 처녀가 있다는 이야기를 해주곤 하지요. …… 우리가 계란을 팔러 다니면서 아줌마라 부르고 랏시 한 잔 마시자고 하는 것은 다 이런 연유에서였지요.

---

12) 우유 발효 음료—옮긴이

아니면 아줌마, 제가 허기가 져 그러니 뭐 먹을 것을 좀 주실 수 있겠어요? 하고 부탁하면서 환심을 사고 이런저런 처녀를 하나 샀으면 한다는 말을 붙입니다. …… 어디 자기 딸을 팔 만한 사람 없냐고 물어보고 반응이 있으면 그 집 주소를 좀 알려달라고 하기도 합니다. …… 이게 우리가 정보를 얻는 나름대로의 방법이지요.[13]

*

(델리를) 떠난 난민 가운데 결혼한 지 1년 반밖에 안 되는 젊은 남성이 있었는데 젊은 아내와 두 달 된 아기를 잃어버렸습니다. 어느 날 어떤 사람이 그에게 아내와 아기가 (델리의 한 지역인) 보갈 Bhogal의 어떤 자뜨 집에 감금되어 있다는 말을 전해주었습니다. 이 이야기를 전해준 사람은 어떤 짜마르Chamar[14] 할머니였습니다. 그 할머니는 젊은 아내가 너무 불쌍하다며 아내 소식을 그에게 꼭 전해주겠다는 약속을 했답니다. 젊은 남편은 아내가 사진이라도 하나 있으면 보내달라고 해 보내주었고 …… 그 할머니는 아내가 남편을 너무나 그리워하고 있다면서 자기를 납치한 자는 미탄 Mithan이라는 사람인데 허구한 날 밭에서 일만 시킨다고 전해주었습니다.

어느 날 수쉴라 나야르Sushila Nayyar가 난민촌에 와 이 이야기를 듣고 자기가 같이 갈 테니 그 밭이 어딘지 안내하라고 했습니다. 우리가 오클라Okhla에 도착하니 밤이 되어버렸습니다. 그렇지만 수쉴라는 전혀 무서움을 느끼지 않았고, 일각의 주저함도 없이 스무

---

13) 다미얀띠 사흐갈과의 인터뷰
14) 불가촉민 카스트에 속하는 가죽 일을 하는 사람—옮긴이

걸음 정도를 나보다 앞서 가더니 숲과 밭을 지나 목적지를 향했습니다. 가면서 우리는 많은 여성들을 만났지만 정작 우리가 찾는 그 여성은 만나지 못했습니다. 수쉴라는 정말 한 점의 겁도 없이 그 집 안으로 들어갔고 나도 그녀를 따라 들어갔습니다. 그 여성의 남편인 아우사프Ausaf는 따라오는 내내 "잔 비Jaan bi, 잔 비" 하며 아내를 불러댔지요. 그렇지만 아무런 대답도 없었습니다. 수쉴라가 그 사람에게 다음과 같이 말을 했습니다. "그 여자, 어디 있습니까? 여기 당신과 함께 있으면 지금 즉시 우리에게 넘기세요. 말씀하세요. 지금은 나 혼자 왔으니 그 여성을 데리고 가기만 하면 됩니다. 당신에게는 아무런 해가 안 가게 할 것입니다. 그렇지만 만약 경찰이 오면 당신은 처벌을 받을 수밖에 없고, 감옥에 들어갈 것입니다." 그렇지만, 그 여성이 있다는 흔적은 찾을 수가 없었습니다. …… 밤 9시가 되면서 우리는 돌아왔습니다. 아무런 결실도 없이 그냥 낙담한 채로.[15]

나중에 밝혀진 바에 의하면 수쉴라 나야르와 아니스 끼드웨Anis Kidwai가 잔 비를 수색하고 있을 때 그녀는 입에 재갈을 물리고 포박당한 채 곳간에 처박혀 있었고, 곳간은 자물쇠로 잠겨 있었다. 혹시 발각되면 어쩌나 하는 두려움에 납치범은 그녀를 데리고 연합주(지금의 웃따르 쁘라데시)로 도망쳐버렸다. 그렇지만 도중에 잔 비가 틈을 타 간신히 빠져나올 수 있었다. 잔 비는 기도를 드리고 있는 어떤 무슬림에게로 달려가 자초지종을 이야기했다. 결국 잔 비는 남편에게 돌아오게 되었다. 아이는 잃어버린 채. 모든 이야기가 해피엔딩은 아니다. 납치가 성공적으로 이루어져 그 흔적조차 찾을 수 없는 여성이 수천이 넘

---

15) Anis Kidwai, *Azadi Ki Chaon Mein* (Hindi), Delhi, National Book Trust, 1990. p.131.

는다.

날짜를 고정하고 법률을 시행하다 보니 반드시 고려 대상이 되어야 할 수많은 측정 불가의 경우를 완전히 해소할 수 없었다. 무엇보다도 많은 여성들이 저항을 하였다. 돌아가기를 거부한 것이다. 자이나브의 경우처럼 자신을 납치하거나 돈을 주고 사 간 남자와 일정한 관계를 이미 맺어버린 여성을 분간해내는 일은 사실상 불가능한 것 같았다. 처음에 난 이 이야기를 믿을 수 없었지만 그 안에는 비비 꼬인 또 하나의 진실이 있었다. 어떤 사람은 대부분의 인도 여성에게 결혼은 전혀 알지 못하는 사람에게 시집을 가는 것이 다반사이니 그 또한 침해이자 폭력이고 결국엔 또 하나의 납치일 수 있다고 말하기도 한다. 그렇다면 이런 폭력과 무엇이 다르다는 말인가? 단지 그 남자의 종교가 다르다는 이유 하나만으로? "내가 왜 돌아가야 합니까?"라고 어떤 납치 여성은 말했다. "나를 인도로 데려가야 하는 이유가 뭡니까? 왜 지금 나에게 종교네 순결이네 하는 것이 남아 있어야 하는 건데요?" 또 다른 여성은 이렇게 말하기도 했다. "난 남편을 잃었습니다. 그리고 지금은 다른 남편이 있습니다. 그런데 왜 당신은 아는 사람 하나 없는 인도로 날 데려가려 하시는 건가요? 설마 나더러 날마다 남편을 바꾸라는 이야기는 아니겠죠?"[16)]

브리둘라 사라바이는 중산층 여성을 사회사업의 일로 데리고 오는 일에 참 뛰어났다. 그런 중산층 여성 대부분은 납치된 힌두와 시크 여성 관련 일을 했다. 당시 델리에 설치되어 있던 두 개의 무슬림 난민촌 즉, 뿌라나 낄라와 후마윤Humayun릉에도 자발적으로 활동을 하던 여성 한 분이 있었는데, 그분은 힌두와 시크에 의해 납치된 무슬림 여성 관련 일을 하였다. 아니스 끼드웨의 남편인 샤피 아흐메드 끼드웨Shafi

---

16) Kirpal Singh, *The Partition of Punjab*, p.171.

Ahmed Kidway는 인-파 분단 때 근무지인 머수리에서 일어난 폭동에 의해 살해당했다. 아내의 간청에도 불구하고 남편은 사무실을 떠나는 것을 거부했는데, 부하 직원에 의하면 공무원은 그 사람들이나 자기 일을 버리고 가서는 안 된다는 말을 했다고 한다. 남편의 죽음으로 인해 아니스 끼드웨는 세상이 무너져 내리는 것 같아 뭔가 위안을 삼을 만한 것을 찾아 간디를 만나러 갔다. 간디는 그녀에게 이제 그만 눈물을 거두고 뭔가 의미 있는 일에 몰두해보라고 조언을 했고, 그 말에 아니스 끼드웨는 무슬림 난민과 함께 하는 사회사업에 뛰어들었다. 활동을 하면서 그녀는 납치된 무슬림 여성을 여러 차례 만날 수 있었고 그들로부터 자신들이 가지고 있는 딜레마를 생생하게 듣기도 했다. 여기 그 일부를 소개한다:

이런 상황 속에서 어떤 처녀가 살해당하거나 부상을 입는 일은 그리 어렵지 않다. '1등품'은 경찰과 군이 나눠 갖고, '2급품'은 모든 사람에게 돌아가곤 했다. 처녀들은 이 손, 저 손, 또 손을 거친 후 몇몇은 호텔 장식품이 되어 나타나거나 어떤 경우에는 경찰 간부의 손에 넘겨져 그들을 접대하는 신세로 전락하기도 하였다.

이 처녀들 개개인을 하나하나 뜯어보면 모두 교묘한 사기에 속은 희생자이기 때문에, 자비의 천사로서 자기를 '구출해줄 사람'을 우연히 만날 수 있지 않을까, 그래서 그 구출자가 이런 학살과 약탈의 난리 속에서 자기를 위해 싸우고, 자기를 빼낼 수 있지 않을까 학수고대하기 시작한다. 그때 한 남자가 나타나 발가벗겨진 몸을 자기가 입고 있던 코트나 옷으로 덮어주면—이때 처녀의 옷은 보통은 다른 도둑이 다 빼앗아 가버린 상태다—어머니가 목이 베인 일, 아버지가 피를 흘리며 쓰러진 일, 남편은 파닥거리면서 싸늘한 주검으로 변해간 사실을 까마득히 잊어버리게 마련이다. 그녀는 이런 일을 다 잊어버리고 자기를 구해준 그 남자에게 감사를 드릴 수밖에 없다. 그런데 왜 그녀가 이렇게 하면 안 된다는 말인가? 그 공포로부터 자기를 구해준 이 좋은 남자는 그녀를 집으로 데리고 간다. 그리고 그녀를 인간적으로 존중하면서 청혼을 한다. 그녀가 그 남자의 인생의 노예가 되지 않을 수 있겠는가?

그리고 많은 시간이 지난 후에야, 많은 노략질을 저지른 자들 가운데 이 남자만 죄가 없이 착한 사람이고, 그 더러운 경찰 놈들 가운데 이 사람만 신사가 될 수는 없다는 사실을 깨닫게 된다. 그렇게 되다 보니 모두가 한통속이라는 의심을 지우지 못하게 되어버렸다. 그때 모든 사람들이 한 젊은 여성의 명예를 구하기 위해 생과 사를 걸고 일을 하고 있었고, 수천의 어머니와 누이는 자신의 딸을 납치해간 그 '용감한 자'를 저주하고 있었다.

그렇지만 이 사실을 깨닫고 난 후에는 시간이 너무 늦어버렸다. 그녀는 이제 갈 곳이 아무 데도 없다. 이제 그녀는 어머니가 되어 있거나 너무 많은 사람의 손을 거친 후가 되어버렸다. 수많은 남자의 얼굴을 보고 났는데, 힌두스탄의 딸로서 어떻게 자신의 아버지와 남편의 얼굴을 볼 수 있겠는가?

끼드웨가 납치 여성에 대해 느낀 심정은—한 여성으로서 내가 이러한 이야기를 들으면서 어떤 감정을 가졌겠는지 독자들은 알지 못한다, 라고 그녀는 말하고 있다—납치 여성을 구출하는 일을 해온 그 수많은 사회사업 활동가들의 심정을 비춰주고 있다. 국가의 의무를 수행하는 종복으로서 그들은 결국 그 납치된 여성을 여성으로 대하였고, 나아가 그들 스스로가 자신에게 부과된 임무를 실행하는 것 이외에는 선택의 여지가 없는 사실로 인해 다른 방도도 없고 크게 제한을 받고는 있지만 어쩔 수 없이 국가가 정한 실행 계획을 따르지 않는 방향으로 도움을

주기도 했다. 끄드웨는 스스로 느낀 심정을 다음과 같이 적고 있다:

…… 가난한 집에 태어나 가난 이외의 것은 본 적이 없는 여성도 꽤 있다. 배가 등에 붙어 있고 거적으로 몸도 제대로 가리지 못하는 여성들. 그런데 지금 그들은 자기를 돈 주고 사 실크로 된 살와르를 입혀주고 그 위에 깨끗한 두빳따를 걸쳐주고, 시원한 아이스크림과 따뜻한 커피를 가르쳐주고 영화관엘 데리고 간 사람 손에 놓여 있다. 그렇다면 그녀가 왜 그런 사람을 버리고 다시 거적으로 몸을 가리고 하루 종일 뙤약볕에서 일을 하러 돌아가야 한단 말인가? 만일 그녀가 이렇게 멋지고 다정한 남자를 버리고 간다면 그녀의 인생은 쓰레기 속에서 거적을 거치고 매나 맞으면서 종말을 고할 수밖에 없을 것이다. 그래서 그들은 그 끔찍한 과거와 마찬가지로 불확실하고 두려운 미래를 기꺼이 잊으려 하고 그냥 현재와 같이 살고 싶어 하는 것이다.

공포는 또 있다. 자신을 데리고 가려는 사람이 아군이든 적군이든, 자기를 다른 데 또 팔아넘기지 않을 거라는 보장을 어떻게 하느냐는 것이다. 무엇보다도 너무나 여러 차례 팔아넘겨져 앞으로 얼마나 더 또 팔아넘겨져야 하는지 걱정에 휩싸일 수밖에 없다. 자기를 그때 이곳저곳으로 팔아넘긴 자들은 똑같이 이 경찰 제복을 입은 사람이었으니 말이다. 그녀에게 있어서 찾아온 경찰이 터번을 썼으니 그 권위로 인해 그가 자기 쪽 사람이라 믿을 수 있다고 무엇으로 다시 확신시켜줄 수 있다는 말인가? 그 사람이 자기를 팔아넘기는 그 사람이 아니라는 확신을 무엇으로 주냐는 말이다. 이러한 오명은 그녀가 질질 끌려가 자기 친척들과 며칠을 살아보기 전에는 결코 사라지지 않는다.

종교는 또 다른 문제가 되는데, 무엇보다도 이 여성들이 그 종교에 대해 무엇을 알고 있는가 하는 것이다. 남성은 최소 기도문이라도 읽고, 이드id[17] 때 모스크에 가서 기도라도 하고, 선생이 하는 설교를 듣기라도 한다지만, 여성은 아예 들어갈 수조차 없었다. 젊은 여성을 보는 순간 그들은 눈에 핏발을 세우며, 여기서 냉큼 나가지 못할까? 여자가 여길 뭐 하러 왔나? 그 어떤 장소에서도 쫓아내야 하는 개처럼 여성은 쫓겨날 수밖에 없다. 정작 범법자는 그 안에 있지만 밖으로 쫓겨나가야 하는 자는 여성일 수밖에 없다. 여성이 사원에 오면 모든 사람의 기도가 파괴되고, 여성이 설교를 들으려고 오면 모든 사람의 집중력이 깨진다. 여성이 성인의 무덤에 가려 하면 마찬가지로 남성들이 쫓아낼 것이다. 여성이 만약에 집단 찬양회에 참석하면 수피Sufi[18]는 신에게 집중하지 못하고 세속적인 것에 마음을 빼앗기게 된다.

그리고 이 종교의 신은 여성을 편안하게 해주지 않는다. 반면, 그녀와 함께 사는 새 남자는 신과 다름없다. 누가 어떻게 말하더라도, 자기의 세계를 화려하게 채워준 이 남자를 그녀는 결코 떠나지 못할 것이다.[19]

여성이 돌아가지 않겠다고 아무리 저항을 하더라도(모든 여성이 다 저항을 하는 것은 아니다. 구출되어 가족으로 다시 돌아가게 되어 행복해 하는 사람 또한 많다) 그 여성을 '설득' 하기 위한 상당한 압력이 가해지기도 하고, 강제력을 발동하여 끌고 가기도 했다.

---

17) 이슬람 문화권에서 행하는 금식을 깨는 축제―옮긴이
18) 신비주의를 내 세우는 이슬람의 한 종파인 수피즘Sufism의 신도―옮긴이
19) Anis Kidwai, *Azadi Ki Chaon Mein*, pp.142-43.

다 미 얀 띠 사 흐 갈

젊은이 둘이 나한테 와서 사띠야Satya라고 결혼을 앞둔 동생이 있는데 남치당했노라고 신고를 했습니다. 그들은 빠탄족을 용의자로 보고 있는데 무조건 찾아내라는 것이었습니다. 나는 저 나쁜 빠탄족이 딘 다르 deen dar 부족의 딸을 잡아가서는 말 타는 법을 가르쳐 지금은 총을 들고 있다고 듣긴 했는데, 어떤 마을 출신이 그 짓을 했는지는 잊어버렸습니다. ……

나는 사띠야에 대해 여러 가지를 알게 되었습니다. 사띠야는 산적들과 함께 지내고 있는데, 그녀가 그 사람들보다 더 나은 산적이 되었다고 들었습니다. 산적들이 사띠야를 훈련시켜 이제 말도 탄답니다. 내가 직접 그곳에 가봐야겠다고 경찰서장에게 말을 했더니 매우 위험한 곳이라며 나를 말리더군요. 나는 위험한 게 무슨 대수냐고 하면서, 가겠다고 했습니다. 그런데 그 사람들이 어떤 짓을 하는지는 알고 계시지요? 그 사람들은 이쪽으로부터 사전에 정보를 빼가고, 그래서 미리 다른 곳으로 도피를 시킵니다. 소식을 듣자마자 바로 다른 데로 도망을 가는 겁니다. 그렇게 되면 우리가 움직이는 것은 그만큼 제약이 따르는 거지요. 우리는 우리가 어딜 가는지에 대해 그리고 어떻게 가는지에 대해 정말로 신중하게 행동해야 합니다. 나는 보통 아주 많이 이동을 한 편이었지만, 다른 사람은 그렇지 않았습니다.

어쨌든 그날 우리는 논과 밭을 계속 지나가야 했고, 경찰서장은 이곳이 아주 위험한 지역이라고 쉬지 않고 중얼거렸습니다. '여자의 몸으로 이런 곳을 따라 나서다니!' 아침에 그들이 사전에 전갈을 보내왔는데 사띠야를 분명 빼돌릴 거라는 거였습니다. 그렇지만 어찌 되었든 부리나케 이곳저곳을 찾아다닌 후 결국 사띠야를 찾았습니다. 우리는 사띠야를 구즈라뜨로 데려오려고 하면서 경찰서장에게 호위를 좀 붙여달라고 했습니다. 빠탄족은 우리를 따라와 법원에 고소를 하더군요. 이 여자는 처음부터 무슬림이었으니 데려갈 수 없다는 내용이었습니다. 그들의 주장은 파키스탄이 형성되기 전부터 사띠야는 딘Din[20] 종교를 따르는 사람이었으니 무슬림이었다는 겁니다. 그래서 군수가 내 손에서 그녀를 빼앗아 다시 보내줘 버렸습니다. 그녀의 오빠는 큰 소리로 울부짖으며 저항했지만, 심지어는 그녀를 만나는 것조차 허용되지 않았습니다. 나는 적어도 그 오빠가 자기 동생을 만나는 것이라도 허용하라고 말했지만 들어주지 않았습니다. 군수는 듣지 않더군요.

난 혼란에 빠졌습니다. 목숨을 걸고 수많은 위험과 난관을 무릅쓰며 그 여성을 구해왔는데, 뭐 지역청장이 그녀를 다시 돌려줘 버린다고! 그래서 난, 그 파키스탄 첫 수상 이름이 뭐였지요? 그래, 리아까뜨 알리Liaqat Ali,[21] 카라치에 계셨지. 그분을 만났어요. 그때는 인도 여성은 인도로, 무슬림 여성은 파키스탄으로 돌려보내는 내용의 국가 간 협의가 이루어진 상태였습니다. 나는 그 조약의 내용을 전보로 수상에게 보내 국가 간 조약에 의해 정말로 어렵고 힘든 난관을 뚫고 이 여성을 찾아냈는데 지역청장이라는 사람이 되돌려 보내버렸다는 사실을 알렸습니다. 그리고 난 그러한 기만행위가 계속 된다면 파키스탄에 머무르면서 이에 관한 일을 하는 걸 거부하겠다고 단호하게 전했습니다. 수상은 전신으로 답장을 보내기를, 다음 날 자기가 구즈라뜨에 올 테니 사띠야 데위를 기차역 플랫폼으로 데리고 와 자기랑 만나게 해달라는 것이었습니다. 자기가 할 수 있는 일이 뭔지 한번 보겠다고요.

---

20) 아랍어로 종교, 믿음, 생활 습관 등을 의미함―옮긴이
21) 파키스탄 초대 수상. 1896년 10월 2일 출생, 파키스탄 건국의 아버지이자 초대 총독 Governaor-General인 무함마드 알리 진나를 도와 파키스탄 건국에 앞장서고 이후 1951년 10월 16일 암살당할 때까지 초기 수상을 지냄―옮긴이

다음 날 우리는 기차를 기다리고 있었습니다. 무슬림들도 자기네 수 상이 오기로 되어 있고, 힌두 여자 한 사람이 수상을 불러낸 거라고 알려지자 그 소식은 삽시간에 사방으로 퍼졌습니다! 그 어떤 경우라도 …… 내가 그 여자를 빠탄족의 손에서 빼내고 그 여자는 수갑이 채워졌다고 들었습니다. 사띠야의 오빠들은 나와 함께 있었고, 모든 사람이 그곳에 다 모였습니다. 그건 정말 놀랄 만한 사건이었습니다. 그것은 산적들과 사람들이 복수를 할 것이고 그래서 그녀는 다시 그렇게 되었으니까요. 그리고 믿기 어려우시겠지만, 그 정거장에 오지 않은 사람이 단 한 사람도 없었습니다. 지역청장, 경찰서장 …… 그 이름을 한번 대 봐요, 그 사람들도 다 그곳에 나왔습니다. 그들은 나더러 자리에 앉으라더군요. 군인들도 와 있었습니다. 사령관도 있었고. 우리는 모두 기차를 기다리고 있었습니다. 그리고 난 이 사태를 어떻게 해야 하나, 걱정이 태산 같았습니다. 사띠야는 무슬림이 되어 있었고, 그곳은 전부 무슬림으로 꽉 차 있고, 나는 혼자인데……. 수상에게 뭐라고 말을 해야 하나? 내가 무엇을 할 수 있을까?

난 간단하게 몇 자 적을 게 있으니 종이와 펜을 좀 달라고 했습니다. 그리고 이렇게 적었습니다. "친애하는 선생님, 당신께서는 현명한 분인 걸로 알고 있습니다. 지금 당신께서는 파키스탄의 고삐를 당신의 그 두 손에 쥐고 있습니다. ……" 난 그에게 기도했습니다. 나는 그가 파키스탄에서 최고의 자리에 있다는 사실을 말한 겁니다. 당신은 수상 자리에 있다는 사실을 말입니다. 그 사실로 인해 당신이 현명한 분이라는 것을 보여 달라고 쓴 것이지요. 나는 어리석은 한 여자이고, 생각도 없고, 다만 이런 말을 하고 싶었던 겁니다. "제가 지금 데리고 있는 이 가련한 여성은 보통의 아주 단순한 여성일 뿐인데, 파키스탄 전체가 이곳에 모여 있습니다. 전 당신에게 이걸 여쭙고 싶습니다.─이것이 바로 여성을 회복하는 일을 돕는 일인지 말입니다. 이것이 국가 간 조약이 원하던 바입니까? 그런데 사람들이 여기 모여 있습니다. 그 한 여성으로 인해 수천이 넘는 사람이 쏟아져 나와 있습니다. 그러한 강렬한 열기는 그들의 심장에서 끓는 건가요? 이러한 상황에서 당신께서는 어떻게 제가 일을 할 수 있으리라 바라시는 건가요?" 저는 이렇게 짧은 글을 적었습니다. 그리고 기차가 도착하자 곧장 그쪽으로 갔습니다. 사람들이 말하더군요. "기차가 도착한다, 기차가 도착한다."

기차는 전체가 하얀색으로 칠해진 몸 위에 파키스탄 국기를 펄럭이며 도착했습니다. 참 볼 만한 광경이었습니다. 기차는 멈추었고 경찰이 나를 그곳으로 데려가더군요. 그분 이름이 뭐라고? 그래, 리아까뜨 알리, 그가 밖으로 나옵디다. 그가 나한테 그 사람이냐고 묻더군요. 그렇다고 대답을 하니, 불만이 있다고 했냐고 다시 물으면서 기차 안으로 들어오라고 합디다. 나는 그러겠다고 말씀을 드리고 나서 이 상황을 좀 보셨으면 한다고 말씀을 드렸지요. 여성 한 사람으로 인해 수천의 사람들이 모인 이 상황을. 이게 뭡니까? 도저히 이해할 수가 없습니다. 제가 했던 것이라곤 한 여성을 추적해 찾은 것뿐인데, 이런 동요와 소란이 일어나다니. 이런 말씀을 드렸더니, 수상이 화를 내면서 "지역청장 어디 있습니까?" 소리를 지르더군요. "왜 이렇게 많은 사람이 여기 모여 있는 거요?"라고 하자 "각하, 그 여자 때문입니다."라고 대답을 하더군요. 그러자 수상이 "아니 여자 한 사람을 지키기 위해 이렇게 많은 사람이 필요하단 말입니까? 그 여자분 어디 있습니까? 이곳으로 모시고 오세요."라고 명령을 내렸고 경찰이 가서 사띠야를 데리고 왔습니다. 수갑을 채운 채. 나는 그곳에 서 있었고, 수상도 거기에 있었습니다. 그러자 사띠야가 소리를 질렀습니다. "도대체 누가 날 데리고 간다는 겁니까? 이 쌍년인가요?" 그것은 구원의 은총이었습니다. "이 여자가 날 데려가려고 왔습니까?" 사띠야는 한 손에 신발 한 짝을 들더니 나를 때리려고 하였습니다. 그러자 수상이 불같이 화를 내며 말했습니다. "감옥에 처넣어버려, 그리고 여기 있는 경찰은 전부 파면시켜. 경찰서장도 다른 데로 보내버리고." 명령이었습니다.

그리고 수상은 플랫폼에서 다음과 같은 일장 연설을 했습니다. "난, 힌두 활동가들을 자랑스럽게 생각합니다. 인도를 대표하는 활동가는 한 사람이고, 여기 나온 경찰은 전체 병력이입니다. 여기 이 여성 활동가를 보세요. 얼마나 위풍당당합니까? 사자같이, 호위 하나 없이…….
(경찰을 향해) 당신들이 참으로 부끄럽습니다. 도대체 이래가지고 뭐가 되겠습니까? 무슨 발전을 할 수 있으며 어디를 향해 갈 수 있겠습니까? 해야 하는 임무는 수행하지 못한 채 신발짝을 치켜드는 걸 그냥 놔둔단 말입니까? 그것도 내 면전에서? 저 여자는 수갑을 채워 감옥에 가두고, 다른 나쁜 놈들은 또 다른 방에 처넣어버리세요." 수상은 경찰들을 파면시켰고, 경찰서장을 비롯한 몇 사람을 다른 곳으로 보내버렸습니다. 그리고 내게 다가와 등을 가볍게 툭 치더니 옆에 앉으라 하더군요. 그러면서 내가 정말, 정말 자랑스럽다고 하면서, 나뿐만 아니라 인도가 정말 자랑스럽다고 합디다. 수상은 이 일이 엄청난 일이라고 하면서 연약한 여성의 몸으로 혼자서 어떻게 이 엄청난 일에 당당히 맞서고 있냐고 합디다. 15분 정도 이야기를 나눈 후 기차는 떠났습니다. 나나 거기 있던 사람들은 모두 기가 질려버렸습니다.[22)]

나를 격려하면서 수상은 경찰서장, 지역청장을 비롯한 그들 모두에게 엄청난 욕설을 퍼부었습니다. 나는 너무 부끄러워 고개를 들 수가 없었습니다. 수상은 "이 친구 좀 봐, 정말 부끄러운 친구야, 다른 데로 보내버려."라는 말을 쉬지 않고 했습니다. 내가 돌아왔을 때 그 가운데 한 사람이 내 쪽으로 왔습니다. 그리고 다음과 같은 말을 하더군요. "이

___

22) 이 사건에 대한 다미얀띠의 이야기는 대체로 맞다. 하지만 그녀가 만난 사람에 대한 기억은 잘못되었다. 그녀가 만난 사람은 수상이 아니고, 난민부장관Minister for Refugees인 라자 가즈나파르 알리 칸Raja Ghaznafar Ali Khan이었다.

제 만족하십니까? 마음도 편하시고? 당신은 마음이 편안하겠지만 당신으로 인해 파면당하고 다른 데로 보내진 그 불쌍한 사람들, 그 가족들에 대해서 생각은 해보셨습니까? 그 사람들, 그 아이들이 앞으로 겪을 일을 헤아려보셨나요? 당신은 이래놓고도 잘 살 수 있으십니까?'라고 말입니다. 나는 이게 보통 문제가 아니구나 생각했습니다. 그는 가고 없지만 나는 그가 남긴 말에서 빠져나오지 못했습니다. 그는, "오늘 그 사람들 집은 쥐죽은 듯 고요합니다. 들리는 건 탄식 소리뿐이고. 아무도 밥 할 생각도 않고, 아이들은 배고프다고 보채고 있습니다. 도대체 인도에서 온 그 여자가 누구야, 하고 욕을 해대고 있습니다. 누가 되더라도 그 여자는 자기 말만 하고 우릴 설득시키려고만 해. 정말 악마야, 악마, 하는 말을 하고 있습니다."라고 말했습니다. 나는 다만 "그분들 정말 다 파면되었나요?" 하고 물을 뿐이었습니다. 그는 "안 그럴 수 있습니까?" 하고 대답하더니, "식사 준비도 하지 않는 그 집에 앞으로 무슨 일이 생길까요? 직장이 날아가 버렸으니, 인제 돈을 벌어올 사람은 아무도 없고…… 누가 당신을 축복해줄 줄 압니까? 저주 말고 뭘 퍼붓겠습니까?"라고 합디다. "제가 뭘 했다고 이러십니까?"라고 말했더니, "당신이 결국 이 문제의 원인 아닙니까? 당신이 불만을 위로 보고했고, 그 불만이 있어서 그런 일이 일어난 거고, 그래서 내가 경찰서장에게 갔고."라고 말하더군요. 그래서 내가 그럼 서장께 파면 명령을 잠시 보류해달라고 청을 한번 해보시지 그러시냐고 했더니, 위에서 떨어진 명령을 이행하지 않을 순 없다고 하더군요.

그래서 난 경찰서장을 찾아가 그 사람들은 단지 임무를 수행하는 중이었으니 파면시킬 필요까지는 없지 않느냐고 울면서 애원했습니다. 그랬더니 서장은 수상을 직접 보지 않았느냐, 어떻게 그런 분 명령을 어길 수 있겠느냐는 말만 합디다. 그래서 난 나도 그분을 직접 봤고, 나도 지금 아무것도 못 먹을 정도로 속이 많이 상하는데, 그러면 수상을 한 번 만나게 주선을 좀 해달라고 부탁했습니다. 그래서 전화가 연결되었고 수상과 통화를 했습니다. 우선 대단히 감사하다는 말씀을 드린 후, 다 좋은데 한 가지 유감스러운 것은 그 사람들 파면 건이라고 했습니다. 그 사람들 입장에서는 너무나 운이 없는 것 아니겠느냐는 생각을 전했더니, 수상은 그 사람들이 책무를 다 못하지 않았느냐고 합디다. 그래서 난, "선생님, 이렇게 생각하셔야 하는 것 아닐까요? 지금 이 순간 모든 사람은 헷갈리고 있습니다. 그 사람들은 이런 방식으로 파키스탄을 지켜야 하는 게 자기들이 해야 할 책무라고 생각하고 있습니다. 저는 그 여성을 데려오기만 하면 되는데요. 그래서 기분이 좀 언짢습니다."라고 말했습니다. 그랬더니 수상은 정말 내가 원하는 게 그렇게 해주는 거냐고 물었고, 그렇다고 했더니 알겠다 하면서, 경찰서장에게 명령을 지금 당장 이행할 필요는 없다는 말을 합디다. 그 이후…… 난 사띠야가 어디로 갔는지, 사띠야에게 무슨 일이 일어났는지 알지 못합니다. 그렇지만 기차역에서 내가 사띠야에게 저기 오빠들이 서 있다고 말을 건넸더니 나한테 심한 욕을 하면서, 도대체 무엇 때문에, 뭐가 좋아 남의 일에 간섭을 이렇게 해대느냐고 저주를 퍼붓습디다.

그때 광경이 참 볼 만했습니다. 생각을 해보세요. 한 젊은 여성이 수갑을 차고 끌려가는데 한쪽에서는 경찰이 따라가고, 그녀는 당국자 앞에 서게 되는데…… 다른 쪽에는 오빠 둘이 서 있었습니다. 그녀는 나에 대해 독기를 뿜어대고…… 이년이 날 붙잡은, 그래서 여기까지 데리고 온 바로 그년이야, 이 모든 사태를 이 지경으로 만든 바로 그년이란 말이야, 하고 독기 어린 말을 해댔지요.

아니요, 사띠야에게 무슨 일이 일어났는지는 전혀 모릅니다. 그분이 어떻게 처리했는지도 전혀 모릅니다. 그렇지만 그녀를 저로부터 떼어내 데리고 간 것은 분명합니다. 인도로 돌려보냈는지 어쨌는지 알 수가 없습니다.

난 구즈라프에 난민촌 하나가 만들어졌다고 들었습니다. 구즈라프에 나와브nawab[23]가 한 사람 있었다는 이야기를 들었습니다. 그 나와브는 납치된 여자들을 모아 줄지어 행진하게 하고 자기는 가끔 옥좌에 앉아 그 모습을 즐기면서 그 가운데 가장 예쁜 사람을 골랐습니다. 젊은 여자는 몸을 더듬고, 나이 든 여자는 내보내곤 했습니다. 여자들은 저항은 물론이고 아무것도 할 수 없었습니다. 그 나와브는 여자들을 최고급, 1등급, 2등급을 분류하여 규방에 넣도록 하였습니다. 그리고 또 다른 이야기도 들었는데, 난리 중에 고아가 된 남자아이 둘도 잡혀 있다는 것이었습니다. 나는 그 이야기를 듣고 그곳에 가서 남자아이들을 돌려보내라고 요구했습니다. 그러자 그 사람들은 그럴 수 없다는 것이었습니다. 나는 당신들도 가족이 있을 텐데 어찌 그럴 수가 있느냐고 따졌습니다. 그러자 그 부인이 이렇게 말했습니다, "나는 자식이 셋이나 있습니다. 그런데도 이런 일을 하는 데는 다 이유가 있습니다. 우리는 아무나 고르지 않습니다. 쭉정이는 버리고 알곡만 고르지요. 이제 이 아이 둘은 우리 아이들과 함께 공부할 겁니다. 가정교사도 두면서 모두 같이 공부를 할 거고, 그러고 나서 다들 영국으로 보낼 겁니다. 전 돈이 많아요. 이 아이들은 모두 영리한 놈들이라 우리 아이들에게 좋은 영향을 끼칠 거고 그 후 결혼을 해서 아이를 낳으면 그 아이들은 더욱더 영리한 아이로 성장할 겁니다. 그러면 이곳을 떠난 힌두 아이들만 아쉬워지는 거지요. 사랑은 국경 너머 저쪽으로 가버리고 만 겁니다. 우리는 고아를 키우고 결혼시켜 또 자식을 낳게 할 겁니다. 그 아이들이 자식을 낳고 그 자식들이 또 자식들을 낳고…… 그들 모두 훌륭한 무슬림으로 성장할 겁니다."

나는 도대체 무슨 일이 일어나고 있는지 도통 이해할 수가 없었습니

---

23) 무슬림 태수 혹은 지역 호족─옮긴이

다. 밤낮으로 여성들을 구출해내고, 그 이후 나에게 양도되면 그들을 돌봐주는 일에만 몰두해 있었습니다. 난 이것저것과 싸우면서 지내느라 무척 바빴습니다. …… 그런데 혹시 거기 뿐즈Punj라고 하는 데를 아시나요? 그곳에서 어떤 기관 하나를 만들었는데 그곳에서는 이슬람 율법학자들이 주재하면서 이곳을 떠난 힌두나 시크 처녀들을 세뇌한다고 합디다. 처녀들은 무슬림과 함께 살았다는 이유로 배척을 당할 사람들이지요. 그 사람들은 처녀들에게 "네 가족 친지가 널 이곳에서 빼 가면 국경을 넘자마자 바로 죽여버릴 거다."라고 교육을 시킨다는 겁니다. 뿐만 아니라 인도는 상황이 너무 안 좋아 물 한 잔을 사 먹으려고 해도 1루삐를 쥐야 할 정도라고 교육을 시키기도 한답니다. 그리로 간 사람들은 모두 굶주리고 있고, 그 사람들을 위협하기 위해 사람들이 별의별 짓을 다 한다는 말을 한다고 합디다. 그러고 나서 그 여성들에게 기도문을 읽으라 하고 그렇게 함으로써 완벽한 개종자로 만듭니다. 그러고 나면 보통 어떤 사람이 나타나는데 그 사람은 누구누구 아버지가 오셨으니 처녀를 데리고 오라고 합니다. 그리고 처녀를 옥상으로 데리고 가 아래층에 서 있는 남자를 보여주면서, 친척이 왔으니 이제 가도 된다고 이야기합니다. 그러면 그 처녀는 풀려나고, 한 열흘 정도 지나면 처녀는 울면서 다시 돌아옵니다. 친척이 도망쳐버렸고 이런저런 우여곡절이 생겼으며, 어떤 시크가 자기를 죽이려고 하는데 구사일생으로 살아나왔다는 말을 합니다. 그러고 나면 무슬림 처녀 몇을 그 집단에 넣어줍니다. 200명의 힌두 처녀들과 단지 몇 사람의 무슬림 처녀가 섞여 있다고 칩시다. 무슬림 처녀 몇이 나머지 처녀들에게 힌두와 시크가 얼마나 무슬림에게 악랄하고 끔찍한 짓을 저질렀는지를 이야기해주면 나중엔 누가 누구인지를 분간하기가 어렵게 됩니다. 우리는 그런 경우를 모든 곳에서 다 봤습니다. 우리는 정말로 그들을 분간할 수 없었고 도대체 뭐가 뭔지 알 수가 없게 되어버렸습니다.

그들은 가끔씩 여자들을 풀어주기도 합니다. 그러면 다들 다시 돌아오고 또 그런 이야기를 쏟아냅니다. 그 이야기를 듣는 다른 처녀들은 경악을 금치 못하게 되지요. 난리 중에 그들은 사람들을 노획하면 먼저 남자와 여자를 따로 떼어놓았습니다. 사실, 난 그들이 남자에 대해 무슨 짓을 했는지는 모르지만, 아마 죽였을 겁니다. 그러고 나서 처녀는 데리고 가지요. 물론 나이 먹은 여성은 또 따로 데리고 갑니다. 나 같은 여성에게는 그들이 뭘 바랐을까요? 그들은 다 아는 게 있었지요. 여성은 따로 두고 자식들은 다 죽입니다. 그리고 자신을 그 여성의 자식으로 만드는 겁니다. 물론 그 여성 스스로 그렇게 했다고 하지요. 모두 재산을 빼앗아 가는 수작일 뿐입니다. 만약 그 나이 든 여성을 놔주면 그 여성은 인도로 가서 정부 보상을 받게 될 거고, 그렇게 되면 여기 있는 재산은 압수되기 때문에 절대로 놔주지 않는 겁니다. 결국 치밀하게 생각해서 저지른 일이지요. …… 그 사람들은 정말 용기가 있고 힘도 있고 그래서 저지르는 겁니다. 그런데 힌두는요, 힌두는 피 묻은 천을 보여주거나 길에 묻어 있는 피를 보여주기만 해도 벌벌 떨면서 다 도망쳐버리기 일쑤지요. 그 사람들이 말하는 것이라곤 누가 우리를 죽였는지 누가 죽었는지 모른다는 것밖에 없습니다. 우리는 머리가 좋고, 그들은 몸이 강합니다. …… 무슬림은 양 대가리고, 우리는 물고기 대가리지요.

나는 내가 몇 명이나 구출해냈는지 잘 모릅니다, 아마 수백은 될 겁니다. 아니 그보다 더 많을지도 모르겠습니다. 그 가운데 내가 이해할 수 없는 경우가 수도 없이 많습니다. 내가 충분히 이해할 수 있는 경우가 하나라도 있다고 말할 수 있는 활동가는 아마 아무도 없을 겁니다. 난 그 여성들을 모두 손수 구해냈습니다. 그 밖에 누군가가 우리에게 보내준 사람도 있었는데, 우리는 인수증을 발급해주고 그런 여성을 모두 인수했습니다. 그런 경우가 약 열다섯에서 스무 건이 있었는데, 내가 자주 이동을 했기 때문에 그런 경우를 잘 알지요.

*

'제겐 아무도 없습니다.' 이 말 안에는 많은 여성이 알고 있는 것보다 더 많은 진실이 있다. 자기를 '구출하는' 걸 허락한 사람 혹은 강제로 '구출된' 사람 모두에게는 직면해야 할 트라우마가 있었다. 자기를 구출해달라고 신고하고 정부에 압력을 가한 가족들이 이제는 자기들을 송환하는 데 적극적이지 않다는 사실이다. 1948년 초에 열린 분단위원회Partition Council 16차 회담에서 양국은 각자의 영토 내에서 난민에 대한 책임을 지면서, 치안이 완벽하게 갖추어지고 정부가 그들에 대한 책임을 질 만전의 태세를 갖추기 전까지는 난민을 자기 출신 지역으로 강제로 데려가지 아니 한다고 결정을 했다. 그렇지만 여성에 대해서는 이렇게 말하고 있다:

구호재활부Ministry of Relief and Rehabilitation는 적십자사와 상의하여 납치된 여성을 추적하는 것만을 목적으로 하는 조사 위원회로 실정조사처Fact Finding Branch를 설치하였다. 이미 2만 3천 명의 이름을 파키스탄으로 넘겨줬고, 납치된 여성을 구출하기 위해 현재 정부는 활동가와 저명인사의 적극적인 지원에 의존할 수밖에 없다. 12월 6일 라호르에서 열리는 양국 간의 회담에서 양국은 납치된 여성을 회복시키는 데 특별한 노력을 다 하기로 결의하였다. 납치되어 지금 파키스탄에 있는 여성에 대한 문의가 약 2만 5천 건 이상이 구호재활부의 여성국에 의해 접수되었는데…… 거의 2,500명 정도가 구출됐는데…… 오늘날 우리 쪽 구출 작업이 직면해 있는 가장 주된 장애물은 납치된 힌두 여성의 대다수가 사로잡혀 있는 공포다. 그들은 자신들의 사회가 자기들을 다시 받아들이지 않은 거라고 두려워하고 있다. 그리고 이러한 불안을 잘 알고 있는 무슬림들은 이 불행한 여성들의 마음을 십분 이용해 많은 여성들이 인도로 돌아가는 것을 거부하도록 만들고 있는 것이다. **그러한 경우에는 강제로 송환시켜야 한다고 양국은 서로 합의한 바 있다.**[24](강조는 필자에 의함)

강제 송환과 그 여성을 가족이 받아들이느냐 하는 것은 서로 별개의 문제다. 가족이 그런 여성을 다시 받아들이는 걸 꺼려하기 때문에 간디와 네루가 계속해서 국민에게 납치 여성은 아직도 여전히 '순결' 하다고 호소하였던 것이다. 간디가 아래와 같은 말을 하는 걸 '나는 들은 바 있다.' '힌두는 납치되었다가 다시 돌아온 여성이 더러워져서 받아들이기를 꺼려 한다는 사실 때문에 여성들이 돌아오는 걸 반대하는 겁니다. 이건 정말 수치스러운 일입니다. 그 여성들은 지금 내 곁에 앉아 있는 이 처녀들과 똑같이 순결합니다. 구출된 여성 가운데 누구든 나에게 오면 내가 그 젊은 여성에게 할 수 있는 한 최대한의 존경과 명예를 드릴 겁니다.' [25] 나중에, 즉 1948년 초에, 네루는 다음과 같은 국민 호소문을 냈다:

　　납치된 여성의 가족 친지들 쪽에서 그 처녀들과 여성들을 집으로 데리고 오는 것에 대해 반대한다는 말을 들었습니다. 이건 도저히 용납할 수 없는 잘못된 행동인 데다가, 이런 태도를 지지하는 사회적 관습은 저주받아 마땅합니다. 이 처녀들과 여성들은 우리의 따뜻하고 사랑스러운 보살핌을 필요로 하고 있고 가족과 친지는

---

24) 1948년 분단위원회 제16차 회담문.

25) *The Hindustan Times*, January 17, 1948에 게재된 한 호소문. *Selected Works of Jawaharlal Nehru, Second Series,* Vol. 5, Delhi, Jawaharlal Nehru Fund, 1987, p.113에서 인용함.

그분들을 받아들인 데 대해 자부심을 갖고 모든 도움을 아끼지 말아야 할 것입니다.[26]

마왕 라와나Ravana에게 납치되었던 시따Sita가 남편이 없는 긴 시간 동안에도 순결을 유지하였음을 보여주는 이야기를[27] 담은 팸플릿이 많이 발행되었다. 모든 이야기를 통해 보더라도, 여성의 '순결'은 힌두와 시크에게 훨씬 크고 중요한 문제였다. 그것은 아마 힌두 종교가 정淨과 오염purity and pollution[28]을 아주 중시하기 때문일 것이다. 납치된 무슬림 여성이 이보다는 훨씬 쉽게 가족으로 되돌아간 것은 의심할 여지가 없다. 실제로 파키스탄은 전全파키스탄여성협회All Pakistan Women's Association를 비롯한 몇몇 단체가 구출되어 회복된 수많은 여성을 결혼시키기 위한 일에 전력을 다 했다. 그런데 힌두에게는 독신 여성이라면 그래도 순결성이 훨씬 쉽게 용인되는 데 반해 아이라도 가지고 있으면 이를 받아들이는 것은 전혀 다른 이야기가 되는 것 같다. 무슬림과의 사이에서 태어난 아이로 인해 그 여자가 다른 종교의 남자와 성관계를 가졌구나 하는 생각을 끊임없이 떠올리게 되고 그로 인해 여성은 끊임없는 폭력에 시달리게 된다. 따라서 여성에게는 다음과 같은 둘 중 하나의 선택이 주어진다. 아이를 데리고—아마 십중팔구—평생 아슈람에

---

26) G. D. Khosla, *Stern Reckoning: A Survey of the Events Leading up to and Following the Partition of India*, Delhi, Oxford University Press, 1949,(재판 1989), p.75에서 인용함.

27) 힌두가 가장 많이 읽고 따르는 고대 서사시 라마야나Ramayana 이야기의 한 부분. 숲으로 유배당한 라마의 아내 시따는 라와나에게 납치되지만 라마가 라와나를 물리치고 그녀를 구해오는 데 성공한다. 하지만 백성들이 라마가 왕으로 금의환향하면서 시따가 왕비가 되기 위해서는 그녀의 순결이 더럽혀지지 않았는지 검사해보기를 원한다. 이에 시따는 신명 재판을 받은 끝에 순결을 지키고 있는 걸로 판명되어 왕비로 받아들여진다는 내용—옮긴이

28) 생물체를 구성하는 몸에서 빠져나온 것 즉, 시체, 피, 침, 땀, 대소변, 머리카락, 손발톱 등은 부정不淨하고 그것 혹은 그것과 관련된 일을 하는 사람을 다른 사람이 만지면 그 사람이 오염된다고 믿는 관념. 카스트 체계의 기초가 되는데, 부정/오염과 가까운 일을 하는 직업은 가장 낮은 카스트에 위치하고 그렇지 않은 카스트는 가장 높은 카스트에 위치한다.—옮긴이

서 살든가 아니면 아이를 돌려주고(이런 아이는 고아원에 맡겨진다) 원래 가족에게 돌아가든가. 그런데 또 다른 문제가 있었다. 바로 임신을 한 경우다. 이러한 여성도 상당히 많았는데 그들은 그럼 어떻게 했을까? 활동가들이 확인한 바에 따르면 그런 여성은 지정된 장소로 보내 아이를 분만하게 하거나(대개의 경우 그 아이는 양자로 보내진다) '지우고', 즉 다른 말로 하면 태중낙태('사파야safaya', '청소'라고 부른다)를 시술하게 하였다. 정부는 특별 추경 예산을 끌어당겨 낙태 비용을 충당하였다. 물론 그 당시 낙태는 불법이었다. 많은 병원이 이 낙태 사업을 통해 한몫 잡아 돈을 챙겼다는 사실은 분명하다. 이에 대해 다미안띠 사흐갈은 다음과 같이 확인해주었다:

잘란다르에 있는 간디 와니따Gandhi Vanita에는 난민촌에서 결혼식이 많이 열렸다. 그것은 거기 온 여성 대부분이 혼자이기 때문이었다. 대부분 젊은 처녀들이 그곳에 왔고 그들은 직업 훈련을 받았는데, 사람들이 그곳에 젊은 여성이 많다는 사실을 알게 되어 우리를 통해 청혼이 많이 쇄도하였다. 우리는 또 그들에게 직업을 알선해주었고, 친지에게 데려다주기도 했다. ……

무슬림과 낳은 자식을 데리고 온 여성이 있는 곳에서는 가족들이 그 여성을 데려가는 걸 몹시 꺼렸다. 여성에게는 일단 아이가 들어서면 그곳을 떠나기가 대단히 어려웠다. …… 그렇지만 많은 사람이 그 아이가 무슬림과 낳은 자식이라는 사실을 알게 되기 때문에 여성은 아이와 강제로 이별할 수밖에 없게 된다. 이 사회라는 게 그렇다. 그렇다면 그 아이에게는 미래가 없다. 대부분의 여성은 1년 내에 구출되어 가족이 데리고 갔다. 그렇지만 임신을 한 여성은…… 까뿌르Kapur 박사의 병원에서 낙태 수술을 많이 하곤 했다. 아니면 아이를 낳은 경우에는 알라하바드Allahabad에 있는 고아원에 집어넣었다. 아이가 있으면 문제가 어려워지기 때문이었다. 아이를 알라하바드 고아원에 남겨두고 떠나온 후 여성들은 아이를 만나러 가고 싶어 하는 게 보통이었다. 그들에게 한 가지 선택의 기회가 주어졌다. 자식을 데리고 가서 직접 키우는 것인데, 만약 가족 친지가 이를 용인하면, 즉 아이가 인격적으로 살아갈 수 있도록 그 아이를 존중하는 차원에서 바라본다면 그렇게 하는 것이고, 그렇지 않으면 아이를 포기해야만 했다. 그런데 그거야말로 문제였다. 경우마다 다 다르지만 아기 엄마들은 보통 알라하바드로 가는 발걸음을 접지 못했다. 그들은 난민촌에서 휴가를 얻어 그리로 가곤 했다. 그렇지만 우리는 그 엄마들이 거기에서 무엇을 하는지, 그 엄마들의 심정이 어떠했는지는 알지 못했다. 우리가 하는 것이라곤 기차표를 끊어주고 어서 다녀오라고 하는 것밖에 없었다. 그 아이들에게는 어떠한 미래가 있을까? …… 아무도 알 수 없다.

납치 여성을 수용하기 위해 북부 인도 몇 개 도시에 아슈람이 세워졌다. 잘란다르, 아므리뜨사르, 까르날Karnal, 델리가 그 도시들이다. 이 가운데 몇은 가족이 와 데리고 갈 때까지 수용하는 임시 수용시설이었다. 그러나 대개의 경우 가족들은 여성들을 데려가지 않았다. 더럽혀졌다고 생각하기 때문이다. 가족들은 나타나지 않는 데 대해 이렇게 합리화한다. 왜 이리로 와서 새로운 곳을 찾아 다시 적응을 해야 하느냐, 더군다나 '오염된' 몸을 가지고 어떻게 다른 사람을 만나려고 하느냐. 그러다 보니 아슈람이 그런 여성들의 평생 가정이 되어버렸다. 그들은 그곳에서 평생을 살았다. 말할 수 없는 자신들만의 기억을 지닌 채. 혹은 간혹 처지가 비슷한 사람과 그 기억을 나누기도 하면서. 그리고 그곳에서 많은 사람이 생을 마쳤다. 분단으로 인해 이중으로 삶의 터전을 빼앗기는 고통을 겪은 유일한 사람들이었다. 까르날 아슈람에는 1997년까지도 생존한 여성이 몇 있었다. 현재까지는 잘라다르의 간디 와니따 아슈람에 몇 사람이 있다.

역사를 들추어내지 못하고 감추고 있는 사람이 아직도 많다. 아니면 자기 역사가 무엇인지 전혀 모르는 사람도 있다. 그 예를 잘란다르에서 찾아볼 수 있는데, 어떤 여성은 이곳에 태어난 지 몇 개월 만에 왔다. 그녀가 어느 공동체에 속하고 어디에서 왔는지, 또 누가 부모인지 아무도 모른다. 그녀는 역사의 자식이자 역사가 없는 자식이다.

현재 잘란다르에 있는 간디 와니따 아슈람은 버려진 여성과 과부를 위한 집이 되어 있다. 그곳을 설립한 일에 관여한 한 사회활동가가 "우리는 이곳을 설립하려고 하면서 적당한 곳을 물색하느라 많은 곳을 보고 다녔고, 그러다 최종적으로 이곳이 낙점되었는데, 사실 원래 이곳은 무슬림 공동묘지였다. 결국 죽은 사람 몸 위에 살아 있는 여성의 생명을 세운 셈이 되어버렸다."라고 말하는 걸 들은 적이 있다. 인도 정부가 이런 공동묘지 위에 설립을 허가해준 것은 오로지 이때가 분단이라는 혼란과 대변동의 시간이었기 때문이다. 그리고 또 하나 분명한 것은 모두 각자 목숨을 부지하기 위해 뛰어다니다 보니 이 일에 시시비비를 걸수 있는 사람이 없었다. 그렇지만 가족으로부터 버림받고 아슈람에서 목숨을 부지하는 여성을 위해 세워진 삶은 실제로 어떠했는지 우리는 관심을 가지지 않았다.

납치 여성 구출 작전은 분단 후 9년 동안 지속되었다. 초기 몇 년 동안에는 구출여성이 상당히 많았으나 갈수록 줄어들었다. 모두 다 합하여 약 3만 명이 구출되었는데, 그 가운데 인도에서 구출된 무슬림 여성이 2만 2천 명, 파키스탄에서 구출된 힌두와 시크 여성이 약 8천 명 정도였다. 그 가운데 많은 수가 정부가 작성한 보고서에 등재되어 있지 않은 경우다. 시간이 흐르면서 여성을 구출하는 일이 점점 더 어려워졌다. 강제 구출을 하는 데 있어서 가장 큰 난관은 자식 때문에 구출받기

를 완강하게 저항하는 여성 자신이었다는 것은 명백한 사실이다. 그리
고 시간이 지나면서 사회사업 활동가들 사이에서도 의견 차이가 발생
한 것 또한 사실이다. 예를 들어 라메슈와리 네루Rameshwari Nehru 같은
이는 이 사업의 중단을 원한 반면 므리둘라 사라바이 같은 이는 계속할
것을 주장했다. 1954년에는 특별 간담회가 열려 납치 여성이 본인의 뜻
에 반하여 다른 나라로 강제 송환되지 않도록 해야 한다는 걸 확실하게
하기 위한 모종의 조치를 취해야 한다고 결정하였다. 그 후 송환을 거
부한 사람들에게 '공포와 압력이 없는 상태에서' 자신의 뜻을 결정할
수 있도록 하기 위한 시간을 주도록 특별한 시설이 세워졌다. 실제로
이 시설이 여성들로 하여금 얼마나 자유로운 선택을 할 수 있게 하였는
지는 또 다른 의문이다.

다미얀띠 사흐갈

(잘라다르에서) 1년을 지낸 후 난 호쉬아르뿌르Hoshiarpur 난민촌으로
갔습니다. 그곳은 약 1,500명의 여성을 수용하는 큰 규모의 난민촌이었
지요. 그곳에 있는 여성은 간신히 도망쳐 나왔거나, 우리가 구출해 데
려왔거나, 가족이 죽이려고 하는 걸 피해 온 여성들이었습니다. 활동가
45명이 그곳에서 근무하고 있었는데, 나는 그곳에 거의 붙들려 있었습
니다. 우리는 여성을 회복시키는 일을 했는데, 그 목표를 향해 정신적
이고 육체적이고 재정적인 재활 훈련을 하였습니다. 이는 우리가 해야
하는 과제였고 얼마나 많은 활동가가 이를 이행하였는지는 또 다른 이
야기입니다.

정부는 난민촌을 세워 고아가 된 여성, 혼자가 된 여성 등을 수용
하였습니다. 호쉬아르뿌르는 매우 큰 난민촌이었고 그 다음으로 잘
란다르가 있었으며 그 다음으로는 까르날에 있었고 그 외에도 많은
난민촌이 있었습니다. 난민촌은 누구에게나 개방되어 있었는데, 나
같은 사람이 책임자 일을 맡은 겁니다. 일을 어떻게 해야 하는지 또한
전적으로 활동가 자신에게 달려 있었습니다. 우리 중 이 일을 할 수
있는 자격을 갖춘 사람은 아무도 없었습니다. 누구도 이에 대한 교육
을 받은 적이 없었습니다. 정부는 모든 면에서 이 여성들을 재활시키
고자 했습니다. 그래서 우리 일 가운데 중요한 것이 그들로 하여금 슬
픔을 잊고 새 삶을 찾도록 하는 것과 경제적 자립 수단을 강구해주는
것이었습니다. 이는 하나의 거대한 책무였지요. 그 가운데 정신적 적
응은 가장 시간이 오래 걸리는 문제였습니다. 반면 경제적인 문제는
훨씬 쉬웠지요. 정부는 난민촌 안에 메리야스 제조, 의복 재봉, 바구
니 가공, 자수刺繡, 직물 및 방직 가공을 하는 가내 수공업 센터를 마

런해주었습니다. 나는 파키스탄에 가서 일하고 돌아온 후, 그리고 호시아르로 가기 전 이제 이 일을 충분히 했으니 그만 해야겠다고 생각했습니다.

그런데 네루 부인이 내가 한 일에 대해 평가를 해보더니, 쁘레미 이모에게 이 일을 좀 계속하게 하라고 고집을 부렸습니다. 부인은 우리가 전에는 여성을 구출하는 일을 했으니 이제는 그 사람들을 재활시키는 일을 해야 되지 않느냐는 것이었지요. 구출해 온 사람에 대한 재활 말입니다. 부인은 내게 정부가 호쉬아르뿌르에 새 난민촌을 세웠는데, 그곳 지휘관이 별로 좋지 않다고 하였습니다. 좋지 않은 평가를 계속 보고 받고 있었던 겁니다. 그래서 부인은 나더러 그곳 책임자로 가서 일을 좀 하라고 했습니다. 나는 계속해서 이제 더 이상 이 일을 하고 싶지 않다고 했는데 이모가 끈질기게 날 설득했습니다.

하루는 마운트바튼 부인이 왔는데 호쉬아르뿌르엘 가야만 됐습니다. 나는 내가 수행해야겠다, 생각했습니다. 왜냐하면 그 차에 빈자리가 있어 얻어 탈 수 있었기 때문입니다. 그곳 사람들은 방문객 일행을 위해 많은 걸 마련해두고 있더군요. 마운트바튼 부인은 방직 일을 하는 여성들을 둘러보았습니다. 그곳 사람들은 방문객 일행에게, 이 여성들은 상당히 수입이 좋은데 하루에 약 10루삐 정도를 번다고 했습니다. 그리고서는 의복 재봉을 하는 여성들에게 갔는데 이번에도 마찬가지 이야기를 들었습니다. 바느질 하는 데서도 똑같은 말을 들었고요. 나는 이상하다는 생각이 들기 시작했습니다. 방직 일이 그렇게 돈이 잘 되는 게 아닐 텐데, 하루에 10루삐면 한 달에는 300루삐라는 이야기인데……. 돌아와 이모에게 말했더니 나보고 미련스럽다고 하면서 그래서 그곳에 가야 한다고 합디다. 이모는 정말 강한 여성이에요. 평생 강한, 그런 성격이었지요. 이모는 자기에게 말할 필요가 없고 직접 가서 일을 해보면 안다고 했습니다. 그 사람들이 나를 줄기차게 밀어붙였는데, 이모가 말하기를 시찰을 나가니 따라 나서라고 합디다. 이모는 나더러 여기 있으라고 하면서 내일 데리러 오겠다고 말하였습니다. 그러더니 이모는 날 남겨두고 떠나면서 며칠 내로 데려가겠다고 말했습니다.

그곳에 가서 이모는 그곳 사람들에게 내 앞으로 침대 하나를 주고 이곳에 있게 하라고 하였습니다. 그날 이후 난 그 일에 임명되었습니다. 그리고 나에게 무슨 일인가 주어졌고, 난 그 일을 하게 되었고……. 난 무슨 일이든 맡아 하였습니다. 그리고 나의 신이 성공리에 일을 할 수 있도록 나를 이끌어주었습니다. 한 달가량 지났을까, 우리가 하는 일에 대한 수입 청구서를 만들려고 하는데 그곳 직원들이 청구서 하나를 가져왔습니다. 내가 이건 뭐냐고 물어보니 여기에 서명하면 여기서 일하는 여성 각자에게 급여가 지불되는 것이라고 대답을 합디다. 서류를 찬찬히 훑어보니 어떤 사람은 한 달에 5루삐를 받는 반면 어떤 사람은 10루삐를 받게 되어 있었습니다. 처음엔 나는 이게 하루 일당인줄 알았습니다. 그런데 자세히 보니 한 달 내내 일해서 40루삐를 넘게 받는 사람이 아무도 없었습니다. 내가 이게 하루 일당이냐고 물었더니 그 사람들이 "아닙니다, 한 달 급료입니다." 라고 대답하더군요. 그러면 지난번에 조사 나올 적에 했던 말은 뭐냐고 했더니, 그건 방문객용으로 한 말이라고 합디다. 그러면서 되레 나더러 저 사람들이 정말 그 정도로 돈을 번다고 생각했느냐고 묻습디다. 난 충격을 받았습니다. 그래서 너무 거짓말이 심하다고 했더니, 사실 이것은 거짓이 아니라고 합디다. 그건 한 사람이 하루 종일 24시간 내내 일을 하면 그 정도를 벌 수 있을 테니 그렇다고 하더군요. 결국 외부 사람에게 보여주기 위한 쇼였던 셈이지요.

또 다른 것도 목격했습니다. 외부에서 옷을 재봉해달라는 주문을 받으면 기술자가 천을 재단합니다. 그 사람이 책임자지요. 여성들은 독립적으로 할 수 있는 일이 아무것도 없지요. 만약 옷감을 한 무더기 구입해 와 여성들 앞에 갖다놓아도 그 여성들은 할 수 있는 일이 아무것도 없습니다. 그래서 내가 물어봤습니다. "그러면 기술자들은 어디를 가든지 간에 그 여성들을 따라다녀야겠네요."라고 말입니다. 메리야스 가공 부서에서도 마찬가지였습니다. 책임을 지고 일하는 사람은 기술자였지요. 결국 모든 것이 다 보여주기 위한 쇼였다는 겁니다. 사실과는 전혀 다른 아주 훌륭한 쇼였습니다. 기술자가 있으면 기계도 있고, 기술자가 쫓겨나면 모든 것이 정지되었습니다. 이게 무슨 경제적 재활이란 말입니까?

그들은 난민촌에 있는 한 배급을 받게 되어 있습니다. 그리고 아주 적은 양이지만 그래도 돈을 벌 수는 있었습니다. 10루삐라도 말입니다. 그런데 밖으로 나가면 어떻게 되지요? 경험도 없고, 메리야스 가공 일도 할 줄 모르고, 기계도 없고…… 설령 그들 가운데 누가 기계를 한 대 산다고 하더라도 기술자가 없으면 그걸 누가 가동할 수 있습니까? 만약 어떤 여성이 베 짜는 물레나 베틀을 설치한다 하더라도 그걸 누가 돌릴 줄 압니까? 실이 툭 하고 물리는 순간 기술자가 와야 하는 겁니다. 그 외의 방법은 없습니다. 결국 그 도구는 앞으로 아무 쓸모가 없는 것이 되고 맙니다. 아무것도 아닌 거지요. 정부는 이 여성들이 앞으로 3년 후에 기술을 배워 자립할 수 있기를 희망했지요. 그런데 이런 곳에서 우리가 과연 무엇을 할 수 있겠습니까? 나는 그곳에서 이 문제에 대단히 관심을 많이 기울였습니다. 몇 날 며칠 동안 잠도 못 자고 내가 할 수 있는 일은 무엇일까 고민했습니다. 그런데 기본적으로 나는 종교적인 사람이라 내 스스로 죄를 지은 사람이라는 느낌을 지울 수가 없었습니다. 나는 내가 여기에 있다는 생각을 했습니다. 아주 중요한 직책에 있고, 이 난민촌의 지휘관이 되었고, 사람들은 나만 보면 고개 숙여 인사하느라 바쁘다, 나는 무기력한 한낱 종僕에 불과한 사람인데…… 내가 이곳에서 진정으로 다루는 문제는 무엇일까 하는 생각에만 자꾸 빠져들었습니다. 그래서 기도에 매달렸고 신에게 물었습니다. 내가 무엇을 해야 하는지 말입니다. 내가 성인 교육을 생각하기 시작한 것은 바로 이 무렵이었습니다.

1947년부터 1948년까지 난 파키스탄에 있었습니다. 그리고 호쉬아르뿌르로 온 것은 1948년의 일인데, 이곳에 와서 나는 직원들을 모아 성인 교육으로 들어갔습니다. 나는 직원들에게 35세 이하인가 30세 이하인가 잘 기억이 나지 않는데, 아무튼 그 나이대의 여성 명단을 작성하라고 시켰습니다. 그 나이 이상은 제외하고 말입니다. 작성한 것을 보니 그 안에 들어 있는 사람이 약 150명 정도 됩디다. 그러고 나서 나는 직원 명단을 작성하라고 했는데 그 안에 꼭 각자 가지고 있는 자격증을 명시하라고 했습니다. 동시에 특별한 자격증을 가지고 있지 않은 직원은 자기가 강점을 지니고 있는 분야를 표시하도록 특기를 적을 수 있는 칸을 하나 만들어두었습니다. 이렇게 해서 난 우리 직원 가운데 몇 명이 힌디에, 몇 명이 이 분야에, 몇 명이 저 분야에 특기를 가지고 있는지 파악할 수 있는 명단을 확보했습니다. 그리고 직원들을 모아놓고, "우리가 여기에서 일하는 시간은 8시간입니다. 그런데 사실 그 정도의 시간은 그리 긴 편이 아닙니다. 우리는 매일 아침에 기도를 합니다. 그렇지만 나라는 큰 어려움에 처해 있습니다. 그럼에도 우리는 나라에 아무것도 바칠 수가 없습니다. 가지고 있는 것이 없으니까요. 그렇지만 사실, 우리가 바칠 수 있는 것이 있습니다. 시간이지요. 우리가 바라는 것은 돈이 아닙니다. 다만 시간을 좀 내달라는 겁니다. 지금 여러분은 8시간을 정부에게 바치고 있습니다. 부탁의 말씀입니다. 조금만 더 이 일에 시간을 할애해주십시오."라고 연설을 했습니다. 명단이 내 앞에 주어졌고, 난 맨 위에 있는 내 이름 옆에 30분을 적었습니다. …… 누군가가 30분을 적고, 또 다른 사람이 1시간을 적습디다. 그래서 결국 약 40명의 직원들로부터 많은 시간을 기부 받게 되었습니다. 그리고 명단을 보고 직원들을 분류해보니 보통 다섯 명의 여성에 한 명의 직원이 할당되었습니다.

이제 일을 시작할 수가 있게 되었습니다. 그런데 또 한 가지 문제가 발생했습니다. 연필과 공책이 필요했던 겁니다. 정부가 여성 한 사람에게 한 달에 10루삐씩을 지불하는데 이 돈으로 뭘 살 수 있겠습니까? 우선 먹는 문제를 해결해야 할 테니까요. 그래서 제가 필기구가 필요하면 전부 다 나한테서 가져가라고 말했습니다. 여성들은 돈이 없어서 그걸 살 수가 없고, 그렇다고 정부에게 요구할 수도 없었습니다. 정부는 우리의 시도를 인정하지 않을 테니까요. 그래서 난 괜찮으니 내 걸 가져다 쓰라고 한 겁니다. 그리고서 난 기도를 했고 여성들에게도 우리 노력이 좋은 결실을 맺어 설거지나 가사에만 매달리지 않고 인간으로서 존엄한 삶을 살도록 해달라고 기도하자고 말했습니다. 그날 저녁 이후 타빠르 소장이 이 사실을 알게 되었습니다. 난 소장에게 성인 교육을 시작할 계획을 가지고 있다고 말했습니다. 그랬더니 소장이 어떤 계획이든 내가 그 일을 맡을 적임자라고 격려를 해주었습니다. 이 소식은 삽시간에 주위에 퍼졌습니다.

그러던 중 잘란다르에서 전갈이 하나 왔습니다. 나는 공무원이고 따라서 그런 일을 하려면 정부 허가를 받아야지 그렇게 개인적으로 처리하면 안 된다는 내용이었습니다. 이에 난 어떻게 해야 할지를 몰랐습니다. 고민 끝에 그 사람들이 내게 할 수 있는 것이라곤 결국 말뿐이지 사람을 죽이지는 않을 것 아니냐는 생각이 들었고, 그래서 여성들에게 다음 날 저녁부터 처음 계획대로 수업은 시작할 거라고 전했습니다. 그러자 또 하나의 문제가 발생했습니다. 어디에서 수업을 할 것이냐의 문제였습니다. 고민 끝에 망고 나무 밑에서 하자고 했습니다. 여성들 가운데 힌디와 뻔자비를 구사할 수 있는 사람은 일부 있었지만 나머지는 그렇지 못했습니다. 그래서 급여를 받을 때도 일부는 서명을 했지만 나머지는 지장을 찍었던 겁니다. 나는 직원들에게 과정을 가장 빨리 마쳐주는 사람에게 포상을 하겠다고 제안을 했고…….

이 모든 일은 순조롭게 돌아가면서 성공리에 끝났습니다. 정부는 많은 곳에 이러한 여성을 위한 수공업 시설을 세웠지만 정작 돈을 번 사람은 기술자였습니다. 여성들은 갈 데가 없었습니다. 교육을 조금이나마 받고 나니 많은 여성이 기술자에 대해 말을 할 수 있게 되었습니다. 그러자 기술자들은 혹시 직업을 잃지나 않을까 염려하기 시작했습니다. 열심히 일하는 모습을 보여주지 않으면 쫓겨날 테니까요. 그리고 난 그들이 과외로 뭔가를 할 수 있도록 한 것에 대해 또 한 번 환호했습니다. …… 첫 해에 약 80명 정도의 여성이 나이가 너무 많아 공부를 할 수가 없었습니다. 그렇지만 어떤 여성은 공부를 열심히 해서 일정 단계에 도달을 했고 또 다른 사람도 또 다른 단계에 도달하면서 많은 사람이 중급 수준에 도달하기도 했습니다. 그 가운데 일부는 지역어로 공부하기도 했습니다.

그러면서 또 하나의 문제에 봉착했습니다. 나이 문제였지요. 대부분의 직업은 연령 제한이 있습니다. 그 문제에 해당되는 여성들로부터는 진술서를 새로 받아야 했습니다. 일을 얻기 위해서는 교육 수준을 작성해야 했는데, 그보다 연령 증명서가 우선 필요했던 겁니다. 난 직원들에게 공무원이 되려면 28세 이하여야 한다는 법이 있음을 알려주었습니다. 무슨 논리로 그런 법이 있는 건지 이해를 할 수는 없었지만, 어쨌든 법은 법이었습니다. 그래서 우리는 개략적으로 계산을 해보았습니다. 우선, 우리는 몇몇 여성이 잃어버린 교육의 기회를 다시 갖도록 시간을 할애했고, 다른 일을 위해서도 1년을 썼습니다. 그리고 몇 개월 동안 일자리를 찾았고 그리고서는 그 조건에 해당하는 여성이 몇 사람이나 되는지를 살펴보았습니다. 그러자 직원들이 해당되는 사람 수가 이제 너무 적어져버렸다고 하기에 나는 그 여성들이 일자리를 찾을 수 있는 방도를 찾아보라고 하면서 명단을 더 늘리라고만 했습니다. 그러자 직원들이 어떻게 그렇게 할 수 있느냐고 되물었고, 난 그냥 시키는 대로 하라면서, 명령이라고 말했습니다. 그러자 그 사람들은 내가 정신이 좀 나가지나 않았는지 놀라는 눈치였습니다. 그렇게 선서 진술서 작성을 모두 마쳤습니다.

그리고 나서 난 치안판사와 부행정판사 보좌관에게 갔습니다. 그 사람 이름이 누구더라…… 참, 인제 기억이 나네, 뿌리Puri. 그 뿌리 씨에게 전화를 해 잠시 좀 뵈러 가도 되겠느냐고 물었더니 그렇게 하라고 하면서 무엇 때문에 그러는지 물어봅디다. 선서 진술서에 서명을 좀 받고 싶어서 그런다고 했더니 선서 진술서라는 게 뭐하는 거냐고 묻습디다. 그래서 난 이 여성들이 8학년에 진급하기 위한 시험을 봐야 하는데, 이번이 처음 입학하는 거라 연령 증명서가 필요하다고 했습니다. 연령 증명서를 발급하기 위해서는 직접 봐야 하니 여성들을 데리고 오라고 하더군요. 나는 그를 만류하려고 했지만 그는 요지부동이었습니다. 그래서 어쩔 수 없이 여성들을 그 형편없는 사람에게 데리고 갔습니다. 우리는 나이를 12, 18, 14 …… 등으로 적어놓았습니다. 그러자 그가 이 나이가 맞느냐고 묻습디다. 그래서 나는 그게 무슨 의미가 있는 거냐고, 서명만 해주면 되는데 왜 쓸데없는 시간을 허비하느냐고 쏘아붙였습니다. 그랬더니 나더러 이 여자 좀 보라면서 머리카락이 이렇게 세지 않았냐고 합디다. 그래서 난 참 잘 보셨다고, 대단히 일 잘 하신다고 하면서, 이보다 더 어린 나이에도 머리카락이 센 사람을 보지 못했느냐고, 12살짜리도 그런 사람이 있다고 우겼습니다. 그랬더니 이번에는 다른 여성을 가리키면서 이빨이 다 빠진 이런 사람을 이 나이라고 하면 어떻게 믿겠느냐고 합디다. 그래서 내가 그 여성에게 지붕에서 떨어져 그런 거 아니냐고 물으니 그렇다고 답을 했습니다. 그랬더니 왜 자기를 놀리느냐고 합디다. 그래서 난, 당신 앞에 서 있는 이 여성들에 관해 지금 진실을 보고 있는 것이니 그렇게 생각하지 말아달라고 했습니다. 그러자 이번에는 또 다른 여성을 가리키면서 얼굴에 이렇게 주름이 많은데, 라고 합디다. 그래서 참 대단히 뛰어난 눈을 가지고 계시다면서, 참 많은 걸 찾아내셨다고 했습니다. 내가 오늘 아침에 식사로 뭘 드셨는지를 알아 맞춰보겠다고 하니, 왜 화제를 바꾸려고 하느냐고 합디다. 그래서 내가 그게 아니고 정말로 뭘 드셨는지 알고 싶어서 그런다면서, 분명히 우유에 과일에 버터로 구운 토스트에 계란을 먹지 않았냐고, 그리고 모두 부인이 준비해주지 않았냐고 물었습니다. 그러면서 내가 알고 있는 건 이 정도이고, 더는 알지 못한다고, 나 또한 그렇게 풍족하게 먹고 산다고 했습니다. 이 불쌍한 여성들을 보시라고, 이 가난한 여성들은 가진 것도 아무것도 없고, 정부에서 주는 거라곤 고작 한 달에 10루삐밖에 안 되는데 그걸로 뭘 먹고 살 수 있겠냐고, 그들이 할 수 있는 건 굶는 것 밖에 없다고, 그래서 저렇게 얼굴에 주름이 많은 거라고 했습니다. 앞으로 먹을 것을 충분히 먹으면 다 좋아질 거라고 했습니다. 그런데도 그는 여전히 이 사람은 이빨이 없고, 이 사람은 머리가 하얗고, 이 사람은 얼굴에 주름이 가득 하고, …… 하면서 이 사람들을 한 번 쳐다보라고 합디다. 그래서 내가, 선생님, 원하시는 게 도대체 뭡니까, 라고 물으니 저더러 저 사람들 진짜 나이를 사실대로 말해달라고 합디다. 그래서 내가, 그러시다면 당신이 적고 싶은 대로 적어라, 그러면 내가 받아들이겠다고 했습니다. 그랬더니 자기가 어떻게 그렇게 할 수 있느냐고 했고, 나는 그렇게 못 할 게 뭐 있느냐, 당신이 맹세를 하고, 당신이 가진 펜으로 저 사람들이 언제 태어났는지를 적으시라, 난 당신을 믿는다, 라며 우겨댔습니다. 그랬더니 여전히 내가 저 사람들 나이를 어떻게 아느냐고 합디다. 그래서 나는, 저 사람들은 당신에게 거짓말을 할 것이고, 나 또한 거짓말을 할 것이며, 당신은 허위로 서명을 해야 한다고 했습니다. 그건 우리 모두가 다 거짓을 말하고 있기 때문이라고 하면서, 아무도 말할 사람이 없을 거라고 했습니다. 그러면서 동시에 이 여성들이 자기가 언제 태어났는지 알 것 같으냐고 물었습니다. 저 사람들도 모르고, 나도 모르고, 당신도 모르지 않느냐, 그곳에 있었던 사람이 아무도 없으니까, 라고 하면서 그러면 우리는 어떻게 해야 하겠느냐고 따져 물었습니다. 45분 동안 논쟁에 논쟁이 꼬리를 물었습니다. 결국 그가 내게 묻습디다, 자기가 어떻게 해야 되느냐고. 내가 아는 것은 아무것도 없고, 다만 이 일은 신의 이름으로 하고 있을 뿐이다, 당신도 나처럼 하지 않겠느냐, 라고만 말했습니다. 만약 이 사람들이 어느 해, 어느 날, 어느 시각에 태어났는지를 당신이 맹세한다면 내 기꺼이 받아들이고 그곳에 연서하겠지만, 만약 당신이 모르면 나도 모른다고 했습니다. 당신이 할 수 없으면 나도 할 수 없다고 버틴 거지요.

결국 그는 서명을 했습니다. 그 후 우리 모두는 최고의 결과를 달성했습니다.

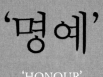

'명예'

'HONOUR'

우리들의 여자, 당신들의 여자

납치 여성 구출 작전은 시작부터 대부분 곤란과 긴장으로 난항을 겪었다. 파키스탄은 초기 단계에 군사피난단Military Evacuation Organization(MEO)이 개입되었다고 반발하면서, 군사피난단은 임시 캠프를 경호하는 임무에만 국한되어야 한다고 주장했다.(임시 캠프는 납치된 여성들을 위해 설치된 곳으로 그들이 상태가 호전되어 '자기 나라'로 돌아가기를 기다리는 곳이다.) 실제 구조 작업은 경찰에게 맡겨야 한다는 것이다. 하지만 인도 정부는 경찰관 스스로가 여성을 납치한 사례가 많이 있기 때문에 그 안을 받아들일 수 없다고 주장했다. 그리고 만약 사회사업가들의 증언을 믿는다면, 이 주장에는 상당한 타당성이 있었을 것이다. 사실 당국의 위치에 있는 사람에 의해 자행된 납치는 양쪽에서 다 일어났다. 디빨뿌르Dipalpur의 한 공무원이었던 몽고메리는 납치 여성에 대한 정보 제공을 호소하는 방송 활동에도 열심히 참가하였는데, 알고 보니 뒤에서는 8개월 동안이나 한 여성을 납치해 감금하고 있었다. 납치된 여성을 구출하러 간 형사 두 사람이 오히려 그 여자를 강간한 경우도 있었다.[1]

첫 조약이 체결된 후 얼마 동안 납치된 여성들의 운명은 인도와 파키스탄 양 정부의 중요한 관심사였다. 1947년 이후 수년간의 의회 기록이나 당시의 신문 또는 잡지를 보면 다음과 같은 여러 가지 문제에 관심을 가지고 토론이 진행되고 있었음을 알 수 있다: 두 나라에서 구출 작전을 진행하는 데 있어서 진도의 차이가 있으므로 구출된 여성의 수

---

[1] Kirpal Singh, *The Partition of the Punjab*, p.171.

가 차이가 있다. 가장 많은 여성이 구출된 장소는 어디인가? 파키스탄 정부가 자의적으로 특정 장소를 폐쇄하기로 결정했을 때 왜 인도 정부는 파키스탄 사회사업가들을 그 장소에 들어갈 수 있도록 허용하였는가? 왜 파키스탄에서 구출된 힌두와 시크 여성이 인도에서 구출된 무슬림 여성보다 적은가? 왜 더 많은 힌두와 시크 여성들이 발견될 때까지 인도 정부는 무슬림 여성을 구출하는 데 속도를 줄이지 않았는가? 이러한 문제가 이에 해당한다.

인도 정부가 인도에서 납치된 무슬림 여성을 구출할 수 있도록 하는 법령은 1949년 12월 30일부로 그 기한을 마쳤다. 기한이 끝나기 15일 전 인도 정부의 대표인 고빨스와미 아이양가르Gopalswamy Ayyangar는 한 법안을 의회에 제출하였는데, 피랍자회복반환법Abducted Person Recovery and Restoration Act이 바로 그것이다. 이 법은 1957년까지 유효하였을 뿐 그 이후에는 갱신되지 않았다. 이때까지 구출 속도는 점차 떨어져갔다. 간헐적인 추적이 지금도 이루어진다지만, 많은 여성들은 이미 추적할 수 없게 되어버렸고, 다른 사람들은 새로운 가정에 '정착' 하였다.

그 법안의 조항에 대한 토론이 진행된 의회에서 많은 발언자가 구출 노력을 앞으로도 더 해야 하고, 그것은 '인도적' 목적에서 이루어져야 한다는 점에 동의했다. 그리고 실제로, 국민 가운데 강간당하거나 납치된 여성이 있고, 그들의 구출을 바라는 가족과 친지 혹은 시민 단체가 있다면 국가가 그 국민의 운명에 무관심할 수는 없을 것이다. 그렇지만 의회에서 이루어진 논의는 인도의 정치지도자들이 납치 여성 문제에 대해 이와는 뭔가 다른 방향의 목소리를 낼 수 있는 기회를 제공하기도 했다. 즉, 파키스탄이라고 하는 국가의 성격에 관해서이다. 이러한 것의 바닥에는 자기 나라 인도와 자기 스스로를 세속주의와 관용으로 바라보고 있는 많은 인도의 정치지도자로 하여금 파키스탄의 건국에서 깊은 배신감을 느꼈다는 사실이 깔려 있다. 의회에서는 발언자가 차례로 나서서 파키스탄이 상호 체결한 협약 조항을 지키지 않으려고 고집을 부리고 있다고 강조했다. 그러한 태도는 문명화된 정부로부터 기대할 수 있는 게 아니라는 것이었다. 이는 다음과 같은 두 가지를 반영한다고 할 수 있다. 전형적으로 비문명적인 파키스탄의 성격 즉, 과거를 통해 드러났듯이 종교공동체적인 국가를 만들기 위해 싸운, 그래서 본질적으로 종교공동체적인 무슬림으로 구성된 나라와 국가라는 것이다. 그래서 인도가 보여준 훨씬 인간적이고 문명화된 접근이 옳다는 것이다. 이와 동시에 인도가 자신이 구출한 정도의 수만큼 파키스탄이 되돌려주도록 압력을 행사할 수 없었다는 사실 또한 인도 측으로서는 국가로서의 약점 즉, 다른 나라를 협조 선상에 끌어들이지 못하는 무능함을 노출하는 것이었다. 연합주 대표인 쉽반 랄 삭세나Shibban Lal Saxena 교수는 '우리 정부가 우리의 자매들을 우리에게 다시 돌려보내는 데 있어서 상대 나라로 하여금 제대로 정신을 차리도록 하는 일에 실패한 것'에 대해 매우 불만스럽다고 말한 바 있다. 그 교수는 이제 인도가 상황이 매우 중차대함을 인식하고 그에 상응하는 뭔가 보복 행위를 해야 한다고 제안했다. 그것이 비단 '우리의 자매들을 위해' 행하는 바른 일이기 때문일 뿐만 아니라 인도에는 그러한 '전통'이 있기 때문이라는 것이었다. 그는 "심지어는 오늘날도 라마야나와 마하바라따Mahabharata[2]가 사람들에게 숭앙을 받고 있다. 라마야나에서는 악마 라와나에 의해 납치된 한 여성을 위해 나라 전체가 무기를 들고 전쟁에 나섰다. 이제 여기 수천 명이 있고 우리는 그들이 어떻게 취급당할 것임을 알고 있다. …… 카시미르에서부터 우리의 자매가 실제로 시장에 팔려나가고

---

2) 고대 인도의 바라따(Bharata, '인도'를 의미하는 산스끄리뜨어)족을 형성하는 과정에서 발생한 두 사촌 형제 가문끼리의 전쟁을 다룬 대서사시. 라마야나와 함께 인도인이 가장 숭앙하는 양대 서사시를 이룬다.—옮긴이

있고 그들에 대해 그 어떠한 조치도 취해지지 않고 있다."[3] 라고 말했다. 회의에서는 또 다른 비판도 있었고, 파키스탄에서 납치된 힌두와 시크 여성들의 반환이 정전협정Ceasefire Agreement의 조항에 삽입되어야 한다는 주장도 제기되었다.

필요하다면 개전을 할 수도 있지 않느냐는 주장이 제기된 가운데 아래와 같이 의견을 개진한 사람도 있었다.

> 만약 어떤 특정 상황에서 우리가 도저히 포기할 수 없는 슬프고 고통스러운 것이 있다면 그것은 다름 아닌 힌두 여성을 납치하고 귀환시키지 않고 있다는 사실일 것입니다. 우리는 시따가 납치되었을 때 라마 왕자께서 어떻게 행동하였는지 역사를 통해 잘 알고 있습니다. 이제 수천 명의 소녀가 걸린 이 문제를 우리는 잊을 수가 없지 않습니까. 우리는 재산을 잃을 수도 있고 그 외 모든 것을 다 잃을 수도 있습니다. 그러나 이것만은 잃을 수 없습니다. …… **라마의 자손으로서 우리는 살아 있는 모든 시따를 반드시 돌려받아야 합니다.**(강조는 필자에 의함)

파키스탄이 협력 선상에 나서야 한다고 하는 감정은 또 다른 감정을 불러 일으켰으니, 흐리다이 나트 꾼즈루Hriday Nath Kunzru 선생은 무슬림 여성을 '그들의 정당한 가정(즉, 파키스탄)'으로 귀환시키는 것은 '위대한 도덕적 의무'라고 말했다. "우리는 자신의 의무를 거부해서는 안 된다. 그것은 다른 쪽에서 그 의무를 거절하기 때문이다." 그는 원하지 않는 자를 자기 영토 안에 억류하고 '그들에게 자신의 종교를 포기

---

3) *India: Constituent Assembly of India (legislative) Debates*, 1949. 따로 언급하지 않으면, 이 장에서의 논의에 관한 모든 주석은 이 책에서 인용된 것이다.

하고 이슬람을 받아들이도록 강요하는 것'은 바른 행동이 아니고 타락한 행동일 뿐이라며 그것을 파키스탄이 느끼도록 해줘야 한다고 생각하는 사람이었다.

그러나 보복 행위를 해야 한다는 제안은 정부 대표에 의해 거부당했다. 타꾸르 다스 바르가와Thakur Das Bhargava 선생이 "나라가 이 (무슬림) 여성들을 일정 기간 동안 인질로 억류하는 것이 정당하지 않은" 그 어떠한 이유도 찾을 수 없다고 하는 의견 개진에 대해 고빨라스와미 아이양가르는, 인도 정부의 대표로서 그러한 행동은 '문명화된' 정부가 취해야 할 태도는 아니라 생각한다고 말했다. 차라리 근대적이고 세속적이며 합리적인 외관 속에서 다른 나라를 '문명된 정부라고 주장하는 것에 걸맞게' 행동할 수 있도록 설득하는 일이 인도가 해야 할 의무였다. 그는 납치가 양쪽 모두에서 벌어졌다는 사실을 상기시키면서, "우리가 선을 독점하고 있는 사람이 아니고, 다른 주권국 안에 있는 사람 또한 악을 독점하고 있는 사람은 아니다. 그들이 죄를 지어온 것처럼 우리도 마찬가지로 죄를 지어왔다."라고 말했다.

힌두와 시크 여성을 납치한 그 남자들과 마찬가지로 파키스탄이라는 나라 또한 부끄러운 오명을 뒤집어쓰게 됐다. 그것은 문명화된 것도 아니요, 도덕적 규범을 보여주는 것도 아니다. 서벵갈주 대표인 레누까 래이Renuka Ray는, "인도는 파키스탄의 생각에 굴복하지 않는다. 인도는 독자적인 목적과 규범을 가지고 있으니 파키스탄이 그 수준에 도달하든지 않든지에 관계없이 파키스탄의 수준 이하로 내려갈 수는 없다."고 분명하게 말했다. 타꾸르 다스 바르가와 선생은 말하기를, "…… 우리에 관한 한, 우리는 스스로의 도덕적 의무를 어떻게 명예롭게 지킬 것인지를 알고 있다."라고 했다. 물론 여기에 담긴 분명한 의미는, 파키스탄은 그렇게 하지 않았다는 것이다. 이렇게 누가 도덕적이고 누가 그렇지 않은지에 관한 소란 가운데 그 문제에 관련된 주인공들 즉, 여성들 간에 토론을 해볼 필요가 있다는 목소리가 간헐적으로 생겨났다. 마드라스 대표 암무 스와미나단Ammu Swaminadhan 여사는 말하기를, "몇몇 의원께서 보복이 필요하다고 말하는 데 대해 매우 유감입니다. 저는 그렇게 하는 것이야말로 가장 비인간적인 행동이라고 생각합니다. 모든 것을 떠나 두 정부가 서로 합의를 보지 못한다면 그것은 이 잔인한 환경의 희생물인 그 가엾은 여성들 잘못이 아니기 때문입니다. 우리는 절대 보복 운운하는 소리를 입에 담아서는 안 됩니다. ……"라고 했다.

두 번째 힘든 문제는 귀환을 거부하는 여성을 어떻게 할 것인가에 대한 문제이다. 이러한 여성으로 인해 국가는 상당한 문제를 안게 된다. 그것은 국가의 법이 두 자유 국가에 속하는 개인이나 국민으로 하여금 국가를 선택할 수 있는 권리를 부여하지 않았기 때문이다. 두 나라는 특정 시기 이후에는 강제 개종이나 결혼을 인정하지 않는다고 합의하였다. 그렇다면 자기가 처한 그 관계가 자발적인 것이었다고 주장하면 어떻게 할 것인가? 그러한 판정은 누가 내릴 것인가? 그러한 분쟁을 해결하기 위해 세워진 법정은 두 나라에서 파견된 경찰로 구성될 것이다. 그렇다면 사람들은 이렇게 물을 것이다. "그들이 여성들의 주장을 받아들이지 않는다고 해도 여전히 그들을 진실을 기초로 한 적임자라고 할 수 있는가?" 고빨라스와미 아이양가르는 이러한 난감한 문제에 직면해서도, 그러한 여성들의 주장이 진실일 가능성을 받아들이고 싶지 않다고 했다. 그는 "납치된 여성이 자기 삶에 관해 선택을 할 수 있는 자유가 없음이 분명한 상황에서는 구출되어야 한다. 이 법률의 목적은 그 여성들로 하여금 선택을 자유롭게 할 수 있는 환경에 놓이도록 하는 것이다."라고 말했다. 그러나 사뭇 다른 환경―보통 난민 캠프―에서 어떻게 여성이 선택의 자유를 느낄 수 있게 할 수 있는가? 그 여성들은 새로운 환경에서 이동할 수 있는 자유도 거의 없다. 그리고 보통 경찰과 사회사업가에게 둘러싸여 있다. 납치한 남자와 함께 아이를 낳아 기르고 있다거나 살림을 차려 함께 사는 경우에도 보통 아주 미묘하게 그 가족에게로 돌아오도록 압력을 받기 때문에 선택이라는 것은 이제 단순히 개인적인 것만은 아닌 것이다.

장관의 견해를 지지하는 의원도 있었지만 반대하는 의원도 있었다. 서벵갈 대표 레누까 래이는 만약 납치 여성이 귀환을 원하지 않는 경우가 백에 하나 있다 할지라도 정부는 그 일에 관심을 집중해야 한다고 말했다. 그녀는 "어쨌든 합법적인 결혼이 성립되기도 하는데, 그 경우 그 여성들이 상당한 세월이 흘러서 그 결혼을 취소하고 싶어 하지 않는다면, 그것은 우리가 그 여성들에 대해 과도한 신경을 써서 그렇게 된 것은 아니라고 하는 사실을 명심해야 한다."고 했다. 이전에 또 다른 여성인 뿌르니마 바네르지Purnima Banerji가 이러한 관점에서 정부에 대해 경고한 적이 있었다. 그녀는 많은 여성이 납치 후 상당한 시간이 흘렀음을 지적했다. 그동안 그들은

> 이런 저런 주변과 관계도 쌓고 서로간의 정情도 발전시켜가고 있습니다. …… 그런 여성이 단지 어쩔 수 없이 무슬림이나 힌두가 되었다는 이유 때문에, 그리고 단지 그들이 원래의 가정으로부터 떨어져나간 그 환경과 조건이 납치라는 것으로밖에 기술할 수 없다는 이유 때문에 원래 속해 있던 나라로 되돌아가도록 만들어져서는 안 되는 겁니다.

마하위르 띠야기Mahavir Tyagi 씨는 여성들이 직면할 수밖에 없는 이중의 트라우마에 대해 관심을 보이면서, 이러한 여성들은 이미 폭력의 희생자라고 말했다. "만약 그들이 자신의 희망에 반해 다시 뿌리가 뽑힌 채 되돌려진다면 그것은 또 다른 폭력이 아니겠는가?"라는 것이다.

그렇지만 장관은 요지부동이었다. 여성의 선택권과 자기 결정의 자유를 부정하는 조항을 변경할 뜻이 전혀 없었다. 그는 "원래의 아버지, 어머니, 형제, 남편 등을 만나고 난 후에도 자신을 납치해서 남편이 된 그 사람에게 돌아가고 싶어 하는 경우는 들어본 적이 없다. 이는 강제력에 의해 원래의 장소에서 납치되어 아주 잘못된 환경에 처박힌 인간이 갖는 감정의 아주 자연스러운 상태다."라고 주장했다. 그는 "납치되었다가 구출된 성인 여성이 자신의 뜻에 반해 무리하게 파키스탄으로 되돌아가는" 경우를 단 한 건도 접하지 못했다고 주장했다. 그렇지만 그는 여성이 처음 보호를 받을 때 여성의 뜻은 전혀 고려되지 않는다는 사실은 인정했다. 이는 여성이 그 상황 안에서 자유롭게 행동하는 주체가 되지 못하고 따라서 그 상황을 두고 떠날지 원래의 상황으로 돌아갈지 아니면 이곳에 그냥 머무를지를 자유롭게 결정할 수 없다는 뜻이라고 했다.

　만약에 여성이 귀환하려 하지 않는 것이 처리해야 할 문제가 된다면 사실은 그것보다 그 자식들을 어떻게 처리할 것인가가 더 어려운 문제로 대두된다. 이상하게도 납치가 창피하고 부도덕한 행위라고 주장한 많은 의원들은 여성들로 하여금 자식들을 납치한 사람에게 두고 오기를 바라고 있었다. 타꾸르 다스 바르가와 선생은 "인도에서 태어난 모든 사람은 인도 국민이라는 사실을 깨달아야 한다. 힌두 남자와 무슬림 여자가 결혼했다고 가정해보자. 누가 그 자녀의 보호자가 될 것인가?"라면서 "무슬림 여성이 구출되면 그녀는 파키스탄으로 돌아갈 것이다. 일단 그리로 돌아간 후 아이의 종교를 바꿀 것이다. 그렇지만 아이는 계속해서 사생아 취급을 받을 테고 제대로 양육되지도 못한 채 어쩌면 살해될 것이다."라고 말했다. 그는 아버지와 어머니 가운데 누가 보호자가 되어야 하는가를 물었다. 이 토론에서 자녀에 관한 문제는 가장 어려운 문제일 텐데—아주 감정적인 이 문제는 '객관적으로',

'실질적으로' 그리고 '감정을 배제한 채' 결정을 내렸으면 하고 시도해보았지만—의회 의원들은 감정을 배제할 수 있었을지 몰라도 엄마들은 분명히 그렇지 못했을 것이다. 까믈라벤 빠뗄은 이 문제가 처한 어려움을 다음과 같이 지적했다: 힌두 사회에서 무슬림 아버지와 힌두 어머니 사이에서 태어난 아이는 받아들여지지 않는다. 그리고 구출된 여성의 가족 친지가 그 자녀를 받아들이지 않으면 정부는 가난하고 아무도 원하지 않는 수많은 아이에 대한 큰 문제에 봉착하게 된다. 이것이 바로 아이들을 그들의 '실제 부모'에게 두어야 한다는 제안의 합리적 근거가 되었을 것이다. 아이들 문제에 대해서는 나중에 다시 언급하고자 한다.

*

납치 여성들의 운명이 논의된 장소가 비단 의회뿐은 아니었다. 비슷하면서도 다른 논의가 당시 신문과 잡지에서도 벌어졌다. 국가자원봉사단 대변지인 〈오가나이저Organizer〉는 이 문제에 대해 신바람이 났다. 1949년 12월 29일 〈오가나이저〉는 권두언에서 "죄인 파키스탄, 2만 5천 명 납치하고 수천 명 팔아 넘겨"라는 제목의 기사를 하나 냈는데, 주요 내용은 다음과 같다: '라마 왕자는 시따의 명예를 위해 라와나와 전쟁을 벌여 초토화시켰다. 그리고 더러운 킬지Khilji 군이[4] 찌뚜르 Chitoor를 포위하였을 때 여왕 빠드미니Padmini에게 목을 베인 수천 명의 여성들은 사프론 색[5] 사리를 입고서 불결한 오랑캐[6]가 고귀한 힌두의 피를 단 한 방울이라도 더럽히기 전에 죽음을 맞을 각오로 장작더미

---

[4] 12세기 델리 술탄의 세 번째 조를 연 무슬림 술탄—옮긴이
[5] 황토색. 힌두교의 상징색. 최근 극우 신힌두교도들의 상징 색이다.—옮긴이
[6] 믈레짜mleccha, 이방인으로 불가촉민 범주에 들어간다.—옮긴이

위에 올라 웃음을 짓고 있었다. 오늘날 수천의 힌두 여자가 파키스탄에서 도저히 생각할 수 없는 비참한 나날을 보내고 있다. 독립 인도 민주 공화국 연방의 첫 정부가 해야 할 일은 다름 아닌 그들에 대해 슬피 우는 일이다.'

이 기사와 이를 이은 "파키스탄은 나파키스탄Napakistan(즉, 더러운)이라는 이름을 받을 만하다"는 비난은 인-파 분단 이후 수년간 〈오가나이저〉가 규칙적으로 낸 성명의 전형적인 것이었다. 무슬림 남성이 힌두와 시크 여성을 납치하고 강간한 일은 파키스탄으로 하여금 야만적이고 비문명적이며 육욕에 눈이 먼 나라라고 비난을 받게 되는 배경을 만들어주었다. 파키스탄이라는 국가가 바라뜨[7](혹은 바라뜨마따 Bharatmata)[8] 땅에서 만들어낸 일은 정결한 힌두 여성의 몸이 더럽혀진 것에 대한 비유적 표현이 되었다. 인도 국가는 자국 여성을 보호하지 못하고 침략국 파키스탄에 대해 상응하는 언어로 제대로 대응을 하지 못한 데 대해 계속해서 심한 비판을 받았다. 당시 힌두에게 이전보다 더 필요한 것은 '강력한 군대가 지탱하는 남성다운 국가'를 건설하는 것이었다. 그것은 『힌두 아메리카Hindu America』라는 책의 저자 짜만 랄Chaman Lal이 책에서 주장하였듯 "우리는 발길질을 당해도 …… 진실과 정의의 이름으로 침략자에게 끊임없이 항의만 하고 있는 극단적인 평화주의자가 되었다." 만일 그 침략자에게 상응하는 조치를 취하는 데 필요한 것이 있다면, 즉 바로 이 심각한 '국가적' 취약점을 제거하는 데 필요한 것이 있다면 그것은 바로 힌두 민족의 '끄샤뜨리야화 Kshatriyasation'[9]이다.

〈오가나이저〉에 글을 쓴 많은 사람에게 여성의 납치와 강간은 치욕

---

7) 인도─옮긴이
8) 어머니 인도─옮긴이
9) 브라만 문화가 정신적, 금욕적, 의례적인 데 반해 끄샤뜨리야 문화는 육체적, 물질적, 실질적

적인 것이지만 예견할 수 있는 사건이었다. 왜냐하면 파키스탄이라는 국가는 '힌두의 재산과 여성을 약탈하는 욕구 위에서 세워져 그 탐욕을 저지할 수 있는 조치를 실제로 취할 수 없을 정도였기 때문이다.'[10] 그렇지만 또 다른 실재가 있다. 무슬림 여성 또한 힌두와 시크에 의해 납치되었다는 사실은 어떻게 설명할 것인가? 의회에서 벌어진 논의는 이를 일시적 일탈이라고 보면서, 이런 짓을 저지른 자들은 분명히 '사악한 정욕'에 빠진 희생자라고 하였다. 〈오가나이저〉는 힌두와 시크 남성들이 납치 범죄를 저질렀다는 사실을 받아들일 자세가 되어 있지 않았다. 그보다는 힌두와 시크 남성은 무슬림 여성에게 대피처를 제공해주었다고 합리화했다. '1947년 전쟁 동안During the War of 1947'이라는 글을 쓴 어느 필자는 다음과 같은 주장을 했다:

1947년 여름 뻰잡에서 힌두와 무슬림 간의 전쟁이 일어난 동안 사람들의 정욕은 크게 부풀어 올랐다. 수십만 명이 양쪽에서 살육당했다. 그 전쟁, 아니 전쟁보다 더 악랄한 여성 납치(**매우 오래된 무슬림의 악랄한 전통**, 강조는 필자에 의함)는 이 나라를 고통과 번민의 괴로움 속으로 밀어 넣었다. 홀로 되거나 납치된 무슬림 여성 수천 명이 힌두가 다수를 차지하고 있는 지역에 남겨졌다. 그렇지만 구출 사업이 시작되자마자 그때까지 힌두에 의해 대피처에서 보호받고 있던 그들 대부분은 당국에 넘겨졌다. 그들이 바라는 바와 달리 인도 땅에 남겨진 무슬림 여성은 아무도 없었다. **그 가운데 일부가 무슬림 자신들에 의해 납치된 사람이었다는 사실을 지적하는 것은 매우 중요하다.**(강조는 필자에 의함)

이다. 전체적으로 브라만 문화가 힌두 문화에서 주도적 위치를 차지하고 있고, 끄샤뜨리야를 제외한 나머지 카스트는 브라만 문화를 따라야 할 규준으로 여긴다.—옮긴이

10) *Organizer*, July 10, 1947.

힌두 남성들은 때때로 사악한 정욕에 빠진 희생자가 되기도 하지만 대체로 해롭지 않고 심지어는 연약하기까지 하며 결단코 색욕에 빠지지 않는 사람들이다. 그래서 독자들은 '힌두의 심성은 다른 사람에게 바른 일을 행할 만큼 마음이 넓지만, 다른 사람에게 바른 일을 요구할 정도로 당돌하지는 못하다'[11]라고 알고 있다. 그리고 이는 인도가 위대한 전통과 장엄한 문화를 가지고 있기 때문이다. 인도의 전통과 문화는 다음을 확실하게 해준다:

> 인도는 오랜 기간, 아니 대륙을 쉽게 정복할 수 있었던 최고 절정의 무력을 가지고 있었을 때에도 전제군주를 해본 적이 없다. 다른 민족은 조상이 야만적인 무력 원정을 통해 재물을 약탈하고 사람들을 노예로 삼고 그들의 형제 인류를 강제로 개종시킨 일에 대해 자부심을 느낄 때, 인도는 빛나는 철인들의 지혜를 뱃속에 안고 고색창연한 문화에 충실하여, 그 영광스러운 문명의 영향이 널리 그리고 넓게 느껴지는 중요한 나날만을 기억한다.[12]

그러면 이 고대의 전통은 힌두 남성을 관용적이고 문명적으로 만들었고, 그래서 심지어는 (실수로?) 무슬림 여성을 납치하였으며, 그들을 돌려줘야 한다는 요구가 일어날 때 정부나 해당 당국에 자발적으로 기꺼이 양도한 것이다. 그리고 힌두 남성을 위기의 순간에 여성을 보호하지 못한 자로 만들어버리는 것이 바로 이 관용—여기에서부터 매우 중요하다—이 되어버리는 것이다. 이것이 바로 그들이 왜 무슬림 국가가 사용한 동일한 언어로 싸우고, 복수하기 위해 무력에 호소해야 하는지

---

11) *Organizer*, December 14, 1949.
12) *Organizer*, November 30, 1949.

를 목청 높여 외치는 이유다.

이와 비슷한 논조를 우리는 또 다른 필자를 통해 들을 수 있다:

수천, 수만이나 되는 우리의 신실한 어머니와 자매들은 피 흘리는 장면에 실신하여 납치되고 돈 몇 푼에 팔려나갔다. 나는 그 신성한 땅에서 구출된 그들 몇몇을 만난 적이 있다. 그 여성들의 이마에는 '모함마드의 처Mohammad ki joru', '미안 아흐마드의 처Mian Ahmed의 처', '하지 훗세인Haji Hussain ki joru의 처' 등의 글씨가 새겨져 있었다.

그들이(일반적으로는 난민들이) 조속한 시일에 그리고 효과적으로 자신이 택한 지역의 사회와 경제에 흡수되는 것은 **힌두스탄에 사는 모든 국민의 기본적 의무**다. 그 일은 쉽지 않고, 아주 험난하지만, 명백한 사실이다. 하지만 이와 마찬가지로 명백한 또 하나의 사실이 있는데, 그 문제가 바로 **우리 남성스러움에 대한 도전으로, 다름 아닌 애국심에 대한 도전**이라는 것이다.[13] (강조는 필자에 의함)

이렇게 남성스러움과 애국심을 동일시하는 일은 더러 찾아볼 수 있다. 그것은 남성으로 하여금 어머니 나라의 명예를 수호하게 하는 것이었다. 그래서 이 기간 동안 많은 〈오가나이저〉 필자에게 힌두 민족을 낳은 어머니이자 힌두 종교의 고향인 인도의 순결을 세우는 것은 무엇보다 중요한 일이 되었다. 바라뜨라고 불리든, 힌두스탄이라고 불리든, 이 나라는 항상 어머니로서 여성적으로 형상화되었다. 그리고 인-파 분단은 그 어머니의 신체를 침해하는 것으로 인식되었다. 〈오가나이저

---

13) *Organizer*, July 10, 1947.

〉 1947년 8월 14일자는 표지에 어머니 인도의 모습을 그림으로 그려놓았다. 이 그림은 인도 지도 위에 한 여성이 누워 있는 형상을 하고 있는데, 여기에 네루가 사지 하나를 절단하느라 피가 묻은 칼을 들고 서 있는 것이다. 어머니 인도Bharat Mata에 대해 다른 곳에서는 '셀 수 없이 긴 시간 동안 힌두스탄을 이 땅에서 사라지지 않도록 구해준 것은 다름 아닌 그 종교에 대한 변함없는 신앙이다. …… 어머니 인도는 정복과 굴종의 괴로운 시련을 당해왔고, 오랜 신앙을 제거하고 다른 종교를 택하라는 협박, 설득 그리고 유혹에 휩싸여왔지만 자신의 영혼인 그 종교와 이별하는 것을 거부하였다.' [14]라고 표현하였다.

이 설교에는 '타자'의 종교를 아주 쉽게 받아들였거나 그 종교의 먹이가 된 피랍 여성에게 주는 한 가지 교훈이 있다. 만약에 좋은 힌두 여성이 되는 것이 '좋은' 어머니가 되는 것과 동일하다면, 그 여성들이 강제로, 혹은 심지어 자발적으로 무슬림 남성과 같이 사는 현실은 이 이상에 대한 진정한 위협이 되었음을 보여주었고 그래서 반드시 해결해야 할 문제였다. 필요하다면 그런 여성을 위해 싸우거나 전쟁터에 나가고, 심지어는 '스스로 분신하여 재가 되거나', 비록 '몸이 더럽혀졌지만' 품 안에 다시 받아들여야 할 책임을 남편이나 남자 형제들은 져야 했다. '까말Kamal'(어느 필자의 필명)이 말했듯, 바라뜨바르시Bharatvarsh[15]는 어머니이고 우리는 그 자식일 뿐 아니라, 어머니 인도는 신이고 우리는 그녀에게 귀의한 자들이다. 그리고 그녀는 신성하다. 따라서 밖으로 나가는 것은 이방의 순결치 못하고 야만적인 땅으로 가는 것이고 그래서 그곳으로부터 돌아오는 길에 정화를 하는 일은 반드시 필요하다. [16] 다른 글에서는 람 왕자가 동생에게 말한 다음과 같은

---

14) *Organizer*, November 13, 1948.
15) 바라뜨인의 땅 즉 인도―옮긴이

구절을 인용하고 있다: '오 락슈만이여, 이 황금의 섬 랑까Lanka가 내 마음을 기쁘게 하지 않습니다. 어머니, 우리가 태어난 바로 그 땅이 천국의 기쁨보다 더 달콤하나이다.' [17]

  무슬림 여성상은 힌두 어머니상像과는 큰 대조를 이룬다. 〈오가나이저〉에는 그렇게 자주 나타나지 않지만, 독자들은 무슬림 여성이 가지고 있는 위험성으로 경고를 받고 있었다. '신드에서의 생활Life in Sind'이라고 하는 글에서 훈드라즈 끄리빨라니Hoondraj Kripalani는 "힌두 여성이 학대당하고 사사건건 모욕을 당하고 있다는 사실에 울분을 감추지 못했다. 심지어는 당신의 집 안에서도 당신은 안전하지 못하다. 무슬림 여성은 당신 집에 들어갈 때 당신더러 혹시 팔 물건이 없는지 물어보는 척하면서 안으로 쳐들어갈 수 있다. 그리고 나서 몇 분 후에 그 여성은 이곳에 살러 왔노라고 당신에게 말할 것이다. 그러면 당신은 그 여성을 내쫓을 수 없다. 왜냐하면 당신은 그 여성을 감히 만질 수도 없고, 다른 사람을 시켜 밖으로 내쫓을 수도 없기 때문이다. ……"라고 기술했다. 이어 이 저자는 힌두 형제들에게 진실로 또 하나의 경고를 하고 있다: "당신은 그 여성과 이삼일은 견디면서 살 수는 있을 것이다. 하지만 정말로 위험한 것은 밤중에 큰 소리로 울부짖는다는 사실이다. 그렇게 되면 당신은 참을 수 있겠는가?" [18] 당신 삶 속으로 자신을 끝까지 밀어 넣으려고 안간힘을 쓰는 그 무슬림 여성 앞에서 힌두 남성 당신이 할 수 있는 일은 그 어떤 것도 없다. 그 안에서 아무런 방법도 없는 것은 분명하다.

16) *Organizer*, September 25, 1947.
17) *Organizer*, August 19, 1948.
18) Ibid.

*

대규모의 이주, 죽음, 파괴, 손실. 인-파 분단을 피할 수는 없다고 예
상했지만 아무도 그로 인한 출혈, 증오와 만행의 규모는 예측도 하지
못했다. 델리에 사는 목수 파리야드Fariyad는 "일단 독립이 오면 델리
거리는 황금으로 포장되고 우유로 가득 차는 줄로 알았습니다. 그런데
우리가 본 모든 것은 피의 강물이었습니다."라고 말했다. 더구나 **여성**
이 이렇게 중요하고, 이렇게 중심의 위치에 서고, 실로 이렇게 문제가
될 줄은 더욱 예상하지 못했다. 설령 만족할 만한 수준은 아니지만 가
정을 잃은 사람을 돕는, 그리고 잃은 재산을 보상해주는 몇 가지 단계
의 조치를 국가가 취하기는 했다. 그렇지만 그렇게 큰 규모로 강간과
납치가 일어날 때, 그리고 많은 납치 여성이 실제로 자신을 납치한 사
람 곁에 남기를 원한다는 사실로 인해 문제가 더욱 악화될 때 당신은
어떠한 대응을 취할 수 있겠는가?

1947년의 독립 인도는 이제 갓 태어난 국가였는데—싸울 태세를 갖
추고 서로 엄청나게 경쟁하고 있으며 심지어는 부서지기 쉬울 정도
인—헤쳐 나가야 할 복잡한 문제더미 속으로 지체 없이 던져졌다. 국가
가 취하는 조치를 얼마나 많은 국민이 인정하든지 또 인정하지 않든지,
모든 국민이 받아들일 수 있는 수준의 정책이란 있을 수가 없었다. 그
렇지만 가장 큰 불만은 물질적인 것과 관련이 있었으니, 보상을 얼마나
해줄 것인지, 재산을 얼마만큼 회복시켜줄 것인지 등에 관해서였다. 여
성에 관해서는 그 논쟁이 한꺼번에 다른 영역으로 옮아가버렸다. 국가
와 남성의 명예에 관한 논쟁으로 들어간 것이었다.

인-파 분단 그 자체는 일부를 잃는 자체 손실이었다. 인-파 분단이
한편으로는 독립을 가져다주기도 했지만, 여기에는 무능이라고 하는
깊은 치욕의 감정이 자리 잡고 있었다. 이는 다른 나라에 자기 신체의

일부를 떼어내 준 것으로 받아들였다. 민족운동을 통해 여성과 남성 모두를 동원한 가장 강력한 상징은 인도를 어머니 즉, 바라뜨마따 Bharatmata로 삼는 것이었다. 이제 인-파 분단은 이 어머니를 실제로 훼손시키는 것으로 나타났으니, 그것은 그 (여성의) 몸의 훼손이었다. 〈오가나이저〉에 의해 만들어진 그림 즉, 인도의 영토를 여성의 몸으로 그리고 네루가 그 팔 하나 즉, 파키스탄을 잘라내는 그 그림은 바로 이러한 개념을 강력하게 환기시키는 것이었다.

만일 나라의 몸을 절단하는 것이 어머니 나라의 몸에 폭력을 가하는 것이라면, 그 나라의 여성을 납치하고 강간하는 것 그리하여 그 여성들을 강제로 자신의 가정과 공동체 그리고 나라로부터 제거해버리는 것은 그 몸에 대한 폭력이 더 이상 은유적인 표현이 아닌 실제로서의 어머니에 대한 폭력으로 나타난 것이다. 납치된 모든 여성은 실제로, 혹은 잠재적으로, 어머니였다. 모성이라는 기정 사실 속에서 그녀의 성이 포함되고 인정되고 정당화될 수 있었던 것이다. 강간당하거나 납치된 어머니로서 그리고 나아가 실제로 자신을 납치한 자와 함께 살기를 희망한 그 어머니로서 이러한 성은 더 이상 이해될 수도, 용납될 수도 없었다. 어떻게 모성이 더럽혀질 수 있다는 말인가? 이것이 실제로 일어났다는 사실은 시대가 대혼돈으로 곤두박질칠 수밖에 없음을 의미하였다. 그렇지만 이런 일이 지속되는 게 용납되었다는 말인데, 어떻게 가족이, 공동체가, 국가가, 그리고 실로 **남성들이** 이런 상태가 지속되도록 내버려둘 수 있다는 말인가? 여성은 반드시 구출되어야 했다. 그리고 반드시 정화되어야 했고(이것은 여성이 '불법적인' 관계에서 나온 '비적출非摘出' 자녀와 반드시 헤어져야 함을 의미한다) 원래의 가족과 공동체로 다시 돌아가 자리를 잡아야 했다. 이렇게 될 때만이 도덕 질서가 다시 구축되고 국가가 통째로 다시 만들어지며, 〈오가나이저〉가 두 번 세 번 반복하여 지적하듯, 오로지 이를 통해서만 거세되고 연약해진 힌두 남성의 **남성성**이 회복될 수 있을 것이다. 만약 인-파 분단이 '타자'에게 잃는 자체 손실 즉, 어머니 나라의 몸을 폭행하고 강간하는 것을 비유적으로 표현한 것이라면, 여성을 구출하는 일은 그 정반대로 서, 여성의 '순결'(여기에서 순결은 반드시 지속적으로 여러번 강조되어야 한다)을 되찾는 것으로, 국가의—그리고 공동체의—자기 정당화를 위해 반드시 필요하고, 더 나아가 실로 결정적인 것이 된다.

바로 그 광범위한 문제에 대한 깊은 논의가 피랍여성회복법의 차원에서 의회에서 이루어졌다. 하지만 정작 **여성**이 주제로 다루어진 일은 거의 없었다. 이것은 물론 전혀 새로운 게 아니다. 심지어는 요즘에도 마찬가지이니 여성에 관한 논의라고 하더라도 그와 관련된 것은 거의 없고, 다만 다른 의제에 관해 미리 논의하는 장으로 사용될 뿐이다. 의회의 논쟁 또한 마찬가지였으니 인도가 자기 이미지를 회복하거나 재확인하기 위한 훈련의 장일 뿐이었다.

여기에서 우리가 직면한 가장 근본적인 의문은 '왜 인도에게 납치 여성을 구출하는 일이 그렇게도 중요했는가?'이다. 마찬가지로 정부가 행한 구출 작전의 근거가 된 그 법률이 그렇게 막강한 권력을 행사할 수 있도록 할 필요가 있었는가? 초기에는 납치 여성의 가족이 행사한 압력을 견뎌내야 하는 상황 속에서 국가가 달리 행동하기는 어려웠을 것이다. 그렇지만 시간이 지나면서 회복에 관한 상황이 갈수록 곤란해지는데도—예를 들어 많은 여성이 아이들 때문에 돌아가기를 원하지 않았다는 것은 분명한 사실이다—국가는 왜 구출 작전을 지속적으로 해야만 했는가?

그리고 만약 여성 구출의 문제가 국가에 그렇게 중요하게 되었다면, 추가로 또 하나의 의문이 생긴다. 도대체 우리가 〈오가나이저〉를 통해 보았던 그러한 종류의 논설이 왜 그렇게 똑같이 중요하게 되었다는 말인가? 이 두 가지 경우에서 한 **개인**으로서 여성은 무시되고 여성의 뜻은 거의 의미를 지니지 못하게 되었으며, 여성은 저항할 수 있는 권리마저 갖지 못하고 법에 호소할 수도 없었으니, 법은 그러한 종류의 자유조차도 인정하지 않았기 때문이다. 강제 구출 외에 당사자가 구출을 거부하면(1954년 이후부터) 자신의 사건을 법정에 세우는 것이 허용되기는 했지만, 만일 법정이 불공정하다고 판단되더라도 더 이상의 조치를 취할 방도는 없었다. 그렇게 되면 이 문제로부터 빠져나갈 수는 없게 된다. 만일 그들에게는 매우 중요한 관심사인 그 어떤 것에 대해 정작 여성들은 별 의미를 두지 않고 있다면 구출 작전의 심장 한가운데에 놓여 있는 것은 도대체 무엇이란 말인가?

그건 바로 국가의 명예였다. 어머니 인도의 몸에 걸린 그 명예, 더 넓게 말하자면, 모든 힌두와 시크 여성, 어머니 그리고 앞으로 어머니가 될 여성들의 몸에 걸린 명예였다. 이 여성들을 잃는다는 것, 그것도 '다른' 종교의 남성에게 잃는다는 것은 그들의 '원原' 가족을 잃는 것이었다. 이들 즉, 그 여성들이 지금 현재 속해 있는 새 가족이 아닌, 원래 가족이 바로 합법적인 가족이면서 그들이 다시 복구해야 하는 바로 그 가족이었다. 만약 이것이 그들이 현재 속해 있는 관계를, 그리고 그 어떠한 이유에서든 받아들여야 했던 그 관계를 파괴하는 걸 의미한다면, 이 일은 반드시 이루어져야 했다. 하지만 이에 대해서는 한 가지 전제가 필요하다. 설사 여성들에게 의사를 타진한다 할지라도, 그 여성들은 종속된 상황에 놓여 있기 때문에 자신의 독립적인 목소리를 낼 수가 없다는 사실이 인정되어야 한다. 사실, 그 안에는 상당 부분 진실이 있다. 하지만 역의 경우도 진실이 될 수 있다. 즉, 여성들은 '자신의' 가족 안에서도 자유롭게 목소리를 내거나 무엇을 선택할 수 있는 경우가 거의 없다. 하지만 어찌 되었든, 이 가족이 합법적인 것으로 인정된 가족이다. 따라서 여성은 '다른' 가족 즉, 인정될 수 없는 그 가족으로부터 빠져나와야 하고, '진짜' 가족 안에서 다시 자리를 잡아야 한다. 이것이야말로 국가가 수행해야 할 명예로운 일인 것이다.

인도 남성에게 힌두 여성의 정체성을 바드라마힐라bhadramahila[19] 즉 착하고, 중류층에 속하면서 남성을 지탱해주는 아내와 어머니로서 구성하고 재구성한 것에 대해 논리를 제공해준 것이 식민주의였다면, 여성을 국가의 명예의 상징으로 만드는 데 논리를 제공해준 것은 독립, 그리고 독립의 어두운 '다른' 면인 인-파 분단이었다.

이는 놀랄 만한 일이 아니다. 만일 1947년의 독립이 '반식민 민족주의의 승리'를 나타내는 것이라면, 그와 마찬가지로 인-파 분단은 '종교공동체주의의 승리'를 나타내는 것이다.[20] 그리고 후자가 오늘의 인도에게 훨씬 중요한 의미를 가져다준 그 무엇으로 자리 잡고 있다. 그런데 종교공동체주의는 주로 파키스탄과 관련을 맺고 있고, 인도는 그 반대의 입장에 서 있는 것으로 보인다. 그래서 파키스탄은 종교공동체적이고, 여성을 납치한 나라로 힌두와 시크 여성의 귀환을 거부하는 나라였던 반면 인도는 합리적이고, 종교공동체적이지 않는 문명적이고, 도덕적 의무를 다 하는 나라였다.

---

19) 일을 벌이지 않고 근신하고 조신하게 처신하는 여성—옮긴이

20) Aijaz Ahmed, 'Some Reflections on Urdu' in *Seminar* 359, July 1989, 25.

순교의 전통

인-파 분단의 여파 속에서 여성이 겪은 폭력은 침묵의 여러 켜 안에 숨겨져 있다. 만일 우리가 기술된 역사 속에서 강간과 납치에 대해 들은 바가 없다면, 우리가 폭력에 대해 알고 있는 것은 대체로 '다른' 공동체에 속한 남성과 관련된 것뿐일 것이다. 힌두와 시크 여성이 바로 힌두와 시크의 표적이 되었다는 사실에 대해 알려진 게 있다면, 소설을 제외하고는, 거의 극소수에 지나지 않을 것이다. 그렇지만 일상생활의 격변과 혼란 속에서 힌두 남성이 결백하게 사는 일은 기적이 아니면 일어나기 어려운 일일 것이다. 생존자가 꾸준히—그리고 끈기 있게—붙잡고 있는 신화 가운데 하나는 공동체와 가족이 이 위기를 어떻게 함께 지켜낼 것인가이다. 과연 그들은 어떻게 그러한 혼란을 안으로부터 그리고 자신들의 구성원에 의해 받아들일 것인가?

내가 가족과 공동체에 관한 폭력의 이야기를 처음 접하게 된 것은 1986년이었다. 그때 나는 그 규모에 관해 전혀 아는 바가 없었고, 그 폭력이 얼마나 광범위하게 자행되었는지를 알게 된 것 또한 시간이 어느 정도 지나고 난 후였다. 분단에 관한 이야기를 수집하기 시작하던 때 나와 처음 이야기를 나눈 사람은 아므리뜨사르 시장에서 전설적인 인물로 알려진 망갈 싱이었다. 1947년 8월 삼형제 가운데 유일하게 끝까지 살아남은 망갈 싱은 '괴나리봇짐에 든 옷 세 벌'만 가진 채 아므리뜨사르로 향했다. 국경을 넘은 후 망갈 싱은 파키스탄으로 이주한 무슬림이 두고 간 빈 땅 일부를 확보했다. "그때 난 마음이 너무 무거운 상태였지요. 제가 확보한 그 땅은 모두에게 다 알려진 넓은 땅이어서 일단 여기에 자리를 틀어 땅을 정리하기로 결심을 했습니다."라고 망갈 싱은 회고했다. 망갈은 여기에다 가정을 세우고 새 삶을 살기 위해 힘을 다해 힘든 하루하루를 꾸려가기 시작했다. 친지와 친구들에게 약간의 돈을 빌려('만일 당신이 뭔가를 하기 위해 1,000루삐 혹은 몇 백 루삐라도 그것을 필요로 한다면 당신은 그것을 얻게 되니, 그것은 그를 도우려 하는 사람들이 있기 때문이다'), 선풍기와 전자 부품 파는 가게를 차렸다. 시간이 지나면서 결혼도 하고 가정생활을 시작했다. 내가 만났을 때 그는 대규모 가족을 거느린 70대 할아버지가 되어 있었다. 아들들이 사업을 운영하고 있었고, 그는 대부분의 시간을 손자들과 어울리면서 보내고 있었다.

많은 사람이 나더러 망갈 싱에게 가서 이야기를 나누어보라고 강권하였다. 나도 그에 대해 큰 호기심을 가지고 있었다. 그에 대한 주변의 전설적인 평가는 인-파 분단 당시 그와 형제들이 국경을 넘기 전 가족 가운데 열일곱이나 되는 여자들과 아이들을 죽인 사실에 연유했다. 나는 그 이야기를 쉽게 믿을 수가 없었다. 여러분 같으면 가족과 아이들을 죽일 수 있겠는가? 도대체 그는 왜 죽였을까? 내가 그를 처음 만났을 때 그는 나에게 이야기하는 걸 완강히 거부했다. 처음에는 "대체 무엇 때문에 그 이야기를 다시 헤집자는 겁니까?" 하면서 거부했지만, 가족들과 상의한 후 이야기를 하기로 마음을 바꾸었다. 그가 마음을 바꾼 것은 분명 가족들이 그에게 간곡히 부탁을 했기 때문이다. 왜냐하면 가족들은 그가 너무 오랫동안 그 일에 대한 마음의 고통을 지니고 있다고 생각했다. 나는 지금은 가고 없는 가족에 대해 묻기 시작했다. 그는 다음과 같이 이야기했다. "우리는 잘 사는 가정이었습니다. 그때 사람들은 아이를 많이 낳았지요. 그래서 우리 가족은 여자도 많았고, 그들이 낳은 자식도 많았습니다. …… 아이도 많았고, 딸도 많았고 …… 조카도 많았고, 그 외에도 많았습니다. 그 큰 가족이 함께 행복하게 살아가고 있었으니 이 얼마나 좋은 일이었겠습니까."

그런데 도대체 왜 그와 형제들은 그들을 죽이기로 마음을 먹은 것일까? 망갈 싱은 살해당한 아이와 여자의 숫자가 열일곱이라는 사실에 대해서는 부인했다. 대신 그는 '순교'라는 단어를 사용했다:

우린 집을 떠난 뒤 마을을 둘러싸고 있는 강을 건너야 했습니다. 살아남기 위해서는 반드시 건너야 했습니다. 그때 우리 가족은 무척 많았습니다. 그런데 그 가운데 여자 몇 명과 아이들이 강을 건널 수가 없었습니다. 그래서 어쩔 수 없이 우리는 그 아이들을 죽였습니다. 순교자가 된 거지요. 우리 가족 안에서 열일곱이나 되는 목숨이……. 슬픔과 비통함에 가슴이 찢어졌습니다. 그 아이들 가슴이나 우리 가슴이나……. 그 후 우리는 슬픔을 안고 피난을 계속했습니다. 동전 한 닢도 없이, 빵 부스러기 하나도 없이 말입니다. 우리는 꼭 살아남아야 했습니다. 우리가 그렇게 하지 않았더라면 우린 모두 살해당했을 겁니다. 그땐 그랬습니다.

그 말을 듣고 난 물었다. 왜 여자와 아이들을 죽인 건가요? 그들은 살아남을 기회를 가져볼 필요가 없었나요? 그들은 도망칠 수 없었나요? 그러자 망갈 싱은 그 아이들이 스스로 목숨을 '바쳤다'고 했다. 그것은 죽음이야말로 앞으로 분명히 벌어지게 될 개종과 강간보다 선택할 만한 가치가 있었기 때문이라는 것이다. 그렇지만 그들은 정말 스스로 목숨을 바쳤을까? 공포를 느끼지는 않았을까? 내가 이렇게 묻자 그는 화를 내며 대답했다.

공포? 제가 한 말씀 드리겠습니다. 우리 시크라는 종족을 아시지요? 시크에게, 역경 속에 있는 우리 시크에게 공포라는 건 없습니다. (살해당한) 그 사람들에게 공포란 있을 수 없습니다. 그날 그 사람들 모두는 우리 집 큰 마당 앞으로 내려와 앉아 말했습니다. 저희는 모두 순교자가 될 각오가 돼 있으니 어서 행해주시라고 말입니다. 그러면서 우리는 그 일을 감행했습니다. 여기에는 **어린아이도 마찬가지였습니다. 그런데 공포를 가질 게 뭐가 있단 말입니까? 진정한 공포는 불명예에 대한 공포지요. 그 아이들이 만일 무슬림에게 잡혔다면 우리의 명예, 그들의 명예는 모두 송두리째 희생당하고 빼앗기는 겁니다. 문제는 누군가의 명예에 관한 겁니다. ⋯⋯ 누구든 자존심이 있으면 공포란 없는 겁니다.**(강조는 필자에 의함)

그렇지만 누가 자존심을 가지고 누가 공포를 느꼈단 말인가? 이 질문에 대해 망갈 싱은 답하기를 심히 꺼려하였다. 만약 그가 설명한 바를 믿는다면 가족 그리고 실로 그 공동체 전체가 감지한 그 거대한 위험은 다름 아닌 개종 때문에 있을 수도 있는 명예의 상실에 대한 것이었다. 폭력은 맞설 수 있는 것이지만, 개종은 그와는 또 다른 것이었다. 여러 측면에서 볼 때 그들이 걱정한 게 전혀 근거가 없지는 않았으니, 당시 대규모의 강제 개종이 양쪽 모두에서 일어난 것은 사실이다. 특히 시크에게 있어서 남자는 스스로를 지킬 수 있다고 생각했지만 여자는 그럴 수 없을 거라고 생각할 수밖에 없었다. 그들의 논리는, 남자는 싸우거나 여차하면 목숨을 버릴 수도 있고 기지와 힘을 발휘하여 위기를 모면할 수도 있지만, 여자는 힘이 없었다. 게다가 여자는 강간을 당할 수도 있고, 그러고 나면 다른 종교의 씨를 잉태할 수도 있다. 그렇게 되면 여자 개인이 더럽혀지는 것은 말할 필요도 없고, 그로 인해 공동체 전체가 오염될 수밖에 없었다. 그것은 여자가 '더러운' 아이를 생산하기 때문이었다. 남자는 스스로를 보호할 수 있지만 여자는—그리고 여자를 통한 전체 종족은—남자가 '보호할' 수밖에 없었던 것이다.

망갈 싱과 대화를 나눈 지 몇 년 후 나는 그 경우와 유사한 가족 폭력 사건을 찾기 위해 분단에 관한 신문 기사들을 뒤지기 시작했다. 영자 일간지 〈스테이츠먼Statesman〉 1947년 4월 15일자에 다음과 같은 이야기가 실려 있었다.

라왈삔디Rawalpindi의 토아 칼사Thoa Khalsa라는 작은 마을에서 여자 90명이 우물에 몸을 던졌는데, 이때는 당시 불길같이 번진 소요가 뻔잡 사람들의 상상을 극도로 자극할 때였다. 그들은 남자들이 여자들을 더 이상 보호할 수 없을 때는 자결하는 라즈뿌뜨Rajput 전통을 부활시켰던 것이다. 그들은 간디 선생이 이야기 한 바, 어떤 경우에는 자결이 굴복보다 더 선택할 가치가 있는 것이라는 조언에 충실한 것이기도 했다.

한 달 전쯤에 각목, 총, 수류탄 등으로 무장한 공동체 자경단이 마을을 에워쌌다. 마을 사람들은 할 수 있는 한 최선을 다해 스스로를 지켰지만 결국 백기를 들 수밖에 없었다. 곧 이어 협상이 있었고, 총 일만 루삐를 달라고 해서 바로 지불하였다. 그러자 침입자들은 다시 돌아오는 일은 없을 거라고 맹세를 하였다.

하지만 맹세는 다음 날 바로 깨져버렸다. 그들은 다시 돌아와 더 많은 돈을 요구하였고, 다투는 과정에서 40명이나 되는 사람을 난도질하여 죽였다. 마을 사람들은 중과부적이라 그 살육을 막아낼 수 없었다. 이때 여자들이 모여 긴급회의를 했고, 자신들은 명예를 제외하고 모든 것을 다 잃었노라고 결론을 내렸다. 그리고서는 90명의 여자들이 그 작은 우물에 몸을 던졌다. 살아남은 자는 단 세 명이었으니, 우물 안에는 빠져 죽을 만한 물조차도 남지 않았다.

뻔잡에서 종교공동체 사이에 발생한 폭력 사태에 관한 이 이야기는 사실 1947년 3월 즉, 인-파 분단 몇 개월 전에 일어난 일이다. 이달 초

라왈삔디 군 소재 많은 시크 마을이 아홉 날 이상(3월 6일부터 13일까
지. 몇몇 마을에서는 3월 15일까지 간헐적 공격이 계속되기도 했다.)
공격을 당했다. 그 공격은 인도의 비하르 주에서 힌두가 무슬림을 공격
한 데 대한 보복 차원이면서, 라호르에서 무슬림 정치지도자들이 행한
행동에 대해 시크 정치지도자인 따라 싱Tara Singh이 자극적인 발언으
로 도발을 하였기 때문이라고 말했다. 이 자리에서 어느 쪽이 우선 책
임을 져야 하는가를 따지는 일은 무의미할 것이다. 하나 분명한 사실은
일단 분단이 터지고 난 이후 두 공동체 즉, 힌두와 무슬림은 모두 상대
방을 공격하기 시작했다는 사실이다. 라왈삔디 군에서는 타말리, 토아
칼사, 마또르Mator, 나라Nara 그리고 그 외의 마을에서 공격이 줄을 이
었으니, 군대가 파견되어 생존자를 구하기 시작한 13일까지 계속되었
다. 어떤 마을에서는 소수만이 살아남기도 했고, 어떤 마을에서는 모두
가 몰살당하기도 했다.

　이 마을에서 살아남은 사람들로 구성된 한 작은 공동체가 델리의 장
뿌라와 보갈이라는 두 중산층 지역에 살고 있다. 내가 위에서 언급한
토아 칼사 마을의 '집단 자살'에 대해 좀 더 많은 것을 알 수 있었던 것
은 바로 이 사람들을 통해서였다. 그들은 이 역사에 대해 당당함을 주
장할 수 있었기 때문에 오늘날에 라왈삔디 출신 공동체 가운데서 다른
사람에 비해 좀 더 나은 위치를 구가할 수 있었을지도 모른다. 그들은
망갈 싱이 그랬던 것처럼 그 사람들에 대해 경외심과 존경심을 가지고
말하였다.

　이와 대조적인 사례를 이웃 마을 출신 두 형제의 경우에서 찾아볼
수 있다. 누이를 강간범에게 빼앗긴 그들은 뭔가 죄를 저지른 것처럼
사람들의 입에 오르내렸다. 분명한 것은 여성의 '희생'이 그 가족과 공
동체의 위상을 한껏 고양시킨다는 사실이다. 토아 칼사 이야기를 처음
들려준 사람은 바산뜨 까우르Basant Kaur 씨로 키가 크고 건장한 70대

여성이었다. 그녀의 말에 따르면 자신은 우물에 뛰어들었으나 살아남은 몇 사람 가운데 하나였다. 그녀가 살게 된 것은 죽은 사람이 우물에 꽉 차서 더 이상 물에 빠질 수가 없었기 때문이었다. 그녀와 인터뷰를 해서 채록한 긴 내용을 아래에 재구성한다.

바산뜨 까우르

'끊임없이 이 이야기들을 말합니다. ……'

제 이름은 바산뜨 까우르입니다. 남편 이름은 성聖Sant 라자 싱Raja Singh입니다. 우리는 3월 12일에 집을 떠나왔고 13일에 밖에 체류하게 되었습니다. 처음에는 우리 힘을 보여주려 하기도 해보았지만, 곧바로 무리라고 판단하고 멀리 떠나기 위해 참호 중간으로 피신을 하였습니다. 우리가 고향 토아 칼사를 떠난 게 12일인데, 사흘인가 나흘 동안 집에 갇혀 밖으로 나올 수가 없었습니다. 그나마 지붕을 통해 다니는 것은 가능해서 조금은 이동할 수 있었습니다. 우리 쪽 한 분이 총을 가지고 있었는데 그가 총으로 저쪽 사람 두셋을 죽이기도 했습니다. 그 와중에 전 시동생을 잃었습니다. 시동생은 저쪽에서 쏜 총에 맞고 죽었지요. 총에 맞자마자 바로 죽더군요. 그래서 우리도 총을 휴대하기로 했습니다. 사방에 총성이 울렸고 싸움이 격해지면서 결국 우리는 그들의 적수가 될 수 없었습니다.

당시 제겐 시숙이 한 분 계셨는데, 아들 하나를 두고 있었습니다. 그 조카가 계속해서 제게 아편을 물에 타 마시라 하더군요. 그리고 시숙은 당신의 어머니, 누이, 아내 그리고 삼촌을 죽였습니다. 제 딸도 그때 죽었습니다. 그리고 우리는 마을에 있는 참호 속으로 들어갔습니다. 우리는 모두 집을 버리고 마을 가운데에 있는 촌장 랏자완띠Lajjawanti의 집에 모였는데 그 집에 우물이 하나 있었습니다. 촌장 랏자완띠의 남편은 몇 해 전에 죽었지만 부인과 집안의 몇몇 여자가 그 집을 지키고 있었고 아이들도 몇 있었습니다. 그들은 모두 밖으로 나와 우리와 회의를 했지요. 우리는 거기서 무슬림으로 개종하느니 차라리 죽겠다고 했습니다. 그래서 모두에게 아편이 조금씩 나눠졌고 나에게도 가지고 있으라고 했습니다. …… 내가 위층으로 올라갔다가 내려왔을 때 거기에 내 남편, 시숙의 아들, 시누이와 그 딸들, 시숙, 내 손자들과 손녀 셋이 있었습니다. 그들은 모두 살해당했고 그래서 무슬림의 손에 넘어가는 일은 벌어지지 않았지요.

그 와중에 우리 마을에서 온 처녀 하나가 무슬림에게 끌려갔습니다. 그 아이는 예뻤지요. 모두들 그자들이 아이 하나를 끌고 갔으니 이제 나머지 처녀들을 모두 끌고 가지 않을까 두려워했습니다. …… 그래서 우리는 여자아이를 모두 죽이기로 결정했습니다. 제 시숙의 이름은 하르반스 싱Harbans Singh인데, 시숙은 자기 아내를 죽이고 차례로 딸과 아들을 죽였습니다. 그때 시숙의 아들은 태어난 지 고작 8일밖에 되지 않은 젖먹이에 불과했습니다. 그러고 나서 시누이가 죽었고 그 아들과 딸이 차례로 죽었습니다. 그리고 3월 14일에 우리는 젤럼Jhelum 강으로 갔습니다. 차 몇 대가 와서 우리를 그리 데려다주었지요. 우리는 강가에서 한 달 정도 머무른 뒤 델리로 왔습니다.

델리에는 제 형제가 네 명 있었습니다. 형제들이 난민촌에 대한 신문기사를 읽고 이곳으로 와 우리를 찾았습니다. 시간이 흐르면서 아이들은 자라고 이런저런 일들은 이내 자리를 찾아갔습니다. 제 부모님은 타말리 출신입니다. 그곳에서 온 사람 가운데 살아남은 분은 아무도 없는 것 같습니다. 구르미뜨Gurmeet 씨 가족의 경우에는 두 딸을 무슬림에게 빼앗겼습니다. 죽었는지 어디로 끌려갔는지 알 수가 없습니다. 사체가 발견되지도 않았고……. 어떤 사람은 이렇게 죽고, 어떤 사람은 저렇게 죽고, 또 어떤 사람은 여기에서 죽고, 어떤 사람은 저기에서 죽고, 또 어떤 사람은 행방을 알 수가 없고. 제 부모님은 산 채로 타 죽었습니다.

사람 사는 마을이던 그 지역 전체는 정글과 다름없었습니다. 제 형제 가운데 하나는 누이를 데리고 살아서 왔습니다. 그 둘은 어떤 무슬림의 도움으로 목숨을 건졌다고 합니다. 가끔은 좋은 사람도 있잖아요, 그 사람들이 도운 거지요. 그 무슬림은 두 사람을 집 안 깊은 곳에 숨겨 줬다고 합니다. 그리고 두 사람을 군에서 나온 차에 태웠지요. 그 군용 차는 마또르 등 몇 군데를 다녔는데 마또르에서 샤흐 나와즈Shah Nawaz 가 아무 걱정하지 말라고 안심을 시켰습니다. 나라Nara에서 온 사람들 은 간신히 도망칠 수가 있었습니다. 그런데 도망쳐 오는 도중에 모두 살해당했습니다. 그 사실을 제 형제들이 신문을 읽고 알게 되었습니다. 제 남편은 딸, 조카딸, 자매 그리고 손자를 죽였습니다. 모두 칼로 베어 죽였습니다. 제 시숙 아들은 어머니, 아내, 딸, 손자, 손녀를 죽였습니 다. 모두 총으로 쏴 죽였습니다. 그리고 제 시숙은 몸에 휘발유를 끼얹 고 불 속에 뛰어들었습니다.

수도 없이 많은 처녀가 죽어나갔습니다. 이때 랏자완띠 모친 집 마 당에 우물이 하나 있었습니다. 그리로 우리 모두가 뛰어든 거지요. 100 명의 …… 84명의 처녀, 총각 모두 다 있었는데, 총각들은 이제 다 커서 어린아이 티를 벗어났었지요. 그때 저도 뛰어들었습니다. 전 두 아이를 안고 뛰어들었습니다. 그때 제겐 보석 몇 가지가 있었는데, 귀걸이도 있었고 팔찌도 있었지요. 14루삐도 가지고 있었습니다. 이 모든 걸 우 물 속에 던져버리고 뛰어들었습니다. 그런데 …… 이건 딴두르에서 로 띠를 굽는 것과 같아서 꽉 차버리면 맨 위에 것은 구워지지 않아 빼내 야 하는 상황과 마찬가지였습니다. 우물이 꽉 차버려서 우리는 물에 빠 질 수가 없었고, …… 아이들도 살아남았지요. 얼마 후에 네루가 그 우 물을 보러 갔어요. 영국인들은 시체로 가득 찬 그 우물을 폐쇄시켰는데 빠탄Pathan 사람들이 우물 위에서부터 죽은 사람을 꺼냈습니다. 죽고, 죽고, 또 죽고 그러다가 살아남은 사람이 있기도 했는데, 모두 끄집어 냈습니다. 그리고 그 사람들은 갔습니다. 그래서 우리 마을에 남은 사 람 모두는 목숨을 구한 겁니다. 어디론가 가버린 처녀 한 사람을 제외하고 말입니다.

저는 겁에 질렸습니다. 물론 저는, …… 우리 모두는 무슬림에게 잡혀갈까 봐 겁에 질렸던 겁니다. 우리 마을에 있던 우물로 처녀들은 이미 뛰어들었습니다. 한밤중에 그들은 우물에 뛰어든 겁니다. 이런 일은 참호에서도 마찬가지로 일어났습니다. 우물 안으로 뛰어든 100명의 …… 84명의 여자들은 모두 랏자완띠 모친의 집에서 약 200야드 떨어진 곳에서 온 외부 사람들이었습니다. 참호 안에서는 랏자완띠 모친의 집으로 모두 모였습니다. 모친은 나이가 70에서 75세쯤 된 분으로, 키가 크고 건장했습니다. 모친은 여자들을 모두 도와주고 난 후 자신도 우물로 뛰어들었습니다. 참호 안에서 수없이 많은 사람이 살해당했는데, 무슬림은 또 다른 사람을 죽이기 위해 지붕을 타올랐고, 그리고서는 총으로 사람들을 죽이려 했습니다. 그 가운데 한 사람이 제 시숙의 가슴에 총을 쏘았고, …… 그리고 우리가 우물로 뛰어들기 시작한 겁니다. 다른 사람들은 저희보다 더 일찍 죽었고, 저희는 참호 안에 있었는데 그때 우물은 랏자완띠 집에서 약간 떨어진 마당 안에 있었습니다. 그곳에 우물이 두 개 있었는데 하나는 안에 있었고 하나는 밖에 있는 마당에 있었습니다. 제 시누이와 시누이의 딸은 모두 거기 눕혀져 있었습니다. …… 거기에서 가까운 곳에 바가지가 하나 있었습니다. 제가 바가지에 아편을 녹였습니다. 그리고서는 그걸 두 사람에게 먹였습니다만 그녀는 결국 죽었습니다. 아마 내 생각에 마을 개들이 시체를 뜯어먹었을 겁니다. 우리는 어떤 식으로도 그분들 장례를 치를 수가 없었지요. 한 시간 정도 있으니 트럭이 도착했습니다. …… 딱 한 시간 정도 후에 말입니다.

시누이는 성구를 읊으면서 자기를 던지지 말고 아편을 먹여달라고 했지요. 시누이는 신의 이름을 부르면서 죽었습니다. 우리가 아편을 가지고 있었던 것은 제 시숙 아들이 가끔 아편을 먹었기 때문입니다. 그 시숙 아들이 아편을 자기도 갖고 다른 사람에게도 모두 나눠준 거지요. 시숙 아들, 그 며느리 그리고 그 딸은 나중에 젤럼 강에서 죽었습니다. 3월 15일인가 그때 우리는 디니아Dinia 난민촌에 가고 있었습니다. 난민촌은 젤럼 강과 가까이 있었지요. 우리는 나흘 동안 그들과 싸운 후 강하게 살아남았고, 12일쯤에 참호에 도착했습니다. 13일에 우리 사람들이 죽었고 그러고 나서 트럭이 저녁에야 도착해 우리를 라와뜨Rawat라는 한 마을에 데려다준 겁니다.

그들은 우리를 그곳(우물)에 데려다주었습니다. 거기로부터 …… 거기에는 정말 아무것도 없었습니다. 먹을 것도 아무것도 없고, 몇 사람은 어떻게 해서든 연명할 수 있었지만 아이들에게 먹일 거라고는 정말이지 아무것도 없었습니다. …… 제 수중에는 기껏 잔돈 몇 푼밖에 없었습니다. 제 아들 수중에는 2안나[21]가 있었는데 우리는 그걸 요긴하게 사용할 수 있을 거라고 생각했습니다. 제 형제의 아이들도 마찬가지로 굶주리고 있었습니다. 그런데 그 사람들이 그 돈은 다 찢어져 사용할 수가 없다는 것이었습니다. 저는 그 어려운 가운데, 먹을 것도 아무것도 없고, 허기는 채워야 하는데……. 통곡하지 않을 수 없었습니다. 이제 그 사람들 모두 귀부인이 되어 있을 텐데……. 그 많은 사람들, 시숙, 아이들……. 그땐 제가 가장 어렸지요. 이제는 다 커서 저는 집 안에 앉아 있고 제 아이들이 나가서 일을 합니다. 그리고 제가 이 이야기를 들려주고 있는 겁니다. 이게 이야기의 전부입니다. 이제 당신이 이 이야기들을 기력이 다할 때까지 다른 사람에게 알려주길 바랄 뿐입니다.

---

21) 옛 화폐 단위. 1/16루삐―옮긴이

*

　그들은 그 여자 이야기를 듣지 말라고 했습니다. …… 우리는 보갈에서 일어난 3월 13을 순교의 날로 정했습니다. 구르미뜨가 뭐라고 합디까? 타말리에 대해 뭐라고 하던가요? 타말리는 제 부모님 고향입니다. 부모님은 어린 소녀들을 멀리 보냈습니다. 우리 고향에는 힌두 사원이 하나 있고 시크 사원도 하나 있지만 이슬람 사원은 없었습니다. 무슬림은 모두 외부에서 온 사람들입니다. 타말리에는 무슬림이 조금 있긴 했어요. 모두 밀이나 콩과 같은 곡물을 빻는 사람들이었습니다. …… 그 사람들도 우리 풍습에 일부 참여하곤 했습니다. 그건 일종의 의례적인 거였는데, 특별히 하는 것은 없었고 단지 우리 소금을 먹는 거였지요.

　제 남편요? 제 조카가 그 사람을 죽였지요. 처녀들, 자기 딸, 누이, 손자 손녀 모두 칼로 죽였고, 제 시숙 아들이 총으로 자기 어머니, 삼촌을 죽였고……. 그리고 제 조카가 제 남편을 총으로 쏴 죽였지요. 그 조카에게는 한 살 반박이 어린 딸이 하나 있었는데 그 아이도 총에 맞았지요. 그래요, 제 남편은 말씀드린 대로 제 조카 손에 죽었어요. 그건 제 남편이 조카에게 자기는 죽어도 무슬림이 되기 싫다고 해서였어요. 생각해보세요. …… 사람들은 만 오천에서 이만에 이르고 총은 딱 네 자루밖에 없는데 …… 그 총도 그 사람들이 가져가버렸지요. 이와 똑같은 일이 타말리에서 일어났어요. 사람들은 무기를 모두 걷었습니다. 그리고선 그걸 가지고 가야 했습니다. 그래서 죽인 거지요. 제 조카는 젊고 힘이 강한 청년이었습니다. 제 시숙 아들은 가게를 몇 개 가지고 있었지요. 불에 타 죽은 사람의 아들이 아니라 그 위에 큰 시숙 아들이요. 저는 시숙이 여덟이나 있었어요. 이 아이는 일을 치른 뒤 결국 나중에 총으로 자살을 했습니다. 제 아들 하나는 아내, 딸 그리고 어린 아들을 죽였어요. 시숙 한 분이 자기 아들이 살고 있던 랑가바드Rangabad로 오셨는데, 그분이 불에 타 죽은 분이고, 맨 위 시숙은 일이 돌아가는 정황을 모두 지켜본 채 아무 말도 하지 않고 있었습니다. 사람들은 그가 아들이고 딸이고 자식이 아무도 없으니 죽일 필요가 없다 했지요. 제 시숙 가운데 자식이 없는 분은 두 분이었습니다. …… 이 모든 일이 먼저 일어났고, 그 뒤에 우리가 우물에 뛰어든 겁니다. 이 모든 일이 일어나고 나서, 일부는 12일과 13일에 벌어졌고, 이윽고 밤이 왔고, 그리고 군부대 트럭이 와서 우리를 데리고 갔습니다. 우물에서 끄집어낸 사람은 모두 네 명이었습니다. 군인들은 그 네 사람을 팔을 잡아 위로 끌어올렸습니다. 그 무슬림들이 말입니다. 넷 가운데 하나는 정말로 예뻤는데, 자식이 여덟이나 있었습니다. 그 여자는 아이들을 우물 속으로 던지고 나서 뛰어들었는데 결국 자기만 살아남았지요. 보세요, 이제 이해하시겠습니까? 빠지는 사람이 하도 많다 보니 물이 더 이상 차오르지 않았던 거고 그러다 보니 맨 위쪽에 있던 사람은 살아난 거지요. 아내, 손자, 며느리, 브라만(우리 마을엔 높은 카스트가 좀 있었지요), 브라만 여자, 그 자식…… . 나중에 네루가 마을을 방문했습니다. 그가 통곡을 합디다. 그리고서는 그 우물을 폐쇄시켰습니다. 그리고 얼마 후 군대가 와서 다시 개방을 했지요. 그 후 몇 개월이 지난 후 저는 델리로 건너왔습니다. 디니아 난민촌에서 제 오라비들이 저를 데리고 온 거지요. 제 오라비들은 여기 살았습니다. 트럭을 몰곤 했지요.

우리 마을에는 무슬림이 조금 살았습니다만 우리 사이엔 아무런 문제도 없었습니다. 함께 살았으니 서로 결혼도 했고, 서로를 돌보면서 꽤 사이좋게 살았습니다. 우리 마을 옆에 있는 띠하이Tihai, 사인타Saintha, 사디옥Sadiok, 삿다Sadda 같은 작은 마을에도 무슬림이 살았습니다. 저는 뻬샤와르에서 태어났는데 결혼은 토아 칼사에서 하고 이곳 타말리로 온 것은 제가 열아홉인가 스무 살 때 일입니다. 제 아버지가 살해당할 때 그분 연세는 아흔이었습니다. 제 아버지는 은퇴를 하시고 타말리에 계셨는데 연금을 오랫동안 받고 계셨지요. 약 40에서 45루삐 정도였는데, 1947년 직전에 90루삐로 훌쩍 뛰었어요. 제 아버지가 말씀하시길 "아이들이 모두 다 떠나고 남은 건 너밖에 없다. 그러니 이제 너도 가거라." 하셨습니다. 저는 그럴 필요 없다고 하면서 언제든 갈 필요가 있으면 갈 테니 걱정하지 마시라고 했습니다. 그리고선 우리 둘은 잘 살았었지요. …… 이젠 제가 연금을 받고 있습니다. 그런데 제 연금이 아니고 제 남편 명의지요. 제가 왜 거짓말을 하겠습니까?

우리가 참호 안으로 가지고 온 것은 설탕 네 포대, 대추 두 포대, 땅콩 몇 포대뿐이었습니다. 아시다시피 우리는 시장에서 도매상을 하던 터라 설탕이나 쌀 같은 물건은 산더미로 쌓여 있었지요. 우리 집에서 12마일 정도 떨어진 곳에 젤럼 강이 흐르고 있었습니다.

우리 마을에 힌두는 약 삼사십에서 오십 가구 정도가 살고 있었고 나머지는 시크였습니다. 그중 브라만 가구는 이십에서 이십오 가구 정도 되었는데, 토아는 상당히 큰 마을로 작은 도시 같았습니다. 힌두는 자기 일을 가지고 있었습니다. 가게, 옷 가게 등이 있었는데 수백 개는 되었습니다. 서로 주고받는 체제였지요. 시크는 모두 캇따르kattar[22] 시크였는데, 마하라자 란지뜨 싱Maharaja Ranjit Singh[23] 시대부터 땅을 가지고 있었습니다.

그러다가 폭력의 물결이 일기 시작했습니다. 그것은 라왈삔디와 라호르로부터였습니다. 그때는 마치 금세 모든 것을 끝내버릴 것 같은 기세로 오늘 다 끝장을 보자고 했습니다. 폭력은 라왈삔디에서 시작하였으나 살해당한 사람은 없었습니다. 살해자가 나온 것은 모두 마을에서였습니다. 내가 알기로 첫 사고는 라와뜨에서 일어났는데 그곳은 말과

---

22) 원칙에서 타협을 거부하는 근본주의자—옮긴이
23) 18세기 뻔잡 지역을 통치한 시크 왕국의 왕—옮긴이

바산뜨 까우르

당나귀를 사고파는 위원회(즉, 시장)가 들어서던 곳이었습니다. 당신은 위원회라는 게 뭘 하는 존재인지 모릅니다. 그건 장이라서 많은 사람이 라와뜨에서 멀리 떨어진 곳에서부터 말과 당나귀를 팔려고 모여들었습니다. 거기에는 방범대도 있었습니다. 폭력이 쪼아Choa, 타말리, 나라, 베왈Bewal에서 발생했습니다. 사람들은 그곳에 아무도 남지 않았는데, 모두 무기를 가지고 가버렸지요. …… 우리에겐 총 네 자루가 있었는데, 떠난 사람들이 모두 가지고 가버렸습니다. 그런데 다른 두 사람에게 총이 두 자루가 더 있었던 겁니다. 그중 한 사람은 노비이고 또 한 사람은 군대에서 휴가 나온 사람이었습니다. 라와뜨에서부터 문제가 벌어지더니 라왈삔디로 옮아갔고, 그리고 우리 마을로 온 것입니다.

*

여성을 납치하고 강간하는 것, 몸의 일부를 절단하는 것, 납치된 여성의 성기에 다른 종교의 상징을 문신으로 새겨놓는 것, 이런 행위는 범세계적으로 저주받아오고 있다. 그렇지만 아무도 가족 구성원 누군가에 의해 자행된 폭력에 대해서는 언급하지 않는다. 가족들도 언급하지 않고 그렇다고 국가가 언급하는 것도 아니며 역사가들도 마찬가지다. 같은 군에 속하는 타말리에서 살아남은 사람인 구르미뜨 싱은 그 상황을 다음과 같이 말했다.

3월 12일 밤 새벽 네 시가 되자 우리는 그곳을 떠났습니다. 제 가족을 비롯하여 모든 사람이 구루드와라에 모였고, 그곳에 보초를 몇 명 세워두었습니다. 우리는 그 보초들에게 젊은 여자는 모두 죽이라고 시켰고 구루드와라 측에는 시체에 기름을 부어 불로 다 태우라고 했습니다.

이 결정은 우리 스스로 내린 겁니다. 우리는 도무지 어찌 할 수가 없었습니다. 수많은 사람이 모였고, 완전히 포위당했습니다. 주위를 둘러보면 보이는 거라곤 사방에 인산인해밖에 없었습니다. …… 시선을 어디에 두어도 보이는 건 사람밖에 없었지요. 결국 누구든 질릴 수밖에 없지요. …… 사람들은 서로서로 위로하러 모였습니다만, 이내 우리가 할 수 있는 게 아무것도 없다는 걸 깨달았습니다. 우리에겐 무기도 없고, 우리가 가지고 있던 것도 모두 다 그들이 빼앗아 가버렸지요. 그런 상황에 구루드와라 안에서 결정을 내린 겁니다, 젊은 여자는 모조리……. 두세 명이 그들을 다 없애버리는 일을 맡았습니다. 구루드와라 안에 있는 사람들에게는 시체를 모두 불에 태우도록 하였고……. 우선 우리는 젊은 처녀를 모두 우리 손으로 친히 죽였습니다. 구루드와라 안에서 그 위에 등유를 뿌리고 불을 질렀습니다. …… 여자들과 아이들이 갈 수 있는 데라 곤 아무 데도 없었잖아요?

해를 거듭하면서 나는 이 이야기를 남성이든 여성이든 관계없이 더욱 더 많은 사람에게 전했는데, 그런 가운데 이런 반응을 또 접하게 된 것이다. 위에서 언급한 〈스테이츠먼〉 기자가 전했던 어조는 종교의 순결을 '지키기' 위해 수백 명의 여자들이 스스로 '순교하였다'고 하는 어조와 거의 같았다. 우리는 바산뜨 까우르를 만나고 얼마 후 그녀의 아들 비르 바하두르 싱을 우연히 만나게 되었다. 비르 바하두르 싱은 토아 칼사에서 일어난 그 공동체 폭력 사건에 대해 더욱 자세한 이야기를 들려주었다.

굴랍 싱Gulab Singh 집안에는 스물여섯 명의 처녀가 있었습니다. 맨 먼저 제 아버지인 성 라자 싱Sant Raja Singh이 당신의 딸을 친히 죽이려 마당으로 데리고 와 먼저 기도하였는데, 아버지는 "진실의 왕이시여 우리는 시크 정신을 더럽히는 걸 허용하지 않고 그 정신을 구하기 위해 우리 딸을 제물로 바치나니 그들을 순교자로 받아주시고 부디 우리를 용서하소서."라고 했습니다.
그때 우리 마을에서 꿀리 일을 하던 남자 하나가 앞으로 나오더니 …… 제 아버지 발에 손을 대는 예를 갖추고 난 후 말하기를, 형님, 저를 먼저 죽여주십시오, 저는 무릎을 다쳐 멀리 도망을 갈 수 없으니 그렇습니다. 무슬림들이 저를 잡아다가 무슬림으로 만들 겁니다. 그 말을 듣고 제 아버지는 바로 칼을 뽑아 그를 내리쳐 목을 벴습니다. 그때 난드 싱 디르Nand Singh Dheer가 제 아버지에게 말하기를, 저부터 먼저 죽여주시오. 제 아들들이 라호르에 살고 있는데 …… 제가 무슬림들에게 제 수염을 깎게 하고 절 무슬림처럼 해 라호르에 가라고 하시겠습니까? 그러니 저를 죽여주십시오. 그러자 아버지가 그를 죽였습니다. 아버지는 둘을 죽였지요. 그 다음은 제 누이인 만 까우르Maan Kaur였습니다. 누이는 아버지 앞에 와 앉았고 저는 아버지 다음 자리에 섰습니다. 아이들이 늘 그렇듯 아버지의 꾸르따를 손으로 잡고 아버지에게 딱 달라붙어 서 있었습니다. 그런데 아버지가 칼을 휘두를 때, 아마 어떤 의심이 생겨서 그랬는지 아니면 두려워서 그랬는지, 칼이 제 누이의 두빳따[24)에 걸려버렸습니다. 왜 그랬는지는 아무도 모릅니다. 그 모습은 정말 공포 그 자체였습니다. 그러자 누이가 자기 손으로 두빳따 주름을 떼어내고 칼을 앞으로 잡아 뺐습니다. …… 아버지는 당신 손으로 딸의 두빳따를 한쪽으로 치우고선 다시 칼을 휘둘러 목을 벴습니다. 목은 떨어지더니 멀리 굴러갔습니다. 나는 아래층으로 기어가 흐느껴 울었고 오랫동안 칼을 휘두르는 규칙적인 소리를 들었습니다. 그러면서 스물다섯의 처녀가 죽어나갔습니다. 칼로 목이 잘려서 말입니다. 제 큰아버지 며느리는 그때 임신 중이었는데 …… 어쨌든 그녀는 살려줬는데 나중에 그 남편이 총으로 쐈습니다. …… 그런데 죽지 않았습니다. 그녀는 뱃속에 아이가 들어 있다고 했고, 자기는 살아남지 않겠으니 제발 죽여 달라고 애원했습니다. 그녀는 배에 구멍이 나 거기서 피가 줄줄 흘렀습니다. 그러자 제 어머니와 삼촌이 그 곁에 같이 앉았고, 하르남 까우르Harnam Kaur—그녀의 이름이 하르남 까우르입니다—가 아편을 좀 달라고 했습니다. 당시에는 사람들이 종종 아편을 복용하곤 해서 우리는 아편을 구해주었습니다. …… 바가지에 아편을 침으로 녹여주었습니다.

---

24) dupatta. 뻔잡 사람들이 입는 웃옷 위에 걸치는 머플러 같은 덮개—옮긴이

······ 그녀는 자쁘지 사힙 빠트[25)]를 낭송했는데 낭송을 마칠 때 목숨도 같이 끝났습니다. 마치 그녀가 완벽하게 준비를 한 것처럼 말입니다. 그렇게 할 수 있는 사람이 몇이나 되겠습니까? 그녀는 죽음을 조절했던 겁니다. 자신이 죽음을 원했을 때 그 죽음이 일어난 겁니다. 거의 30분간 기도문을 낭송했습니다. ······ 30분이 지나면서 그녀가 마지막 구절을 부르고, 동시에 그녀도 끝났습니다. 그녀는 스스로 죽을 걸 알았던 겁니다. ······ 죽음에 대한 그 완벽한 조절······.

나중에 비르 바하두르 싱도 우물 사건에 대한 증언을 해주었는데 이 사건은 그들의 '명예'가 시험대에 오른 것이라기보다는 스스로의 목숨을 끊기 위해 우물에 몸을 던진 것이다. 이 사건은 요즘 텔레비전 영화 따마스[26)]에 등장하여 키가 훤칠하고 건장한 뻔자비 여성들이 줄줄이 종교를 위해 자랑스럽고 결연하게 우물에 몸을 던지는 장면이 방영되면서 완전히 성스러운 상징으로 의미가 굳혀졌다. 그렇지만 생존자들이(대부분이 남성임) 전하는 것은 이 비극적 죽음 가운데 '영웅적'이고 '용감한' 측면만 다시 강조되는 경향이 있다. 이는 다음과 같은 비르 바하두르의 말에서도 찾아볼 수 있다.

······ 우물에서 사르다르니[27)] 굴랍 까우르Gulab Kaur 씨께서 말하기를, 나도 그 자리에 있었는데, 진실의 왕이시여 저희가 저희 여자애들을 구할 수 있게 해주소서, 라고 했습니다. ······ 스물다섯 명

---

25) japji sahib path. 시크교의 성전인 아디 그란트Adi Grant에 실려 있는 기도문—옮긴이

26) Tamas. 문자적 의미로는 '암흑'. 비슈마 사히니Bishma Sahini의 동명 소설을 극으로 만들어 1988년 1월부터 6회에 걸쳐 텔레비전에서 방영되었다. 인-파 분단 과정에서의 혼란을 그린 이 영화는 당시 큰 논란을 불러일으키면서 화제가 되었다.—옮긴이

27) sardarni. 시크 여성을 높여 부르는 칭호. 남성은 사르다르sardar라 부른다.—옮긴이

의 처녀가 죽은 사건은 이미 벌어졌고 …… 그래서 그녀는 성 라자
싱이 자신의 딸과 집안의 다른 여자들을 죽인 사실을 알고 있었고
…… 이제 남은 사람은 그 목숨을 빼앗지 않고, 다른 곳으로 빼앗길
것을 허락하는 걸 의미하는 것입니다. 그래서 우물에서는 그들끼
리 이야기를 나눈 후 결정을 하였습니다. 그들은 목이 마르니 물을
좀 달라고 하였고, 이에 무슬림들이 그들을 우물로 데리고 갔습니
다. …… 그때 나는 엄마와 함께 앉아 있었고, 스물다섯이 죽은 사
건은 이미 벌어져버린 뒤였습니다. 랏자완띠 모친이 우물가에 앉
아 있었는데—이분이 사르다르니 굴랍 까우르라고도 불린 분이지
요—두 마디를 하더니 우물에 몸을 던져버렸고, 그 뒤를 80명 정도
가 따른 겁니다. 우물은 완전히 꽉 차버렸습니다. 아이가 여섯이나
있는 바산뜨 까우르라는 여자도 우물에 뛰어들었습니다. 그런데
그녀는 살아남았습니다. 그녀는 네 차례나 우물에 뛰어들었지만,
이미 우물은 꽉 차버린 뒤였습니다. …… 그녀는 뛰어들었다가 나
오고 또 뛰어들었다가 나오고……. 그녀는 자기 아이들을 쳐다보
았겠지요, 그리고 자기 자신도……. 그녀는 현재 살아 있습니다.

대부분의 마을에서 침략자와 희생자 사이에 모종의 협상이 일어난
것은 분명하다. 이 시기 타말리에서 살아남은 또 한 사람인 꿀완뜨 싱
Kulwant Singh은 (두 공동체 사이에) 회합이 있었고 거기에서 '우리는
손을 뗀다'는 내용으로 서로 양해가 이루어진 것으로 기억했다. 꿀완
뜨 싱에 의하면, 협상금은 만 육천에서 삼만 루삐 정도였고, 모든 무기
를 내려놓는 것이었다. 협상이 타결된 후, '밤이 되자 그들이 총을 쏘기
시작하였고, 우리 자매들과 딸들이 그들의 명예와 가족과 친지를 그리
고 신조를 지키기 위해 스스로 순교하기 시작했으며 이런 상황 속에서
우리 여자들과 아이들이 살해당했던 것이다. 구루드와라에는 시체만이

그득하게 쌓였다.' 자기 가족과 공동체에 의해 살해된 여성과 아이들의 수가 얼마나 되는지 기록해놓은 것은 존재하지 않는다. 여성이 납치당한 것과는 달리 이 사람들은 죽은 아이와 여자의 숫자를 보고하지 않았다. 그것은 그들 스스로가 그 죽음에 책임이 있었기 때문이다. 여성이 납치당한 경우에는 침묵의 영역으로 들어가지만, 가족에 의해 살해당하거나 스스로 목숨을 끊은 경우에는 순교의 영역으로 들어갔다.

이러한 종류의 집단 자살 혹은 자기 가족에 의한 살해에 관한 이야기는 그 수를 헤아릴 수 없을 정도로 많다. 그로부터 반세기가 지난 오늘날, 이에 관한 여러 가지 이야기가 살아남아 전해지고 있는데, 시크교도의 용감하고 남성다움으로 그리고 종교를 위해 '기꺼이' 목숨을 '포기한' 시크 여성 영웅주의의 사례로 추앙받는다. 이때 죽은 것은 여성이고, 여성의 목숨을 희생하기로 결정한 것은 남성의 공이 된다. 그리고 그 죽음은 용맹의 행위로 이해된다. 왜냐하면 그로 인해 그들을 죽음보다 더 나쁜 운명으로부터 구해주었기 때문이다. 구루드와라에서 열리는 추도 의례에서는 이 사건들이 해마다 모든 남성, 여성, 아이들에게 반복 또 반복하여 널리 알려진다. 그리고 여성들에게는 한 우물 안에 다 함께 몸을 던진 자매들의 용맹함과 희생정신을 기억할 것을 고취시키고 있다. 만일 자기 종족이나 종교가 위험에 처한다면 너희들의 의무는 분명하다고 가르치고 있다.

인-파 분단 시기에 이렇게 죽은 수많은 여성의 '희생'은, 〈스테이츠먼〉에 실린 기사와 같이, 전쟁에서 남편을 잃은 여성이 집단 자살을 한 라즈뿌뜨 여성의 극단적 '희생'과 비견되곤 한다. 이 두 종류의 자살을 거의 직선으로 연결하는 게 그리 이상한 것은 아니다. 여성의 순교에 대해 말하는 것은 거의 항상 죽은 여성이 치른 대가 위에서 살아난 여성에 의해 이루어진다. 그리고 설사 어떤 종류의 직접적인 저주가 없다할지라도 살아남은 여성은 종교를 구하기 위해 자신을 '바친' 여성에 비해 열등하게 취급받는 측면이 있다. 토아 칼사에서 90명이 집단 '자살'한 뒤에 남겨진 여성이 있었는지 질문했더니 비르 바하두르 싱은 다음과 같이 대답했다.

그럼요, 아직도 그 마을에 남아 있는 사람은 많습니다. 우리 집안 여자는 대부분 우물에 뛰어들어 죽었지만 다른 사람은 살아남았지요. 그것은 여자들이 자살하는 걸 무슬림들이 직접 봤기 때문입니다. 스스로를 희생한 여자들……. 만일 우리 집안 여자들이 죽임을 당하지 않았더라면 그리고 우물에 뛰어들어 스스로 목숨을 끊지 않았더라면 산 채로 남아 있는 그 사람들은 오늘날 살아 있지 못했을 겁니다.

'산 채로 남아 있는 그 사람들은 오늘날 살아 있지 못했을 것이다.' 분명히 비르 바하두르 싱에게는 다른 많은 남성과 마찬가지로, '살아 있다'는 어휘가(여성과 관련이 있는 만큼) 문자 그대로의 의미와는 아무런 관련을 갖지 못하였다. 만약 다른 사람들이 자기 목숨을 '포기하지' 않았다면 그 여성들에게 무슨 일이 일어났겠는가? 두고 보고 말 것도 없이 강간당했을 것이고 아마 납치돼서 추가 폭력을 당했을 것이며 거의 확실하게 개종을 당했을 거라고 믿는 것이다. 이런 일들은 죽는 것과 전혀 다르지 않다. 그렇지만 몇몇 여성의 희생은 다른 사람의 목숨을 건졌다. 여성뿐만 아니라 남성도 마찬가지로. 이 말에 줄곧 내포되어 있는 의미는 그러한 지고의 희생이 내는 힘은 침입자를 겁에 질리게 한다는 것과 침입자가 일단, 여성들이 얼마나 강하고 공동체의 명예를 보존하려는 뜻이 얼마나 결연한지를 보게 되면서 그 엄청난 힘에 굴복하였다는 것이다. 그리고 여성들이 보여준 그 지고의 희생은 단순히 목숨을 잃은 것뿐이지만—혹은 그 목숨을 영원불멸의 순교와 맞바꾼 것이지만—이를 통해 공동체는 명예를 유지할 수 있게 되었다는 것이다. 이러한 설명은, 공동체의 명예라는 것은 여성들이 당하는 것을 용인하지 않는다는 사실 위에 놓여 있다는 전제 아래 가능하다. 정상적인 때는 남성이 여성의 성性을 지켜주는 책임을 다함으로써 바로 그 명예를 지키는 수호자가 될 수 있다. 하지만 비정상적인 때에 남성이 외부 침입에 대해 복수하고 그들의 명예를 지키는 가장 좋은 길은 여성이 당하지 않도록 하는 것이다.

비르 바하두르는 이렇게 말했다. "제 아버지께서 첫 발자국을 뗀 겁니다. 그리고 나머지는 사르다르니 랏자완띠 …… 모친 랏자완띠께서 자신을 희생함으로써 다른 모든 사람을 구한 겁니다. …… 이것이 처녀들을 백 명 가까이 만들어낸 거지요."

그렇지만 일이 항상 분명하게 처리되는 것은 아니다. 그것은 그로 인해 그들 자신을 구해주었건만, 그 일로 인해 여러 가지 논란이 발생하기 때문이다. 그렇지만 그 어떤 경우에라도 공통점은 여성을 처리 가능한 물건으로 취급하였다는 것이다. 협상이 이루어진 많은 마을에서 보통 여성들은 자유를 얻기 위해 맞바꾸어졌다. 생존자가 전하는 바에 따르면 토아 칼사에서도 마찬가지였으니, 어떤 여성이 무슬림과 관계를 갖게 되었는데 침입이 실제로 일어나기 전 침입자들은 마을 전체를 풀어주는 대가로 그 여성을 자기들에게 넘기라고 했다. 비르 바하두르는 다음과 같이 말했다.

그건 이렇습니다. 싸움이 본격적으로 시작되면서 화해의 시도 또한 있었습니다. 결국 싸움이라는 건 화해를 의미하기도 하는 거니까요. 무슬림이 화해를 하러 왔습다. 그런데 그들은 그 처녀를 자기들에게 내주기만 하면 우리가 고향 땅에서 살게 해주겠다는 것이었습니다. 무슬림이 하나 있었는데 대단히 강력한 권력을 가진 자였지요. 그는 농사를 짓곤 했지만 일종의 건달이었어요. 그런데 그가 그 처녀를 원한 것이었습니다. 그는 그 처녀와 전부터 모종의 관계를 가지고 있었습니다. 그 사람들이 줄기차게 처녀를 요구하면서 그 처녀만 내주면 무슬림 전부를 돌려보내겠다고 했습니다. **그러자 이쪽 사람들은 회의를 했는데 어찌 되었든 그 처녀는 무슬림과 관계를 가졌으니 못된 애이고, 그런 애를 우리가 지켜줄 필요가 뭐 있겠느냐 했습니다. 보세요, 뭐든지 자기 목숨을 부지하려는 때가 오면 그 어떤 것도 고려하지 않는 법이지요.**(강조는 필자에 의함) 결국 처녀를 넘겨주는 걸로 일단 결론이 났습니다. …… 그때 그 처녀가 무엇을 원하는지는 전혀 고려 대상이 아니었지요. 문제는 마을의 명예였으니까요.

최종적으로 그 여성은 그들에게 넘겨지지 않았고 협상은 결렬되었다. 그런데 한참 지난 후에 토아 칼사에서 살아남은 사람들이 임시로 묵고 있던 난민촌에 그 무슬림들이 쳐들어와서 그녀를 데리고 가버렸다. 모든 정황으로 볼 때 그녀는 자발적으로 그쪽으로 갔고, 결혼해서 무슬림 가족이 되었다. 비르 바하두르는 특정한 자기 가족의 남성과 여성이 희생한 것에 대해 계속적으로 반복해서 설명했다. 그, 그의 가족 그리고 토아 칼사에서 살아남은 사람 모두는 그 자리에서 죽은 그 사람들 덕에 살아남았다고 느끼고 있는 것이다.

우리 주변은 모두 불에 타고 있었습니다. 사람이 할 수 있는 일이 뭐 있었겠습니까? 난 정말 모든 명예가 자기 자식을 살해한 사람들, 우물 안으로 뛰어든 사람들, 그 사람들에게 돌아가야 한다고 생각합니다. …… 순교자의 집안을 한번 보세요. 그러면 그로 인해 뿌리가 나고, 잘 자라나는 것을 볼 수 있을 겁니다. 피라고 하는 것이 그런 겁니다. 나무에 물을 주면 그 나무가 자라듯, 순교자 집안도 마찬가지입니다.

그때 일을 회상하면서 비르 바하두르는 이렇게 말했다. "그때를 회상하면 지금도 …… 난 웁니다. 그리고 그로 인해 내 심장이 가벼워집니다. 제 딸자식을 죽인 아비, 그 얼마나 큰 피해자입니까, 그가 얼마나 절망에 빠졌겠습니까? ……"

*

난 가족과 공동체 폭력 안에서 죽어간 그 여성들, 강제로 목숨을 빼앗기거나 그 가족 친지에 의해 살해당한 그 사람들이 모두 희생자라고 주장하지는 않는다. 아니면 공동체의 남성과 연장자에 의해 이루어진 '가부장적 합의'의 단순한 희생물이라고도 하지 않는다. 그렇지만 우리는 이 사건의 '진실'에 어떻게 도달해야 하는 것일까? 납치된 여성의 경우와 마찬가지로 우리가 여성 스스로의 목소리를 쉽게 재생할 수 있는 방법은 아무 데도 없다. 바산뜨 까우르와 같은 경우를 제외하고 내가 위에 언급한 모든 자료는 남성 입에서 나온 것이고, 따라서 분명히 우리는 그 목소리들을 여성들의 느낌에 대한 반영으로, 아무런 문제의식 없이 재생할 수는 없다. 난 선택과 강제 사이의 경계가 이 이야기가 전해주는 것보다는 더 불분명했으리라 생각한다. 예를 들면, 비르 바하두르 싱이 말하기를 여자 몇이 몇 번에 걸쳐 우물 안으로 뛰어들었다가 살아남았다고 했는데, 그는 그들 가운데 한 사람이 자기 어머니 바산뜨 까우르라는 사실에 대해서는 언급하지 않았다. 그런데 바산뜨 까우르가 그 사건을 이야기할 때는 자신이 그 주인공이라고 했고, 우리는 처음에는 그걸 믿지 않았다. 나중에서야 우리는 그녀가 그 여자와 동일인임을 알게 되었는데, 그때 나는 비르 바하두르가 그녀가 자기 어머니라는 사실을 언급하지 않은 것은 그녀가 간신히 죽음을 면했기 때문이라는 사실을 알았다. 그녀는 그때 목숨을 바쳐 죽은 사람과 동급으로 분류될 수 없었기 때문이라는 사실을 알게 된 것이다. 그보다 훨씬 이전에 비르 바하두르는 살아남은 자기 어머니보다 '명예롭게' 죽은 누이를 먼저 이야기했다.

토아 칼사와 그 주변 지역에서 공격은 여드레 동안이나 계속되었다. 그리고 마지막 날에서야 그 집단 자살이 일어난 것이다. 그 며칠 동안 그 마을에 있던 사람들 모두는 앞으로 무슨 일이 벌어질 것인가에 대한 논의를 실질적으로 알고 있었다. 생존자들이 말하듯, 비록 남성들이 논의를 주도했다 할지라도 여성들 또한 거기에 개입하였다. 토아에서 그 가운데 중심 역할을 한 여성은 모친 랏자완띠라고도 알려진 사르다르니 굴랍 까우르였는데, 그녀는 자신의 남편인 굴랍 싱이 그랬던 것처럼 마을에서 상당히 영향력 있는 인물이었다. 생존자들이 증언하듯, 그녀는 결정을 내렸을 뿐만 아니라 '전혀 두려워하지 않은 채' 여자들을 우물로 이끌어내기도 했으니, 그야말로 강하고, 곧고, 용감한 뻔자비 여성의 전통을 굳게 지킨 것이었다. 만약 그 여성들이 결정 사항을 알았다면, 혹은 아마 그 결정에 개입하기도 했다면, 우리는 그들이 자기 목숨을 버림으로써 이미 그들 스스로가 공동체를 위한다는 자각(혹은 차라리 착각) 위에서 행동한 것이라고 추정할 수 있을까? 공동체의 명예는 다른 공동체의 가부장적 폭력으로부터 자기들의 여자를 '지키는' 것에 있는 것 아닐까? 이렇게 계산해보면 그 자연스러운 보호자는 응당 남성일 것이고, 이러한 특정 상황에서 보호를 해줄 수 없는 사람은 누구이겠는가? 여성들은 이러한 것을 알고 있었기 때문에 공동체의 명예를 보존하기 위해 스스로 죽겠다고 하는 데 모두 흔쾌히 동의할 수 있었다고 누구든 감히 말할 수 있을까? 그렇다면 그들은 내가 위에서 언급한 가부장적 합의의 희생물 혹은 대행자라고 의견 일치를 볼 수 있을까? 그들의 '결정' 안에서 '선택'이 시작한 곳은 어디이고 '강제'가 끝난 곳은 어디인가? 다른 말로 하면, 그들의 침묵이 감추고 있는 것은 무엇인가?

이러한 일의 진실에 도달하는 데 만족할 만한 길은 있는 것일까? 무엇보다도 선택으로는 재현하는 일이 그리 간단한 것만은 아니다. 내가 그 사건 배후에 존재하는 선택의 갈등을 읽어내는 것은 사건 그 자체에 의해서라기보다는 현재 내가 빠져 있는 페미니즘 담론에 의해서 더 큰 영향을 받고 있다고 말할 수도 있을 것이다. 그렇지만 나에게 이 사건은, 그리고 이와 비슷한 다른 사건도 마찬가지로, 아주 중요하다. 왜냐하면 그 사건들이 선택이나 강제냐 하는 문제 그리고 여성이 스스로 운명의 희생자냐 행위자냐 하는 문제보다 훨씬 더 많은 빛을 비춰주기 때문이다. 나는 인-파 분단에 대한 서로 다른 여러 담론 어디에서도 그러한 사건들이 폭력 사건으로 고려되고 있지 않다는 사실에 충격을 받는다. 그리고 그 분단의 폭력에 대해 우리가 뭔가를 말할 때 우리는 우리 내부의 폭력, 가족 내부의 폭력, 공동체 내부의 폭력에 대해서는 결코 손대지 않는다는 사실에 또 충격을 받는다. 대신 그러한 행동들은 우리의 언어와 행동의 상당 부분에서 폭력성이 표출되지는 않지만 실제로는 강요된 용감한 행위로 나타나는데, 그로 인해 많은 여성이 죽음으로 내몰렸던 것이다. 그러한 행동은 앞으로 이끌어낼 수 있는 추가 폭력이라는 관점에서 볼 때도 영향력으로도 고려되지 않는다. 그리고 시간이 흘러서 얻게 될 상징적인 중요성과 추가 폭력의 유발에 소용 있는 것으로도 간주되지 않는다.

우리가 인-파 분단을 통해 보았던 폭력에 관한 신화는 그 폭력이 주로 남성적이라는 것이다. 종교공동체 사이에 분쟁이 벌어질 때 여성은 폭력의 피해자일 뿐 가해자나 주체는 아니었다. 그렇지만 이에 관한 많은 부분은 우리가 폭력을 어떻게 이해하느냐의 방법에 달려 있다. 우리가 폭력에 대해 이해하는 바는 대단히 가부장적이라서 여성의 관점을 통해 가정 영역을 지키는 후견인을 폭력적 존재로 생각하기는 어렵다. 하지만 토아 칼사에서 죽은 여성들이 실제로 스스로 자신을 죽음에 던졌든지 그렇지 않든지, 그들이 죽음을 '선택한' 방법은 결코 덜 폭력적이지 않았던 것이다. 물론 그 죽음은 분단의 폭력이 갖고 있는 분명하고 틀에 박힌 성격이라고 다소 냉소적으로 부르는 그 일반적인 폭력과 다른 것도 사실이기는 하다. 그리고 나아가 폭력이 외부 즉, 가족과 공동체의 경계로부터 떨어져 있는 어딘가에 위치하는 한 그 폭력은 봉쇄당할 수 있다. 이것 때문에 분단 당시, 그리고 내가 분단을 회상하는 동안에는, 폭력은 오로지 '타자'와만 관련을 가지고 있는 것으로 인식한다. 하지만 이는 많은 힌두와 시크 공동체의 여성이 그들 자신의 공동체 안의 남성을 자신들에게 폭력을 행사한 주체로 간주해야 하는 매우 중요한 사실에 대한 판단을 흐리게 한다. 그것은 거기에 '자발적으로 행한' 자살이 있었다고 하는 것만큼 집단 살해도 있었기 때문이다.

여성은 자신이 속한 가족뿐만 아니라 자신의 공동체로부터도 폭력을 접하였다. 나는 잘란다르의 간디 와니따 아슈람에서 만난 쁘라까쉬완띠Prakashivanti라는 한 여성의 이야기를 하면서, 이제 가족과 공동체에 의한 폭력에 대한 기술을 마치고자 한다. 아슈람에서 살아남은 사람 셋 가운데 한 사람인 쁘라까쉬완띠의 이야기는 다음과 같다.

그녀는 남편과 어린아이와 함께 셰이크뿌라Sheikhpura에 살았다. 1947년에 그녀 나이는 스무 살가량이었다. 인-파 분단이 현실로 다가오고 있을 때, 그녀 마을에 살던 힌두들은 그 지역에 있던 한 제분소로 모여 대피하였다. 그 직후 제분소는 공격을 받았고, 침략자들은 마을을 약탈하기 시작했다. 그러자 남편 쁘라까쉬완띠가 그녀에게 다가와 남편 손에 죽는 것이 어떻겠냐고 물어보았다. 그렇지 않으면 저들이 자기를 더럽힐 거라는 것이었다. 그리고서 그녀가 기억할 수 있는 것은 바로 직후 남편이 뭔가로 자신을 때렸고 자신은 의식을 잃었다는 것이다. 침략자들은 그녀가 죽은 줄로 알았고 그래서 당연히 그녀를 두고 갔다. 그런데 그녀는 정신을 차려 깨어났고 같은 처지의 처녀 둘과 함께 덤불 속으로 몸을 숨겨 그들이 떠나기만을 기다렸다. 얼마가 지난 후 쁘라까쉬완띠는 남편과 아기의 시체가 여러 사람과 함께 놓여 있는 것을 발견했다.

나는 그녀에게 남편한테 분노를 느끼지 않았는지 물었다. 그러자 그녀는 말하기를, "남편이 할 수 있는 게 뭐가 있었겠습니까? 그는 결국 혼자 아니었습니까?" 라고 했다. 그녀는 남편을 변호하지는 않지만, 자신이 본 남편의 행동에서 '논리'를 설명하려 애를 썼다. 나는 내가 위에서 이야기한 여성들의 죽음과 똑같은 이야기를 여성들이 하고 있다는 사실에 가끔 놀라곤 한다. 이 이야기들을 오늘날 영웅주의와 용맹의 이야기로, 희생과 명예의 이야기로 재해석을 하는 사람들을 제외하면 그와는 또 다른, 좀 더 실제적인 과제가 보인다.

토아 칼사 마을에서 일어난 사건에 대한 추도 의례에서 볼 수 있듯이, 남성들이 자신의 여성에 대해 행사한 폭력이나, 그들에게 있던 주체성에 대한 잠재력은 반드시 봉쇄되고 은폐되어야 했다. 그래서 여성은 폭력적인 존재로 **이름 붙여질** 수는 없었다. 그들의 행동이 이야기로 전해지고, 영웅적이고 용맹하거나 심지어는 세상 초월적인 풍으로 성화되는 것은 바로 이 때문이다. 그러한 이야기는 여성들을 자신들에게 주어진 위치와 규정된 경계 안에서 자리 잡도록 하는데, 이는 다름 아닌 그 여성들을 비폭력적인 존재로 규정하는 것이다. 그래서 그들의 행동은 공동체, 희생정신, 심지어는 비폭력에 대한 희생의—어떤 경우든 가정 안에서의 역할이다—상징적 영역 안으로 편안하게 다시 재위치되는 것이다. 그렇다면 이 여성들을 가족, 공동체 그리고 국가의 명예에 대한 상징으로 적극적으로 기억하는 것은 그 여성들로부터 폭력성과 주체성을 빼앗는 것이 되기도 한다.

비르 바하두르 싱

'어떤 순교자의 집안이든 한번 골라서 보시면 이내 그 집안이 뿌리를 내리고 잘 자라고 있음을 알게 될 것입니다. ……'

비르 바하두르의 말을 위에서 여러 차례 인용하였으니 이제 독자 여러 분은 비르 바하두르라는 분이 익숙할 것이다. 이제 그분과 한 인터뷰 전문을 여기에 싣기로 한다. 그것은 비르 바하두르가 이야기한 것이 위에서 언급한 것 외에도 많이 있기 때문인 데다 그것들이 나에게 중요하고 의미 있는 충격을 주었기 때문이다. 이 인터뷰는 1990년 델리에서 이루어졌다. 당시 그는 60대였다. 나는 다른 많은 사람과 마찬가지로 그를 우연히 만났다. 당시 나는 수데쉬와 함께 몇 개월 동안 1947년 3월에 일어난 라왈삔디 폭동의 생존자들을 만나 이야기를 하고 있는 중이었다. 보갈과 장뿌라에서 일어난 일이다. 보통 그렇듯이 누구든 어느한 공동체에 속해 있는 사람과 이야기를 나누면, 한 사람이 이야기를 주도하고 그 사람을 통해 다른 사람과 접촉한다. 처음에는 어떤 사람이 우리를 비르 바하두르의 어머니인 바산뜨 까우르에게 소개시켜주었다. 그녀는 보갈에서 새로 지은 집에 살고 있었다.

바산뜨 까우르와 만나 인터뷰를 나누던 여러 날 가운데 하루는 비르 바하두르를 만났다. 하얗고 긴 수염을 가졌으며 키가 크고 장대한 그는 델리에서 작지만 장사가 잘 되는 가게 하나를 운영하고 있었다. 우리가 이야기 나누었던 여러 사람 가운데 비르 바하두르는 정치에 깊숙이 개입하고 있는 사람이었다. 쉬로마니 구루드와라 조직위원회Shiromani Gurudwara Prabandhak Committee[28])의 소속원인 것은 물론이고 델리에서 발생한 인디라 간디 암살 사건 이후 벌어진 여파 속에서 시크 가족들을 돕는 일에도 적극적이었다. 뿐만 아니라 그는 많은 시크 정치인들과 정기적인 접촉을 가지면서 밀접한 관계를 유지하고 있는 것 같았다. 1984년 사건 이후 많은 시크들에게 혐의가 씌워졌고 그로 인해 비르 바하두르도 테러리스트 죄목으로 체포되어 투옥을 당하기도 했다. 그는 이 인터뷰를 통해 그 사건의 전모를 상세하게 기술하면서 1984년 이후 자신과 다른 많은 시크들이 느꼈던 배신감을 준엄하면서도 독설적으로 내뱉었다.

비르 바하두르와 그 가족은 1984년에 상당한 물적 피해를 입는 고통을 당했다. 이 인터뷰를 통해 나온 그의 배신감은 다음과 같은 두 가지 방향에서이다. 첫째는 인터뷰를 하는 당시까지 아무도 유죄 처벌을 받은 사람이 없다는 사실 그리고 둘째는 '이 나라 독립을 이루기 위해 피 흘린 그 사람들'에 대해 정부는 애써 무시하면서 아무 일도 하지 않는다는 사실이다. 이 말을 통해 그가 의미하는 바는 인-파 분단 시기에 이쪽으로 건너온 시크는 자신의 가족을 희생시키면서까지 '남'과 싸울 때 함께한 사람이라는 것이다. 인터뷰를 통해 자신의 아버지와 같은 시크들은 자신의 공동체와 국가의 명예를 위해 혈족을 살해하였다는 죄책감에 시달리고 있는 또 하나의 희생자라고 울분을 토로한다. 그리고 또한 자신의 누이 만 까우르와 같이 시크 종교를 위해 아버지의 손에 의해 '순교자'가 된 사람도 마찬가지라고 토로한다.

내가 처음 비르 바하두르의 이야기를 들었을 때, 그리고 내가 그 사건을 회상할 때마다, 그가 그 사건을 기술하면서 여성들의 죽음과 관련하여 내뱉는 진정한 상실감, 자부심 그리고 비통함이 뒤섞인 것으로 인해 나는 극심한 충격을 받았다. 그에게 자신의 아버지 손에 죽은 누이 만 까우르는 공동체의 명예를 지키기 위해 목숨을 포기한 여성일 뿐

---

28) 인도에서 시크 사원인 구루드와라의 조직을 관리하는 조직—옮긴이

만 아니라 이 나라의 독립을 위한 투쟁에서 한자리를 차지해야 하는 희생의 주인공이기도 하다. 매년 지역의 구루드와라에서 열리는 추도 의례에서 스스로를 '살해한' 여성들과 다른 사람에 의해 살해당한 여성들의 이야기를 들려준 사람은 비르 바하두르였다. 비르 바하두르에게 바로 그 순교의 용맹무쌍한 행위는 그 지역 다른 시크 마을로부터 토아 칼사를 따로 취급하는 그 무엇이었다. 그가 강조하는 바는 토아의 남자들은 자기 여자들이 납치되는 것을 허용하지 않았고 그래서 그러한 약한 모습을 보이지 않았다는 것이다. 그 대신에 여성들을 순교자로 만듦으로서 그러한 사태를 피할 수 있었다는 것이다.

어느 날 우리는 비르 바하두르를 만나는 데 앞에서 언급한 그 책을 가지고 갔다. 그 책은 파키스탄에서 납치당한 힌두와 시크 여성의 명단이 지역별로 명시된 책이다. 우리는 책에 대한 질문을 몇 가지 하겠다고 말하고 우선 이 책에 있는 이름 가운데 아는 사람이 있는지 확인해 달라고 했다. 그런데 우리가 질문을 끝내기도 전에 그는 그 책에 토아 출신은 단 한 명도 없다고 잘라 말했다. 그것은 토아의 남자들이 모든 여성을 다 지켜냈기 때문이라고 했다. 물론 이는 사실이 아니다. 책에는 토아 칼사 또한 다른 여러 마을의 경우와 마찬가지로 분명히 나타나 있다. 하지만 우리는 이내 비르 바하두르가 토아 여성의 '순교'를 합리화하기 위해 납치와 강간을 부인할 수밖에 없다는 것을 깨닫게 되었다. 그것은 '순교'의 특정 의도가 강간과 납치를 막는 것인데, 그러한 강간과 납치가 결과적으로 일어나버렸다면 그 순교라는 것은 아무 의미가 없어질 수밖에 없기 때문일 것이다. 그 수많은 죽음이 헛되이 사라져버릴지도 모르기 때문이다.

비르 바하두르의 진술 속에는 남성이 자기 가족을 살해한 논리에 의문을 달거나 비판을 하고자 하는 마음이 전혀 없다. 분단에 대해 회자되고 있는 여러 이야기 가운데 하나로, 가족들이 자신의 딸과 자유를 어떻게 맞바꾸려 했는지에 관한 것이 있다. 비르 바하두르가 그러한 이야기 중의 하나로 마을 사람들이 자유를 얻기 위해 처녀 한 명을 멀리 보내기로 결정한 이야기를 들려주었다. 그는 말하기를, "일단 목숨을 지키려고 하면 고려되는 것은 아무것도 없다."고 하였다. 그런 그들의 행동은 비르 바하두르의 아버지가 처녀들과 여자들을 '순교' 시키는 결정을 내림으로써 제동이 걸렸다. 나는 이러한 가운데서 비르 바하두르가 자신의 아버지를 희생자이자 어찌할 수 없었던 사람이면서 신의 뜻의 도구로 여기는 사실을 보고 무척 놀랐다. 그 아버지는 자신의 딸을 죽이려고 했을 때 첫 번째는 실패하였다. 그래서 다시 시도했고, 이번에는 성공하였다. 비르 바하두르가 보기에는 아버지나 딸이나 모두 그들이 무엇을 하고 있는지 알고 있었다. 서로 아무 말도 나누지 않았지만, '더도 덜도 말고 칼의 언어로 충분하였다.'

비르 바하두르는 힌두와 무슬림이 서로 관계를 맺고 있는 여러 방도에 대해서도 감동적으로 말해주었다. 그는 인-파 분단에 대한 책임을 힌두에게로 돌리는데, 그의 의견에 따르면 힌두는(물론 그는 시크를 힌두에 포함시킨다.) 무슬림을 개만도 못하게 취급하였다. 그래서 비르 바하두르는 자신의 인생 후반부에 와 정치에 더 몰두하였던 것이다. 나는 몇 년 동안 그를 만난 적이 없지만, 그가 지금은 인도국민당 당원이리라 생각한다. 이것은 그가 당초에는 힌두-무슬림 관계에 대해 우호적이었는데도 나중에는 인도국민당의 오래된 주장인 무슬림 인구의 급격한 증가에 대해 왜 그가 나서서 주장하는가에 대해 설명해주고 있다. 그와 나눈 인터뷰를 통해 나는 겉으로 나타나는 모순의 상황이 공존하는 사실에 의해 매료당하고 있었다. 우선, 그의 힌두로서의 정체성과 그들이 어떻게 무슬림을 취급했는가에 대한 인정, 다음으로는 그가 점차 갖게 된 시크 정체성, 그리고 이와 동시에 그가 목도한 힌두 국가라는 것으로부터의 소외감, 그리고 다음으로 분단 시기 무슬림들이 취한 입장에 대한 공감과 무슬림들이 인도 국가를 접수해버릴지 모른다는 현재의 공포, 그리고 이 저변 어딘가에 깔려 있는 것으로 그의 정치적 충성심과 종교적 정체성 등에 의해서였다. 나에게 이 인터뷰는 이러한 이유로 매우 중요하게 다가왔다.

비르 바하두르 싱

제 이름은 비르 바하두르 싱입니다. 제 아버지 성함은 성聖 라자 싱입니다. 제 마을은 라왈삔디 군 까후따Kahuta 읍 토아 칼사입니다. 우리 마을은 라왈삔디 군 가운데서도 두드러진 마을인데 굿자르 칸Gujjar Khan을 제외하고는 가장 큰 마을이었기 때문이지요. 마을에는 도매상이 몇 있었고 약 오륙십 명에 이르는 상인들이 있었습니다. 그리고 우리 마을 주변으로 작은 마을들이 에워싸고 있었는데 …… 거기에는 가게가 없었고 모두 무슬림 마을이었습니다. 사람들이 물건을 사려면 줄을 지어 모두 토아 칼사로 오는 이유가 다 거기에 있었지요. 가령 어느 무슬림 마을 어떤 여성이 무슨 물건을 사고 싶으면, 시장이 아주 멀리 떨어져 있기 때문에 날마다 시장에 갈 수는 없고, 다만 한 달 동안 필요한 것을 한꺼번에 사놓으면 되는 거지요. 한 스물에서 스물다섯의 남녀가 함께 필요한 물건을 사러 가면 그곳은 큰 시장같이 북적거릴 것 아닙니까?

또 토아 칼사에서는 …… 이곳에서 내놓을 만한 것으로 무스따와나 사힙Mustawana Sahib 출신의 성聖 앗따르 싱Sant Attar Singh이라는 성인이 한 분 계십니다. 그는 구루드와라 두크 바즈니 사힙Gurudwara Dukh Bhajni Sahib을 이곳에 지은 사람이입니다. 이 구루드와라는 아주 유명해져 사람들이 숭배를 많이 했습니다. 그래서 아주 멀리서도 오곤 했습니다. 일 년에 두 번씩 축제가 열려 힌두와 시크 모두 수천 명씩 모이곤 했습니다. 뿐만 아니라 무슬림도 상당히 많이 참여했는데, 무슬림들도 그 성인에 대한 경배를 드렸지요.

그리고 제가 살던 토아 칼사에서 아주 가까운 곳으로 사인타Saintha라는 마을이 하나 있었습니다. 이 마을에는 대략 삼사십 가족이 살고 있었고, 그 주변에 아주 작은 마을들이 있었지요. 제 아버지께서는 사인타 마을에 가게 하나를 가지고 있었고, 저는 어렸을 적에 그곳에서 자랐습니다. 그때 제 선생님은 무슬림이었고, 그곳에서 우리 집이 유일한 시크 집안이었습니다. 나머지는 모두 무슬림 집안이었지요.

…… 우리 지역에서는 원래 사람들이 대개 도시나 시장에서 살았는데, 점차 주변의 여러 작은 마을로 들어가서 가게를 열고 그곳에서 가족과 함께 사는 사람이 늘어났습니다. 그리고 제 기억으로는, 제가 학교에 입학 허가를 받은 후 1학년부터 5학년까지 그곳에서 공부를 했습니다. …… 그곳에 무슬림 여성 한 분이 계셨는데 우리는 그녀를 할머니라고 불렀지요. 원래 이름은 훗사이니Hussaini였습니다. 저는 자주 그 할머니를 찾아가 무릎에 앉아 놀곤 했는데 할머니의 손녀도 같이 다른 무릎에 앉아 놀곤 했지요. 전 그 아이의 땋은 머리를 잡아당기고 그 아이를 밀쳐내고 또 그 아이는 제 상투를 잡고 날 밀쳐내면서 놀았습니다. 저는 그 할머니가 우리 할머니라고 하고, 그 아이는 아니라고 자기 할머니라고 싸우면서 놀았습니다. 자 보세요. 제가 5학년이었을 때 그 아이는 저보다 더 어렸으니, 제 아래 학년이었지요. 지금은 모두 장성하여 그녀 아들이 벌써 어른이 되었습니다. 그 아들은 지금 두바이Dubai에 가 있는데 저더러 삼촌이라고 부르면서 편지를 보냅니다. 그녀는 결혼을 하지 않았는데 아들 나이가 지금 마흔입니다. 그 아들은 제 할아버지 댁에서 제 편지를 보고 이분이 누구냐고 물었고, 그때 자기 삼촌이 "이 분도 네 삼촌"이라고 말을 해줬던 거지요.

우리는 이렇게 좋은 관계를 유지하고 살았기 때문에, 우리 집에 무슨 경사가 나면 무슬림을 초청하여 함께 음식을 먹곤 했습니다. 그런데 우리는 그 사람들 집에 가서 음식을 먹지 않았어요. 이제야 알게 된 건데, 참 나쁜 짓이지요. 그들이 우리 집에 오면 우리는 구석에 식기를 갖다 놓고 그 식기로 먹으라고 했습니다. 그러면 그 사람들은 그 식기로 밥을 먹고, 깨끗이 닦아 한쪽에 치워놓고 갔지요. 참 흉측스러운 짓이었어요. 이게 바로 파키스탄이 태어난 이유였습니다. 우리가 그 사람들 집에 가거나 결혼식 또는 다른 행사에 참여하면 그 사람들은 정말로 우리를 존대해주었습니다. 그들은 우리한테 음식으로 기, 밀가루, 달, 갖가지 채소, 닭고기, 심지어 양고기까지 주면서 일부러 모두 요리하지 않은 채 날것으로 주었습니다. 그런데 우리는 그 사람들을 대접하는 게 참 돼먹지 않았습니다. 말로 표현하기조차 민망할 정도로요. 손님이 우리 집에 왔는데 그 손님한테 식기를 들고 가서 다 먹은 다음에는 씻어놓으라고 합니다. 어머니나 누이가 그 사람들에게 로띠를 줄라 치면 어느 정도 거리를 둔 채 던져주듯 합니다. 혹 그들 손이 우리 음식그릇에 닿을까봐 그렇게 하는데, 그렇게 되면 오염된다고 믿기 때문입니다. …… 무슬림은 우리를 환대했는데 우리는 그들을 천대한 겁니다.

만일 어떤 무슬림이 길을 걷고 있고 우리가 그 사람을 만나 악수를 하는데 그때 우리가 음식을 가지고 있다고 가정해봅시다. 그렇게 되면 우리는 그 음식이 오염이 된 걸로 믿어 먹지 않고 다 버립니다. 그런데 우리가 한 손에 개를 데리고 있고 또 한 손에는 음식을 가지고 있었다면 그건 아무렇지도 않아요. 만일 우리가 음식을 든 채 무슬림을 만나 악수를 하면 할머니나 어머니는 우리더러 그 음식은 오염되었으니 먹지 말라고 하는 겁니다. 이렇게 그들을 취급한 겁니다. 그런데 어떻게 한 마을에 양쪽 사람들이 같이 살 수 있겠습니까? 그 가운데 한쪽은 다른 쪽을 그렇게 존대하고 다른 쪽은 그 한쪽을 개만도 못하게 대접할 수가 있느냐는 말입니다. 어떻게 그럴 수가 있습니까? 그 사람들은 우리 어머니나 누이를 할머니라고 부르고 우리를 형제, 자매, 아버지로 여기며 또 우리가 도움이 필요할 때는 항상 우리를 도와줬는데, 그들이 우리 집에 오면 어떻게 그렇게 막돼먹게 대접을 했을까요? 이건 정말로 나쁜 겁니다. 파키스탄이 만들어진 것도 이런 이유 때문이지요. 그들은 이게 도대체 뭐야, 어떻게 이런 일이 생겨, 그게 어떻게 가능해, 이렇게 생각했던 겁니다.

양쪽 사람들이 한 마을에 사는데, 한쪽은 다른 쪽을 그토록 사랑하고 다른 쪽은 그 한쪽을 그렇게 미워하여 그 손으로 만든 음식은 절대 먹지 않고 심지어는 그 사람들을 만지지도 않았으니……. 만일 무슬림이 당신과 악수를 하는데 당신이 다른 손으로 음식을 들고 있다면 당신은 그 음식이 다 썩거나 맛이 가버린 것으로 취급하고…….

힌두와 시크는 낮은 카스트를 취급할 때조차도 무슬림 취급할 때같이 하지는 않았습니다. 진심으로 말하는 건대요, 오늘에 와서 전 정말 이런 짓을 했다는 게 너무나 부끄럽습니다. 제가 한 번은 무슬림 집엘 갔더니 뭘 드시겠냐고 합디다. 제가 안 먹는 게 뭐 있겠습니까, 다 먹습니다, 하고 말했습니다. 먹고 마시는 게 무슨 의미가 있습니까? 만일 당신이 어떤 사람 집에 갔는데 그 사람이 당신을 정말 미워해 당신더러 자기 밥그릇을 들고 이런 식으로 먹으라고 시킨다면……. 당신 집에 가서 이런 식으로 밥을 먹는다면 제가 인간이기는 한 겁니까?

시크교에도 브라만주의가 있는 겁니다.[29] 우리는 모두 바로 이 모순투성이의 다르마 교훈에 사로잡혀 있는 겁니다. 그로 인해 그 안에 미움이 싹튼 거지요. 그렇지 않다면 그 자리에는 사랑이 풍성하겠지요. 그리고 그 사랑으로 당신은 …… 당신이 이 이야기들을 보면, 제가 제 어린 시절을 이야기해드리는 겁니다. 오늘날까지 편지를 받고 있는데 …… 심지어는 제 친조카나 친척들도 우리 무슬림 친구들만큼 가깝지 않아요. 제가 어렸을 때 할머니라고 불렀던 그 할머니가 제 친할머니가

---

29) 오염 인식을 기준으로 하여 카스트 차별을 하는 것은 다르마dharma(법, 도리)에 기초하는 브라만주의의 근본이다. 브라만주의의 다르마 원리에 기초한 힌두는 서로 다른 카스트나 아주 낮은 카스트로 분류되는 무슬림과는 물이나 음식을 절대로 같은 그릇이나 컵으로 먹지 않을뿐더러 접촉을 꺼린다. 시크는 처음 종교가 시작될 때는 이러한 힌두의 오염 의식과 카스트 배타성을 심하게 공격하고 그 전통을 받아들이지 않았지만, 시간이 흐르면서 시크교 안에 힌두교의 카스트에 대한 차별이 다시 생겨났다. —옮긴이

비르 바하두르 싱

아니고 무슬림 할머니였다는 사실을 알게 된 것은 파키스탄이 만들어져 우리가 이곳으로 오고 난 뒤의 일이었습니다.

할머니에게는 무화과나무 밭이 있었는데, 여러 나무 가운데 하나를 제 거라고 정해 거기에서 나온 열매는 무슬림 사원에도 바치지 않고 제 몫으로 해놓았습니다. 할머니 손자도 저를 구하느라 죽었습니다. 전 아주 어린아이였는데, 아시잖아요, 농부들이 땅 팔 때 쓰는 쟁기라는 거, 그 아저씨가 이런 자세로 다리를 벌리고 서 있었는데 그 앞에 황소 한 마리가 있었습니다. 그리고 저는 그 아저씨 다리 사이에 있었는데…….그 아저씨 이름은 아리프Arif였는데……. 그때 뱀이 지나가면서 제게 뛰어들었지요. 아리프는 아무것도 신지 않고 있었는데 …… 보통 농부들은 신발 같은 거 안 신거든요. …… 그가 이렇게 했고, 결국 그 뱀이 아리프를 물어버린 겁니다. 손자라곤 딱 하나였는데 그 손자가 죽어버린 겁니다. 그래도 할머니는 제게 불평하는 소리를 단 한마디도 하지 않았습니다. 할머니는 당신 손자의 혼이 내 속에 살아 있다고 말씀하셨습니다. …… 바로 신을 경외할 줄 아는 여성이셨던 거지요. 저는 지금까지 살아오는 동안 이런 여성은 만난 적이 없습니다. 할머니는 쟁기질을 하곤 했습니다. 손수 말입니다.

할머니는 아직 젊으셨을 때 남편이 돌아가셨습니다. 보통 무슬림은 결혼을 두 번 하지요. 그렇지만 전 이 할머니처럼 재혼을 하지 않는 사람은 내 인생에 단 한 번도 본 적이 없습니다. 할머니는 자기 손으로 모든 일을 다 할 수 있고 실제로 해왔습니다. 할머니는 제가 봐온 여성 가운데 유일하게 쟁기질을 할 수도 있고 또한 직접 하는 사람입니다. …… 보통 여성은 쟁기를 만지지도 않지요. 그렇지요, 뻰잡에서 여성은 트랙터를 타지요. 그리고 요즘은 트랙터를 직접 몰기도 하고요. 이런 식으로 우리는 무슬림과 정말 친한 관계를 유지했습니다.

우리에게 폐허를 가져다준 것은 다름 아닌 브라만주의와 정치입니다. 브라만들이 그런 주문을 걸어 사람들로 하여금 그 사악한 것에 속박을 당하도록 한 겁니다. 그래서 우리는 앞으로 100세대 동안은 그 저주의 형벌을 받을 수밖에 없을 겁니다. 나는 우리 윗세대 어른들이 무슬림에게 죄를 지었다고 생각하는데 그 지은 죄가 너무 막중해 앞으로 100년 동안은 우리가 그 고통을 받아야 마땅하고, 그 형벌이 무엇이든 간에 우리에게 내려질 거라고 생각합니다. 우리는 그래야 마땅한 것이, 우리가 죄를 너무 많이 진 겁니다.

무슬림들은 우리를 믿었지요. 우리를 참으로 신뢰했습니다. …… 가령, 노동을 하는 사람들 …… 서비스 일을 하는 사람들 …… 그들 누군가에게 우편환이 도착하면 그걸 그 사람 집에 배달해주는 사람은 아무도 없었습니다. 우체국이 하나 있는데 …… 우리 마을에 우체국이 하나 있고, 우리 마을 주변에는 여러 작은 마을이 붙어 있잖아요. 그 사람들이 직접 우체국으로 와서 가져가곤 했지요.

(우체국은) 토아 칼사에 있었는데 우체부는 우편물이나 우편환을 그 사람들 마을에 배달해주지 않았습니다. 무슬림들이 일하러 집을 떠날 때 자기 우편환을 받을 곳으로 우리 주소를 지정한 것도 다 이런 이유에서였지요. …… 거기에서 돈이 그들한테 오곤 했지요. 제 아버지는 장부에 꼼꼼하게 명단을 작성하곤 했습니다. 이건 누구누구 거고, 저건 누구누구 거라는 식으로 말입니다. …… 그리고는 사람들은 우리 집으로 와서 필요한 것을 그걸로 샀지요. 그러다 보니 이것이 마치 선불과 같은 거였습니다. 만약 100루삐짜리 우편환이 100개 즉, 일만 루삐가 있다면 그걸로 그 액수만큼의 배급표를 사는 데 쓸 수도 있고, 아니면 그 가운데 반을 쓰고 나머지는 가게에서 사용할 수도 있습니다. …… 그 사람들은 그만큼 우리를 믿었던 겁니다.

그렇지만 우리는 인간을 인간으로 대접한다는 것을 생각조차 하지 못했습니다. …… 제가 말하려는 것은 종교를 바꿔서 무슬림이 되라는 게 아니고, 무엇보다도 종교는 본래 자기 자리가 있다는 겁니다. 그렇지만 제가 말하는 것은 인간애 또한 본래의 자리가 있는 건데 우리가 너무나 간단히 그걸 제거해버리거나 한쪽으로 밀쳐놓고 있었다는 겁니다. 마치 그것이 존재하지 않았던 것처럼 말입니다. 우리를 존대해주던 그 사람들이 인-파 분단에 대한 물음을 받고, 시크들이 자기들을 어떻게 대해주더냐 하는 물음을 받았을 때 …… 제가 지금 우리가 그들을 얼마나 홀대하였는지를 이렇게 말하고 있는데, 무슬림이 무슬림에게 말한다면 저보다 훨씬 자세히 그리고 약간 과장되게 이야기할 것 아니겠습니까? 물론 제 말에는 전혀 과장이 들어 있지 않습니다. 무슬림들은 하나같이 우리가 자기들을 정말로 막 대했고 그래서 앞으로는 같이 살 수 없다고 말했다는 겁니다. 이 말에 대해서는 전혀 의심할 바가 없지요. 그 사람들이 우리와 함께 살 이유가 어디 있겠습니까? 따로 떨어지는 것이야말로 그들에게는 잘한 일이지요. 우리는 그 사람들과 함께 살 수가 없었습니다. 그리고 우리가 받은 모든 형벌은 그 사람들 손에 달린 거였지요. 그 사람들이 우리를 두들겨 팬 것은 다름 아닌 우리가 행한 이런 일의 결과라는 겁니다. 그렇지 않다면 진짜 형제자매가 다른 쪽을 그렇게 죽이고 두들겨 팰 수는 없는 거지요. 결국 우리는 우리 안에 죄를 가지고 있었던 겁니다. …… 다른 사람을 너무나 학대하고, 다른 사람에 대해 우리 안에 너무나 큰 미움을 가지고 있었던 겁니다. …… 인간이 어떻게 이를 용서할 수 있겠습니까?

*

토아 칼사에서 갈등이 벌어지고 싸움이 시작되었을 때, 그 싸움은 사흘 내내 계속되었습니다. 우리 측 젊은이들이 사흘 동안 줄기차게 싸우면서 무슬림을 바깥으로 몰아냈습니다. …… 그런데 무슬림 수천 명이들이닥쳤고 우리는 줄곧 그들과 싸웠지만 결국 협상을 하기로 결정이 났습니다. 이 문제를 논의하기 위해 무슬림 몇이 앞으로 나왔습니다. 그들이 제시한 협상 안에는 딱 한 가지 조건이 있었습니다. …… 처녀 하나가 있었지요. 지금도 파키스탄에 살고 있어요. …… 사실 모든 사람이 그 처녀에 대해 알고 있었습니다. 심지어는 저 같은 아이조차도 알고 있었으니 마을 전체가 다 알고 있었던 거지요. …… 아이가 알고 있는 것을 어른들이 모를 수 없잖습니까? 그녀는 그 가운데 무슬림 한 사람과 관계를 가지고 있었습니다. 그래서 무슬림들이 그 처녀를 내놓으라고 말했던 거지요. 그러자 제 아버지가 말씀하시기를, 이거 보시오들, 우리는 그런 식으로 일을 처리하는 사람들이 아니오, 하면서 대신 돈을 원하면 돈을 줄 테고 다른 걸 원하면 뭐든지 다 주겠노라고 했습니다. 그렇지만 …… 심지어 가즈니Ghazni가[30] 카불Kabul, 칸다하르 Kandahar에서 처녀들을 데려갔을 때도 우리는 그 처녀들을 모두 다시 데려왔는데, 오늘날에 와서 처녀를 달라고 하니 그건 절대로 들어줄 수 없다고 했습니다. 그러자 제 아버지 형제 일곱 분과 자매 두 분 그리고 그 형제자매의 자식들을 모두 합쳐보니 남자아이들은 놔두고라도 여자 아이들만 스물 대여섯이나 되었습니다. …… 그래 그 젊은 아낙들 …… 이제 갓 결혼 한 새색시들, 아직 결혼도 하지 않은 처녀들 …… 제 아버지와 삼촌 아뜨와르 싱Atvar Singh이 이 여자들을 모두 한곳에 모았습니다. 그리고 말하기를 "그 어떤 일이 일어나더라도 우린 그 조건을 들어줄 수가 없다. 차라리 너희들을 다 죽이면 죽였지."라고 했습니다. 이 말에 대꾸하는 자는 아무도 없었고 찍 소리도 나지 않았습니다. 여자들 모두가 "저희를 다 죽여주세요." 했습니다. ……

---

30) 10세기부터 12세기 사이에 현 아프가니스탄의 가즈니에 기반을 둔 무슬림 세력인 가즈나朝 의 마흐무드Mahmud를 일컬음—옮긴이

마을에는 약 1,000명에서 1,200명 정도의 사람들이 있었습니다. 그리고 사르다르 굴람 싱이라는 시크 한 사람이 있었고 우리 모두는 그의 큰 저택에 집결했습니다. …… 굴람 싱의 집에서 스물여섯의 여자들은 한쪽에 모였습니다. 맨 먼저 제 아버지 성 라자 싱이 당신 딸을 데리고 나왔는데 …… 죽이기 위해 마당으로 데리고 나왔습니다. 아버지는 먼저 기도를 하셨습니다. 진실의 왕이시여 우리는 시크 정신을 더럽히는 것을 허용하지 않고 그 정신을 구하기 위해 우리 딸을 제물로 바치나니 그들을 순교자로 받아주시고 부디 우리를 용서하소서. 그때 마을에서 꿀리 일을 하던 남자가 하나 있었는데, 이름은 람 싱Ram Singh이었습니다. 그가 앞으로 나오더니 아버지 발에 손을 대는 예를 갖추고 …… 형님, 저를 먼저 죽여주십시오. 저는 무릎을 다쳐 멀리 도망을 갈 수 없습니다. 당신들 모두는 다 멀리 도망칠 수 있는데 저는 그럴 수가 없습니다. 무슬림들이 저를 잡아다가 무슬림으로 만들 겁니다. 그 말을 듣고 제 아버지는 바로 칼을 뽑아 내리쳐 그의 목을 벴습니다. 그 뒤를 이어 뻰잡주의 법원장이던 판사 하르남 싱의 장인의 매형인 사르다르 난드 싱 디르가 나와 말하기를, 선생이시여 저부터 순교를 하도록 해주십시오. 저는 제 아들들이 라호르에 살고 있는데 …… 제가 무슬림에게 제 수염을 깎게 하고 절 무슬림처럼 해 라호르에 가려고 하겠습니까? 그러니 저를 죽여주십시오, 하는 것이었습니다. 그러자 아버지가 그를 죽였습니다. 아버지는 둘을 죽였지요.

그 다음은 제 누이인 만 까우르였습니다. 누이는 아버지 앞에 와 앉았고 저는 아버지 다음 자리에 섰습니다. 아이들이 늘 그렇듯 아버지의 꾸르따를 손으로 잡고 아버지에게 딱 달라붙어 서 있었습니다. 그런데 아버지가 칼을 휘두를 때, 아마 어떤 의심이 생겨서 그랬는지 아니면 두려워서 그랬는지, 칼이 제 누이의 두빳따에 걸려버렸습니다. 왜 그랬는지는 아무도 모릅니다. 그 모습은 정말 공포 그 자체였습니다. 그러

자 제 누이는 자기 손으로 두빳따 주름을 떼어내고 그 칼을 앞으로 잡
아 뺐습니다. …… 아버지는 당신 손으로 딸의 두빳따를 한쪽으로 치우
고선 칼을 다시 휘둘러 목을 벴습니다. 목은 떨어지더니 멀리 굴러갔습
니다. 나는 아래층으로 기어가 흐느껴 울었고 오랫동안 칼을 휘두르는
규칙적인 소리를 들었습니다. 그러면서 스물다섯의 처녀가 죽어나갔습
니다. 칼로 목이 잘려서 말입니다. 제 큰아버지 며느리는 그때 임신 중
이었는데 …… 어쨌든 그녀는 살아 있었는데 나중에 그 남편이 총으로
쐈습니다. 그리고 남편도 자살했습니다. 그의 아버지와 함께 말입니다.
그들은 모두 순교자가 된 거지요.

그런데 그 며느리는 살았습니다. 그녀는 우리에게 자기도 살아남기
싫으니 죽여 달라고 했습니다. 그녀는 배에 애가 있는데 어떻게 살아남
겠냐고 했습니다. 그녀는 배에 구멍이 나 거기서 피가 줄줄 흘렀습니
다. 그러자 제 어머니와 삼촌이 그 곁에 같이 앉았고, 하르남 까우르
가—그녀의 이름이 하르남 까우르입니다—아편을 좀 달라고 했습니다.
당시에는 사람들이 종종 아편을 복용하곤 해서 우리는 아편을 구해주
었습니다. …… 바가지에 아편을 침으로 녹여주었습니다. …… 그녀는
자쁘지 사힙 빠트를 낭송했고, 그것을 다 마칠 때 목숨도 다 마쳤습니
다. 마치 그녀가 완벽하게 준비를 한 것처럼 말입니다. 그렇게 할 수 있
는 사람이 몇이나 되겠습니까? 그녀는 죽음을 조절하였던 겁니다. 자신
이 죽음을 원했을 때 그 죽음이 일어난 겁니다. 거의 30분간 기도문을
낭송했습니다. …… 30분이 지나면서 그녀가 마지막 구절을 부르고, 동
시에 그녀도 끝났습니다. 그녀는 스스로 죽을 걸 알았던 겁니다. 마지
막 구절 …… 빤 구루 빠니 삐따, 마따 따뜨 마하뜨Pan guru pita, mata tat
mahat…….[31] 잘 기억하지 못합니다만, 그녀의 목숨은 그 구절과 함께

---

31) 오! 스승이시여, 당신의 성스러운 물, 아버지, 어머니 당신의 위대함이시여……—옮긴이

끝났습니다.

　바로 그날 밤, 남은 여자 둘이 있었는데 그 둘을 집 우물에 던져 죽이기로 결정했습니다. 아침이 되어 우리는 그 여자들이 죽었을 거라고 생각했습니다. 우물이 정말 깊었으니까요. 라왈삔디 지역은 우물이 정말로 깊지요. 누구든 그 깊이를 눈으로 봐서는 가늠할 수가 없습니다. 그래서 우리는 무슬림들에게 부탁을 하나 했는데, 처녀 둘이 물을 길러 갔다가 우물에 빠졌으니 동아줄을 가져다가 그 처녀들을 좀 건져줄 수 있겠느냐고 했습니다. 그래서 그들이 동아줄을 가져왔고, 그 줄을 우물 속으로 던졌는데 어찌 된 일인지 처녀들이 살아 있어 줄을 잡고 위로 빠져나오더군요. 팔찌 하나도 깨지지 않고 말입니다.

　그리고 하리 싱Hari Singh이라는 사람이 하나 있었습니다. 그가 나한테 저리 가라고 신호를 보냈습니다. 그는 말을 하려 했으나 할 수가 없었습니다. 알고 보니 그는 자기가 무슬림이 되는 걸 거부했더니 그들이 자기 혀를 잘라버렸다고 손짓으로 말을 했던 겁니다. 그는 절대로 목을 내줄 수 없다고 완강히 버티면서 대신에 혀를 내주겠노라고 했던 겁니다. 결국 단 한 사람도 무슬림이 되는 데 동의하지 않았지요. 그리고 우리 모두는 마을을 나와 강을 향해 떠났습니다.

*

　우리가 사인타에서 토아 칼사로 온 것은 1945년의 일입니다. 우리가 거기로 간 것은 6개월 후였는데, 돌아올 때 우린 선물을 낙타 두 마리분이나 받았습니다. 까두,[32] 삐타,[33] 망고, 달, 기 등 16몬드maund[34]에 달

---

32) kaddu, 호박의 일종―옮긴이
33) petha, 호박의 일종―옮긴이
34) 인도 전통 방식의 무게 단위. 1몬드는 37.3242kg이다. ―옮긴이

하는 물건을 그곳 무슬림들로부터 받았는데 배급표도 있었습니다. 그들은 마치 사당이나 성인들에게 바치는 것과 같이 우리에게 선물을 주고 갔습니다. 집집마다 밀가루, 기, 달 등 수많은 물건을 우리 집에 놓고 갔습니다.

무슬림은 보통 농사를 짓거나 허드렛일을 하고 살았습니다. 어떤 경우에는 한 가족에 한 사람 정도가 군에서 일을 하기도 했는데, 그들은 번 돈을 집으로 부쳐주곤 했지요. 그 돈은 대개 우리 명의로 오곤 했습니다. 좋은 사람들이었지요. 그들은 남의 물건을 훔친다거나 남을 협박한다거나 하는 일을 하지 않았습니다. 파키스탄이 만들어진다는 말을 들었을 때도 그들은 우리가 떠나야 한다는 것에 대해 마음을 썼고, 아무 해도 끼치지 않을 테니 걱정 말라고 했습니다. 우린 그곳에 명예롭게 돌아갔었지요. 그리고 난리가 나기 시작할 때 그곳에서 사람들이 왔습니다. 하시나Hasina라는 모친 아시죠? 전에 언급했던 분 말입니다. 그분 아들 사자왈 칸Sajawal Khan이 우리에게 와서, 괜찮으시다면 자기 집에 머무르라고 합디다. 아이들도 함께 왔어요. 그렇지만 우리는 의심을 했고, 지금에 와서야 난 그가 말하는 것을 느낄 수가 있습니다. 그가 말할 때 그 표정, 의도, 신실하고 배려 깊고 그 외엔 아무것도 없었는데 우리가 오해했던 거지요. 우리가 큰 곤경에 처했을 때 그들은 우리를 도와주러 왔는데 우리가 거절했던 거지요.

라왈삔디에서는 가게를 운영하던 사람들이 있었는데 그 사람들은 자기 땅을 소유하고 있기도 했고 무슬림들의 재산을 보증금 조로 보관하고 있기도 했어요. 다시 말하면, 그 무슬림들이 땅을 저당 잡히고 돈을 빌려간 거지요. 그리고 지주 일을 하는 시크도 있었습니다. 무슬림들은 암소, 물소 등을 집에서 키웠는데 가축 사료가 필요할 때는 그 저당 잡힌 땅을 사용하기도 했습니다. 가게 주인들 외에는 대부분 허드렛일을 하거나 청소 일을 하는 사람들이었습니다. 그들은 돈을 별로 쓰지 않았어요. 제 기억으로는 제가 5학년 때던가, 아버지께서 저한테, 애야, 너 요즘 돈 낭비가 좀 심하구나, 하신 적이 있습니다. 우리 집에서 하루 하루 쓰는 돈이 얼마나 필요한지 모르는 모양이구나. 돈 쓰는 데 주의를 좀 기울여야겠다, 그러셨지요. 사람들은 쓰고 저축할 만큼 충분히 벌었습니다. 저는 아침 일찍 가게 문을 열고 아버지께선 아침에 사원에 가셨다가 9시경에 돌아오셔서 가게에 앉으셨습니다. 아버지는 보통 새벽 4시에 일어나서 목욕하고, 경전 낭송하고, 그리고 사원에 다녀온 뒤 가게로 오십니다. 제가 알고 있는 모든 것, 깨끗하고 정직한 장사는 그때 아버지께 배운 겁니다. 어린 여자애가 오면 꼭 당신 딸더러 나오라 했고, 나이 드신 분이 오시면 당신 누이더러 나오라 하셨습니다. 아버지는 손님을 항상 극진히 모셨습니다.

우린 물건을 보통 굿자르 칸에서 떼 왔습니다. 물건은 보통 낙타로 실어왔는데 가게 주인들이 가서 받아 오곤 했지요. 그 시절에는 트럭이 없었으니까요. 버스는 토아 칼사에서 라왈삔디까지 오가는 게 있었습니다. 20킬로미터 거리지요. 무슬림, 힌두, 시크 모두 그 사이를 오고가고 했는데 사소한 일로 시비 걸고 하는 일은 없었습니다. 무슬림들은 마음이 따뜻한 사람들이었는데 곡물, 과일 등 없는 물건이 없었지요. 그 사람들은 참 통이 큰 사람들이었어요. 누구든 자기 집을 방문하면, 가령 어떤 시크 한 사람이 갔다 치면, 꼭 선물을 주곤 했습니다. 수키라스sukhi ras라고 하는 마른 과일, 즉 요리하지 않은 걸 주었지요.

사실, 만약 무슬림이 시크에게 이런 걸 선물하지 않으면 다른 마을 사람들이 그를 아주 가난한 사람 취급을 하지요. 그런 걸, 모두 한다고 할 수는 없지만, 두세 사람이 좋아서 선물을 가지고 옵니다. 그리고서는 조용히 말합니다. 당신은 우리가 요리한 음식을 들지 않으시지요. 그렇지만 그 사람들은 가끔 그릇은 갖다 줍니다. …… 우린 그 사람들 집에서 우유를 마시곤 했는데, 그 우유 담는 그릇은 반드시 사용하지 않은 새 그릇이어야만 했지요. 그렇지만 우린 한 번도 문제를 삼아본 적이 없습니다. 같은 컵으로 우유를 마시면 무슨 문제가 생기는지 말입니다. 그냥 한 번 씻고 마시면 되지, 무슨 문제가 생기는 걸까요? 우리가 같은 컵으로 흔쾌히 마셨다면 수천 명의 목숨을 잃지 않았을지도 모릅니다. 인-파 분단이 일어나지 않았을지도 모르지요. 무슬림이 힌두스탄에 힌두는 파키스탄 살고 있지 않나요? 이 문제는 정치 때문이 아니고 브라만주의 때문입니다.

요즘 들어 저는 하리잔이 과거 무슬림이 우리에게 했던 그런 일을 우리에게 하지 않을까 하는 걱정이 태산 같습니다. 하지만 하리잔들, 우리가 슈드라라고 부르는 사람들[35]에게는 우리 딸을 주지 않고 그쪽 집 아들도 받지 않습니다. 우린 그 사람들을 전혀 대접해주질 않고 있습니다. 분명히 말씀드리지만 이거 아주 위험한 짓입니다. 그들이 폭동을 일으킬 수 있어요. 보세요, 깐쉬 람Kashi Ram[36]이 회의에서 뭐라고 말하는지. 그는 브라만주의가 필요 없다고 말하지 않습니까? 보세요, 위험이 시작된 겁니다. 그 사람이 하리잔이든, 시크든, 무슬림이든 그 누구든 간에 그와 맺는 관계나 그에 대한 태도는 같아야 합니다. 네 친구를 가진 사람, 무슬림, 힌두, 시크 등을 가진 사람은 꼭 자부심을 가져야 합니다. 저는 모든 부류에서 친구를 삼으려고 무척이나 애를 쓰고 있습니다.

---

35) 슈드라는 바르나 체계 안에 최하위에 위치하지만, 불가촉민은 그 체계 안에도 들어가지 못하는 존재다. 그렇지만 최근 들어 슈드라를 비롯한 여러 하위 계급이 여타후진계급Other Backward Classes이라는 이름으로 통합을 모색하고, 이들이 다시 불가촉민과 하층민 통합을 모색하고 있기 때문에 그 사이의 간극이 사실상 흐려져 있다.―옮긴이
36) 슈드라와 불가촉민의 당을 주창하고 나선 대중사회당(바후잔 사마즈 파티Bahujan Samj Party)의 창설자. 1995년 총선에서 인도 최다 인구를 가진 웃따르 쁘라데시 주에서 주수상 마야와띠Mayawati를 배출해내는 정치적 성공을 거둔 바 있다.―옮긴이

*

(1984년에) 문제가 터졌을 때, 많은 친구들 …… 마노하르 굽따 Manohar Gupta라는 친구가 있었는데 굽따지Guptaji라고도 불렀습니다. 그 친구가 우리 가게로 오더니 떡 하니 앞에 서는 것이었습니다. 폭도들이 공격을 시작했을 때 말입니다. 그 친구가 폭도들에게 이 가게는 자기 가게라고 말했지요. 그 친구는 사흘 동안 자기 집에서 우리와 함께 있었습니다. 그 친구는 우리에게 비상시에 행동할 작전을 지시했고, 문제가 터질 때 우리가 어떻게 해야 하는지 미리 연습까지 하게 했습니다. 위험이 닥칠 경우, 그들이 문을 부수고 들어온다면 이렇게 하자면서 우리한테 붉은색 물감을 주었습니다. 그리고 말하기를, 만일 사태가 벌어지면 우리 모두 아래층에 모여 앉아 이분은 우리 스승이라고 말하자고 했습니다. 굽따 선생이 제게 상투 머리를 풀고 앉고 우리 모두가 그 주위에 둘러 앉아 기도를 하면서 우리 스승이 여기를 일부러 찾아왔노라고 하자고 했습니다. 보세요, 어떤 사람이 당신 목숨을 살리기 위해 당신을 스승으로 만들고 그 앞에서 일부러 기도를 하는데, 그보다 더 위대한 일이 어디 있겠습니까? 이거야 말로 진정 고귀함입니다.

제 무슬림 친구는 전화를 했지요. 힌두 친구도 왔고 물론 시크 친구들도 왔습니다. …… 1984년에 무슨 일이 터졌습니까? 정말 어처구니 없는 비극 아닙니까? 전에 제 가족은 모두 파키스탄에서 절단 나고 말았지요. 그리고 제 형제 둘하고 어머니만 이곳으로 건너왔습니다. 우린 집은 물론 땅 한 뙈기 얻지 못했고 정부로부터 어떤 도움도 받지 못했습니다. 그리고 우리는 잔돈 부스러기까지 다 긁어모아 죽기 살기로 일을 해 우리가 살 만한 농지를 조금 샀고, 집을 샀습니다. 그런데 모든 걸 뺏기고 모든 게 다 파괴되었습니다. 전 인도 정부로부터 오리 4천 마리를 샀습니다. 전 정부에게서 그걸 살 수 있는 허가를 받았습니다. 저는 웃따르 쁘라데시 주에 있는 마을의 여러 연못에 이 오리를 풀어 기르는 꿈을 꾸었습니다. 거기에서 오리 알을 많이 생산해내고 싶었습니다. 오리 알은 달걀보다 비타민이 많아 값이 더 나갔지요. 생산 단가는 적은 대신요. 오리는 연못에서 훨씬 잘 자라거든요. 그런데 그게 다 파괴되어버렸습니다. 그들이 제 우물을 분탕질하고 다 파괴해버렸거든요. 가지아바드Ghaziabad에서 있었던 일입니다.

이 일을 저지른 자들이 누군지 다 알려졌지만 그에 대해 아무런 조치도 취해지지가 않았습니다. 정부가 한 일이라고는 이 나라를 독립시키느라 피 흘린 그 사람들—만약 우리가 우리나라에 대한 사랑을 갖지 않았다면 상황은 달라졌을 겁니다—만약 우리가 무슬림이 되어버렸다면 우린 계속해서 그곳에서 머물러 살 수 있었겠지요. 그런데 우리는 그렇게 하지 않았잖습니까? 우리는 힌두스탄과 손을 잡았잖습니까? 그 시절에 우리의 지도자 따라 싱Tara Singh은 힌두와 시크가 하나라고 말씀하셨지요. 그리고 우리는 그렇다고 믿었습니다.

우리 마을 토아 칼사에 있는 우리 가게 뒤에는 사원이 하나 있습니다. 그 사원은 한 수천 년 된 걸 겁니다. 그리고 구루드와라는 한 이삼백 년은 되었을 겁니다. 시크 종교는 힌두 종교보다 더 오래 되지 않았지요. 무슨 말이냐 하면, 제 할아버지의 할아버지 혹은 그 위의 조상은 기도하러 힌두 사원에 갔다는 겁니다. 어찌 되었든 간에 그들이 이슬람 사원에 가지는 않았지 않습니까? 그런데 우리가 어떻게 갈라선 거지요? 구루 그란트 사힙Guru Granth Sahib[37]에도 역시 우리는 하나라고 언급이 되어 있어요. 그리고 힌두는 우리의 뿌리지요. 만약 뿌리가 죽어버리면 그 나무는 어디로 갑니까? 힌두에게 시크는 전사지요. 그런데 그 전사를 다 죽여버리면 가정은 누가 지킵니까? 또 이와는 별개의 이

---

37) 시크교의 최고 경전—옮긴이

야기로, 만약에 모든 사람이 집에 있는 전사 한 사람을 떼로 뭇매를 가한다면, 그가 보복을 가할 거라는 사실은 두말할 필요가 없을 겁니다.

1984년에 일어난 일을 전 인정할 수가 없어요. 오늘까지 처벌받은 자는 단 하나도 없고, 유감스럽게도 1차 정보보고서First Information Report[38]에 관련된 사람들만 그 범죄를 들춰낸 것으로 자료 정리되어 있을 뿐입니다. 일단 한 사람이 교수형을 당하면 일은 끝나리라 봅니다. 그렇지만 이런 종류의 박해는……. 이건 시므란지뜨 싱 만Simranjit Singh Mann[39]만의 일은 아닙니다. 모든 시크가 이에 대해 고려하기 시작했고, 앞으로 우리에게 어떤 일이 벌어질지를 걱정하고 있습니다. 한 사람이 교수형을 당하고 난 뒤에도 처벌은 계속되어야 하는데.

작년에 제가 잡혀간 적이 있습니다. …… 이 이야기를 선생 녹음기에 이야기해도 되겠습니까? 그렇게 하고 싶어서요. 10월 24일, 회의당의 한 장관인 쁘라보드 짠데르Prabodh Chander가 죽었습니다. 그는 제 친구였지요. 어느 날 제 또 다른 친구인 비린데르 싱Virinder Singh과 저는 그 친구 집엘 갔는데, 돌아오는 길에 보니까 쁘리트위 라즈Prithvi Raj 로에 차가 한 대 서 있었고 사람들이 다쳐 길바닥에 쓰러져 있었습니다. 그런데 어떤 한 쌍이 죽은 것 같았습니다. 그 가운데 한 사람은 제가 아는 사람이었는데, 부따 싱Buta Singh의 아들이었습니다. 그가 사람들에게 제발 그만하라고 울부짖었습니다. 그렇지만 아무도 멈추지 않았습니다. 제가 가서 말렸습니다. 저는 부따 싱의 아들, 그의 경호원, 그의 친구 그리고 그 사람들을 데리고 미국인 병원으로 가 입원시켰습니다. 제 차는 피로 얼룩졌지만 인간이 그걸 어떻게 외면하겠습니까?

---

38) 인도에서 인식 가능한 범죄에 대한 1차 정보를 경찰이 수집하여 작성한 보고서—옮긴이

39) 시크 정당인 아깔리 달Akali Dal에서 분리되어 나간 급진주의 시크 정당 쉬로마니 아깔리 달Shiromani Akali Dal의 창시자이자 지도자. 시크 독립국가 칼리스탄Khalistan을 주창하면서 1년 동안 투옥되었다.—옮긴이

한 사람은 끝내 절명했고, 또 다른 한 사람도—그는 힌두였습니다—우리가 그 병원에 입원시켰습니다.

그러고 나서 15일이 채 지나지 않아(바보같이 전 이 일에 대해 뭔가 칭찬 좀 듣겠거니 하고 생각하고 있었습니다. 제 기억으로는 부따 싱에게 이 일을 알려줬더니 그가 제게 감사하다고도 했습니다.) 제가 몸이 좀 아파 집에 누워 있는데 어떤 사람들이 절 잡아갔습니다. 당신도 아마 이에 대한 기사를 읽었을 겁니다. 그 뉴스는 테러리스트 다섯 명이 델리의 구루드와라 방글라사힙Gurudwara Banglasahib 근처에서 붙잡혔다는 거였습니다. 뉴스에 의하면 그들은 새벽 두 시에 회의를 하는 중이었고, 그곳을 급습해서 붙잡았다는 겁니다. 그들은 모두 뻔잡의 테러리스트와 연계가 되어 있는데 국회를 폭파시키고 라지브 간디Rajiv Gandhi[40]를 암살하려는 기도를 했다는 겁니다.

우리가 테러리스트였다고요? 부따 싱의 아들이 우리와 같이 있었는데, 더 이상 무엇이 더 필요합니까? 우리가 그를 멀리 데리고 가려고 그랬다나요? 부따 싱하고 테러리스트로부터 돈을 취해 가지고 말입니다. 우리같이 인간답게 행동을 한 사람을 그렇게 할 수가 있습니까? 그렇지만 부따 싱은 우리를 테러리스트라 딱지를 붙여 감옥에 5개월이나 처넣었습니다.

우린 불도 없는 가로 세로 8×6인치 방에 24시간 동안 갇혀 있었습니다. 우린 주지사에게 편지를 써 불이라도 좀 넣어달라고 했습니다. 전 계속해서 경전을 읽었고, 그곳에서 기도 마무리 의례를 네 차례나 했습니다. 그 방은 교수형 집행인의 방 같았습니다. 교도관들은 빌라 Billa가 여기에서 교수형 당했다느니, 누구누구가 여기에서 교수형을 당했다느니 하면서 그들이 죽기 전에는 꼭 이곳으로 끌려왔고, 자기들이

---

40) 인도의 전 수상. 인디라 간디의 큰 아들로, 어머니가 암살당한 후 1984년 델리에서 시크 학살이 크게 벌어졌고 그 후 치러진 총선에서 압승을 거둬 수상이 되었다.—옮긴이

비르 바하두르 싱

그 사람들을 목매달아 죽였다는 이야기를 끊임없이 지껄였습니다. 저 또한 그런 생각이 들곤 했습니다. 그 죽은 사람들, 그들을 제가 어느 날 밤에 본 건 아닌지 생각했지요. 어렴풋한 그들 모습을 제가 본 것 같기도 했습니다. 마크불 바뜨Maqbool Bhat, 빌라, 랑가Ranga …… 누구든 이곳에서 죽어간 사람들, 그들은 우리가 그들을 이곳으로 데려왔다고 말하겠지요.

모든 종류의 보석 신청은 다 기각되었습니다. 심지어는 대법원까지 그랬습니다. 그리고 결국에 가서는 비르 바하두르 성을 붙잡았는데 그는 이 사건에 연루되지 않았다고 서면으로 작성해서 제출해야 했습니다. 이는 1987년의 10월의 일인데, 12월에 대법원이 절 석방시켜주더군요. 그리고 1988년 5월인가 6월에 정부가 법정을 통해 이 사건과 아무런 관련이 없다는 문서를 보내왔습니다. 전 테러리스트가 아닙니다. 저는 쉬로마니 구루드와라 조직위원회 회원입니다. 그게 전부입니다.

감옥에서 우리는 철저히 혼자였습니다. 우리 다섯은 모두 분리 수감되어 혼자 있었습니다. 교수형을 실행한 방은 두 부분으로 되어 있는데, 한 부분은 교수형을 집행하는 곳이고 다른 곳은 빈 공간입니다. 그 안에 작은 목욕탕이 하나 있었는데, 있는 것이라고는 물과 모기밖에 없는 그런 곳 세 군데에 처박혔습니다. 그 안에는 변소도 있었는데, 거기서 음식을 받아먹었습니다. 우리는 애국지사의 자식들이라 생각하곤 했습니다. 우린 그 애국지사들이 지낸 감옥을 보곤 했으니까요. 그렇지만 난……. 이 경험이 절 테러리스트로 만들었을지도 모릅니다. 만약 제가 그쪽으로 조금이라도 기울어져 있었다면요.

화가 머리끝까지 났지만 전 싸울 힘이 없었습니다. 저에겐 가족이 있었고 딸들이 있었는데……. 어떻게 이를 견뎠겠습니까? 제가 스물두살만 되었다면 무슨 일이 벌어져도 아마 벌어졌을 겁니다. 제 경우와 비슷한 이런 일은 아마 수백 건은 될 겁니다. 이런 일을 겪고 나서 테러리스트가 되는 경우 말입니다. 다 떠나서, 이건 국가잖아요. 그리고 그 사람들은 이걸 똑똑히 봐야 합니다. 70대 노인입니다. 그 노인을 테러리스트로 둔갑시켰어요. 제 기록을 한번 보세요. 전 지방자치체 위원장을 역임한 사람이에요. 쉬로마니 구루드와라 조직위원회 위원이기도 하고요. 제게 걸린 민·형사 사건은 하나도 없어요. 전 정직하게 인생을 살아왔습니다. 제 가족사를 한 번 보세요. 제 아버지는…….

제 아버지는 민족 운동가였습니다. 독립 투쟁의 최전선에서 싸운 분입니다. 그는 투옥당하면서 싸웠고, 그 덕에 제 모친이 연금을 받으셨지요. 한편으로는 그분들이 당신에게 연금을 주는 거지만 또 다른 편으로는 그분들이 당신에게 테러리스트라는 딱지를 붙여준 거지요. 이것이 일종의 낙인인 겁니다. 그것이 너무 강력하게 붙어 있어서 당신의 형제자매마저도 당신과 어떤 관계를 맺고 싶지 않은 겁니다. 전 가끔 제 아내와 아이들을 봅니다. 그럴 때 아내와 아이의 얼굴을 제대로 볼 수가 없어서 그냥 몸짓으로 이야기를 하곤 하지요. 그들과 제 사이에 경찰이 있으니까요. …… 이런 상황에서 당신은 무슨 말을 할 수 있겠습니까? 이 안에 정의가 도대체 어디 있습니까? 이것이 민주주의입니까? 이런 사람을 붙잡아서 결국 테러리스트를 만들어버리는 것, 쉬로마니 구루드와라 조직위원회 회원인 사람을 말입니다, 그게 바로 범죄 행위예요. 전 결코, 내 평생 잊지 못합니다. 그 사람들이 우릴 어떻게 취급했습니까? 그렇다 하더라도 인도는 제 나라예요. 모든 시크는 다 그렇게 생각합니다. 칼리스탄을 원하는 시크는 없어요. 슬로건 '라즈 까레가 칼사raj karega khalsa(진실이 승리하리라)'는 애초부터 있었던 것 아닙니까?

사실 시크가 그렇게 큰 피해를 본 것은 눈에 잘 띄기 때문입니다. 힌두와 무슬림은 언뜻 보아 구별하기가 힘듭니다. 그래서 전 힌두가 되려는 사람은 스스로가 무슬림을 공격할지 모른다는 생각을 은연중에 하였을 거라고 하는 일종의 두려움을 가졌을 수 있다고 짐작했습니다. 시크는 눈에 쉽게 띕니다. 그리고 그들은 자기들이 차고 있는 칼을 꺼냈지요. 제 아버지의 경우, 당신의 딸을 죽이고 나서 무슬림을 일곱이나 죽였습니다. 일곱이나요. 아버지는 그 무슬림들에게 특별한 증오심 같은 건 없었습니다. 사실 거기엔 차고 넘쳐나는 사랑이 있었습니다. 그렇지만 결정적인 위기가 올 때 시크는 칼을 빼들지요. 구루 고빈드 싱Guru Gobind Singh[41]께서 바로 이런 정신을 심어주셨습니다. 누구도 이 정신을 앗아갈 수 없습니다. 영국 사람들도 이를 깨달았지요. 바로 이 정부뿐이에요. …… 지난 40년 동안 우리에게 무슨 일이 일어났는지를 애써 무시한 채 말입니다. 시크가 전 역사를 완전히 새롭게 창조해낸 걸 보셨잖습니까?

1984년 전 주지사를 불렀어요. 그리고 이런 일이 일어난 것이 슬프다고 진심으로 말했습니다. 전 쉬로마니 구루드와라 조직위원회 위원이지만, 그 사람들이 지금 어떤 상태에 있는지 물어볼 수도 없었습니다. 그는 제게, 뭘 원하시느냐고 했습니다. 전 폭동이 일어난 곳에 가고 싶다고 했고, 이내 그가 차 한 대와 몇 사람을 붙여 보내주었습니다. 전 제가 아마 도시 전역을 둘러본 첫 번째 시크일 거라는 생각도 했지요. 저는 샤까르뿌르Shakarpur에 갔고, 안 가본 데가 없었습니다. 제게 사람

---

41) 시크교의 10대이자 마지막 구루. 17세기 말 무갈제국과의 갈등 속에서 시크교를 무장화하였다.—옮긴이

들을 보냈더군요. 얼마나 감사한 일입니까.

샤까르뿌르에서 우리는 부상당한 사람들을 도와주고 있었고, 부상당한 사람들을 성자들이 운영하는 보호소로 호송하기도 했는데 길바닥에 처녀 한 사람이 쓰러져 있었습니다. 그런데 그 옆에서 아기가 젖을 달라고 가슴을 헤집고 있었습니다. 그래 우리는 차를 정지시키고 그 사람에게 다가가서 말을 건넸지만 이미 죽어 있었습니다. 우린 그 아이를 데리고 와 난민촌으로 보냈습니다. 우리가 여자들을 발견한 곳이 이런 상황이었습니다. 젊은 사람들은 이런 모습을 보았고, 이런 상황에서 그들이 도대체 무엇을 믿을 수 있었겠습니까? 원래 신뢰가 신뢰를 낳는 법이고 불신이 불신을 낳는 법 아니겠습니까?

인-파 분단 당시 그 마을에서 우린 사자왈 칸을 믿지 않았다고 제가 앞에서 말씀드렸지요? 사실은 그분을 믿었어야 했습니다. 신뢰라는 건 엄청난 겁니다. 적도 신뢰에 대해선 평가를 하지요. …… 누구든 상대에게 신뢰를 보여주면 상대방도 거짓말을 하거나 속이려 하지는 않는 겁니다. 정직하지 못한 사람도 그리 하는 법이지요.

우물에 있던 처녀 두 사람, 그 둘의 아버지는 무슬림한테 크게 다쳤습니다. 다리에 총알을 맞았지요. 당시 그는 우리의 지도자였는데, 이름이 쁘라땁 싱 디르Pratap Singh Dheer이고, 두 딸 가운데 하나는 이름이 마힌데르 까우르Mahinder Kaur이지요. 우리는 보통 그의 평상에 앉아 그가 하라는 대로 다 했습니다. 만약에 그가 우리더러 무슬림이 되라고 했더라도 아마 그렇게 했을 겁니다. 그렇지만 그가 우리 모두 몸뚱이를 산산조각 내더라도 개종을 해서는 안 된다고 했으니 …… 우리는 목숨을 구하자고 종교를 바꿀 수는 없었습니다. 그는 자신은 이미 반은 죽은 사람이라는 말을 했습니다. 그래서 너희들이 나를 죽여 갈기갈기 찢더라도, 그리고 그 조각난 내 몸뚱이 하나하나에 물어보고 또 물어봐도 난 개종은 못한다고 했습니다. 그가 그렇게 말을 하자 랏자완띠가, 그리고 그 뒤를 이어 또 다른 여자 하나가 우물에 몸을 던진 겁니다. 그러자 무슬림들이 "이 사람들이 모두 자살하네." 하고 소리쳤습니다.

그리고 그들은 타말리로 가기로 결정했습니다. 타말리는 토아에서 4킬로미터 정도 떨어져 있지요. 우리 마을은 작은 산들에 둘러싸여 있었고, 정말 아름다운 곳이었습니다. 그리고 나서 많은 사람들이 우리 마을을 약탈하러 온 겁니다. 나중에 마을에 간 사람들 말을 들으니 마을에는 벽돌 하나 남은 게 없었답니다. 폭도들은 우리 마을을 지나 타말리로 갔고 거기에서 며칠간 싸움을 벌인 겁니다. 그 마을에는 정말 용감한 여인 한 분이 계셨지요. 제 친척 분인데 데완 까우르Dewan Kaur 라는 분이지요. 그녀는 남자들이 쓰는 터번을 두르고 싸움에 임했습니다. 시체는 마을에서 상당히 떨어진 곳에서 발견이 되었지요. 사람들은 그녀더러 절대로 혼자 가지 말라고 줄기차게 당부를 했는데, "무슨 소리냐, 나는 구루 고빈드 싱의 딸이다."라고 말하면서 홀로 분노의 노도와 같이 그들에게 덤벼들었던 거지요.

그렇습니다. 아직도 우리 마을에 남아 있는 여자들은 많이 있습니다. 저희 가족 여자들은 대부분이 죽었습니다. 우물에 몸을 던진 바로 그 사람들이지요. 그렇지만 다른 여자들은 살았습니다. 그것은 무슬림들이 자살하는 장면을 두 눈으로 보았기 때문이지요. 자신을 희생한 사람들 …… 만일 저희 가족 여자들이 죽지 않았다면, 그리고 우물에 몸을 던지지 않았다면 오늘날 살아남은 그 사람들은 살아남지 못했을 겁니다. 무슬림들이 이것 때문에 온 겁니다. 제가 이렇게 말씀드리는 것을 용서하십시오. 하지만 우리 마을에서 온 그 무슬림들은 그리 좋지 못한 사람들이예요. 예를 들면, 우리 아이들은 깨끗하지요. 옷도 단정하게 입고요. 그런데 무슬림은 모두 8일 동안이나 목욕을 하지 않아요. 비누라는 걸 들어본 적이 없습니다. 그 사람들은 정말 소름끼치게 생겼습니다. 우리 여자들은 예쁘지요. 그래서 그 사람들이 우리 여자들을 데리고 가려고 계획을 짠 겁니다. 그렇지만 제 아버지가 그런 일은 용납할 수 없다고 단호하게 하신 겁니다. 역사는 날마다 바뀌는 게 아닙니다. 우리도 날마다 태어나는 게 아니고요. 얼마나 오랫동안 우리는 더 살아야 합니까? 10년 아니면 20년? 그리고 나면은 뭐가 있습니까? 그 뒤로는 누구든 죽어야겠지요. 우리는 명예롭게 죽을 겁니다. 그리고 그 나머지 과업 …… 제 아버지가 첫 발자국을 뗐지요. 그리고 그 나머지 과업은 랏자완띠 모친이 행한 겁니다. 이 일을 옹호하고 나선 사람이 우리 마을에서는 딱 둘 있었지요, 한 사람은 판사 하르남 싱이고 또 한 사람은 성 굴랍 싱입니다.

판사 하르나 싱은 대법관까지 하신 분이고, 굴랍 싱은 성인聖人이 되셨는데, 이쪽 길로 가신 거지요. 그는 고귀한 양반이고 학덕이 높은 분이었어요. 랏자완띠 모친이 바로 그분의 부인인데, 바로 이분이 스스로를 희생함으로써 다른 시크 여자들을 구해낸 겁니다. 그래서 스물여섯 그리고 …… 약 100명을 만들어낸 겁니다. 그러자 우리 마을에 살던 무슬림들이……. 하리 싱이라는 사람이 있었습니다. 또 다른 사람도 있었고요. 시크 사원에서 찬송가를 부르는 일을 하는 사람이었는데, 그 무슬림들이 하리 싱을 붙잡아 데리고 갔습니다. 그리고선 먼저 그의 손을 자르더니 다음으로 팔을 잘랐습니다. 그렇지만 그는 계속해서 무슬림이 되는 걸 거절하였습니다. "너희들이 원한다면 날 죽여라." 그러자 그들은 그를 죽였습니다.

제 친척 가운데 한 분이신 구르박쉬 싱 디르Gurbaksh Singh Dheer─지금은 돌아가셨습니다만, 이분의 가슴에 무슬림들이 총을 댔습니다. 그리고 네 아비는 어디 있는지 대라고 했습니다. 계속해서 대라고 했습니다. 그 아버지는 밤에 몰래 달아났습니다. 약 20킬로미터 떨어진 라왈삔디로 도피하여 군수에게 갔던 겁니다. 그리고 거기서 군대를 부른 거지요. 진짜 희생은 랏자완띠 모친 그리고 우물 속에 뛰어든 처녀들이 행한 거지요. 모친이 찾은 그 무기를 한번 보세요, 그때 얼마나 제대로 잘 맞아떨어졌는지 말입니다. 그녀는 성 라자 싱으로부터 영감을 얻은 겁니다. 랏자완띠 모친은 라자 싱이 자신의 딸의 목을 베는 것을 직접 보았습니다. 그러고 나서 이 아이들, 저 아이들, 그 사이에 무슨 차이가 있겠습니까? 만일 그들을 한 명이라도 밖으로 내보냈다면 그건 불명예입니다. 무슬림들이 원하던 그 처녀, 그녀를 우리가 불러왔습니다. 그녀는 그때까지 살아 있었습니다. …… 우리는 그녀를 이곳 난민촌으로 불러왔습니다. 그런데 그녀가 그곳에서 몽고메리로 도망쳐버렸지요. 그리고 무슬림과 결혼했습니다. 그녀는 아직도 우리 마을에 살고 있습니다.

그건 이렇습니다. 싸움이 본격적으로 시작되면서 화해를 위한 시도도 있었습니다. 결국 싸움이라는 건 화해를 의미하기도 하는 거지요. 그래서 무슬림이 화해를 하러 왔습니다. 그런데 그들은 우리가 그 처녀를 내주면 고향에서 살게 해주겠다고 했습니다. 무슬림이 하나 있었는데 대단히 강력한 권력의 소유자였지요. 그는 농사를 짓곤 했지만, 일종의 건달이었습니다. 그가 그 처녀를 원한 겁니다. 그는 처녀와 어떤 관계를 가지고 있었습니다. 그 사람들은 줄기차게 처녀를 요구하면서 처녀만 내주면 무슬림을 모두 돌려보내겠다고 했습니다. 그러자 이쪽 사람들은 회의를 했고, 어찌 되었든 그 처녀는 그 무슬림과 관계를 가지고 있으니 못된 애이고, 그런 애를 우리가 지켜줄 필요가 뭐 있겠느냐고 했습니다. 보세요, 뭐든지 자기 목숨을 부지하려는 때가 오면 그어떤 것도 고려하지 않는 법이지요. 결국 처녀를 넘겨주는 쪽으로 일종의 결론이 났습니다.

그때 그 처녀가 무엇을 원하는지는 전혀 고려 대상이 되지 못하였지요. 문제는 마을의 명예였으니까요. 그러자 제 아버지께서 어떻게 그럴 수가 있느냐고 말씀하셨습니다. 우리 역사를 보면, 가즈니가 카불, 칸다하르에서 처녀들을 데려갔을 때도 우리는 모두 다시 데려왔는데, 오늘날에 와서 우리 목숨 부지하려고 우리 처녀를 주겠다니. 어떻게 그럴 수가 있느냐? 아버지는 "이 아이가 제 딸입니다."라고 말씀하시면서 모두들 저쪽으로 비켜서면 내가 이 아이를 어떻게 넘기는가를 보여주겠다고 했습니다. 그리고 나서 우리 가족 여자들을 한쪽으로 치우고 뜰로 나가시더니 무슬림하고 한판 싸움을 벌여 그들을 쫓아냈습니다. 그리고 우리는 쁘라땁 싱이 앉아 계시던 평상을 들어 올렸는데 그가 "처녀를 건네줍시다."라고 합디다. 그때 군인들이 왔고, 그 처녀도 우리와 함께 트럭에 탔습니다. 우리는 먼저 젤럼 강 쪽으로 갔는데 …… 아니, 굿자르 칸으로 갔지요. 그러자 밤이 왔고 우리는 다시 라와뜨로 갔다가 또다시 와흐Wah 난민촌으로 갔습니다. 우리도 그 처녀도 모두 그곳에서 묵었습니다. 그곳에는 몽고메리 출신의 그 처녀 친척이 몇 있었습니다. 그리고 아직 다른 곳에서는 난리가 일어나지 않고 있었습니다. …… 라왈삔디에서 난리가 일어났을 때 다른 곳에서는 모두 편안하게 지내고 있었습니다. 우리에게 문제가 발생한 것은 4월이었습니다.

젤럼에서는 하르남 싱이라는 시크 한 분이 계셨는데, 다른 사람을 참 많이 도와주던 분이셨지요. 그는 도처에서 온갖 것들을 모아 와 사람들에게 나눠주었습니다. 우리는 정말이지 비참한 상태에 있었는데, 한 푼도 없는 빈털터리였습니다. 한 번은 제 호주머니에서 우연히 2안나짜리 동전이 나왔는데, 이 돈을 조카에게 줘 먹을 빵을 조금 사오라고 시킨 적이 있었습니다. 라와뜨로 오는 길에 우리는 처절하게 굶주렸습니다. 그렇지만 배고프고 목마른 게 다 사라져버렸습니다. …… 한 손으로는 엄마 손을 잡고, 다른 손으로는 아이 손을 잡고, 등에는 동생을 업고 그렇게 오는 길에 배고플 여력이 있기나 하겠습니까?

그렇지만 뭐라 해도 인간은 인간입니다. 사람은 누구라도 배고픔을 느끼기 마련이지요. 그래 제 기억으로는, 조카가 그 동전은 망가져서 안 받아주더라는 이야기를 하였습니다. 전 엉엉 울었습니다. 다른 호주머니를 뒤져보니 아버지가 써주신 편지가 있었습니다. 그 편지는 아버지께서 당신 제수씨께 쓴 거였습니다. 정말 우연히 호주머니에서 발견한 겁니다. 그때 전 아버지께서 주신 숄을 하나 걸치고 있었습니다. 저는 때때로 그 편지를 꺼내 읽기도 하고 그 숄에 입맞춤을 하곤 했습니다. 전 그 편지를 몇 년간 간직하고 있었지요. 지금은 어디로 갔는지 모르겠어요. 슬픈 일이 닥칠 때면 저는 항상 울면서 그 편지를 읽고, 그리고서 위안을 삼았지요. 그렇지만 눈물이라는 건 좋은 징조이기도 합니다. 넘쳐흐른다는 것은 좋은 거지요. 동전이 망가져서 사용할 수 없음을 알았을 때 그날 전 얼마나 울었던지······.

라와뜨 난민촌에 가니 방이 하나 있는데 멍석이 하나 깔려 있었습니다. 우리가 막 자리를 잡으려고 할 무렵 우리는 그 방이 우리 몫이 아니라는 이야기를 들었습니다. 방은 또 하나가 있었습니다. 그래서 우리는 몇 되지는 않지만 가지고 있는 짐을 다시 쌌습니다. 그러다가 그 방에서 손수건으로 묶여 있는 작은 짐 꾸러미를 하나 발견했는데 그 안에 50루삐가 있는 겁니다. 제가 그 짐을 풀어보고 50루삐를 발견했을 때 저는 "웬 50루삐가 여기 있는데 누구 주인 없으십니까?" 하고 다른 사람들에게 물었습니다. 물론 그 돈은 분명히 누군가의 돈이었겠지요. 그렇지만 모두가 당시에 처한 상황이라는 것이, 각자 남겨두고 온 돈이 수천 루삐는 되는 상황인지라, 아무도 자기 돈이라고 나서는 사람이 없었습니다. 아마 그 돈은 이곳을 지나간 누군가의 돈이거나 아니면 그 멍석을 따라왔을 겁니다. 그래서 우리가 그 돈을 가졌습니다. 우린 그 50루삐를 조금씩 조금씩 쓰면서 두 달을 버틸 수가 있었습니다. 그러고 나서 뻬샤와르에 살던 친척 몇 분이 우리에게 50루삐 우편환을 보내주었습니다. 그 돈으로 델리에 살던 어떤 친척이 우리를 이곳으로 데리고 왔던 겁니다.

우리는 가진 거라곤 아무것도 없었습니다. 그렇지만 우리는 나이가 열여섯 정도밖에 되지 않는 젊은이였습니다. 아십니까, 이 농축 우유와 정어리 말입니다. 정어리는 넓적하지요. 그래서 그 생선 깡통은 작은 그릇으로 쓸 수가 있고 농축 우유를 담은 깡통은 컵으로 사용할 수가 있습니다. 우린 보통 깡통의 가장자리를 돌로 쳐 다듬은 후 사용했습니다. 심지어 어떤 사람은 자기도 하나 주워달라고 부탁하기도 했습니다. 아시지요? 군인들은 보통 통조림을 다 먹고 깡통을 버려버리잖아요. 그러면 우리가 가서 그걸 주워 망치로 두들겨 모양을 내고 사용할 수 있도록 만들어내지요. 그리고서는 우린 그걸 가지고 가서 큰아버지께도 드리고 작은 아버지께도 드리고 그랬지요. 모두에게 다 드렸습니다. 제가 남에게 베푼 첫 번째 것은 바로 이거였습니다. 우리는 우리 몫으로 약간을 모았지만, 친척 분 모두에게 드리고 또 다른 분들께도 드렸습니다. 전 이것들을 구해다가 아주 조심스럽게 씻어서 그분들께 드렸지요. 식사 시간이 되면 우리는 모두 이 깡통을 개조해 만든 식기를 꺼내 사용했지요. 시간이 얼마 지난 후에 난민촌에서 우리에게 식기를 배급해 주었습니다. 그래서 우린 그릇이나 컵을 가질 수 있었지요. 하지만 처음엔 그거밖에 없었습니다. 그리고 시간이 얼마 정도 지난 후에 우리는 이곳으로 왔습니다.

그래요, 그 처녀요. 우리가 올 때, 몽고메리에 가까이 있었던 때가 있는데, 그곳에서 그 무슬림들이 처녀를 데리고 가버렸습니다. 그들은 정말 무슨 축제라도 벌이는 듯 요란스레 데리고 가더군요. 그러고 나서 마을에서 우리는 그녀가 버스 정류장 근처에 살고 있다는 이야기를 들었습니다. 그녀는 그 남자와 결혼했는데, 그때 만삭이었습니다. 그가 여자를 데리고 간 겁니다. 그녀는 아주 미인이었어요. 결혼을 했지요. 그녀의 아들은 이제 다 장성했겠습니다. 자식도 있을 테지요. 그들은 여관을 가지고 있었습니다. 그녀의 남편은 2년 전인가 죽었습니다. 그녀는 정말 미인이었습니다. 그런 일들이 있었지요. …… 그녀로 인해 많은 사람이 죽어나갔습니다. 이는 모든 게 잘 짜인 각본 같았다고나 할까요? 마을 전체가 하룻밤에 포위당했다니까요.

그곳 상황이 이러하였지요. 시크 마을이 하나 있었고 삼사십 되는 나머지 마을이 모두 무슬림 마을이었다는 겁니다. 그러면 시크는 어디로 가겠습니까? 물도 마셔야 하고, 음식도 먹어야 하고, 배급도 받아야하는데 말입니다. 보세요, 무슬림들은 정말이지 무서운 짓을 저질렀습니다―그들이 싸움터에서 싸운 적은 단 한 번도 없어요. 툭 트인 밖에서 말입니다. 그들은 다가와서 등 뒤에서 칼로 쑤신 겁니다. 무슬림은 결코 시크와 일대일로 싸울 수가 없습니다. 그들은 불을 지르지요. 당신 집에, 당신 마을에 말입니다. 그들은 마을을 포위하고 나서 집에다불을 계속해서 지릅니다. 불이라는 게 무서운 겁니다. 사람은 그 연기를 보면 누구든 공포에 질리게 되는 법입니다. 우리 주변은 모두 불에 타고 있었습니다. 사람이 할 수 있는 일이 뭐가 있겠습니까? 난, 진실로 모든 명예가 자기 자식을 살해한 사람들, 우물 안으로 뛰어든 사람들, 그 사람들에게 돌아가야 한다고 생각합니다. ……

순교자의 집안을 한번 보세요. 그러면 그로 인해 뿌리가 나고 자라나는 것을 볼 수 있을 겁니다. 피라고 하는 것이 그런 겁니다. 당신이 나무에 물을 주면 그 나무가 자라듯, 순교자 집안도 마찬가지입니다. 우리 집안에서는 제 아들이 죽었는데―이것은 파키스탄이 만들어진 이후 일입니다. 우리가 결혼을 하고 난 후, 밭에서였지요. 제가 이 순간 존재하는 바로 여기에서는 여태껏 죽은 적이 없었습니다. 무엇보다도 축복이 내린 거지요. 만일 한 가족이 완전히 파멸되어버렸다면, 적어도 어느 정도는 그 남은 거라도 꼭 보존되어야 하지 않겠는가 하고 운명조차도 그 정도의 이해를 한 거 아니겠습니까? 용기라는 것은 결코 버려지지 않습니다, 그렇지요? 우리는 운명에 의해 쓰여 있는 바에 따라 성장하고 발전해왔습니다—전 아들이 다섯 있습니다. 제 어머니는 그 사건을 기억할 때면 하루 종일 흐느끼시지요. 어머니가 우는 건 가족에 대해 곡을 하는 겁니다. 하루 종일 우시지요. 그렇지만 바헤 구루Vahe Guru는 제 어머니에 대해 들어보셨을 겁니다. 이제 우리는 삼형제인데, 모두 자식들이 있지요. 전 아들이 다섯이고, 손자들도 있고, 우린 아주 좋은 대가족이지요. 이제 제 어머니는 가족이 너무 소란스러워 잠을 잘 수가 없다고 불평을 하는 정도라니까요! 운명이 당신에게 기적으로 나타난다는 것에 행복해야 하는 겁니다.

*

　저에게는 누이가 둘 있었습니다. 한 사람은 그때 캘커타에 있었고, 또 한 사람은 첫 번째 순교자가 된 바로 그 사람입니다. 순교자가 된 그 누이는 대단한 용기로 그런 일을 했지요. 전 그런 사람을 제 눈으로 본 적이 없습니다. 누이는 엉덩이를 이렇게 하고 앉았습니다. 그 뒤로 제 아버지가 섰고 그 뒤로 제가 서 있었습니다. 아버지와 딸은 서로를 쳐다보지 못했습니다. 아버지가 당신 딸 뒤에 계셨는데, 자리에 앉으셨습니다. 그러고 나서 아버지께서 당신 딸을 죽이려 할 때 아마 뭔가가 그 사이에 끼었을 겁니다. 아마 아버지의 애정이 끼지 않았겠습니까? 그러자 제 누이가 …… 아무 말도 오가지 않았습니다. 아버지와 딸, 서로를 이해하기에는 다만 그 칼의 언어로 충분하였던 거지요. 둘은 모두 슬펐지만, 그렇게 되면 그 칼질은 의미 없는 것으로 사라져버리지 않겠습니까? 그러자 제 누이가 두빳따 주름을 잡고 한쪽으로 치워주었습니다. 그러자 제 아버지가 칼을 이렇게 내리쳤습니다. 누이의 목은 바닥에 떨어졌고 …….

몇몇 사람은 위층에 있었고 몇몇은 아래층에 있었습니다. 마을 사람 모두 거기 있었습니다. …… 방은 아래층에도 몇 개 있었고 위층에도 몇 개 있었습니다. 짜여진 긴 시간이 흐른 것이 아니었습니다. 다만 그 사람들이, 이러다가 집안 전체가 다 파괴될지도 모르겠다는 것을 깨달은 거지요. 여인들은 모두 젊었습니다. 다만 다른 것이 하나 있다면 제 아버지께서 일곱 형제 가운데 가장 젊었다는 사실입니다. 제가 앞에서 말씀드린 바 있던 그 아우따르 싱Avtar Singh, 임신 중인 그 여인, 그 아이가 첫 아이였는데 …… 제가 뭐라고 말했습니까? 그 작은아버지와 조카는 모두 젊었습니다. 큰아버지의 아들과 작은아버지는 나이가 거의 비슷했습니다. 두 분 다 젊은 나이였지요. 우리 집안에는 남자들이 정말 많았습니다. 여인네가 스물여섯이라면 남자들은 얼마나 많았겠습니까? 열다섯에서 스물 정도 되는 젊은이들이 이러다가 우리는 다 파멸할 것이고, 작은아버지께서 말씀하시는 게 옳지 않은가 고민하면서 결국 우리는 그대로 따라야 한다고 생각했습니다. 그래서 그들 모두가 그분 뒤에 섰던 거지요.

만일 무슬림이 그 처녀를 데리고 가기만 한다면 …… 우리가 얼마나 더 살게 될지는 아무도 모르는 거라고 생각했습니다. 오늘에 와서 가정해보건대, 그들이 그렇게 하지 않았더라면, 당신이 지금 가지고 온 이 납치 여인의 명단에 제 누이의 이름이 올라가지 않았으리라고 보장할 수 있겠습니까?(우리가 가지고 간 납치 여인 명단이 적힌 책을 참조함) 같이 행동을 한 사람 가운데 목숨을 건진 사람도 있습니다. 그 사람들은 우리 아이들을 넘겨 썩어 문드러지게 하느니 차라리 다 죽여야겠다고 말했습니다. 이 책을 다 훑어보세요. 우리 마을 이름은 찾아볼 수 없을 겁니다. 여기에서 찾을 수 있는 이름은 모두 타말리와 다른 곳뿐입니다. 그 가엾은 처녀들은 달리 선택의 방도가 없었지요. 자, 만약 만 명이 왔다고 칩시다. 그리고 우리 아이들을 데리고 갔다고 쳐봅시다.

그러면 뭘 어떻게 하겠습니까? 수도 없이 많은 사람이 왔지요. 그 사람들에게 특별한 목적이 있었던 것 같지는 않았어요. 마치 세상이 경계가 허물어져 그리로 우르르 몰려들었던 것 같았습니다.

그래요, 처녀들을 데리고 간 사람도 있었습니다. 남은 건 딱 우리 집안밖에 없었지요. 위층에는 우리 집안만 남았습니다. 위층에 남았던 사람은 모두 끝장이 난 거지요. 그들은 남자들은 죽이지 않았습니다. 그들이 절 밀치더군요. 전 그렇게 무서운 장면은 겪어본 적이 없었어요. 그때를 회상하면 지금도 …… 저는 울부짖습니다. 그러면 제 마음이 좀 가벼워집니다. 자기 딸을 죽이는 아버지, 얼마나 큰 피해자입니까? 얼마나 무기력했겠습니까? 어떤 자가 내 딸을 데리고 간다고 생각하면 정말이지 속이 다 찢겨 발겨진 것 같습니다. 제 인생 전체를 통해 전 해야 합니다. …… 그 사람들은 우리 아이들을 종교를 위해 데려가고자 했던 겁니다.

(1984년과) 정확하게 똑같습니다. 사람들은 어쩔 수 없이 상투를 잘랐습니다.[42] 개종을 강요당했습니다. 똑같습니다. 사람들은 싸웠고, 그리고 죽었습니다. 남편이 델리에서 일을 하던 여인이 한 사람 있었습니다. 그 남편은 암발라로 전근을 갔고 오빠는 빠띠알라에서 일을 했는데 델리로 전근을 갔어요. 그래 그 오빠가 생각하기를 누이가 델리에 큰 집을 가지고 살고 있으니 거기 가서 살면 되겠네 했지요. 그래서 남편은 암발라에 살고 아내와 그 오빠는 델리에서 살게 된 겁니다. 그들은 빨람Palam 근처에서 살았는데, 거기서 포위를 당했습니다. 그 아내는 자기 오빠를 죽이지 말라고 빌고, 빌고, 또 빌었습니다. 그러자 그 사람

---

42) 시크는 다섯 가지 물건을 지녀야 하는 것으로 되어 있다. 뻰자비/힌디의 k로 시작한다 해서 보통 5k라 하는데, 머리카락 (즉, 상투), 나무로 된 빗, 쇠로 된 팔찌, 내의로 입는 반바지, 단도가 바로 그것이다. 따라서 시크와 힌두를 외형적으로 가장 쉽게 구분하는 것은 상투이다. ─옮긴이.

들은, 여자는 죽이지 않으니 저리 꺼지라고 말했습니다. 그리고선 그 여인이 보는 데서 오빠를 대못이 박힌 몽둥이로 때려 죽였습니다. 그리고 사라졌습니다. 그녀는 홀로 남겨졌습니다, 오빠의 주검 곁에. 그녀는 뭘 어떻게 해야 할지 알 수가 없었습니다. 창틀을 부수기도 했습니다만 …… 그녀는 기(ghee)를 손에 들고, 책과 의자 …… 아니 무엇이든 손에 쥘 수 있는 건 모두 다 긁어모아 장작더미를 쌓았습니다. 그렇지만 오빠의 사체를 다 태울 수는 없었습니다.

　모든 건 한 가지 태도 때문이었습니다. …… 파키스탄이 만들어질 수 있었던 건 우리 태도 때문이었지요. 힌두스탄을 만들어내는 데 일조를 한 것은 바로 시크 아니었습니까? **우리는** 그 깃발을 높이 치켜들었지요. 무슬림 통치 이전의 역사를 한번 보세요. 침략이 있으면 시크가 항상 맨 앞에 나갔었지요. 시크는 나중에 시크가 되었지만, 결국에는 힌두였습니다. 지금 힌두는 시크들과 갈라섰다고 생각을 합니다. 아니면 시크가 그렇게 생각을 하든지요. 우리는 전체 힌두 사회의 군인, 즉 그것을 지키는 초병이나 수위 같은 거였지요. 그래서 당신들이 우리를 어떻게 부르든지 관계치 않습니다. 사르다르, 어르신, 젊은이……. 그렇지만 우리가 따로 떨어진다면…….

　보세요, 무슬림 인구가 얼마나 늘어나고 있는지. 제가 알기로는 파키스탄이 만들어질 때 7천만이었습니다. 아마 맞을 겁니다. 지금은 약 1억 6천만 정도 될 겁니다. 40년 만에 이렇게 되었다면 다음 40년 후에는 몇 배 더 늘어나지 않는다고 말할 수 있겠습니까? 저한테 무슬림 친구가 하나 있는데, 전 그 친구랑 보갈에서 조합 선거할 때 다투곤 했지요. 하루는 이크발Iqbal이라는 그 친구가 나한테 와서 오늘이 자기 아이 생일이래요. 저보고 꼭 오라고 하잖아요. 전 꼭 가겠다고 하고서 애들이 몇이나 되느냐고 물어보았습니다. 그랬더니 신경 쓰지 말라고 하면서 나중에 말해주겠다고 합디다. 그래서 제가 다시 물었습니다. 그러면 나는 몇이나 되는 것 같아? 아니, 내가 말할까? 아들 다섯에 딸이 둘이야. 그랬더니 친구는 신경 쓸 필요 없다고, 나중에 이야기해준다고 합니다. 경우에 따라선 우리 애들이 너무 많다고 생각을 할 수도 있겠지요. 그래서 다시 물었습니다, 애들이 몇이나 있냐고. 열여덟이라고 합니다. 열여덟. ……

　　만약 열여덟에 곱하기를 한다면 선거에 무슨 일이 벌어지겠습니까? 이런 일이 일어나서는 안 되지요. 칼리스탄Khalistan[43]의 이름으로 시크의 지위를 떨어뜨리고, 그러고 나서 다른 사람들이 좋아하도록 하겠다는 거지요. 이런 것은 애국심이 아닙니다. 권력에 대한 욕망일 뿐입니다. 힌두스탄 전체를 독립국으로 생각하는 것이 애국심인 겁니다. 힌두스탄이 독립하게 된 것은 구루드와라 운동 때문이었습니다. 107명이나 되는 사람이 독립 투쟁으로 인하여 처형당하지 않았습니까? 그런데 그 가운데 92명이 시크예요. 비율이 얼마나 되는지 계산을 한번 해보세요. 이 사람들, 그들이 바로 전사족 아닙니까? 그들은 강한 사람들입니다. 우리는 그 사람들을 우리 편으로 모셔야 되는 겁니다. 우리 가운데 아주 현명한 어머니 한 분이 말씀하시기를, 만약 암소가 영리해서 우리에게 우유를 주기만 한다면 설사 그 암소가 어쩌다 한 번씩 우리를 발로 찬들 무슨 대수이겠느냐, 하셨습니다. 인간도 똑같습니다. 우유도 주지 않는 사람을 누가 보호하겠습니까?

---

43) 시크 분리주의자들이 주창하는 시크만을 위한 별도의 독립 국가—옮긴이

비르 바하두르 싱

6
장

아이들

CHILDREN

내가 여태껏 보아온 인-파 분단에 관한 역사 가운데 아직까지 아이들을 다룬 것은 없었다. 이건 놀라운 일도 아니다. 역사의 소재로서 아이들은 다루기가 무척 어렵기 때문이다. 역사가는 이렇게 물을 수도 있다. 당신은 아이들의 경험을 그 자체로 어떻게 재현하느냐고. 역사의 수단으로서 기억은 기껏해야 신뢰할 수 없는 시간이고, '사실'의 관점에서도 제공할 만한 것이 거의 없다. 아이들의 기억은 어른의 경험이라는 프리즘을 통해 걸러진다. 따라서 자서전 정도로는 받아들일 수 있겠지만 역사로서는 곤란하다. 그렇다면 아이들의 경험에 어떻게 의미를 부여할 수 있을까?

인-파 분단의 역사를 다루는 데 있어서 이 문제는 특히 중요하다. 인-파 분단의 역사는 많은 부분이 아이들과 얽혀 있기 때문에 지금 그 역사 안에 아이들이 나타나지 않는다는 것은 커다란 비극이다. 인도와 파키스탄은 여성이나 하리잔을 놓고 싸운 것과는 달리 아이들을 놓고 싸우지는 않았다. 그렇지만 크게 곤란하게 되어버린 것은 납치된 아이들의 몸이고, 그 존재로 인해서였다. 납치되고 강간당한 여성은 종교의 품 안으로 되돌려질 수 있고, 선언을 통해 '재정화再淨化'될 수 있는 반면 아이들은 그 안에 두 종교의 피가 똑같은 양으로 섞여 있기 때문에 재통합되기가 그리 쉽지 않다. 만약 숫자가 어떤 의미를 부여한다면 우리는 분명히 아이들에 대해 주의를 기울여야 한다. 분단 당시 납치된 여성의 수는 대개 7만 5천에서 10만 사이로 추정하고 있다. 그 숫자의 파편 하나를 찾는 조사에만도 10년이 걸렸다. 만약 납치된 여성의 절반이 아이를 가졌다고 가정해보면 그 숫자는 5만이 된다. 이 외에도 버려졌거나 그냥 두고 온 아이들 숫자도 고려해야 한다. 그러나 이러한 사실에 대한 기록은 전혀 없다. 기록이 없다고 이러한 역사를 무시할 수 있을까?

대부분의 기록은 아이들에 대한 정보를 가지고 있지 않다. 하지만 실제로는 내가 이야기를 나누었던 사람들이 버려지거나 없어지거나 잃어버렸다고 언급한 아이들만 해도 수백 명이나 된다. 그 가운데 일부는 가족들이 두고 온 경우도 있고, 일부는 납치되기도 했으며, 어떤 경우에는 병원에 입원해 있다가 가족의 행방을 몰라 헤어진 경우도 있다. 에드위나 마운트바튼의 지휘 아래 비정부기구에 의한 구원·복지 사업의 조정을 위해 설립된 구원복지연합협의회United Council of Relief and Welfare의 기록원 사위뜨리 마키자니Savitri Makhijani가 라호르에서 큰 규모의 난민촌이 폐쇄되던 시기의 상황에 대해 기술한 내용이 있다. 그 때─분단 발생 후 몇 개월 동안─그녀는 델리대학교의 사회사업학부 School of Social Work에서 일하고 있었다. 그녀는 난민촌이 폐쇄되고 난 직후 수십 명의 아이들이 뒤에 남겨져 있다는 소식을 들었는데, 아마 양쪽 부모 모두로부터 버림을 받은 것 같았다.

그렇다면 그들에게 무슨 일이 일어났을까? 아이들은 델리로 보내졌고, 므리둘라 사라바이에 의해 고아원에 수용되었다. 사회사업학부 활동가들은 전인도라디오방송All India Radio에 양자 입양을 권하는 광고를 냈다. 그리고 많은 양의 엽서를 쏟아 부었다. 하지만 일상생활에서 나타나는 것처럼 여기에서도, 모든 사람이 남자아이만 선호했다. 결국 남겨진 아이들 가운데 대부분은 여자아이였다. 이제는 무슨 일을 하였을까? 꾸준히 노력한 끝에 대부분의 아이가 입양되기에 이르렀다. 그런데 한 남자가, 자기가 입양해 간 여자아이가 너무 '까불어' 다시 돌려줘야겠다는 것이다. 사회사업 활동가들에 따르면 대부분의 사람들은 입양보다는 가사를 도울 아이를 원하였다. 그래서 '까부는' 아이는 전혀 필요치 않았다. 사위뜨리는 그 아이가 어떻게 되었는지 기억하지 못한다. 다른 활동가들과 마찬가지로 그녀 또한 남자아이는 '적통' 양자를 위해 선호 대상이 되지만, 여자아이는 '다른 일'에 그 수요가 있었다는 사실을 확인할 수 있었다. 여기 그녀가 한 말을 인용해보자.

우리가 델리에 왔을 때 난 사회사업 일을 하고 있었습니다. 우리가 델리에 도착하자 바로 힌두들이 이주를 했고, 난민촌에 있는 힌두에게 의료 지원을 하기 위해 약간의 인도인 의사들이 파키스탄으로 파견되었다는 사실을 알게 되었습니다. 파키스탄은 의사가 그리 많지 않았고 설령 많이 있다고 해도……. 그래서 인도 정부가 의사를 파견한 겁니다. 난민촌이 짐을 꾸릴 때 여덟에서 열 명 정도의 아이가 버려지는 일이 발생했습니다. 인도인 의사들은 그 아이들을 도저히 두고 올 수가 없어서 인도로 데리고 왔습니다. 물론 그 의사들은 아이들이 힌두 아이들이라는 사실을 알았지만, 설사 아이가 무슬림 아이라 할지라도 …… 당시는 라메슈와리 네루와 락샤 사란Raksha Saran이 일종의 고아원을 운영하고 있어서 …… 그 아이들을 그곳에 수용하였습니다. 그리고 당시 우리 지도교수 한 분이 전인도라디오방송에 갔습니다. 교수는 방송국에서 우리가 여덟인가 열인가 하는 아이들을 데리고 있으니 양자로 입양해 갈 자원자를 찾는다고 광고를 했습니다. 여덟에서 열은 얼마 되지 않는 수였지요. 나는 여전히 사회사업학부에 있었는데, 엽서를 받기 시작했습니다. 모든 사람이 처음에는 남자아이를 원했습니다. 물론 잘 생기고 건강한 아이로요. 여자아이를 원하는 사람은 아무도 없었습니다. 그러던 중 한 남자가 오더니 여자아이를 데리고 갔습니다. 그런데 이삼일이 지나 다시 데리고 온 겁니다. 여자아이가 너무 까분다는 거였습니다. 아니 아이가 까불지 않으면 누가 까불겠습니까?

그 후 …… 그 아이들은 어떻게 됐는지 모릅니다. 그렇지만 이것은 힌두 부모들이 자식을 버린 사건입니다. 사람들의 정신 구조가 변했지요. 자기가 사는 게 중요하다는 거지요. 그러니까 자식을 버린 겁니다.

*

인-파 분단이 발생하고 40년이 흐른 뒤 난 뜨릴록 싱Trilok Singh을 만났다. 뜨릴록 싱은 자기 아버지와 두 삼촌이 인도로 탈출하기 위해 집안의 여자들과 아이들을 살해하겠다고 결정했을 때 불과 아홉 살이었다. 그들이 살고 있던 마을은 파키스탄에 속할 것으로 확정된 상태였다. 시크들은 이미 공격을 받기 시작했고 하루하루 날이 갈수록 폭력이 점점 가까이 오고 있었다. 뜨릴록의 삼촌인 망갈 싱과 두 형제는 자기들이 간신히 탈출할(혹은 시도하다가 죽게 될) 때 집안의 여성들과 아이들에게는 그러한 기회가 오지 않을 거라는 사실을 잘 알고 있었다. 그들은 이제 이미 힌두와 시크 집안에서 널리 자리 잡은 방법이 되어버린 약한 자 즉 여성, 아이들, 노인, 그리고 허약한 사람을 죽여버리기로 결정했다. 그것은 그들이 탈출하는 데 방해가 되고 일을 어렵게 만들 뿐만 아니라 그들, 특히 여성은 강간을 당하거나 허약한 사람은 강제로 개종될 수 있기 때문이었다. 강간이나 개종 둘 다 자신들의 종교(그리고 남성다움)에 치욕이었다. 아이들 또한 개종당할 수 있거나 아니면 간단히 그냥 데리고 가버릴 수 있었다. 사실 그냥 데리고 가버리는 일은 양쪽 공동체 모두에게 실제로 일어난 일이었으니, 상상 속의 공포만은 아니었다.

뜨릴록은 집안의 남자 어른들이 절박하게 집안의 죽음에 대해 상의하는 것을 들었다. 그들은 그걸 순교라 불렀다. 그렇지만 불과 아홉 살

먹은 아이가 어떻게 과감하게 죽기를 각오할 수 있었겠는가? 그래서 뜨릴록은 아버지와 삼촌에게 살려달라고 애원을 했다. 탈출하면서 닥칠 온갖 위험을 무릅쓰고 잘못되면 도중에 죽을 각오가 되어 있으니 살려달라고 빌었다. 시도라도 한 번 해볼 기회를 달라고 간절히 빌었다. 그리고 결국 그렇게 하기로 했다. 그렇지만 집안의 다른 사람들은 그 기회를 잡지 못했다. 뜨릴록은 살아남았으나 나머지 열일곱은 집안의 남자 어른 손에 죽어갔다.

내가 뜨릴록을 만났을 때 그는 아므리뜨사르로부터 불과 30킬로미터 정도 떨어진 어떤 마을에서 포목점을 운영하고 있었다. 자신의 의도와 관계없이 그는 그 시간을 기억하고 있었다. "그때를 기억하고 싶지 않습니다. 그 시간을 내 뒤에 묻어두고 싶은데 자꾸 되살아나오는 게 사실입니다."라고 뜨릴록이 말했다. 그의 아버지와 살아남아 온 한 분의 삼촌이 돌아가시고 나니 '원래' 가족에서 현재까지 생존해 있는 사람은 그 자신과 또 다른 삼촌인 망갈 싱밖에 없었다. 두 사람 다 이젠 '새' 가족을 이루고 있고, 쉽게 이해할 수 있겠지만, 두 가족 모두 자신들을 덮친 당시의 트라우마에 대해 아무런 관심도 없다.

희한한 종류의 유대감으로 인해 뜨릴록과 삼촌 망갈 싱은 서로 연락을 유지하고 있었지만 '그때'에 대해 이야기한 적은 거의 없었다. 마치둘 사이의 관계의 밑바닥에 깔려 있던 '배신감'을—뜨릴록 자신이 그토록 애걸복걸하지 않았다면 자기도 다른 가족들과 같이 살해되고 말았을 것이다—둘 다 이해하는 것 같았다. 뜨릴록은 자기가 망갈 싱의 얼굴을 쳐다보았을 때 드디어 이 손에 의해 죽는구나 하는 것을 알아차렸다. 그와 동시에 그 둘은 모두 일종의 '침묵의 공모' 안에서 서로 묶여 있었다. 결국 죽음은 마치 변함없는 존재처럼 두 사람 주변에 걸려 있었다. 그렇지만 그들은 결코 언급하지 않고 살아왔다. 때때로 망갈 싱이 자기들 손에 죽은 사람들을 위한 48시간의 연례 추도 제사를 드리러 황금사원Golden Temple [1])에 갈 때, 뜨릴록은 그를 따라갔다. 그들은 기도하면서 죽은 사람들을 침묵 속에서 떠올리곤 했다. 그리고 집으로 돌아왔다. 이 개인적인 순례에 따라나선 가족은 아무도 없었다.

*

뜨릴록의 이야기가 특별한 것은 아니다. 내가 들었던 많은 이야기의 주인공은 지금은 모두 50대가 되었지만 당시에는 어린아이였다. 그들은 어른의 입장에서 이야기를 했다. 나이 먹은 사람들과는 달리 아이들은 자신의 경험을 표현하지도 못하고 스스로 이해하지도 못한다. 그리고 나아가 다른 사람에게 말해줄 수 있는 언어조차도 가지고 있지 못하다. 뜨릴록이 그 이야기를 말로 할 수 있었던 것은 몇 년이 지난 후부터였다. 버려진 많은 아이들은 고아원 같은 데서 자랐다. 아니면 거리의 아이가 되거나 간혹 좋은 가정에 입양되어 인간다운 삶을 영위하기도 했다. 살아오는 동안 대부분 그들에게는 자신의 경험을 말할 수 있는 대상이 없었을 것이다. 혹은 아예 말을 할 수 없었을 것이다. 트라우마나 고통을 겪은 어른은 여러 가지 다른 경험을 가지고 있어서 자신의 이야기는 물론이고 다른 사람의 이야기까지도 말하거나 되새길 수 있다. 그렇지만 아이들은 그렇지 못하다. 그런 것을 어디서 찾을 수 있겠는가? 인-파 분단의 생존자로서 많은 아이들이 심각한 정신적 문제를 키워왔는데, 결국 어느 가정에도 속해 살 수가 없었다. 꿀르완뜨 싱 Kulwant Singh은 그런 아이 가운데 하나였다.

내가 싱을 만났을 때 그는 60세에 가까워 보였으며 키가 크고 마른

---

1) 아므리뜨사르에 있는 시크교의 최고 사원이자 성지로 원래 이름은 하르만디르 사힙 Harmandir Sahib인데, 사원 본관이 황금으로 도금되어 있어 황금사원이라 불린다.―옮긴이

체형의 점잖은 분이었다. 흰 수염을 가지고 있었지만 팔꿈치 이하가 잘려나간 분단의 유산을 지닌 분이었다. "나는 병원에서 기술자로 일하고 있습니다. 병원 업무를 마치면 기도를 하거나 사회봉사를 합니다."라고 그가 말했다. 매일의 일상 가운데 일부로서 그는 구루 나낙Nanak[2]에게 자기 목숨을 구해주고 살아남게 해주신 것에 대해 감사를 드리고, 델리에 있는 시스간즈Sisganj 사원에 가서 두세 시간 동안 봉사 활동을 하였다. 그곳에 매일 가서 각 층을 쓸고 닦고, 사람들이 신발을 벗어 두는 입구를 정리하거나 필요하다 싶으면 닥치는 대로 아무 일이든 하곤 하였다. 인-파 분단은 다른 사람과 마찬가지로 그에게도 트라우마의 경험이었다. 그는 실제로 모든 가족을 잃었다. 그는 사방에서 타오르는 화염 속에서 죽은 아버지의 시체 옆에 누워 있었던 기억을 가지고 있다. 외부의 침략자를 물리치기 위하여 마을 사람들은 가시덤불로 울타리를 쳤다. 그렇지만 그것은 전혀 걸림돌이 되지 못했고, 그래서 꿀르완뜨는 한쪽에는 가시덤불, 또 다른 쪽에는 화염이 가로막은 생생한 느낌을 지금도 가지고 있다.

난 어린아이였지요. 엄마는 아빠가 살해당한 것을 보고—그들은 아버지를 수백 토막을 냈습니다. 맨 처음 목에다 한 방을 쏘더니, 이후 수백 토막을 내더군요—난 무서워 벌벌 떨고 있는데, 내 발등 위에도 시체들이 뒹굴고 있고, 사방에는 불길이 번지고 있고, 목은 마려워 미칠 지경인데, 그때 그들이 내 목소리를 들었습니다. 엄마는 내 머리를 치올리고, 숙모는 내 발을 잡아 …… 6개월 된 딸, 맨 먼저 그들은 기도를 한 뒤 그 딸을 불길에 던져버렸습니다.

---

2) 1469~1539. 시크교의 창시자. 시크교에서는 신보다 구루guru라 부르는 영적 스승을 더 중요시한다.—옮긴이

그러더니 말하기를, 자 이제 우리의 명예가 백척간두에 서 있다, 우리 명예를 살릴래 아니면 아이들을 살릴래? 그러더니 차례로 아이들을 불길 속으로 던져버렸습니다. 엄마는 나를 잡아 아버지 시체 밑에 두었습니다. 그곳은 사방에 불길이 치솟아 올랐고 그래서 난 목이 말라 죽을 것 같았습니다. 그리고 그 불길에 내 다리가 타버렸습니다.

(나중에) 일어나 보니 내 손은 잘려 있고, 몸에서 피는 주룩주룩 흐르고, 몸은 타들어갔습니다. 내가 쓰러져 있으니 그들이 나를 일으켜 세웠고, 그들이 데리고 가는 곳으로 나는 걸어갔습니다. 가시밭, 거대한 가시밭이었는데 그때는 전혀 느끼질 못했습니다.

꿀르완뜨는 1년 넘게, 분단을 넘어 1948년 3월까지 라왈삔디 병원에서 보냈다. 그리고 퇴원 후 델리에 있는 친척에게 갔지만 자기 가족 내에서 정착하기는 아주 어렵다는 걸 알게 되었다. 친척들이 아슈람으로 보내 꿀르완뜨는 거기서 거주하게 되었다.

그 이후 난 친척 집으로 가 2~3년을 지냈습니다. 그렇지만 상황은 여전히 좋지 않았습니다. 내가 너무나 슬픔에 가득 차 우울해 하니 삼촌의 아들인 따를록 싱Tarlok Singh이 기숙사에 입소 신청을 했습니다. 그래서 난 그때 이곳 아슈람의 기숙사에 들어간 겁니다. 그곳은 이전에는 청과물 시장이 있었고 이후에 까스뚜르바 니께딴Kasturba Niketan이 있었던 곳입니다. 나는 이 기숙사에서 약 16년 가까이 살다가 대학 입학시험을 치렀습니다. 그리고 보상금을 5천 루삐 정도 받았습니다. 그 이후 거처도 하나 받고, 감사하게도 마울라나 아자드 의대Maulana Azad Medical College 부속 자이쁘라까시 나라인Jayprakash Narain 병원에서 일자리도 얻게 된 겁니다. 그리고 여태껏 그 일을 하고 있지요. 이게 제 인생입니다.

　일단 델리로 방향을 정하면서 꿀르완뜨는 국가 재활 계획의 많은 수
혜자 가운데 하나가 되었다. 우선 고아원에 들어가게 되었고, 그곳에서
나중에 일자리를 찾아 밖으로 나갈 수 있을 때까지 머물렀다. 여기에서
도 그는 국가의 도움을 받았다. 이산민 혹은 난민은 직장을 구하는 데
서도 우선권이 주어졌는데 이 부분에서 꿀르완뜨는 행운아 가운데 하
나였던 것이다. 그리고 그는 평생 공무원직을 가지고 있었기 때문에 비
교적 안락한 생활을 영위할 수 있었다.
　꿀르완뜨가 국가 복지 정책의 혜택을 충분히 받은 행운아였다면, 그
렇지 않은 사람도 많이 있었다. 그들에게 '그 시간'의 경험은 어지럽고
이해할 수 없는 감정으로 규정된다. 이러한 사람들 가운데 무라드
Murad라는 사람이 있는데, 그는 분단 당시 자기 나이가 몇 살인지도 모
르고 다만 어린아이였다는 사실만 알고 있던 분이다. 샷띠 칸나와 피터
채플이 무라드를 인터뷰했을 때 그는 라호르에서 마차를 끌던 40대의
마부였다.

　그가 날 보살펴줬지요. 교장선생님이 날 받아들여주었고 그래
서 그분과 같이 살게 되었습니다. 그는 내 친척 누구보다도 저에게
따뜻하게 대해주셨고 나를 보살펴주었습니다. 난 그의 가축을 풀
밭으로 데리고 나가곤 했습니다. 그 후 파키스탄과 힌두스탄 사이
에 논쟁이 벌어지기 시작했고, 아무도 나를 신경 쓰지 않았고, 어쩔
수 없이 떠밀려서 한 나이 든 아저씨가 나를 맡았습니다.
　나는 항상 밖에 나가 놀았습니다. 큰길가에 있는 우리 마을 주변
에 시크 몇 사람이 살았습니다. 사람들이 날보고 하루 종일 밖에 나
가서 놀기만 한다고 걱정하더군요. 총탄이 날아다니는데 그러다가

죽을지 모른다고 했습니다. 그렇지만 난 괘념치 않고 밖에서 놀기만 했습니다. 그러자 외삼촌이 저를 그 집으로 데려가 버렸습니다. 하루는 우리가 집 안에 있는데 외삼촌이 들어와 앉더니 말했습니다. "시크가 왔다. 그 니미 씹할 놈들이 왔단 말이야!"라고.

　　그들은 맨 먼저 외삼촌을 쓰러뜨렸습니다. …… 난 이제 나도 죽었구나 하고 생각해 밖으로 도망갈 궁리를 했습니다. 집 뒤에는 사탕수수 쓰레기 더미가 있었는데 그리로 뛰었습니다. 그리고 얼른 그 안으로 숨었습니다. ……

다른 '삼촌' 한 사람이 사탕수수 쓰레기 더미 위에 누워 있던 무라드를 찾았다. 그들은 함께 가까운 난민촌으로 향했다. 그곳이 비교적 안전을 지킬 수 있는 유일한 곳이기 때문이었다. 그는 말하기를, "비참했습니다. 만약 그들이 무슬림을 봤으면 죽였을 겁니다. …… 난민촌 옆에는 사탕수수 밭이 있었는데 그곳에도 먹을 것은 아무것도 없었습니다. 우리가 내려서 뒤져보았지만 시간만 허비하였지요."라고 했다.

무라드의 이야기는 분단으로 찢긴 수백 수천 아이들의 삶을 그대로 보여준다. 난민촌에 들어가자마자 파키스탄으로 가는 마차를 탔다. 국경에 다다르자 기사가 내려주면서 알아서 길을 찾아가라고 했던 걸 기억한다. "갈 데가 아무 데도 없었습니다. 길도 알 수 없었고." 무라드는 어떤 사람이 길을 아는 것 같아 그 사람을 따라 갔다. 무라드는 돈이라는 게 얼마나 중요한지 충분히 잘 아는 어린아이였다. "난 내 수중에 있는 돈을 한 푼도 쓰지 않았습니다. 돈은 상황이 악화될 때 꼭 필요하니까요." 그 자신이 목격한 사방에 깔린 죽음과 파괴 사이를 비틀거리며 뚫고 나가면서 무라드는 국경 근처 앗따리에서 우연히 만난 나이 지긋한 아주머니를 기억하고 있었다. 그는 아주머니에게, "아주머니, 이곳에서 좀 머물게 해주세요."라고 했고, 그녀는 "어디에서 오는 중이냐?"

라고 물었다. "지옥으로 가는 우물에서요." 아주머니는 무라드에게 먹을 걸 주었고 잠자리를 마련해주었다. 무라드는 "내겐 가족이 없습니다."라고 말을 했지만 결국 그곳을 떠나게 됐다.

많은 세월 동안 무라드는 버림받은 자의 삶을 살았다. 일도 어쩌다 조금씩밖에 하지 못했다. 청과물 시장에서도 일했고 이런저런 일의 조수를 하기도 했다. 그러다가 언젠가 라호르로 떠났다. 그리고 그곳에서 마차 몰이꾼의 조수로 일하면서 말을 키웠다. 무라드는 한 마리당 2안나를 벌었다. "오래된 이야깁니다."라면서 옛 기억을 풀어냈다. 무라드는 어느 날 마차 몰이꾼 가운데 우두머리에게 가서 마차를 한 대 몰 수 있겠냐고 물었다. 무라드는 길을 잘 몰라 그 일을 하기 힘들었지만 행운이 찾아왔다. 마부 한 사람이 일자리를 놓고 떠났는데 대신할 사람이 아무도 없어서 우두머리는 무라드더러 한번 몰아보라고 했다. 기웃거리고 지나가던 사람들에게 물어물어 길을 찾아 시내를 한 바퀴 돌아왔다. 그러고 나서 일자리를 잡게 되었고 돈도 조금 벌게 되었다. 하나의 삶을 살게 된 것이다.

"분단에 관해서는 생각할 게 별로 없습니다." 무라드가 말했다. 그 시절에 대한 기억 가운데 중심은 그가 의지할 만한 것이 아무것도 없었다는 사실 뿐이었다. 돈도 없었고 가족도 없었다. 갈 데가 없는데 만일 당신이라면 어디로 가 있겠느냐고 그가 물었다. 그는 특히 명절이 되면 심란한 저녁 시간을 보냈다고 했다. 그는 분단에 관한 토론을 하다가 떠나라고 한 말을 지금도 기억하고 있었다. 그는 이렇게 말했다. "어디로? 도대체 어디로 가라는 말입니까? …… 그 사람들은 당신들의 파키스탄으로 가라는 것입니다. 도대체 뭐가 파키스탄인데? 하고 내가 물었더니 '라호르 근처'라고 대답합디다. 그렇지만 난 라호르를 가본 적이 없었습니다. 아니, 그 사람들은 우리더러 라호르로 떠나라고 몰아붙이지만, 그러면 어떻게, 어떻게 가느냔 말입니다. 내가 태어난 곳이 바로 라호르 아닌가요? 그렇지만 어찌 됐든 우리는 라호르로 끌려가게 되었습니다."

*

　분단의 아이들. 그들에 관한 이야기를 듣거나 아니면 그들에 대해 읽으면서 나는 줄곧 지금 우리가 이야기하고 있는 대상은 **아이들**이라는 사실을 상기시키고 있었다. 즉 이야기는 어른이 되어 전하지만 그것은 아이일 때 일어난 일이라는 사실을 잊지 않아야 한다는 것이다. 여섯 살, 여덟 살, 아홉 살, 열 살 …… 당시 그들의 나이다. 나는 이런 경우에 할 수 있는 기억의 역할에 대해 가끔 의심을 한다. 보통 사람은 언제까지 기억을 하는가? 그리고 그 기억은 어느 정도까지 '정확'한가? 이 사람들 가운데 그 시간을 기억해내고 싶어 하는 사람이 있기라도 한가? 실제로 그들이 그 문제에서 선택의 주체가 되긴 하였는가? 그 사람들이 아이들이라면 그 기억은 얼마나 신뢰할 수 있는가? 그들의 기억은 어린 시절의 허구라고 평가 절하되어야 하는가? 대답하기 어려운 질문들이다. 집안 여자들이 아이들을 먼저 죽이고 그 다음 스스로 죽었다고 한 꿀르완뜨 싱의 이야기를 들었을 때 난 이 이야기는 어떤 어른이 해석한 것일 거라는 생각을 떨칠 수가 없었다. 그는 스스로를 어린아이라고 했는데, 정말 그가 그 장면을 다 볼 수 있었단 말인가? 그러면 그렇지 않고서 어떻게 그렇게 자세하게 재구성할 수 있단 말인가? 아니면 어른이 되고 나서 아이 때 들었던 그때의 이야기들을 다시 만들어간다는 말인가?

　그렇지만 꿀르완뜨의 부인의 말에 따르면 그는 지금도 악몽에 시달리고 있다. 자다가 한밤중에 1947년 그 시간으로 돌아가서, 아버지의 시신 옆에 쓰러져 있고 화염은 주위에 퍼져가고 있으며 그 뜨거운 열기가 다가서고 있는 그런 느낌을 받으며 소스라치면서 깨곤 한다. 델리의 보갈에 사는 또 다른 시크 한 사람은 그때 무슬림 아이들을 죽이는 그 난리 속에서 일정 부분 역할을 한 사람으로 그때 그 일을 거들어줬던 죄책감에 시달려 악몽을 꾸며 깬 적이 한두 번이 아니라고 한다. 그 부인이 전하는 바에 따르면 그는 그때 죽은 아이들의 비명을 지금도 잊을 수가 없다고 한다.

뜨릴록 싱은 아버지와 삼촌들에게 살려달라고 빌고 탈출한 자세한 상황을 실제 그가 했던 것 그대로 분명하게 기억해냈을까? 아니면 이 이야기는 주변 사람의 이야기를 듣고 모아 재구성한 것일까? 만약 재구성한 것이라면 그 이야기는 아주 심각하게 받아들여진 것일까 아닐까? 내가 품고 있는 모든 것은 다 의문뿐이다. 그리고 이어지는 더 많은 질문뿐이다.

*

1948년 11월 아니스 끼드웨가 버려진 아이들 즉, 분단 고아를 찾기 위해 델리의 어윈 병원Irwin Hospital을 방문했다. 끼드웨의 친구인 자밀라 베굼을 포함해 자미아 밀리아 이슬라미아 대학교Jamia Milia Islamia University에서 온 일련의 사람들이 그 아이들을 위한 보호소를 마련하기 위해 모였다. 끼드웨는 병원에서 모든 연령에 걸쳐 아이들을 찾아냈다. 그 가운데 어떤 아이는 머리가 깨지고, 어떤 아이는 다리가 부러지고, 어떤 아이는 팔이 부러지고, 거의 이런 식이었다. 끼드웨의 말에 따르면 다섯 살도 되지 않은 어떤 여자아이는 즐거운 표정으로 의자에 앉아 노래를 부르면서 놀고 있었다. 끼드웨가 그 아이에게 "기분이 좋은가 봐?" 하고 묻자 아이는 "그럼요, 우리 아줌마(실제로는 유모)와 같이 왔는데요." 하면서 "그런데 그 아줌마는 죽었어요."라는 것이었다.

그러고 나서 끼드웨가 아이들을 하나씩 소개시켜 주었는데, "이 아이는 라시드Rashid인데 전 가족이 몰사했고, 저 아이는 자이나브Zainab인데 마찬가지로 가족이 다 죽었고, 저기 있는 아이가 나부Nabu인데 어머니가 목을 베여 살해당했다. ……"라고 말했다. 끼드웨가 이 말을 하고 있는 동안에도 그 아이는 계속 웃고 있었다.

　끼드웨가 이 아이들에게 보호소를 마련하려는 것은 아마 개인적으로 하는 일 즉, 한 유력 시민의 사회사업인 것 같았다. 그러한 자발적인 예는 얼마든지 있었지만 사람들이 그에 관한 실제 기록을 가지고 있지 않기 때문에 정부가 그러한 일에 어느 정도의 역할을 하였는지에 대해서는 알 수가 없다.(물론 정부가 세운 고아원이나 보호소도 상당 수 있다.) 어떤 사람은 집을 기부하기도 하고, 어떤 사람은 시간을 내기도 하고, 그러면서 끼드웨는 병원을 돌면서 그 아이들을 찾아 데려왔다. 어느 한 조그마한 아이는 자기 집이 러크나우Lucknow라고 했다. 그런데 그 이상은 모른다고 했다. 피로제 간디Firoze Gandhi[3]는 이 아이의 가족을 찾아 가족의 품으로 돌려주자고 제안했다. 도중에 그 아이가 목이 마렵다면서 잠깐 정거장에서 내리더니 황급히 다시 돌아오는 것이었다. 피로제 간디는 무슨 일이냐면서, 자기가 가서 물을 떠다주겠다고 하자 그 아이는 아니라고 고개를 절로 흔들며, 그곳엔 시크가 너무 많고 그 사람들이 자기를 잡아 죽일 거라며 공포에 떨었다.

　또 다른 여자아이의 이야기도 있다. 이름을 물으니 시따 하시나Sita-Hasina라고 했다. 다시 아버지 이름을 물으니 무슬림 이름과 힌두 이름이 섞여 나왔다. 이 아이는 그럼 어느 집안에 속한다는 말인가? 힌두 집안? 무슬림 집안? 아니면 '섞인' 것? 이제 힌두와 무슬림 사이에 선이

---

3) 정치인. 1942년에 네루의 딸이자 후에 수상이 되는 인디라 간디의 남편이 되었으나 사별한다. 조로아스터교를 믿는 사람이었다. ─옮긴이

그어져버렸는데, 그럼 이 아이는 어디로 가야 한다는 말인가? 그 아이가 무슬림이라면 그의 집은 파키스탄이 될 거고, 힌두라면 인도가 될 거다. 시따-하시나는 그 가계를 추적해보는 모든 시도를 허사로 만들어버렸고, 결국 그녀를 위한 하나의 경계를 허용하지 않았다. 그렇지만 피로제 간디의 조언에 따라 델리의 까스뚜르바 재단Kasturba Trust의 보호 아래 두도록 그리로 보내졌다.

모든 경우가 아주 쉽게 해결되는 것은 아니었다. 보통 아이들을 어딘가에 위치시킨다는 게 그리 쉬운 일은 아니다. 끼드웨가 델리에 있는 여러 병원에서 그런 아이들을 찾는 일을 시작했을 때 그녀는 그 아이들이 너무나 없어서 깜짝 놀랐다. 아이들이 병원에 꽉 차 있다는 소문은 들었는데 또 실제로 버려진 아이를 위한 병동을 갖추고 있다고 들었는데, 끼드웨가 병원에 가보면 아이들은 찾아볼 수가 없었다. '도대체 이 아이들에게 무슨 일이 벌어진 거야? 도저히 이해할 수가 없네. 혹시 기독교 선교사들이 다 데리고 간 건가?' 4)

맨 끝에 한 말은 전혀 근거 없는 두려움은 아니었다. 그것은 개종이라는 게 어떤 사람에게 일어날 수 있는 최악의 일로 표현되는 곳이라는 일반적인 분위기에서 기독교 선교사는 특히 의심받을 수밖에 없기 때문이다. 국가자원봉사단과 마찬가지로 그들도 난민촌에서 구호와 의료 지원에 관한 일을 하였다. 그렇지만 국가자원봉사단이 사람들을 오로지 힌두 품속으로 데리고 오는 일에만 그 모습을 비추는 것에 비해—이는 당시에는 좀 더 쉽게 '받아들일 수 있는' 것이었다—기독교 선교사들은 이방 종교인 기독교로 개종하는 것을 사적인 과제로 삼고 일을 하는 '외부인'으로 보였다. 이런 상황에서 아이들은 특히 취약했다. 아이들은 조직폭력배 같은 집단에 의해 뽑혀가거나 거지 혹은 매춘부로 팔

---

4) Anis Kidway, *Azadi Ki Chaon Mein*. 위에 언급된 두 이야기는 모두 이 책에서 나온 것이다.

려가는 것이 보통이었다. 많은 사람들이 북인도의 주요 도시에 이전에 비해 훨씬 많은 거리의 아이들이 들끓었다는 사실을 기억하고 있다. 그렇지만 이 문제를 풀어줄 수 있는 그 어떠한 기록도 현재는 없다.

아이들을 왜 납치하는가에 대해서는 수도 없이 많은 이유가 제시되었다. 확증할 수는 없지만, 인도에서 활동한 사회 활동가들은 무슬림에 의해 납치된 힌두와 시크 어린아이들의 수가 그 반대의 경우보다 더 많았다고 한다. 만약 이것이 사실이라면 왜 그러한가? 다미얀띠 사흐갈은 이렇게 설명을 하고 있다:

구즈라뜨에 나와브가 한 사람 있었다는 이야기를 들었습니다. 그는 납치된 여자를 모아 줄지어 행진하게 하고 자기는 가끔 옥좌에 앉아 그 모습을 즐기면서 그 가운데 가장 예쁜 사람을 골랐답니다. 젊은 여자들은 몸을 더듬고 나이 든 여자들은 내보내곤 했습니다. 여성들은 저항은 물론이고 아무것도 할 수 없었겠지요. 그 나와브는 여자들을 최고급, 1등급, 2등급을 분류하여 규방에 넣도록 하였습니다. 또 다른 이야기도 있습니다. 난리 중에 부모를 잃은 남자아이 둘도 잡혀 있다는 것입니다. 나는 이 이야기를 듣고 그곳으로 가서 남자아이들을 돌려보내라고 요구했습니다. 그러자 그 사람들은 그럴 수 없다고 하더군요. 나는 당신들도 가족이 있을 텐데 어찌 그럴 수가 있느냐고 따졌습니다. 그러자 그 부인이 이렇게 말했습니다. "나는 자식이 셋 있습니다. 그런데도 이 일을 하는 데는 다 이유가 있습니다. 우리는 아무나 고르지 않습니다. 쭉정이는 버리고 알곡만 고르지요. 이제 이 아이 둘은 우리 아이 셋과 함께 공부할 겁니다. 가정교사도 두면서 모두 같이 공부를 할 거고, 그러고 나서 다들 영국으로 보낼 겁니다. 전 돈이 많거든요. 이 아이들은 모두 영리한 놈들이라 우리 아이들에게 좋은 영향을 끼칠 거고 그 후 결혼을 해서 아이를 낳으면 그 아이들은 더욱 더 영리한 아이로 성장할 겁니다. ……"

다미얀띠와 다른 활동가들에 따르면 힌두와 시크가 더 영리하다는 신화는 널리 퍼져 있었다. 일반적으로 그 신화는 경제적이고 지적인 분야에서 힌두와 시크가 성공을 했다는 사실에 기반을 두고 있는데, 이를 역으로 말하면, 내 생각엔, 무슬림은 색을 밝히고 탐욕적이라는 고정관념에서 나온 것이라고도 할 수 있다. 이 고정관념에 의하면 힌두는 육체적으로는 약한 반면에 정신적 힘은 강하고 무슬림은 이와 반대가 된다. 만일 이런 이유로 아이들이 납치되었다면 그건 정말 비극이자 모순이라고 할 수밖에 없다. 여성의 몸이 민족의 명예(혹은 불명예)를 실어나르는 수단에 불과하듯 아이의 몸이라는 것도, 이 경우엔 남자아이만, 지성이라고 하는 어떤 막연한 것으로 가는 수단이 되고, 나아가 그러한 고정관념이 사람들의 의식을 사로잡는 교활한 통로가 되는 것이다.

만일 어떤 어른이 자신이 어렸을 때 겪은 경험에 대해 말하기를 어려워한다면 거기에는 뭔가 그 침묵을 고의로 조장하는 사람들이 있다. 그 사람에겐 아마 그 경험이 기억하기에는 너무나 쓰라리거나 힘들 수도 있고 아니면 잊는 게 가장 좋을 그 시간을 다시 되새김해야 하기 때문일 수도 있다. 잘란다르의 간디 와니따 아슈람에서 나는 성공한 여의사 한 분에 대해 들었는데, 그분은 그 아슈람 출신 아이였다고 한다. 그분의 어머니는 분단 때 홀로 되셨고 그래서 당신 아들과 딸 두 아이의 손을 잡고 아슈람으로 왔다. 그리고 둘 다 인생의 많은 부분을 아슈람에서 보냈다. 그들은 다른 아이들과는 계층이 달라 많은 특권을 받았다. 내가 듣기로는 아슈람에서 학비를 대주었고 특히 그 딸아이에게는 의대에 가서 공부할 수 있도록 장학금을 지원해주었으며 그 외에도 여러 가지 형태의 지원을 아끼지 않았다고 한다. 지금은 결혼도 했고 의

대 과정도 무사히 마쳐 의사가 된 그녀는 어린 시절에 대한 기억을 한 사코 떠올리려 하지 않았다. 그녀는 나한테 이야기해주는 것에는 동의 하지만 그 대신 자기 이름은 언급하지 말아달라고 했다. 자식들이 자신 의 과거를 일체 모르고 있기 때문에 자식들에게 알려지는 게 싫다는 것 이었다. 그건 부끄러운 게 있어서가 아니라 자수성가한 사람으로서, 자 기는 어머니랑 아슈람에 같이 살면서 아슈람 측으로부터 그 어떠한 특 혜를 받지 않았다고 말했다. 내가 아슈람 측으로부터 들은 것과는 완전 히 다른 이야기였다.

나에게는 그녀가 아슈람 아이로 보이게 되는 데에 두려워하는 것은 한 여성으로서의 정체성과 관련이 있을 것으로 짐작되었다. 그녀의 어 머니가 분단 후 아슈람을 찾아왔는데, 그녀는 어머니가 그렇게 하지 않 으려고 했다는 말을 하기를 매우 괴로워했다. 그녀의 어머니는 남편(남 편은 군인이었다)이 죽은 후 파키스탄에서 계속 살 것을 고집했으나 남 자 친척들이 만류하고 강요하는 바람에 어쩔 수 없이 그곳을 떠나게 되 었다. "어머니는 아슈람에서 베푼 특혜로 살지 않았습니다, 어머니는 아버지의 연금을 계속해서 받고 있었으니까요." 물론 아슈람의 특혜라 는 게 꼭 돈만을 의미하는 것은 아니다. 집, 안전, 보호, 일자리, 아이들 교육을 의미하기도 했다. 그렇지만 그 의사는 이런 식의 평가를 전혀 인정하지 않았다. 자기 자신이 아슈람에 있는 다른 아이들과 일정한 거 리를 두고 싶어 했던 것도 이와 관련이 있다. 그들 대부분은 납치된 여 성의 아이들이고(우리 어머니는 **그런** 여자들과는 전적으로 다르지요, 라고 말했다), 그래서 일정 부분 더러워졌거나 불결해진 것이 사실이 다. 그렇지만 그녀는 달랐다.

인도 정부는 분단 이후 광범위한 구호 작전을 전개하였다. 과부가 되었거나 혼자 살게 된 여성은 국가가 종신 책임을 떠맡았다. 아이들도 마찬가지로 교육, 보호소, 고아원, 입양 같은 편의를 제공받기도 했다.

그렇지만 자신이 성공했다는 유리한 점에서 볼 때 그 의사는 이러한 것을 기억하고 싶지 않았던 것이다. 내가 보기에 그녀가 사실을 부인하는 것은 자신이 속한 계층과도 관련이 있다. 분단으로 인해 완전 무일푼으로 전락한 그녀는 '자수성가 여성' 이외의 그 어떠한 것으로도 자신을 인정하기가 싫었던 것이다. 그러한 이미지가 수많은 뻔자비에게는 특히 중요한 의미를 지닌다. 이러한 이유 때문에 그녀의 어린 시절은 이제 존재하지 않는 것이 되어버렸다. 그리고 그 대신에 그것과는 다른 또 하나의 어린 시절로 서서히 바뀌었다. 아슈람에서 살았다는 사실을 부정하지는 못하지만 그 성격은 스스로 바꿀 수 있었다. 그 의사, 꿀르완뜨 싱, 무라드, 뜨릴록 싱 …… 분단의 아이들에도 여러 종류가 있다.

*

  납치된 여성의 아이들은 또 다른 종류의 문제를 낳았다. 1954년 인도와 파키스탄 정부는 납치된 사람들 가운데 각 나라에서 구출된 사람을 상대 나라로 강제로 보내지 않는다는 데 의견 일치를 보았다. 이는 이전의 결정 즉, 여성의 의사와는 관계없이 여성은 종교를 기준으로 정해진 나라로 보내야 한다는 결정을 번복한 것이다. 변화가 생기게 된 것은 이제 대부분의 여성이 아이들을 가지고 있고, 그 아이들과 헤어지기를 원하지 않기 때문이었다. 그리고 많은 가족이 여성은 돌려받기를 바라지만 아이들은 그렇지 않았던 것도 사실이다.
  피랍자에 대한 정의는 넓다. 1949년에 의회를 통과한 피랍자회복반환법에 의하면 피랍자라고 하는 것은 '1947년 3월 1일 직전에 행방불명된 16세 이하의 남자아이와 연령 불문의 여성으로 그날 이후부터 1949년 1월 1일 이전 가족과 헤어져서 현재 타인 혹은 타인의 가족과 함께 혹은 그 지배 아래 동거하고 있는 것으로 판명된 자를 말한다. 그리고 후자의 경우 그 해당 여성에게서 태어난 자식 또한 포함한다.' 라고 되어 있다. 이를 다른 말로 하면, 인-파 분단 시기 혹은 그 이후에 어떤 공동체가 데리고 간 아이들 혹은 그 이후에 그와 같이 납치된 여성, 분단 이후 그러한 여성이 낳은 자식 혹은 다른 종교를 가진 사람과 동거하고 있는 여성 그리고(혹은) 아이들도 납치된 것으로 간주될 수밖에 없다.

그렇다면 아직 태어나지 않은 아이들은 어떻게 할 것인가? 많은 납치 여성들이 구출 당시 임신 중이었다. 그러한 여성들은 출산할 때까지는 공개적으로 나타나지 않도록 하다가 이후에 아이를 떼어놓도록 하는 것이 하나의 해결책이었다. 혹은 임신 초기라면 그 아이를 어떻게 처리할 것인지에 대해서 '도움'을 주었다. 무슨 일이 있었는지 다미얀띠 사흐갈의 말을 들어보도록 하자.

구출된 모든 사람을 위해 호쉬아르뿌르, 잘란다르 등지에 우리가 난민촌을 세웠습니다. 거기 수용된 사람은 모두 나이가 젊은 여성이었는데, 우리가 그들을 구출하기 시작한 지 1년이 넘었습니다. 많은 여성이 임신 중이었는데 이건 진짜 문제였습니다. 우리가 무슨 일을 할 수 있겠습니까? 우리는 그들에게 물었습니다. 하지만 그들은 보통 매우 완고한 태도를 취했습니다. 결국, 그것을(낙태를 의미했지만 다미얀띠는 그 단어를 사용하려고 하지 않았다) 할 수밖에 없었습니다. …… 그렇지만 뭐라 해도 그들은 어머니였습니다. 그래서 그들은 그 짓을 하고 싶지 않다고 말을 했지요. 나중에 그들은 아이를 갖게 해달라고 요구했습니다. 그래서 정부는 (알라하바드에) 아이들을 위한 공간인 샤르다 바완Sharda Bhavan을 지었습니다.

무슬림 아버지를 둔 아이들, 원하지 않는 그 아이들 …… 한 여성이 자주 이런 말을 했습니다. "아이와 함께 있고 싶어요. 그렇지만 저는 이 아이를 지켜줄 수가 없어요. 어떻게 살아갈까요? 모든 사람이 저에게 침을 뱉으며 놀리겠지요." 실제로 임신한 사람들에게 우리는 그 아이를 정말로 지워버리고 싶으냐고 물어보지요. 이 병원 아시지요? 까뿌르 병원, 우린 그 여성들을 이 병원으로 보냅니다. '깨끗이' 하기 위해서요. 원하는 그 사람들의 뜻 아니겠습니까?

다미얀띠의 동생 까믈라가 이야기를 보충해주었다. 까믈라는 "그건 정부가 법으로 정한 겁니다."라고 말했다.

…… 그들은 이 프로그램을 가지고 있었습니다. 그렇지만 낙태, 그건 불법입니다. 그래서 이모가(여기에서는 회복 작전의 책임자 가운데 하나인 쁘렘바띠 타빠르를 가리킨다) 그들에게 이건 너무 잔인한 짓인 데다가 그 젊은 여성들이 너무 불행하지 않느냐, 아이들이 태어나면 그 젊은 엄마들이 어떻게 할까, 내가 뭘 할 수 있겠는가, 이건 규칙인데, 라고 말했습니다. 그렇지만 까롤 바그Karol Bagh의 의사 까뿌르는 낙태를 시술하면 돈을 번다는 제안을 받았습니다. 그렇게 되면 의사는 돈을 벌어서 좋고, 여성들은 구제받아서 좋다는 말을 들었답니다. 그래서 모든 여성이 까뿌르 병원으로 보내지고 거기에서 낙태 시술을 받게 된 겁니다. 그 의사는 이 일로 감옥에 갈 수 있는 겁니다. …… 물론 낙태를 거부한 여성도 있지요. 그 사람들은 "우리에게는 아무도 없습니다, 우리는 받아들이지도 않을 겁니다. 우리가 가진 거라곤 오로지 이 아이밖에 없습니다."라고 말하곤 했습니다.

일부 여성이 낙태 시술을 받는 것에 동의했거나(그리고 실제로 내가 이야기한 모든 사회 활동가들은 이러한 집단 낙태를 확인해주었다. 하지만 몇몇은 이러한 일이 화제가 되는 걸 원치 않았다. 그때 낙태는 불법이었다고 말하면서) 혹은 더 정확하게 이야기하면 낙태 시술을 받는 데 동의하도록 강요당한 반면에 일부는 끝까지 아이를 낳기도 했고, 구출되었을 때 이미 아이를 가지고 있기도 했다. '그들은 아이를 알라하바드에 있는 수용시설에 보내기도 했다. 아이와 함께 살기가 어려워서였다. 아이가 보고 싶으면 그곳에 가서 만나면 될 일이었다. 가족과 친지가 그 아이를 모두 인간답게 살 수 있는 존재로 인정하거나 그 아이에 대한 인격을 존중한다면 그나마 가능한 일이었지만, 그렇지 않으면 포기할 수밖에 없었다. 그건 실재하는 문제였다. 각각의 경우가 다 달랐다. 엄마들은 …… 우리에게 시간을 얻어 그곳에 가곤 했다. 그렇지만 우리는 그 엄마들이 거기서 무엇을 하는지, 그 엄마들의 심정은 어떠했는지는 알지 못했다. 우리가 할 수 있는 일이라곤 기차표를 끊어주고 어서 다녀오라고 하는 것밖에 없었다. 그 아이들에게는 어떠한 미래가 있을까? …… 누군들 알 수 있겠는가?' [5]

그리고 실제로 아무도 모른다. 그러한 수천수만의 아이들이 '실종'되어버린 것은 인-파 분단사의 많은 비극 가운데 하나다. 까믈라벤 빠뗄에 의하면, 대부분의 여성이 '건강 진단'에 동의하지만 나이가 든, 즉 35세 이상 정도의 여성들은 그걸 무척 수치스러워 한다. 그 사람들은 자기가 원래의 가족에서는 나름대로의 지위에 올라 있었는데, 낙태 시술을 받은 후 집으로 돌아가야 한다는 것에 대해 수치스러워 하는 것이었다. 마찬가지로 만일 그들이 새로운 관계 속에서 아이를 가지고 있다면 그 아이들을 원래 집으로 데리고 가고 싶지 않았을 것이기도 했

---

5) Damyanti Sahgal과 했던 인터뷰

다. 왜냐하면 기존의 아이들에게 이 새로운 존재를 어떻게 설명할 것인지가 난감하기 때문이었다. 젊은 여성, 특히 첫아이를 낳은 경우에는 이게 그리 큰 딜레마가 아니었다. 그것은 그들 대부분이 아이를 가지고 싶어 했기 때문이다. 하지만 여기에서 실재하는 문제는 다른 것이다. 문제는 그들이 실제로 그렇게 하도록 허용되었는가 하는 것이다. 까끌라벤은 다음과 같이 말한다.

가족과 친지가 왔을 때 여성들은 그들을 만나고 싶어 하지 않았습니다. 자기 스스로에 대해 수치스러워 했고 그래서 몇몇은 울기까지 했습니다. 여성들은 만일 자신이 부모 곁으로 돌아간다면 갓난아기는 데려가지 못한다는 것을 잘 알고 있었습니다. 아기가 자기 집안의 일원으로 받아들여지지 않을 거라는 사실을 잘 알고 있었던 것입니다. 그래서 그들은 갓난아기를 놓고 가족 품으로 돌아갈 것인가 아니면 갓난아기와 함께 수용시설에 머무를 것인가 하는 중대한 결정을 내려야만 했습니다. 대부분의 여성은 갓난아기를 뒤에 남겨두고 흐느끼면서 돌아갔습니다.

그 후 이 아이들은 어떻게 되었을까? 까끌라벤은 어떻게 이 아이들을 편지와 함께 작은 바구니에 담아 무료로 비행기에 태워 다른 곳으로 보냈는지에 대해 기술하고 있다.

아므리뜨사르와 델리 사이에 비행기 편이 하나 있었습니다. 우리는 그 사람들에게 이 아이들을 델리까지 좀 데려다줄 수 있는지 물어보았습니다. 그들이 승낙을 해서 우리는 아이들을 각각 바구니에 넣어 출생 이력을 적은 편지를 밀봉하여 동봉했지요. 물론 바구니 안에 옷가지를 비롯한 몇몇 필요한 것도 같이 넣었습니다. 그리고 바구니를 비행기 여승무원에게 건네 델리에 있는 동료 사회활동가에게 전달해주도록 부탁했습니다. 그리고 바구니는 델리에서 알라하바드로 다시 옮겨졌습니다. 그곳에서 우리 동료가 이번에는 그 아이들을 병원으로 옮겼습니다. 아마 이런 식으로 우리가 이송한 아이가 200여 명 남짓 될 겁니다.

왜 아이들이 납치되었고, 왜 그 아이들이 풀려나지 않았는지에 대한 논의가 봇물처럼 쏟아졌다. 1948년 5월에 열세 살짜리 납치된 딸의 아버지인 미르 이나야툴라흐 칸Mir Inayatullah Khan은 주駐인도 파키스탄 대사관에 자기 딸을 찾아 회복하는 일에 도움을 달라고 의뢰하였다. 다른 많은 경우와 마찬가지로 그 아버지는 자기 딸이 어디에 있는지 알고 있었다. 납치된 사람 가족이 납치자를 알고 있는 경우가 많았다. 이에 대해 파키스탄대사관의 공사는 동뻰잡주의 주장관에게 다음과 같은 회신을 보냈다.

1. 미르 이나야툴라흐 칸씨가 자기 딸인 13세의 라지아 베굼Razia Begum이 아므리뜨사르 지역, 마지티야Majithiya 경찰서 내, 보마 Bhoma 촌의 제완 싱Jewan Singh의 아들 파와 싱Phawa Singh에 의해 납치되었다고 주장하는 편지에 대해 답을 하게 됨을 다행스럽게 생각합니다. 의뢰인의 딸의 구출을 요청하는 것에 대해, 이나야툴라흐 씨는 인도 군사 당국을 통해 그 딸이 자신의 남편 곁을 떠나지 않고자 한다는 뜻을 이미 전달하였습니다. 두루 알려져 있다시피, 1947년 12월 6일자로 발효된 국가 간 합의에서 채택된 결정은 1947년 3월 1일 이후 피랍된 자의 개종과 결혼은 인정되지 않고 그에 해당하는 모든 사람은 각자의 국가로 송환되어야 함을 밝히고 있습니다. 피랍된 자의 의사는 결정 여부에 무관함을 알려드립니다.

2. 의뢰인의 딸의 회복 과정과 관련하여 피랍자가 아버지인 의뢰인을 라호르에서 만나기 위한 절차를 준비해주기 바랍니다. 그 딸에 대한 자세한 신상을 동봉합니다. 조속한 답장을 바랍니다.[6]

분단의 왜곡된 상황 속에서 피랍자 명단에 기재되어 있는 13세의 딸, 즉 인도 정부 규정에 의하면 아이들이 갑자기 '남편'에 관한 선택과 같은 성인의 행위를 결정하는 능력이 생기게 되어버렸다. 그리고 그 아이들이 부모를 거부하는 행위를 하는 것도 포함하게 되어버렸다.

*

분단의 아이들은 이제 또 하나의 문제의 범주에 들어가게 되었다. '납치 후 자녀post-abduction children'. 1954년 1월 1일부터 1957년 9월 30일까지 파키스탄으로 '구출'되어 '회복'된 무슬림 여성이 약 860명의 아이들을 두고 갔고 410명의 아이들은 데리고 갔다. 다른 편에서는, 1,952명의 아이들이 파키스탄에서 출생했으나 102명만이 어머니와 함께 왔다. 하지만 이 숫자는 분명히 빙산의 일각에 지나지 않는다. 결국 납치 후 자녀는 두 부류로 나뉜다. 무슬림 여성이 낳은 아이들로 인도에서 납치되어 회복된 경우와 힌두와 시크 여성이 낳은 아이들로 파키스탄에서 납치되어 회복된 경우이다. 두 경우 모두 아이들은 피가 섞여 있다. 그러면 그들은 어디에 속하는가?

문제는 거기서 끝나지 않았다. 두 국가 사이에서 이루어진 협정은 (그리고 그 결과가 법제화되었다) 날짜에 대해 한정을 지었고, 논의를

---

6) Dawn, 12 May 1948.

거듭한 끝에 최종안으로 확정되었다. 1947년 3월로 시점이 설정되었는데 여기에서 3월은 당시 뻰잡에서 최초로 소요가 발생한 시점을 기준으로 한 것이다. 즉, 그날 이후 이루어진 남녀 관계, 결혼, 개종은 자발적인 것으로 인정되지 않았다. 그렇다면 그러한 관계에 의해 태어난 아이들은 자연히 문제가 있는 범주에 속하게 된다. 그렇지만 자녀의 '적법성'을 정하는 시점이라는 게 과연 가능할까? 예를 들어, 1947년 6월이나 7월에 부모의 피가 섞여 태어난 아이는 설정 시점 전에 임신한 아이로 불법이라는 모호한 범주에 속하게 되었다. 혹은 여성이 납치될 당시 임신 중이던 자녀는 적법한 출생으로 인정받을 수 있지만 그 설정일 이후에 태어난 아이는 불법으로 취급받을 수밖에 없게 되었다.

그러면 그런 아이는 누구에게 속하게 되는가? 어머니에게 속하는가, 아버지에게 속하는가? 도대체 그 아이는 어디로 보내야 하는 것인가? 어머니의 나라로? 아니면 아버지의 나라로? 이와 관련하여 논쟁이 벌어졌을 때 입법의회의 한 의원이, 그러면 무슬림 어머니와 힌두 아버지 사이에서 태어난 아이가 파키스탄으로 보내지면 그 아이가 '까피르kafir' [7]처럼 살지 않을 것이라고 보증을 서야 하는 것 아니냐고 물었다. 그는 납치된 여성의 관점에서 한번 보자고 했다. "그녀에게 그 아이는 일 년 혹은 이 년간 자신을 치욕의 굴레에 묶어놓은 표시였습니다. 그렇지만 그녀의 입장에서 보면 아이는 원하지 않은 존재였고, 그래서 아이와 함께 파키스탄으로 가게 되면, 우리가 쉽게 생각할 수 있듯이, 그 아이는 자기 어머니의 가족들로부터 가족의 일원으로 인정받지 못할 것임이 분명합니다. 보나마나 고아원으로 보내질 겁니다."라고 역설했다. 그는 계속해서, "왜 그 아이를 인도로 보내면 안 됩니까? **그 아이**

---

7) 무슬림 세계에서 이교도─옮긴이

8) *Constitutional Assembly Debates*, 1949, pp.708~780, 논쟁에 관련한 모든 인용은 특별히 언급하지 않는 한 모두 이 자료에 의한 것이다.

가 존재하게 한 원래의 행동이 어떻든지 간에, (강조는 필자에 의함) 그 아버지는 그를 자기 자식으로 인정할 것이고 그래서 그가 할 수 있는 한 최선을 다해 아이를 키우지 않겠습니까? ……"[8]라고 주장을 굽히지 않았다.

그렇게 되면 아버지가 납치범이라는 것은 불문에 부쳐진다. 그의 요구는 어머니의 요구보다 더 강한 것이 되었다. 납치 후 자녀의 운명에 대한 토론을 위해 열린 라호르의 한 회의에서 이와 비슷한 의견들이 제기되었다. 그 회의에 참가한 다수의 사회 활동가들은 파키스탄에서 출생한 (납치된 여성의) 아이가 어머니를 따라 인도로 가는 것 대신 아버지를 따라 그곳에 남는 것이 더 이치에 맞는 것 같다는 느낌을 받았다고 하였다. 인도에서는 힌두/시크 사회가 가지고 있는 '정淨-오염'의 터부 때문에 결국 그들은 수용시설이나 고아원으로 흘러들어갈 확률이 높기 때문이었다. 그렇지만 이러한 관점은 아이가 반드시 제 어머니를 따라가야 한다고 주장하는 사람들의 반론에 부딪히게 되어 있었다. 구출 작업에서 가장 중심 역할을 한 두 여성인 라메슈와리 네루와 므리둘라 사라바이는 이에 관해 매우 첨예한 의견 대립을 보였다. 그래서 두 사람은 상당한 논의를 한 끝에 다음과 같이 합의했다.

"여성은 15일 동안 아이를 데리고 인도로 올 수 있다. 그 기간 동안 그 아이를 계속 데리고 있을 것인지의 여부를 결정해야 한다."

하지만 이 안에 불확실하게 남아 있는 의문은 다음과 같다.

"만약 여성이 계속 데리고 있지 않겠다고 결정하면 그 아이들은 어떻게 할 것인가? 파키스탄으로 돌려보낼 것인가? 그곳에서 경찰이나 사회 활동가들이 그 아버지를 다시 찾기 위해 노력을 할 것인가? 만약 아버지를 찾을 수 있다면—사실 매우 어려운 가정이지만—그가 그 아이를 다시 돌려받으려 할 것인가? 만일 아버지가 그렇게 하고 싶지 않다면 아이는 누가 책임질 것인가?"

실제로 많은 여성이 아이를 두고 왔다—아이를 데리고 오지 않은 여성은 가족들에게 더 잘 받아들여질 수 있었다. 그리고 그 아이들은 결국 거의 고아원으로 보내진 게 확실하다. 이에 대해 까믈라벤은 다음과 같이 말했다.

파키스탄에서 아이를 낳은 여성은 자식을 파키스탄에 두고 와야 하고, 인도에서 낳은 아이는 인도에 두어야 한다는 법령을 통과시켰습니다. 이 문제를 논의하기 위해 라호르에서 회의가 열렸는데 난 참석하지 않겠다고 했습니다. 므리둘라벤Mridulaben에게 내가 참석하지 않은 이유는, 나의 느낌을 말하면 너무 신경이 곤두서게 되기 때문이라고 말했습니다. 그 어머니는 갖은 고초를 이미 겪을 만큼 겪은 분인데 어떻게 그런 분에게 자식을 두고 국경을 건너가라는 말을 할 수 있겠느냐고 말했습니다.

그녀는 "내가 말하고자 하는 전부는 어머니가 자식과 떨어져 살아서는 안 된다."는 것이라고 말했다. 비록 여성이 자기 아이를 두고 가느냐 아니면 데리고 가느냐에 대한 선택권을 가지고 있긴 하지만, 이건 사실 진정한 의미의 선택이 될 수 없고, 대부분 사람들은 어머니가 아이를 난민촌에 맡겨두고 어머니만 떠나야 한다고 강요당하고 있다고 생각한다. 까믈라벤은 말하기를 "아이를 뒤에 남기고 떠나면서 난민촌 당국에 아이를 잘 보살펴달라고 간청을 하고, 하염없이 눈물을 흘린다. 난민촌 당국이 굳게 맹세한 약속은 보통 깨지기 일쑤였다. 일단 여성이 떠나고 나면 이야기는 끝난 거나 다름없었다. 아이의 인생은 또 다른 것으로, 철저히 다른 이야기였다."라고 했다.

입법의회 안에 피랍자회복반환법에 관한 중요한 논의의 일부가 납치 후 자녀에 대한 곤란한 질문에 대한 토론으로 전개되었다. 왜냐하면

논란이 된 그 법안은 인도에서 무슬림 여성을 구출하는 일과 관련을 가질 수밖에 없기 때문이었는데, 여기에서 문제는 그 아이들을 파키스탄으로 보내느냐 아니면 인도에 두느냐에 관한 것이었다. 이 표리에 관한 문제가 라호르 회의에서 논의되었던 것이다. 이 문제에 관해 사르다르 후깜 싱Sardar Hukam Singh이 자녀를 가장 잘 키우는 사람이 어머니라는 전제에 대해 의문을 제기했다. 그는 "어머니가 아이를 파키스탄으로 데려가고 싶어 하지 않고, 아버지가 훨씬 아이를 키우고 싶어 하는 경우가 있을 수 있습니다."라고 주장했다. 입법의회의 다른 사람과 마찬가지로 그가 그렇게 주장한 것은 자신의 주된 관심사가 인도적인 데에 있기 때문이라고 그는 말했다. 만약 그 자녀가 이쪽에서 적법하지 않은 존재라면 "저쪽에서도 적법하지 않은 존재임에 틀림없습니다. 그래서 나는 아이들을 그쪽으로 데리고 가는 것이 그 어머니에게는 치욕스러운 일이 될 것이라고 생각합니다. 아이들을 그쪽으로 데려가면 **살해당하거나 없어져버릴 것입니다**(강조는 필자에 의함)." 상황이 이러하기에, 자신이 이렇게 주장하는 것은 단지 인도적인 관점에서일 뿐이라고 말했다. 이러한 관점은 "이 아이들은 인도에 두어야 한다."고 주장하는 것이었다. 이런 주장의 전제는 '실제 아버지'가 그 아이들을 잘 키울 거라는 가정이다. 입법의회의 다른 의원들도 그의 주장을 적극 지지하였다. 그들은 정부더러 인도에서 실행되고 있는 보호자법Guardianship Act의 조항을 보았는지 물었다. 그 법 조항에 의하면 아이의 친권은 전적으로 그 아버지에게 있었다.

그렇지만 정부에게는 그 문제가 별도의 법에 부속된 것이었다. 사회활동가가 여성을 구출할 때는 큰 문제에 봉착하게 되는데, 여성들이 아이들을 두고 떠나려 하지 않는다는 것이었다. 그래서 장관은 피랍자의 정의를 자녀 혹은 '16세 이하의 남성'을 포함하는 것으로 더 넓게 확대시키는 방안을 모색하였다. 만약 아이들도 피랍자가 되면 국가 간 합의 조항에 따라 어머니와 함께 구출될 수 있었다. 이러한 장관의 방안에 대해 반대 의견이 제시되었으니, 아버지의 친권을 전적으로 인정하는 국내의 보호자법에 배치되지 않느냐는 것이었다. 또 다른 의원은 이에 대해 좀 더 다른 방안을 제시하였다. 적법하지 않은 자녀를 여성이 양육할 수 있도록 허락을 해주면 되지 않겠느냐는 것이었다. 그렇지만 만일 자녀가 적법하면 아버지가 '절대적인 통제권'을 갖게 된다. 또 다른 의견도 제시되었다. 이 아이들을 '전쟁 자녀'로 간주하여 아버지에게 그들에 대한 책임을 부여하는 건 어떻겠느냐는 것이었다. 이 또한 문제는 있었으니, 그 아버지가 어디 있느냐는 것이었다.

자녀에 대한 아버지의 절대적 양육권을 주장하는 데 모든 사람이 찬성하는 것은 아니었다. 교통·철도부장관인 고빨스와미 아이양가르는 다음과 같이 주장했다. "나는 보호자법을 알지 못합니다. 모든 문제는 그 아이들을 어떻게 취급하느냐에 달려 있는데, 그 아이가 적법한 자녀이든 적법하지 않은 자녀이든 아직 갓난아기라는 점을 고려할 때 친권에 관해서 최우선권은 어머니에게로 가야 한다고 생각합니다. 다만, 어머니가 그 친권을 가지고자 하지 않을 때는 그녀의 의견이 가장 우선적으로 고려되어야 할 것입니다."

비록 장관이 자기 생각에 기초하여 독자적으로 피랍자에 대한 정의를 확장하고자 하였지만 모든 의원이 이 안에 찬성하는 것은 아니었다. 이전에 연합주 출신의 흐리다이 나트 꾼즈루가 아이들은 피랍자의 정의에 포함시켜서는 안 된다고 주장한 바 있다. 그는 어떻게 여성을 납치한 남자가 그 둘의 결합을 통해 낳은 자녀의 아버지임을 주장할 수 있겠는가, 라고 주장했다. 그는 "납치자의 행위는 결코 인정될 수 없는 것 아니겠습니까, 그렇지 않습니까? 납치자는 엄중히 비난받을 죄를 저지른 자로서 국가에 수치를 가져다준 자입니다. 그렇지만 납치된 여성의 관점에서 문제를 한번 살펴봅시다. 그녀에게 있어서 그 아이는 일

년 혹은 이 년 동안 그녀 자신을 치욕의 굴레에 묶어놓은 표시입니다. 그렇지만 그녀의 입장에서 보면 아이는 원하지 않은 존재였고, 그래서 아이와 함께 파키스탄으로 가게 되면, 우리가 쉽게 생각할 수 있듯이, 그 아이는 자기 어머니의 가족들로부터 가족의 일원으로 인정받지 못할 것임이 분명합니다. 보나마나 아이는 고아원으로 보내질 겁니다." 라고 주장했다.

이 입장을 지지하는 의원도 있었다. 예를 들어 타꾸르 다스 바르가와 선생 같은 이는, 인도에서 태어난 아이는 모두 인도 국민이라고 하는 논리로 아이들은 반드시 인도에 남겨두어야 한다고 역설했다. 그는, 만일 힌두 남성과 무슬림 여성이 결혼을 한다면 누가 자녀의 보호자가 되는 것인지 물었다. 만일 무슬림 여성이 힌두 남성과의 사이에서 낳은 자녀를 파키스탄으로 데리고 가면 그 아이는 적법하지 않은 자가 되고, 그러다 보면 제대로 대접을 받지 못하면서 결국 살해당할 것이라고 주장했다. 그는 "아주 단순하게 법령이 그런 아이를 파키스탄으로 보내야 한다고 규정하고 있기 때문이라는 것은 왜 그렇게 해야 하는지에 대한 이유를 전혀 설명하지 못하고 있습니다. 대신에 만일 아이의 아버지가 자녀의 모든 것을 보살필 것이며 정상적으로 자녀를 양육하겠다고 주장하는데도 그 아이를 파키스탄으로 보내는 일이 실제 행동으로 옮겨진다면 난 도저히 그 행동을 이해할 수 없습니다."라고 주장하였다.

결국 모든 의원이 한 목소리를 내지는 않았다. 비하르 출신 슈리 브라제슈와르 쁘라사드Shri Brajeshwar Prasad는 아이를 인도에 두는 것은 합리적이지 못한 것 같은데, 왜냐하면 힌두 사회는 무슬림 사회와 달라서 그런 아이를 위한 공간이 존재하지 않기 때문이라고 했다. '법의 눈으로 보아 적법하지 않은 존재'라서 그런 아이가 만일 인도에 남게 되면, '개'로 남게 될 것이라는 주장이다.

무슬림 어머니와 힌두 아버지 사이에서 태어난 자녀는 진정 인도 국민인가? 의회 의원들로 하여금 그 아이들을 납치자이자 실제 아버지인 사람과 함께 인도에 남는 것을 지지하도록 한 것은 시민권에 대한 고려 때문인가? 그렇다면 이와 동일한 논리가 힌두 어머니와 무슬림 아버지 사이에서 태어난 자녀에 대해서도 적용될 수 있는가? 다시 말하면, 시민권이라는 것은 어머니에게 귀속되는 것인가 아버지에게 귀속되는 것인가, 아니면 국가 혹은 종교에 귀속되는 것인가?

신생 독립국 안에서 시민권이라고 하는 것은 그 자체가 여전히 형성 단계에 있고 상당한 모순을 가지고 있어 논란의 여지를 지니고 있는 문제이다. 예를 들면, 국가는 국토 안으로 쏟아져 들어온 수백만의 난민에 대해 보호자, 그리고 자애로운 가장의 역할을 하였다. 모든 종류의 복지 계획, 모든 보상과 재활에 관한 정책이 '원조', '사기 진작', 그리고 '복지'를 필요로 하는 난민 상을 구축했다. 그렇지만 뻔자비 난민은 이에 반발하여 자신의 자활 능력과 독립성을 주장하면서 국가의 원조를 거부하였다. 그렇지만 이는 남성에 해당하는 것이었다. 국민으로서 여성에 대해서는 이야기가 또 전적으로 다르다.

흐리다이 나트 꾼즈루의 논리에 의하면 힌두 아버지와 무슬림 어머니 사이에서 태어난 자녀는 그 아버지가 납치자이든 그렇게 혐의를 받는—즉 국가의 법을 유린한—자이든 간에 모두 인도 국민이다. 이는 힌두와 시크 남성은 자신과 자신의 자녀에 대하여 시민권을 갖도록 상정할 수 있다는 것이다. 그렇지만 힌두와 시크 여성의 경우는 그러한 상정을 할 수가 없다. 모국에 의해 천명된 어머니로서, 그리고 세속 국가 인도의 시민으로서 그들은 어떤 경우에라도 자신의 자녀를 데리고 갈 것이냐 아니면 두고 떠날 것이냐를 선택해야 하는 어려운 결정을 해야만 했다. 이로 인해 자녀가 양쪽 모두에 속하는 그런 모순의 공간에 속하게 되고 그로 인해 시민권의 문제가 매우 복잡한 문제가 되어버리는 것뿐만 아니라 시민으로서의 어머니에게도 매우 협소한 공간이 부여되었다.

납치 여성 구출 작전이 보여주었듯, 끊임없이 여성의 정체성은 한 나라의 시민으로서가 아니라 종교공동체의 관점에서 결정되었다. 그들은 자기가 살고자 하는 나라를 선택할 권리를—이론적으로는 모든 시민에게 이 권리가 있다—부인당했다. 그 안에서 그들은 쟁의가 발생한 경우에 그것을 해결하기 위해 법정이 설치되는 것은 차치하고 법에 호소조차 할 수 없었다. 그들은 자기 자녀를 어떻게 할 것인지에 대해 결정할 수 있는 권한조차 갖지 못했다. 시민권은 분명히 전적으로 성性(gender) 중립적인 개념이 아니었던 것이다. 피랍자회복반환법에서 피랍자에 대한 규정 안에 자녀를 포함하려 시도한 것이 중요하게 부상한 것은 이러한 맥락에서였다. 피랍자회복반환법은 피랍자를 '16세 이하의 남자아이……'로 규정하고 있다. 그렇게 되면 나이에 관계없이 여성은 피랍자에 포함될 수 있다. 하지만 남성의 경우에는 피랍자가 되는 나이가 16세로 끝나게 된다. 여기에서 16세라는 나이는 소수자에서 다수자로 이동하는 나이임을 의미할 것이다. 그 법의 초안을 작성한 사람이 젊은 남성은 16세가 되면 스스로 어디에 살고 어느 곳에 속할지 즉, 어떤 정체성을 채택해야 할지를 결정하는 게 가능하다고 생각해서였을까? 그런데 그런 결정을 할 수 있는 능력이 여성에게는 없다고 생각했기 때문이었을까?

납치된 아이의 운명은 분단 시기에 모성이라고 하는 또 다른 논의와 논쟁으로 빠져들었다. 나는 앞에서 인도의 표상이 어머니로서 나타나고 파키스탄의 탄생에 의한 그 (어머니의) 몸의 훼손이 개인적으로 그리고 집단적으로 인도 여성—다른 종교의 남성에 의해 강간당하고 납치당한 힌두와 시크 여성—의 몸에 가해지는 폭력으로 어떻게 비추어지는지에 대해 논의한 바 있다. 적법하지 않은 자녀로 인해 어머니는 스스로 가지고 있는 적법한 모성의 자격을 박탈당하였다. 어머니의

'순결함', 신성함, 그리고 성性억제는 그러한 자녀의 존재와 그 자녀를 계속 데리고 있겠다는 뜻에 의해 의문시된 것이다. 납치된 여성이 종교, 국가, 공동체, 가족의 품 안으로 다시 돌아와야 하는 것과 같이 그 자녀는 어머니로부터 떨어져나가야 했고, 이름 없는 존재가 되어야 했다. 그래야 그 여성은 어머니로 다시 한 번 복원될 수 있고, 이교도와의 결합에 대한 물질적 증거는 훨씬 덜 위협적이거나 덜 위험한 것이 될 수 있었다. 이 모든 것의 가장 큰 아이러니는 모성이라고 하는 사적인 것을 규정하는 주체가 국가가 되었다는 사실이다. 물론 이 과정에서 가족과 공동체로부터 암묵적인 지지를 받았던 것은 두말할 필요도 없다.

*

물론, 결국에는 모든 경우가 다 달랐다. 어떤 여성은 자녀를 데리고 갔고, 어떤 여성은 두고 갔다. 그렇지만 여전히 다른 사람들은 그 문제에 선택권을 갖지 못했다. 납치 후 자녀가 적법이냐 그렇지 않느냐 하는 중요한 문제에 봉착하는 반면, 분단으로 인해 과부가 된 여성의 자녀는 국가의 복지 정책으로부터 좀 더 쉽게 혜택을 받을 수 있었다. 그 자녀와 어머니는 국가가 '평생 보상'을 해주는 대상이 되었다. 고아원이 정부와 자원 단체에 의해 운영되었고, 학생에게는 재정 지원이 이루어졌으며, 구호재활부에 특별 분과가 설치되어 홀로 된 난민 여성과 그 자녀의 재활을 맡았다. 이론상으로는 인도 정부가 '홀로 된, 그리고 가난한 난민 여성과 자녀를 보호하고 관리하는 데 책임을 다하였다.'[9] 정부는 지체 장애 여성이나 가정으로 돌아가는 것이 여의치 않은 여성과 그에 딸린 자녀에 대해 매달 보상금을 지급했는데, 어머니는 매달 15루

---

9) U. Bhaskar Rao, *The Story of Rehabilitation*, p.77.

삐를, 자녀는 한 사람당 7루삐 혹은 8루삐를 지급하였다. 그렇지만 가난한 아이들을 재활시키려는 많은 노력에도 불구하고 자녀를 버리는 규모와 그에 따르는 여러 문제는 사실 사회적 관심의 문제였다.

1954년 전직 장성이자 당시 재활부 차관이던 본슬레J. K. Bhonsle가 한 가지 계획을 가동시켰다. 그의 생각은 '난민 학생들의 사기를 회복하고 규율을 어기지 않는 정신을 배양하며 육체적으로 건강하고 완전한 도덕적·정신적 가치를 갖추도록 하는' 훈련 프로그램을 운영하는 것이었다. 그런데 아주 희한하게 아이러니한 일이 발생했는데, 난민 아이들의 문제와 그들이 부닥치고 있는 여러 문제가 하나의 '규칙 위반'으로 간주되기 시작했고 그러다 보니 그 해결책이—해결책을 찾는다는 게 가능하다손 치더라도— '도덕적·정신적 가치를 회복하는 것'이 되어버렸다는 것이다. 그 계획은 어떤 아이들을 대상으로 하는 것인지가 분명하지 않았다. 그렇지만 그 목표는 학생의 사기 진작이었고 (왜냐하면 규칙 위반이라는 것은 주로 사기에 관한 것으로 간주되었기 때문이다) '국가의 운명에 끝없이 기여할 수 있는 강하고 자립적인 국민'을 양성하는 것이었다. 이러한 취지 아래 그 계획은 '인도의 문화유산과 전통, 우리의 남녀 영웅 그리고 국민정신과 애국심……' [10]을 강조하였다.

우선 델리의 라즈빠뜨 나가르Lajpat Nagar에 있는 까스뚜르바 니께딴 학교에 있는 과부의 자녀와 고아들에게 소규모의 집단을 대상으로 국가훈육계획National Discipline Scheme을 시행하였다. 그리고 이후 다른 난민 학교로 확대 실시되어 최종적으로는 10만이 넘는 학생이 이 프로그램 아래 훈육을 받았다. 그 안에는 난민 학생도 있었지만 그 외의 학생도 있었다. 신생 국가로서 갖은 문제에 포위되어 있고 전쟁의 위기에

---

10) U. Bhaskar Rao, *The Story of Rehabilitation*, p.77.

서 있던 인도로서는 고아, 난민 아이들 혹은 납치된 여성의 자녀 문제 등이 다루기가 그리 쉬운 것은 아니었다. 수용시설이나 구호병원을 세우고 학자 보조금을 대주는 등의 많은 구호 수단이 가동되었다. 하지만 이미 수용시설에 수용되어 있거나 정부가 책임을 지는 아이들만 이러한 정책의 수혜 대상이 되었다. 수용시설에 들어 있지 않은 아이들, 거리의 아이들에 대해서는 아무런 대책도 없었다. 그리고 구호 수단이라고 하는 게 빙산의 일각에 지나지 않았다. 그 사이에 무슨 차이가 있을지라도 계획 자체가 훈육과 사기 진작에 초점이 맞춰져 있었기 때문에 그 여러 수단은 아이들이 겪은 트라우마에 대해서 전혀 손을 대지 못했고, 그 안에서 서로 유기적으로 연결되지 못했다. 이러한 여러 구호 수단으로는 아동구호위원회Save the Children Committee, 국립 까스뚜르바 간디기념재단Kasturba Gandhi National Memorial Trust, 신디 여성아동재단 Trust for Sindhi Women and Children, 아리야 쁘라데식 쁘라띠니디 사바 Arya Pradeshik Pratinidhi Sabha, 자이넨드라 구루꿀Jainendra Gurukul, 빤쯔 꿀라Panchkula 등이 있었다. 이 단체들은 중앙자문위원회Central Advisory Board과 협력해서 사업을 진행하였다. 우리는 '사회 개선 사업은 그들 손에 달려 있다'고 들었지만 아이들이 직면한 여러 종류의 '개선'을 그들이 할 수 있었는지의 여부에 대해서는 알 길이 없다.

*

아직도 알려지지 않은 것들이 많이 있다. 예를 들어, 뒤에 남겨지고 버려진 혹은 살해당한 아이들 가운데 여자아이는 얼마나 되는지에 대해서 나는 궁금한 생각이 자주 들었다. 사회 활동가가 전하는 말에 따르면 난민촌에 버려진 아이의 대부분은 여자아이였고, 일에 대한 압박으로 인해 잠재적 입양자를 미리 조사하는 것이 어려웠다. 그렇다 보니 많은 여자아이들이 가정부나 매춘부로 흘러들어갔는데 이는 작가 끄리슈나 소브띠가 분단의 '희생'이라 부른 한 세대의 어린 여자아이들 수를 부풀게 하였다. 남자아이와 여자아이 모두를 위해 수용시설과 교육기관이 설립되었다. 그렇지만 시간이 되어 그곳을 떠나 독립을 해야 할 때가 되면 청년으로 성장한 남자아이들은 여자아이들보다 할 수 있는 일을 더 쉽게 가질 수 있었다. 몇몇은 아슈람 책임자가 연결을 시켜 결혼하기도 했고 자기 스스로 삶을 개척해가기도 했다. 그렇지만 수많은 사람에게 분단은 그 인생의 모양을 변화시켰다.

아이들에게 있어서 적법성과 비적법성의 문제는 분단 전체의 맥락에서 고찰할 필요가 있다. 공동체 사이에서 분열이 표면화되기 시작하면서 힌두와 시크 종교의 순결에 대한 문제가 중요하게 자리 잡았는데, 특히 뻰잡에서 그러했다. 이곳에서는 아리야 사마즈의 위력이 갈수록 커지고 '뻰자비=힌두' 인식이 점차 강화되었는데, 이는 무슬림과 기독교도로 개종이 많이 일어난 데 대한 두려움이 직접 나타난 결과였다. 개종을 통해 정체성이 상실된 것이야말로 최대의 위기로 인식되었다. 분단으로 인해 국토의 일부가 영원히 떨어져나갔고, 동시에 개종이 효과적으로 이루어졌다. 그렇지만 여성의 태 안에 있는 아이들에게는 그 경계가 흐르고 있었다.

힌두와 시크 여성은 무슬림 남성과 사랑·욕망의 관계가 형성되어 있었는데, 분명히 강제적인 것이었지만 일부는 자발적이었던 것도 사실이다. 그렇지만 정부의 도움으로 그들은 힌두의 품 안으로 다시 들어올 수 있었고 그로 인해 정화될 수 있었다. 하지만 아이의 몸 안에 흐르는 피는 떼려야 뗄 수 없이 섞인 것이었다. 분리는 불가능한 것이었고 이 아이들이 어디로 가야 하는지 그 선을 명확하게 그을 수는 없는 일이었다. 그 존재에 대한 경계가 설정될 수는 없었다. 그렇다면 그 존재 모두를 그냥 잊어버리는 게 가장 나았을 거고, 나아가 그들이 아예 존재한 적이 없던 것처럼 하는 게 더 나았을 것이다.

우리는 이 일을 아주 쉽게 했다. 많은 부모가 잃어버린 자식을 찾으려고 갖은 애를 다 썼다. 부모들은 관계 당국에 신청서와 보고서를 제출했고 구두로 메시지를 전달하기도 했다. 꾸루끄셰뜨라Kurukshetra의 데라 두쁘사디Dhera Dhupsadi 마을 출신인 다람 까우르Dharam Kaur라는 여성은 운이 좋았다. 그녀는 분단 당시 몇몇 가족 친지를 잃었다. 난리가 난 후 폭력 현장에 다시 돌아와 찾아보니 친척 몇몇의 사체는 있었으나 정작 자기 딸 모힌데르 까우르Mohinder Kaur는 없었다. 그녀는 몰랐으나 모힌데르는 그레이스Grace라는 이름의, 착한 사마리아인, 간호사가 구해서 안와르 사디카Anwar Sadeeqa라는 이름으로 어떤 고아원에서 보호하고 있었다. 이 사실은 몇 년이 흐른 뒤 사디카가 결혼할 때 그레이스가 그녀의 과거를 말해줌으로써 알려지게 되었다.

어느 날 사디카는 딸 아즈마뜨Azmat와 함께 버스를 타고 여행을 하였는데 시크 남성 한 명이 옆에 타고 있었다. 아이들이 다 그렇듯 사디카의 딸도 옆 사람에게 팔을 뻗고 만지고 하면서 정말로 희한하게 옆 사람을 "아찌, 아찌" 하고 불렀다. 적당한 대화가 오고 간 후 사디카는 울면서 자신의 옛 이야기를 그에게 들려주었다. 니란잔 싱Niranjan Singh이라는 이름의 그 사람 또한 방금 전에 오랫동안 잃어버린 여동생을 찾은 터라 사디카에게 꼭 도움을 주겠노라고 약속을 했다. 인도로 돌아오는 길에 니란잔 싱은 사디카 가족의 고향인 루반왈라Lubanwala 출신 난민들이 꾸루끄셰뜨라에 자리를 잡고 있다는 이야기를 들었다. 그곳은 니란잔 싱의 고향과 가까운 곳이었다. 니란잔이 했던 이야기는 다음과 같다:

니란잔은 매일 버스를 타고 여러 사람에게 다음과 같이 알렸다: "제가 파키스탄엘 다녀왔는데 한 숙녀가 어머니를 애타게 찾고 있습니다. 이중에 루반왈라 시크가 있으시다면 일어나주십시오." 이 방법은 결국 효과를 보았다. 분단 이후 사회에서 핵심으로 작용되던 입소문 네트워크를 통해 니란잔은 사디카의 부모가 인-파 분단에서 살아남았고 데라 꾸루끄셰뜨라의 아주 작은 마을인 두쁘사디에 살고 있다는 것을 알게 되었다.

니란잔 싱은 사람들이 가리킨 데로 따라갔다. 그리고 어느 날 밤 다람 까우르의 집에 도착하여 사디카의 전갈을 전해주었다. "저 자윈드 싱Javind Singh의 딸 모힌데르 까우르가 살아 있습니다." 그리고 몇 년이 흐른 뒤 사디카는 두쁘사디에 올 수 있었고 어머니를 만나게 되었다. 그리고 그 어머니는 손녀딸 결혼식에 참석하기 위해 파키스탄으로 길을 떠났다.

그렇지만 모든 사람이 이렇게 운이 좋은 것은 아니었다. 잘란다르의 간디 와니따 아슈람에서 일하는 사람들이 전해준 이야기에 따르면 1947년에 2살짜리 여자아이 하나가 아슈람에 보내졌다. 그 여자아이가 어느 집단에 속하는 아이인지, 어디에서 온 아이인지 아는 사람은 아무도 없었다. 오늘날 그녀는 52세가 되었고 여전히 그곳에 산다. 역사가 만들어낸 아이이자 동시에 역사가 없는 아이로서.

1956년 8월 카라치를 터전으로 발간되는 신문 〈돈〉의 한 사설은 납치 여성 구출 문제에 대한 두 나라 사이의 서로 다른 접근에 대해 말하고 있다. 그 사설은 특정 경우를 언급하고 있는데, 이 신문의 독자 통신란에 가끔 자신의 번민을 토로하는 어느 나이 어린 딸의 아버지가 가지고 있는 슬픈 사연이었다. 사설은 "그 아버지는 이제 파키스탄의 시민이 되었고, 자기 딸을 되찾기 위해 고향을 방문하고 있는 중인데, 납치 여성을 찾는 문제의 실마리를 찾는 과정에서 그 가족과 친척에 대한 여러 편의 제공 확대를 위해 두 나라가 공동으로 서약했는데도 도대체 왜

법을 집행하는 당국이 법적 보호와 지원을 거부하고, 나아가 속이 빤히 보이는 죄명을 뒤집어씌워 그를 감옥에 집어넣고 싸울 권리마저 박탈한단 말인가?"라고 울분을 토하고 있다.

그 소녀의 아버지인 카마룻딘 아흐메드Qamaruddin Ahmed는 딸을 찾기 위해 인도를 몇 차례 방문했다. 딸은 고향 마을에서 누군가에 의해 납치되었다. 그런데 1951년 아버지는 간첩이라는 죄목으로 붙잡혀 투옥되었다. 감옥살이를 3년이나 해야 했다. 그는 말하기를 "내 딸을 찾는 것을 인도 정부가 거부한 것은 놀랄 일도 아닙니다. 내 나라 정부조차도 내가 여러 차례 탄원을 했음에도 불구하고 어떤 종류의 법적 지원도 해주지 않는 데다가 내 아이를 구출하는 일에 협조해주지 않았기 때문입니다."라고 했다. 인도에서 형기를 마치고 파키스탄으로 귀국한 후 카마룻딘은 딸을 구출하는 일에 정부가 협조를 해달라는 탄원을 한 번 더 냈다. 그렇지만 돌아온 답변은 "인도 정부가 그 아이를 되돌려주는 걸 거부하였다. 그래서 우리 정부도 그 일을 사안에서 제외시켰다."[11]는 말밖에 없었다.

*

앞에서 나는 내 친구가 찾은 책 한 권에 대해 이야기한 적이 있다. 그 책은 파키스탄에서 납치된 힌두와 시크 여성을 군별로 분류해 작성한 명단을 제공하고 있다. 그 책에 있는 각각의 이름은 피랍자가 아이(보통 16세 미만, 16세는 어른으로 분류된다), 여성, 과부 혹은—이 경우는 매우 드물지만—남자어른으로 분류되어 있다. 아이들 납치의 문제가 안고 있는 여러 측면을 살펴보기 위해 명단을 무작위로 훑어보았더니

---

11) *Dawn*, August 1956.

〈표2〉 셰이크뿌라 군

연번	피랍자 성명 및 특정 정보	피랍 장소 및 일시	납치자 성명 및 특정 정보
QSP/S-13/ U-3C	앙그라이즈 싱, 4세, 셰이크뿌라 군, 낭까나 사립 세무읍, 사이드 왈라 경찰서, 아깐드뿌리안 관내, 쁘라까시의 아들	폭동 중 셰이크뿌라	셰이크뿌라 내부 혹은 인근 지역
QSP/B/ N/-4C	아르벨 까우르, 9세, 셰이크뿌라 군, 샤하드라 세무읍, 무리드끼 경찰서, 마가르 싱의 딸	셰이크뿌라 군, 9번 구역, 1947년 9월	박시 타돌라, 셰이크뿌라 군, 삔드 타델
QSP/S-2/ N-1C	아마르 까우르, 4~5세, 셰이크뿌라 군, 까티알라 깔란 경찰서, 셰이꾸쯔 촌	셰이크뿌라 군, 셰이꾸쯔 촌, 1947년 9월	셰이크뿌라 군, 까티알라 깔란
ASP/S-13/	아쇼끄 꾸마르, 3~5세, 셰이크뿌라 군, 샤하드라 세무원, 나랑 만디 경찰서, 랄 촌	나랑 만디, 1947년 8월	자와하르 모세쯔의 처 까림, 셰이크뿌라 군, 나랑 만디
QSP/S-1/ N3C	다얄, 3세, 다람 싱의 딸, 셰이크뿌라 군, 282구역, 깔라리 촌	셰이크뿌라 군, 282 구역, 깔라리	팔로 이사이, 셰이크뿌라 군, 282구역, 깔라리 촌

다음과 같은 통계에 도달하게 되었다. 캠프벨뿌르Campbellpur에서는 납치된 92명 가운데 아이가 30명이었고, 데라 가지 칸Dera Ghazi Khan에 서는 107명 가운데 23명이었다. 라왈삔디에서는 598명 가운데 146명이 아이였고, 구르다스뿌르Gurdaspur에서는 188명 가운데 69명이었으며 셰이크뿌라에서는 916명 가운데 318명이었다. 납치된 아이 가운데 남 자아이가 평균 1/3에서 절반 가까이 차지하였는데 거의 대부분의 지역 이 비슷하였다.

이제 인-파 분단 때 납치된 아이들 가운데 몇몇을 〈표2〉로 보여주면 서 아이들에 관한 분석을 마치고자 한다. 〈표2〉가 보여주는 명단은 셰 이크뿌라 군의 것이다. 만약 이 명단이 전적으로 신뢰할 만한 것이라 면, 많은 경우에 강간자와 납치자는, 흔히 그렇듯이, 같은 마을에 사는 사람이고, 실종된 아이의 가족에게 잘 알려진 사람이다.

*

내가 여기까지 시도한 것은 비교적 연구가 아직 진행되지 않은 영역 에 대한 조사의 성격을 띠고 있다. 연구를 해오는 동안 나는 몇 가지 질 문에 봉착했다. 우리는 아이들의 역사를 어떻게 찾을 수 있을까? 만약 여성이 어려운 주제이고 그들의 삶에 침묵이 대단히 큰 위력을 발휘하 고 있다면, 아이들의 삶을 쳐다본다는 것은 얼마나 더 어려운 일이겠는 가? 특히 아이들이란 스스로 말하지 못한다는 사실을 대개 당연한 것으 로 받아들이고 있는데, 그럴 때 더욱 그렇다. 만약 인-파 분단사가, 아 이들의 문제가 중심적인 것임에도 불구하고 그들에 대해 말을 하지 않 는다 하더라도, 그것은 별로 특별한 것은 아니다. 일반적으로 역사는, 그리고 더 구체적으로 볼 때 인도사는 이 중요한 문제를 다루지 않는 것이 사실이다.

최근 서구에서는 과거 앤 프랑크Anne Frank에 의해 전개된 바 있는 유대인 대학살에서 생존한 아이들의 역사 기술이 다시 시작되고 있다. 그것은 그들 주변의 세계가 무너지고 있는 것 같이 보인 그때 그 시간을 살펴보는 작업이다. 인-파 분단이 바로 그런 시간이었다. 아이들은 갑자기 부모를 잃고, 가족과 공동체에 폭력이 가해지는 것을 이해할 수 없었을지도 모른다. 그러나 아이들은 그 일을 접촉하지 않은 채 살아올 수는 없었다. 우리는 이렇게 물을 수 있다. 이 아이들에게 무슨 일이 생겼느냐고. 그들의 삶과 미래가 외부에 의해 결정되었을 때도 그들 가운데 많은 아이들은 아슈람이나 수용시설에 남겨졌거나 아니면 바구니에 담겨 국경을 넘어 한 기관에서 다른 기관으로 전달됨으로써 결국 역사를 잃어버리게 되었다. 이러한 아이들의 역사를 회복하는 일을 어떻게 그리고 언제 시작할 수 있을까? 그것을 우리는 어떻게 역사에 집어넣을 수 있을까?

무 라 드
'나는 항상 밖에 나가 놀곤 했는데……'

라호르에서 마차를 끄는 마부인 무라드는 인-파 분단이 일어나던 때 어
린아이였고 인도에 살고 있었다. 다른 아이들과 마찬가지로 무라드도
무슨 일이 벌어졌는지, 왜 파키스탄으로 가야 하는지 몰랐다. 난 무라드
를 한 번도 만난 적이 없다. 그렇지만 그를 인터뷰한 사람의 양해를 구
해 무라드의 이야기를 여기에 싣게 되었다. 인터뷰는 피터 채플과 샷띠
칸나가 하였는데 그 이야기를 영화로 제작하기 위해서였다. 내가 많은
생각 끝에 무라드의 인터뷰를 여기에 싣기로 한 것은 몇 가지 특별한 이
유가 있어서다. 우선, 무라드가 어린 시절 혼란의 경험을 회상하는 것이
앞에서 내가 말한 많은 것들의 예를 보여주고 있기 때문이다.
　　무라드가 피터와 샷띠를 만났을 때 그의 나이는 50대였다. 그래서
아주 복잡하면서도 상당히 거칠고 거리를 두고 있는 그의 이야기는 분
명히 한 어른이 전하는 이야기일 수밖에 없다. 그렇지만, 피터와 샷띠
가 전하는 바에 의하면, 그가 자의식의 상태로 자기 이야기를 한 것은
그때가 처음이었다. 그렇다면 그 의식적인 회상을 해나가는 과정 가운
데 무라드의 이야기가 갖추고 있는 것으로 보이는 수미쌍관성과 연속
성에 대해 나는 놀라지 않을 수 없었다. 이 이야기로 인해서 갖게 된 또
한 가지 의문은 무라드가 말하는 것—"우리는 거기 누워서 시간을 보냈
지요."라고 말하는 그 눈앞의 엄청난 공포를 표현하는 방식—안에 분
명히 드러나 있는 '무시하기'는 그가 마치 모든 걸 놀이로 여겼던 것
같았다. 이거야말로 그 상황을 도저히 이해하지 못했을 아이 입장에서
만든 그 경험을 이해하는 하나의 방식이었을 것이다. 내가 이 인터뷰에
자꾸 끌려들어가게 된 것은 아마 이로 인해서일 것이다. 나에게 그 이

야기는, 한 아이가 어떻게 그 엄청난 트라우마를 이해하였는지 그리고 그 아이가 자라서 어른이 된 그 존재가 그 경험을 어떻게 기억하고 회상하는지를 반복적으로 생각하게 해준다.

피터 채플과 삿띠 칸나가 무라드와 인터뷰를 했을 때, 무라드가 힌두와 무슬림 사이의 차이에 대해 가진 감정 안에는 갈등이라는 걸 전혀 찾아볼 수 없었다. 다만 그 시절 두 공동체는 참으로 행복하게 잘 섞여 살고 있었다고 하는 일종의 향수가 무라드의 회상 안에 분명히 있었고, 그가 전하는 마지막 이야기 안에는 사실주의의 요소 또한 분명히 있었다. 나중에 약탈의 상징이 되어버린 라호르와 분단의 경험으로 인해 이렇게 되었을까? 한 무슬림 혹은 힌두 아이—다른 말로 하면 무라드—가 어찌 되었던 간에 점차 무슬림이 되어가면서 자기는 주변의 힌두 이웃과 다른 정체성을 가진 사람이라는 걸 깨달아서였을까? 아니면 분단의 결과 때문이었을까? 그러한 자각이 정상적인 과정에서 생겼다 하더라도 '라호르'로 이주하는 것과 같은 인생에 깊이 파인 골이 만들어질 수 있었을까? 이러한 몇몇 의문은 분단 이후 종교를 기준으로 하는 정체성 만들기가 나타나는 모든 경우에 대해서도 제기할 수 있는 질문들이다. 물론 쉽게 답변할 수 있는 것은 아니지만.

무라드의 인터뷰가 중요한 또 하나의 이유는 '저편'의 시각을 제공해주는 몇 안 되는 인터뷰이기 때문이다. 그리고 사실, 그 경험들이 얼마나 비슷한지를 보는 것은 그리 놀라운 일도 아니다. 무라드의 이야기에서 장소와 이름을 빼면 그 이야기는 국경 양쪽의 그 불쌍한 아이들 모두의 이야기가 될 수 있다. 장소와 종교보다 더 중요한 것은 무라드가 보여주는 통찰력이다. 한 가지 예만 들어보자: 그가 "지주는 지주로 가고, 가난한 사람은 가난한 사람으로 간다."고 말하는 것은 그가 어디에서 어떻게 지지하고 연대할 것을 추구하였는지를 잘 보여주고 있다. 계급이라는 것이 그렇게 쉽게 배제될 만한 것은 아닌 것이다.

무 라 드

나는 어린아이였습니다. 삼촌은 인도에 살고 계셨습니다. 누군가가 저를 근처에 있는 사람 누구에게라도 맡기려고 했는데 아무도 절 떠맡으려 하지 않았습니다. 사람들이 저더러 참 운이 없다고 하더군요. 그러다 학교 교장선생님 한 분이 절 받아주셔서 그분과 함께 살기 시작했습니다. 교장선생님은 절 잘 보호해주셨습니다. 그분은 제 다른 친척보다 더 따뜻하게 해주셨고, 제가 필요한 것을 해주셨습니다. 저는 그의 가축을 풀밭에 데려가곤 했습니다. 그때 파키스탄과 힌두스탄의 논쟁이 터졌습니다.

나는 항상 밖에서 놀곤 했습니다. …… 외삼촌 몇 분이 계셨는데 그분들이 절 자기 집에 자주 데려가곤 했습니다. 외삼촌들은 내가 밖에서 놀다가 잡혀 살해당하지나 않을까 걱정을 한 것입니다. 어느 날 우린 집 안에 있었지요. 삼촌이 들어오더니 앉아서 말을 했습니다. "시크가 왔어, 그 니미 씹할 놈들이 왔단 말이야!"

그들은 맨 먼저 외삼촌을 쓰러뜨렸습니다. …… 난 이제 나도 죽었구나 생각해 밖으로 도망갈 궁리를 했습니다. 집 뒤에는 사탕수수 쓰레기 더미가 있었는데 그리로 뛰었습니다. 그리고 얼른 그 안으로 숨었습니다. 또 다른 외삼촌이 있었습니다. 그 삼촌이 얼마가 지난 후 나를 흔들어 깨우더니 어떻게 해야 하느냐고 말했습니다. 도망가자고 했습니다. 그들은 삼촌을 죽이면 죽였지 절대로 놔주진 않았을 겁니다. 살해당한 삼촌이 준 동전이 몇 개 있었습니다. …… 그걸로 우리는 가까운 난민촌으로 갔습니다. 그곳은 처참하더군요. 어떤 사람이 사탕수수를 가져오면 다른 사람은 그걸 잘게 자르더군요. 그들이 만일 무슬림을 봤다면 그걸로 죽였을 겁니다. 어쨌든 우리는 난민촌에 당도할 수 있었습니다. 난민촌 근처에 사탕수수 밭이 있었는데, 먹을 것이 없어서 우린 땅바닥에 누워 그냥 시간을 보냈습니다.

부모님은 모두 제가 어릴 때 돌아가셨습니다. 누가 날 어디로 데리고 가면 그곳이 어디든 사람들은 날 재수 없는 아이라 하면서 뿌리쳤습니다. …… 아무도 날 받아들이지 않았습니다. 마지못해 큰 삼촌이 날 받아줬습니다.

큰길 가 우리 마을 주변에 시크 몇 사람이 살고 있었습니다. 사람들이 날 보고 하루 종일 밖에 나가서 놀기만 한다고 걱정하더군요. 총탄이 날아다니는데 그러다가 죽을지 모른다고 했습니다. 그래서 그 사람들이 날 우리 마을로 되돌려 보냈습니다. 그러다 광대들이 날 돌봐주게 되었습니다. 난 그 사람들의 말에게 꼴을 먹이면서 같이 지냈습니다. 어느 날 옥상에서 자다가 일어나보니 시크들이 쳐들어와 그 사람들 셋인가 넷을 살해했습니다. 난 저 시크들이 이 사람들을 죽이고 나서 나도 죽일 거라고 생각했습니다. 그래서 사탕수수 쓰레기 더미 안으로 뛰어 들어가 숨었습니다. 그들이 이걸 사탕수수 더미로만 알고 그냥 지나칠 거라고 생각한 거지요. 그리고 우리는 도망갈 궁리를 했습니다. 삼촌이 와서 '저놈들이 할아버지도 죽였어, 그러니 어서 피하자.'고 해 난민촌으로 도망갔습니다.

시크들은 사방에서 강력한 힘을 가지고 있었습니다. 그때 어떤 군용기차가 오더니 스스로를 지켜줄 만한 가족이 없는 사람은 그 기차에 타라고 하더군요. "우리는 파키스탄으로 갑니다."라고 합디다. 그래서 우리는 탔습니다. 베아스Beas 강가에 성城이 하나 있었습니다. 그곳에 기차가 섰고 우리는 내렸습니다. 우리는 어린 소년 서넛으로 구성된 일행이었는데, 그 가운데 누군가가 목이 마르니 랏시를 마시자고 하더군요, 그래서 내가 저 사람들이 그 안에 분명히 독을 타놓았을 테니 마시지 않겠다고 했습니다. 우리는 시장 안으로 들어갔습니다. 일행 가운데 나만 빼고 모두 랏시를 마셨습니다. 난 차라리 강물을 마시는 게 나을 거라고 했습니다. 군인들이 물 검사를 해주었습니다. 독이 안 들어 있었습니다. 우리는 돌아왔는데 일행 가운데 나머지 셋은 쓰러져 죽었습니다.

그때 파키스탄으로 가는 트럭이 몇 대 있었습니다. 누군가가, 시크가 중간에 우릴 다 죽일 거라고 했습니다. 그래서 난 안 가겠다고 했습니다. 난, 우리 군인이 와야 가겠다고 했습니다. 난 이미 다 잃었습니다. 이런 식으로 굳이 죽음을 재촉할 필요는 없다고 생각했습니다. 무슬림이 주인인 트럭들이 왔습니다. 우리는 트럭에 올랐습니다. 그리고 국경인 와가에 도착했습니다. 이제 알아서 제 갈 길을 가라고 하더군요. 그런데 아무리 생각을 해도 갈 데가 없었습니다. 길도 모르고 해서 그냥 누군가를 무작정 따라갔는데 그분은 잘란다르에서 온 사람이었습니다. 나는 가지고 있는 돈은 한 푼도 쓰지 않았습니다. 일이 악화되면 쓸 일이 있을 거라고 생각해서였지요.

사혜드라에 도착했을 때는 이미 밤이 되어 있었습니다. 대추나무가 몇 그루 있었고 사방에 작은 관목들이 늘어져 있었습니다. 사람들은 처참했고 콜레라가 창궐하고 있었습니다. 나는 그 마을을 떠나 앗따리라는 마을로 갔습니다. 그곳에서 나이 든 여성 한 분을 만났습니다. 그분에게 이곳에서 머물게 해달라고 간청을 했더니 선선히 그러라는 것이었습니다. 그분이 어디에서 오는 중이냐고 묻기에, "지옥으로 가는 우물에서요."라고 대답했습니다. "내겐 가족이 없습니다."라고 말을 했습니다.

그분은 참 좋은 분이었습니다. 나한테 먹을 것으로 로띠도 주었습니다. 그분이 제게 이곳에 살고 싶으면 거처를 마련해주겠노라고 했습니다. 난, 집이 있으면 뭐 하겠습니까? 같이 살 가족이 없는데······. 난 길에서 나온 녀석입니다, 했습니다. 트럭 한 대가 와 정지를 하더군요. 당시는 버스가 아주 귀해서 사람들은 보통 트럭을 타고 이동을 했습니다. 한 사람이 소리를 지르더군요. "자란왈라 가요! 거기 가서 초근목피 할 사람은 타세요." 내가 "이미 더 이상 잃을 것이 없습니다. 저를 데려다주세요."라고 말하자 운전수가 "이 친구, 참 고생이 심하구먼, 그래 타지."라고 해서 나는 자란왈라에 가게 되었습니다. 난 사방을 돌아다니다가 이곳이 사람들이 초근목피를 하는 곳임을 알게 되었습니다.

난 아는 사람이 아무도 없었습니다. 마차를 끄는 마부가 "사란 디 쿠 Saran di Khoo"라고 소리를 지르더군요. 내가 그게 무슨 소리냐고 물으니, 정류장 이름이라고 하더군요. 그래서 날 그리로 데려다줄 수 있겠느냐고 물었더니 내가 어려서 짐도 안 되니 걱정하지 말라고 하면서 그리로 태워줬습니다. 그렇지만 조금이라도 돈 쓸 일이 생겨 걱정을 하니 그가 괜찮다고 하면서 돈 안 받고 태워주겠다고 하고 그곳까지 태워줬습니다.

가까이에 마을이 있었고 난 그 안으로 들어갔습니다. 지주는 지주로 가고, 가난한 자는 가난한 자로 갑니다. 그곳에 가니 도기공이 몇 있었습니다. 나는 그 사람들에게 가서 내 이야기를 다 들려주었습니다. 그랬더니 그들이 말하기를, 자기네들도 이미 형편이 아주 곤란하게 되어버렸다고 하면서, 우리보다 훨씬 더 심한 고생을 한 것 같지만 마땅히 수지를 맞출 길이 없다고 하더군요. 상황이 이 지경이라면 굳이 이럴 것이 아니라 도매상한테 가서 운명을 한번 맡겨보는 게 어떻겠느냐는 생각이 들었고, 그곳에 가서 간신히 일자리를 구했습니다. 그리고 저는 오두막 한 칸을 얻어 거기 머물렀습니다.

그리고선 라호르로 갔습니다. 그곳에는 '샤완 다 데라Shawan da Dera'라는 곳이 있었는데, 정기적으로 그곳엘 찾아갔습니다. 그곳에는 마차를 모는 마부들도 있었습니다. 난 말을 돌보는 일부터 하기 시작했습니다. 말의 몸을 비비고 문지르는 일을 하면서 한 마리당 2안나를 받았습니다. 시간이 어느 정도 흐른 어느 날, 나는 마차 몰이꾼 가운데 우두머리에게 가서 마차를 한 대 몰 수 있겠느냐고 물었습니다. 그는 내게 길을 모르지 않느냐고 미심쩍어 했지만 난 아는 사람에게 물어 배우겠다며 사정을 했습니다. 그러던 중 마부 한 사람이 사정이 생겨 일을 놓고 떠나게 되었습니다. 말도 그곳에 있었고, 경험 있는 마부도 구할수가 없었습니다. 그래서 우두머리가 저더러 한번 몰아보라고 했습니다. 나는 지나가는 사람들에게 언제 도는지, 어느 쪽 길을 타는지, 어디에서 내리는지 물어보면서 일을 했습니다. 나는 아는 게 아무것도 없다는 사실을 숨기려고 애를 썼습니다.

아뿔싸, 불행이 또 닥쳤습니다. 손과 발이 붓기 시작한 겁니다. 손과 발이 갈수록 부어올라 엄청 커졌습니다. 또다시 길바닥으로 쫓겨나고 말았습니다. 그러다 어느 나이 든 아주머니 한 분을 만났습니다. 그분이 제게 돈을 좀 주시더군요. 저는 그 돈을 사양하고 대신 저를 위해 기도를 좀 해달라고 부탁을 드렸습니다. 신의 가호인지 병이 나았습니다. 성인들의 무덤이 있었는데 나는 그곳을 찾기 시작했습니다. 그곳에서 어떤 분이 제게 가족이 있느냐고 물어보더군요.

하루는 승객 한 분이 오더니 미란 디 카히Meeran di Khahi까지 태워다 줄 수 있느냐고 물으면서 정상 요금이 얼만지 묻더군요. 그가 제시한 금액에 흥정을 마치고 그곳으로 갔습니다. 그런데 난 그곳이 어디인지 몰랐습니다. 어디로 가는지 지름길을 알려달라고 하니 델리 게이트 쪽으로 똑바로 가라고 하더군요. 나는 델리 게이트에 도착한 뒤 이제 어느 쪽으로 돌아야 하는지 물었습니다. "이 멍청아, 똑바로 가란 말이야." 하더군요. 사실 난 내가 라호르 사람이 아니라는 사실을 들키지 않으려고 최선을 다했습니다. 우리는 말이 물을 마시는 곳에 도착했습니다. 나는 내려서 담배 한 대 피우는 척하면서 몰래 가게로 들어가 그곳이 어디인지 물었습니다. 그랬더니 바로 이곳이라고 그러더군요. 나는 바알리Baali에서 이곳까지 승객 한 사람당 삯이 얼마나 되느냐고 물었더니 마차 한 대당 1루삐는 다 받아야 한다고 말해주더군요. 그래서 12안나는 주겠구나 생각하고 있었는데 그 사람이 1루삐 하고도 절반을 더 주었습니다.

분단에 관해서는 생각할 만한 것이 많지 않습니다. 우리 문중에서는 결혼을 성사시킬 때 마치 추로 무게를 달듯 중매를 통해서 했습니다. 딸이 있으면 그 대가로 하나를 달라고 합니다. 우리에게 1킬로그램을 주면 우리도 1킬로그램을 주겠다는 것과 같은 이치입니다. 딸이 없으면 안 되는 겁니다. 나는 아주 혼란스러워졌습니다. 아뿔싸, 나는 어떻게 해볼 도리가 없었습니다. 갈 데가 없으면 어디로 가야 하는 겁니까? 이드 축제가 오면 나는 너무 슬퍼졌습니다. 밤이 너무 혼란스러웠습니다. 인도에서 무슨 일이 일어났는지 아시지요? 폭동이 일어났습니다. 선거가 있었는데 맨 먼저 무슬림리그와 인도국민회의가 전면에 나섰습니다. 사람들이 트럭을 타고 와 투표를 독려했습니다. 우리는 카이드-이-아잠Qaid-e-Azam이 우리 지도자라고 들었습니다. 소문은 삽시간에 퍼졌습니다. 어떤 사람이 와서 말하기를 우리더러 다른 곳으로 떠날 거라고 하더군요. 어디로? 도대체 우리가 어디로 가야 하는지, 지랄같이 말이지요. 우리는 여기에서 수 세기 동안 살아오고 있는데 말입니다. 그 사람들은 당신들의 파키스탄으로 가라고 했지만 도대체 파키스탄이 어디 있는 거냐고 내가 물었더니 '라호르 근처'라고 대답합디다. 그런데 난 라호르를 본 적조차 없었습니다.

사람들은 라호르가 도시냐고 물었고, 나도 전혀 알지 못했습니다. 나는 그곳에 가본 적이 없었습니다. 아니, 그 사람들은 우리더러 라호르로 떠나라고 몰아붙이지만, 어떻게? 어떻게 가느냔 말입니다. 내가 태어난 곳이 바로 라호르 아닌가요? 그렇지만 어찌 됐든 우리는 라호르로 끌려가게 되었습니다.

문제의 근본 원인은 이렇습니다. 영국 사람들은 사람들 특히 무슬림이 올라오는 것을 절대 용납하지 않았습니다. 누구든지 강해지는 것을 용납하지 않은 겁니다. 이건 내가 본 겁니다. 나 스스로 이걸 봐왔습니다. 내가 어렸을 때, 장사를 하는 힌두 카스트에 속한 어떤 사람이 영국인에게 이렇게 물어봅디다. "선생님, 무슬림은 하루에 두 끼조차 먹지를 못합니다. 이 문제를 어떻게 좀 해결할 조치를 취해야 하지 않겠습니까?" 그러자 그 영국인은 그냥 놔두라고 하면서, 그 사람들은 배가 부르는 순간 그날부터 사람들을 죽이기 시작할 거라고 말합디다. …… 이제 …… 온 사방에 사람 죽이는 냄새가 납니다. 그리고 도처에 경찰이 쫙 깔려 있습니다.

우리 마을에는 기름 짜는 사람이 두 사람 있었는데 둘 다 모두 건장한 젊은 사람이었습니다. 그때 주로 시크들이 여는 큰 축제가 있었습니다. 사방 멀리에서도 이 축제를 구경하러 몰려들었지요. 그때 구루드와라 일을 보는 장로들이 몇 있었습니다. 시크들은 그들을 가마 같은 데에 태워 왔고, 그 장로들은 하레 람Hare Ram, 하레 람이라는 주문을 낭송하면서 밀가루를 사방에 뿌려줬습니다.

옛날에는 힌두와 무슬림이 형제같이 서로를 돌보며 사이좋게 지냈습니다. 가난한 막일꾼이 결혼을 할라치면 대지주가 온갖 것으로 그를 도와주기도 했습니다. 심지어 성대한 피로연도 열어주고는 했지요. 피로연이 열리면 그들은 모두 한자리에 같이 앉아 같이 먹고 즐겼습니다. 그 사이에는 우정이 깊었습니다. 그렇지만 분단이 시작되면서 모든 것이 다 뒤집어져버렸습니다. 심지어 그들은 어린 갓난아이조차도 창으로 찔러 죽이는 짓을 서슴지 않았습니다. 어떤 이는 창으로 시체를 매달아 옮기면서 하나밖에 찾지 못했다고 한탄하곤 했습니다. 그렇게 해서 서로 간에 증오가 시작이 된 겁니다. 그 이전에는 서로 간에 그 좋은 조화가 있었는데—가난한 사람은 부잣집에 들어가 랏시 한 잔 달라고 하기도 하고…….

이제 선이 그려져 있습니다. 국경이 그려져 있는 거지요. 우리는 여기 있고, 그들은 저기 있습니다. 만약 파키스탄에서 인도로 뭘 보내면 인도는 거기에 세금을 크게 때립니다. 만약 인도에서 뭐라도 오면 이곳 파키스탄도 똑같은 짓을 합니다.

7장

'주변인'[1)]

'MARGINS'

---

1) 원어는 'margins' 이다. 카스트 체계의 가장 아래에 위치하는 불가촉민을 의미한다. —옮긴이

인-파 분단사에 대한 연구가 최근 들어 본격적으로 시작이 되었지만, 사건의 공적이고 역사적인 기록 안에 나타나지 않는 부분은 여전히 많다. 그렇지만 누군가가 마치 표면을 긁기 시작하듯, 역사에 관한 '전통적' 자료―문서, 보고서, 공적 서신, 신문 등―라고 하는 것에서도 '들리기를' 요구하는 '목소리들'의 아우성이 터져 나오고 있다. 그 목소리들은 역사의 페이지 안에서 아직도 드러나지 않은 채 드러누워 있는 많은 역사에 대해 말을 하고 있다. 이러한 목소리들 안에서 가장자리로 간주되는 곳에 잘못 위치해 살고 있는 많은 사람들의 이야기가 있다. 그들에 대한 이야기는 감추어져 있는데, 내가 보기에 이는 인-파 분단에 대한 많은 저작이 힌두와 시크와 무슬림―더욱 정확하게 표현하면 힌두와 시크와 무슬림 남성―에 대해서 초점을 맞추고 있기 때문이다. 마치 다른 정체성은 전혀 존재하지 않은 것처럼. 더욱이 누군가가 힌두이고, 시크이고, 무슬림이라 함은 단지 **종교적으로** 이해되는 용어일 뿐이다. 힌두와 무슬림 가운데 서로 다른 계층과 계급 혹은 성gender과 카스트 그리고 우리가 정체성이라고 하는 것의 경계를 복잡하게 만드는 여러 어려운 것들까지도 얼버무려지고 만다. 거의 절대적으로 힌두, 시크 그리고 무슬림에 대해 초점을 맞추면 인-파 분단의 역사는 많은 것들을 시야에서 잃게 된다.

그러한 역사 가운데 하나가 지정카스트 즉, 불가촉민의 역사이다. 그 역사의 주인공을 하리잔이라 부르든 달리뜨라 부르든 불가촉민이라 부르든 간에 그들은 역사 기술에서조차도, 어떤 의미에서는, 정말로 불가촉이 되어버렸다. 그들의 목소리를 회복시키기 위하여 내가 뭔가 새로운 사실을 발견했다고 하려는 것은 아니다. 나도 다른 많은 사람들처럼 종교적 정체성만을 통해 인-파 분단을 생각해왔다. 아니, 더 구체적으로 말하면, 두 개의 적대적인 종교공동체의 정체성에 대해서만 생각해왔다. 자기가 언제부터 다르게 생각하기 시작하였는지에 대해 딱 꼬집어 말하기는 누구에게나 어려운 법이다. 내 경우는 그러한 과정이 여성과 아이들의 역사를 조사하면서 시작된 것 같다.

1986년 피터 채플, 삿띠 칸나 그리고 나 이렇게 세 사람은 바딸라 출신의 한 청소부 여성과 분단에 대해 이야기를 나눴다. 그때, 마야 라니 Maya Rani라는 이름의 그 여성을 자동적으로 여성 정체성으로 인식하고, 그 여자가 여성으로서 우리에게 말을 하는 걸로 생각했다. 그런데 마야는 스스로의 정체성을 먼저 하리잔으로 인식하고 그 다음으로 여성으로 인식하였다. 그렇다면 인-파 분단의 역사에 하리잔의 역사가 따로 있다는 말인가? 나는 여성과 아이들의 이야기만 침묵 속에 숨어 있는 게 아니라는 사실을 깨달았다. 분단이 전혀 예기치 못한 방향에서 자신의 삶에 영향을 끼친 또 다른 사람들도 있었던 것이다. 그들의 역사에 대해서는 알려진 것이 없었다. 내가 또 다른 이야기, 또 다른 침묵을 쳐다보기 시작한 것은 이로 인해서였다.

*

우리가 마야를 만났을 때 그녀는 50대 중반의 건장한 여성이었는데, 바딸라의 한 학교(그녀는 대학이라 불렀지만)에서 청소부로 일하고 있었다. 마야는 학교 근무가 끝난 후 몇 푼이라도 더 벌어볼 요량으로 어떤 가정집에서 야간 일을 했다. 마야는 디나나가르Dinanagar에 있는 자기 집 이야기를 들려줬다. 1947년 다른 많은 마을에서와 마찬가지로 그녀의 집도 어느 쪽으로 기울어질지 모르는 불안정한 운명에 놓여 있었다(사실 바딸라가 속해 있는 구르다스뿌르Gurdaspur 군은 '분쟁' 지역 가운데 하나로 간주되고 있었는데 무슬림을 직접 향하고 있었던 것도, 힌두/시크를 향하고 있었던 것도 아니었다). 그때 이 지역은 이미 파키스탄으로 갈 거라는 소문이 퍼져 있었는데 갑자기 힌두스탄으로 갈 거라는 소문이 삽시간에 퍼졌다고 한다. 시간이 지날수록 소문이 점점 거세지자 다른 공동체에 속한 사람들은 가정을 버린 채 모든 걸 남겨두고 피난을 갔다. 마야와 친구들은 그들이 당황해서 어쩔 줄 몰라 하는 모습을 무슨 게임 보듯 했다. 그녀는 이런 이야기를 전해주면서 웃음을 터뜨렸다.

우리가 놀랐었나? 아니, 우리는 놀라지 않았는데? 모두 다 우리에게 겁을 주려 했어요, 심지어 우리 부모들조차도. 그렇지만 그곳에 살던 우리 모든 아이들 가운데 겁을 먹은 아이는 아무도 없었지요. 우린 자주 우리 집 지붕을 넘어 이웃집 지붕으로 올라가곤 했어요. 구경을 하려고요. 그런 다음 함께 모여 동네 사람들 집으로 들어가기 시작했습니다. 어떤 집에는 쌀이 있었고 어떤 집에는 아몬드, 국수 같은 것이 있었지요. 우리는 그런 것들을 훔쳐와 집에 쌓아두었습니다. 아주 큰 그릇, 접시, 쟁반 등을 닥치는 대로 긁어모았습니다.

그래요, 우리 어린애들이 이런 짓을 했습니다. 그러자 어른들이―그 어른들은 힌두였습니다―그런 짓은 나쁜 짓이라고 하더군요. 일종의 약탈이라면서요. 그래서 악감정 없이 할 수 있을 때 그만둬야지 생각했습니다. 예닐곱 명의 주요 인사들이 모여 우리를 부릅디다. 우리는 모두 다 하나다, 그러니 이런 짓을 하지 마라. 나중에 조사를 받을 거고 너희들은 물건을 다 뺏길 테니 당장 그만두라고 하더군요. 그런데도 우리는 멈추지 않았습니다.

아버지 역시 우리한테 그만두라고 말했고 그러실 때마다 매번 알았습니다, 그만두겠다는 다짐을 받으셨습니다. 그렇지만 어른들이 다른 곳으로 가서 모여 앉아 노닥거리기 시작하면 우리는 또 그 일을 시작했습니다. 쌀, 음식 등 온갖 좋은 것들을 모조리 훔쳤습니다. 어떤 가게에서는 순도 높은 기와 아몬드를 훔쳤고 옷감을 훔치기도 했습니다. 우리는 큰 그릇도 긁어모아 방 하나를 꽉 채울 만큼 쌓았습니다. 우리가 이렇게 하자 도시 어른들은 어떤 집에서라도 구리 그릇이 발견되면 다 몰수하겠다고 공표를 하더군요. 물건을 팔 수밖에 없었습니다. 물건을 가지고 싶어 하는 사람들이 틀림없이 있었으니까요. 그래서 우리는 방에 가득 찬 물건을 1킬로그램에 2루삐, 또는 2.5루삐에 팔았습니다. 이는 거저 빼앗으려는 술책이었다는 것을 나중에서야 깨닫게 되었습니다. 결국 가게 주인들이 이익을 독차지했던 겁니다.

나는 결혼할 때 쓰려고 새 그릇과 물동이 같은 걸 많이 가지고 있었습니다. 그래서 실제로 결혼할 때 그릇을 많이 가지고 갔습니다. 뿐만 아니라 갖가지 이불 등을 훔쳐놓기도 했는데 어떤 것은 이미 만들어진 것이기도 하고 어떤 것은 나중에 만들기 위한 재료이기도 했습니다. 우리 가운데 일곱이 여자였는데 우리는 이때 모은 것으로 다우리를 장만했지요. 그들 중 두 명도 바딸라에서 결혼했습니다.

마야 이야기는 정말 놀라웠다. 그녀와 친구들이 어떻게 그런 일을 할 수 있었을까? 당신을 해하려 한 사람이 정말 아무도 없었느냐고 물었다. 어떻게 그 폭력을 피할 수 있었는지도 물었다. 마야는 친구들과 이웃집을 약탈했을 때 사실은 좀 무서웠다고 속내를 털어놓기도 했다. 그러나 "우리는 계속해서 이 거리 저 거리 다니면서 그 일을 계속했다. 부모님은 매우 걱정하시면서 무슬림이 데리고 가 죽일 거라고 못하게 막으려 들었다. 그러나 누가 우리를 데리고 가고 누가 우리를 죽이겠는가 하는 생각을 했다. 우리는 우리를 하리잔이라고 불렀다. 힌두든 기독교인이든 아무도 우리를 데리고 갈 수 없다.(강조는 필자) 그래서 무슨 일이 일어나는지에 대해 아무런 걱정도 하지 않고 마냥 이 지붕 저 지붕 뛰어 다니느라 바빴다."라고 말했다.

나는 처음 이 이야기를 들었을 때 큰 충격을 받았다. 약탈과 절도는 모든 분쟁 상황에서 흔히 일어나는 일이다. 경제적으로 어려운 사람들에게는 혼란 상황이 물질과 부를 축적할 기회가 된다는 것을 알고 있었기 때문에 나는 그것을 우려하지는 않았다. 다만 다른 모든 힌두와 마찬가지로 내 자신의 내부 깊숙한 곳 어딘가에 하리잔(간디가 말하는 방식으로 신의 아들), 그러면서 사회의 가장자리로 쫓겨나 있는 사람들 그 사람들은 힌두공동체의 일부 즉, '우리'의 일부라고 믿고 있었다. 그런데도 왜 그들은 그렇게 느껴야 했을까? 이것이 자신들을 보는 방식이었던가? 마야는 자기네들을 힌두나 기독교인(혹은 사실 그 밖에 다른 것)으로 보지 않은 것이 분명했다. 오히려 그들은 자기 자신들의 분명한 정체성을 가지고 있었다. 이런 사실을 깨달으면서 또 다른 게 다가왔다. 힌두 주류 사회에서 달리뜨가 눈에 띄지 않는 것은 그들이 지정카스트, 불가촉민의 지위 위에 있기 때문이다. 카스트가 없는 사람들은 자기 스스로를 힌두 사회의 카스트 체계 바깥에 둔다. 그들은 꼭 필요하지만 더러워 다른 사람들이 회피하는 잡역을 수행하는 사람들이다. 쓰레기를 수거하고, 화장실을 청소하고, 다른 사람의 눈에 띄지 않아야 하는 혹은 나아가 다른 사람의 손이 닿지 않아야 되는 일을 맡아서 하는 사람들이다. 바로 그 이유 때문에 그들은 '보여서는 안 되고' '접촉할 수 없는' 사람들로 있어야 하는 것이다. 나는 마야 문제와 관련하여 이런 불가촉성에 대해 아이러니한 왜곡을 보았는데, 우리가 그녀의 말을 믿는다면 불가촉성이 실제로는 무슬림과 힌두 사이에 벌어진 어쩔 수 없는 싸움에서 그들을 보호하는 방패의 역할을 했던 것이다. 나아가 하리잔은 어느 정도는 분단의 폭력에서 보이지 않는 존재가 되었다는 사실이 또 다른 종류의 불가시성을 가져왔다. 역사 자체의 불가시성不可視性을 일컬음이다. 난 인-파 분단의 역사 안에서 무슬림, 힌두, 시크가 가지고 있던 극단적인 불가시성으로 인해 분단을 목격한 사람들이 다른 정체성을 가진 존재를 아예 '보지' 못했다는 사실을 깨달았다. 처음에는 막연히 그럴 수도 있겠다고 생각했지만 이러한 사실을 실제로 깨닫기 시작한 이후로 나는 이 주제에 대한 시각을 밝힐 수 있는 이야기를 의식적으로 찾아야겠다고 결심했다.

많은 이야기가 있었다. 1948년 1월 사회사업가 수쉴라 나야르와 아니스 끼드웨가 델리 외곽에 있는 띠하르Tihar 마을을 방문하였다. 두 사람은 그곳에서 어느 힌두 부자富者 이야기를 들었다. 그 힌두 부자는 파키스탄을 떠날 때 엄청난 재산을 그곳에 남기고 왔다. 그래서 다른 많은 사람들의 경우처럼 띠하르에 살던 무슬림 부자와 재산을 맞교환하기로 하였다. 그 둘은 각자 다른 사람의 재산을 취했다. 그렇지만 다른 사람의 사업을 떠맡아야 할 책임은 지지 않았다. 그래서 힌두는 새로 취한 재산에서 이전에 고용되었던 노동자들을 다 해고해버렸다. 그들 가운데 대부분은 무슬림이었고, 1/3 정도는 하리잔이었다. 무슬림들은 시내 안에 세운 두 개의 난민촌 가운데 하나로 갔다. 그러나 하리잔은 힌두와 무슬림이라는 정체성을 가진 사람들끼리 싸우는 그 전쟁에서 자리를 빼앗겨 갈 곳이 아무 데도 없었다. 하리잔들이 난관을 극복하도록 도와줄 난민촌은 존재하지 않았다. 정부에 의지할 수도 없었다. 모두들 그 순간에는 무슬림과 힌두의 이익을 좇느라 정신이 없어서 서로 다른 데에 우선순위를 두고 있는 정치지도자들에게서는 아무런 도움을 받을 수가 없었다.

각기 다른 우선순위를 가지고 있었을 뿐 아니라 또 다른, 좀 더 정치적인 이유가 있었는데 정치지도자들은 하리잔을 힌두와는 별개의, 혹은 다른 존재로 '보는 것'을 스스로 허용할 수 없었다. 1932년에 식민정부는 달리뜨를 별개의 집단으로 인식하고 별개의 선거구를 부여했다. 그렇지만 몇 달 후에 뿌나 협정Poona Pact에 의해 일부가 바뀌었다. 이로 인해 힌두의 이익을 대변하면서 무슬림리그에 반대하는 대가로 급부상한 인도국민회의가 달리뜨를 자기네 우산 안으로 끌어들인 것이다. 이는 인도 정치에 있어서 넓은 의미의 민족주의적 노력의 일부였다. 뿌나 협정이 좌석 유보를 확고히 했다는 점에는 차이가 있지만 하리잔은 합동 선거구의 일부를 여전히 형성하고 있기도 했다. 하리잔이 눈에 보이지 않은 현상은 1946년에 인도인들에게 평화적이고 계획적으로 권력을 이양하기 위한 길을 열어주기를 희망하면서 내각사절단Cabinet Mission이 임시 계획안을 상정하였을 때 더욱 심화되었다. 이 계획안에 따르면 인도인은 자국민을 위한 헌법을 제정할 수 있도록 하기 위해 인도인 대표로 제헌의회를 세울 수 있게 하자는 것이었다. 그러나 제헌의회는 누구를 대표하는 것인가? 이에 대해 내각사절단이 머리를 써서 얻은 결론은 인도에서 '세 개의 주요 공동체 즉, 일반인, 무슬림 그리고 시크만 인정하면 된다는 것이었다.' 무슬림과 시크가 아닌 자는 모두 '일반인'의 범주에 포함되었다(힌두를 이런 식으로 이해할 수 있다). 시크도 아니고 힌두도 아니도 무슬림도 아니지만 '일반인'의 범주에 들어가는 그 사람들이 필요로 하는 것에 대해 다른 사람들이 어떻게 알아주겠는가?

아니스 끼드웨와 수쉴라 나야르는 띠하르에 갔을 때 마을 외곽에서 나이든 하리잔 남성들 여러 명이 서서 옛날 집을 바라보면서 운명을 한탄하는 것을 보았다. 자기네 마을은 파키스탄에서 들어오게 될 힌두 난민이 살 수 있도록 준비를 하고 있었다. '그러면 우리는 어떡하지? 어디로 가야 하나? 누가 우리를 돌보아줄 것인가?' 그들은 자리를 빼앗긴 사람들이 도움을 청할 수 있는 어떤 부류에도 속하지 못했기 때문에 실제로 그들을 돌보아줄 사람은 아무도 없었다. 1947년 12월 암베드까르 Ambedkar는 네루에게 편지를 써서 동뺀잡으로 들어온 지정카스트 난민들이 인도 정부가 세운 난민촌에서는 살 곳을 차지할 수가 없다고 불만을 토로했다. 그 이유는 난민촌을 맡고 있는 관리들이 힌두와 지정카스트 난민 사이에 차별을 두기 때문이라는 것이다. 구호재활부는 난민촌에 살고 있는 난민들만 배급표와 옷 등을 받을 수 있다는 규정을 만들었다. "위에서 말한 이유로 지정카스트가 난민촌에 수용될 수 없었기 때문에, 지정카스트 난민은 아무런 구호도 받지 못했다."[2]라고 그가 말했다. 난민촌에 수용될 수 있었던 사람들만 배급표를 받을 수 있었다. 지정카스트는 난민촌 관리자가 아예 접근하지 못하도록 막아버렸기 때문에 들어갈 수도 없었다. 그들은 표면상으로만 힌두스탄에 살고 있는 '힌두'일 뿐이다. 전체를 아울러 말하자면 난민촌은 크게 두 종류의 난민을 받아들였는데, 하나는 파키스탄에서 피난 온 사람들(대부분이 힌두), 그리고 또 하나는 그쪽으로 가려고 기다리는 사람들(대부분이 무슬림)이다. 띠하르의 하리잔은 그 가운데 어떤 범주에도 속하지 않았다. 그들은 델리에서 왔고, 델리에서 피난할 장소를 필요로 하는 사람들이다. 그러면 그들은 어디로 가야 하는가?

이보다 더 희한한 사실도 있다. 달리뜨라고 해서 모두가 다 난민촌에 들어가지 못했던 것은 아니다. 파키스탄에서 간신히 피난 온 사람들 가운데 많은 수가 농사를 짓는 사람들이었다. 그런데 그 사람들 사이에 문제가 있었다. 바로 계급의 차이였다. 행정 규정에 의하면 보상 토지는 농민이라고 규정지을 수 있는 사람에게만 주어졌다. 여기에서 농민이라고 하는 것은 토지를 소유하는 자를 말한다. 이에 비해 달리뜨는

---

2) Ambedkar to Nehru, December 18, 1947.

토지 소유자가 아니다. 그들은 토지를 경작하는 사람일 뿐이므로 토지를 보상받을 권리를 주장할 수가 없었다. 이렇게 누락된 부분에 대해 정부에 가능한 조처를 요구하는 진정이 쏟아졌다. 그러한 진정 가운데 하나가 다음의 편지다. 편지는 1948년 5월 3일, 당시 하리잔 담당 국장으로 일하고 있던 라메슈와리 네루에게 보낸 것이다.

담당자님 귀하,

1. 약 25만 명의 하리잔 즉, 5만 하리잔 가족이 난민으로 서뻔잡에서 이곳 동뻔잡으로 피난 와 지금 썩어가고 있습니다. 그 가운데 약 90%가 농민 즉, 토지 경작자로서 '식량 증대Grow More Food' 운동에 혁혁한 공헌을 해왔습니다. 그렇지만 현재 그들은 난민촌에서 일이 없어 나뒹굴면서 처참한 생활을 하고 있습니다. 그리고 정부로부터 지급되는 매우 부족한 배급에만 의존하며 살고 있습니다.

2. 그들의 재활은 무엇보다도 시급한 문제입니다. 대략 계산해 보면 정부가 난민을 위한 비용으로 하루 1루삐를 지출한다 하더라도 전체 난민 모두에게 소요되는 구호비용은 하루 28만 루삐라는 엄청난 정부 지출이 들게 되어 있습니다. 뿐만 아니라 난민들이 어쩔 수 없어 하는 일 없이 나뒹굴면서 점차 도덕적으로 해이해지는 현상 또한 쉽게 볼 수 있을 겁니다. 우리가 그들에 대한 재활 계획을 즉각 수립해야 하는 이유도 여기에 있습니다.

3. 이 하리잔들은 평생 농민 즉, 토지 경작자로 살아온 사람들입니다. 그들이 평생 해온 일을 버리고 새로운 일을 찾도록 하는 것은 바람직하지 못합니다. 그들은 반드시 토지 위에 정착해야 합니다.

가능하다면 그들에게 좀 더 과학적이고 효과적인 농업 기술을 교육시켜야 할 것입니다.

4. 그렇지만 난감한 문제는 어떻게 토지를 충당할 수 있는가 하는 것입니다. 동뻰잡주수상인 고삐짠드 바르가와Gopichand Bhargava 박사가 1947년 11월 델리에서 열린 기자회견에서 한 언급에 의하면 동뻰잡의 무슬림이 두고 간 토지는 330만 에이커인 반면에 서뻰잡의 비무슬림이 두고 온 토지는 610만 에이커나 됩니다. 그리고 동뻰잡의 4개 군 즉 진드Jind, 빠띠알라, 파리드꼬뜨Faridkot, 까뿌르탈라Kapurthala에서 무슬림이 두고 간 토지는 120에이커라는 통계치도 접할 수 있습니다. 이를 통해 우리는 서뻰잡에서 이주해온 사람들에게 분배해줄 수 있는 토지가 450만 에이커임을 알 수 있습니다. 동뻰잡 정부에 의해 발표된 정책에 의하면 그 주에서 충당할 수 있는 토지는 하리잔과 같은 단순한 토지 경작자와 구별된 토지 소유자들에게만 불하된다고 합니다. 감히 말씀드리건대, 만약 총 450만 에이커의 토지 가운데 50만 에이커만이라도 하리잔 농민 난민에게 분배해주고 나머지 400만 에이커의 토지를 600만 에이커의 토지 소유자들에게 분배해준다면, 서뻰잡에서 토지를 소유했던 사람들에게 눈에 보일 만한 손해를 입히지 않으면서 가난한 하리잔의 재정착에 과감한 한 단계를 만드는 일이 될 것입니다. 각 하리잔 가족에게 10에이커의 토지 소유권을 포함한 토지를 분배하고 나아가 생산 증가를 달성하기 위해 협동농장을 도입하는 일이 필요할 것입니다.

5. 인도 정부가 개입함으로써 비까네르Bikaner 군이 강가 나가르 콜로니Ganga Nagar Colony에서 무슬림이 두고 간 10만 에이커의 토

지를 실제로 땅을 경작하는 자에게 분배하기로 하여 모든 토지 경작자 가족에게 16에이커의 토지를 분배하였다는 사실을 알게 되어 매우 기쁩니다. 그리하여 이 지역에서는 약 1,200 하리잔 가족 즉, 6,000명의 하리잔에게도 토지가 분배되었습니다. 바라뜨뿌르Bharatpur와 알와르Alwar 군에서도 무슬림들이 두고 간 방대한 규모의 경작지에 대해 정부 재활부가 개입해 토지는 실제로 땅을 경작하는 사람들에게 가야 한다는 원칙을 강하게 적용하기도 했습니다. 동뻔잡의 한정된 토지에 이러한 원칙을 일부라도 적용하면 땅을 경작하는 가난한 사람들은 인도국민회의 정권 아래에서 자유를 실로 만끽할 것입니다. 하리잔은 그동안 농노에 지나지 않았지만 이제 독립 인도에서는 어엿한 토지 소유 농민, 나름대로의 지위를 갖춘 자유인이 될 것입니다.

6. 인-파 분단이 발생하기 이전에 동뻔잡에 있던 무슬림 지주는 소수였다는 사실을 상기할 수 있을 겁니다. 그곳에서는 대부분 소규모 토지 소유자들이 토지를 나눠 소유하고 있었습니다. 토지를 경작하는 사람들에게 협동농장을 도입하는 것이 좋을 것입니다(라는 의견을 드립니다).

7. 또 한 가지 주의를 기울여야 할 점은 토지 소유자에게 토지를 분배하는 것은 그들이 상업을 주 수입원으로 간주하는 사람이라서 토지를 가지고 있다는 것이 부재지주로서 역할을 하게 되고 따라서 농업 정책에 그리 좋지는 않을 거라는 점입니다. 토지는 실제 경작하는 사람에게 할당하는 것이 더 합당합니다. 이러한 의견이 받아들여진다면 하리잔 경작자는 다른 경작자들과 함께 토지를 기반으로 하여 정착할 수 있을 겁니다.

8. 요약하자면, 서뻰잡에서 피난 온 하리잔 경작자 5만 가족은 독립 인도에서 더 이상 농노로 처분받지 않아야 합니다. 사실 '처분 가능한 소작인' 즉, 실질상의 농노의 지위를 받아들이려 하지 않습니다. 그래서 요청하옵건대, 이러한 점을 긍정적으로 고려하여 동뻰잡 정부로 하여금 가난한 경작자의 태생적 권한인 토지 경작권을 빼앗기지 않게 하여주시기 바랍니다.[3]

토지는—상호 교환을 통해 얼마를 잃고 얼마를 얻었든지 간에—분단에서 가장 핵심적인 문제였다. 라메슈와리가 보낸 진정서에 명백하게 나타나듯 뻰잡 정부가 다른 토지 소유 형태를 따라가면서 독립 인도의 약속을 지켜야 하는 아이러니와 비극은 난민 문제에 있어서 토지가 원칙적으로 이전의 거주지에서 소유했던 사람에게만 분배되어야 할 뿐 거기에서 일하는 사람에게 분배되는 것이 아니었다는 사실로 인해서였다. 그래서 모든 보상 정책과 체계는 '소유자에서 소유자로'에 근거하였다. 만일 누구든지 토지를 잃었다면 그에 상응하는 것을 얻을 거라는 점이다. 그렇지만 분명한 것은 토지라는 게 단지 소유의 대상이 아니라는 사실이다. 판에 박힌 문구를 다시 꺼낸다면, 토지란 그곳에서 노동하는 사람의 노동의 산물이다. 구제와 재활에 관한 정책이 토지를 소유했던 사람에게 보상을 하는 쪽으로 방향을 잡으면 노동의 상실 혹은 더 정확하게는 노동의 위치 상실을 전혀 보상받을 길이 없게 된다. 그냥 단순한 토지 노동자 혹은 그들이 일하고 그 위에서 생계를 유지하는 사람들에게 일단 토지가 떠나면 그 가정과 일도 같이 떠나버리게 되는 것이다. 새로운 곳의 토지 소유자는 새 노동력을 구입하거나 토지를 다른 용도로 사용해버릴 것이다. 그러면 다른 여러 가지의 상실은 누구에게

---

3) AICC Papers, Relief and Rehabilitation, F. No. 9-26(II)/ 1947.

로 돌아가는 것인가? 이러한 아이러니가 띠하르의 불가촉민 경우에 명백하게 나타났으니 그것은 위에서 언급한 라메슈와리 네루의 편지에 나타난 염려와 같은 것이었다. 국가가 노동의 상실에 대해 보상할 수 있다는 생각을 왜 하지 않았는지 궁금하다. 상황과 조건이 권력에 있는 사람들로 하여금 모든 우연성까지는 고려할 수 없게 하였을까? 독립의 과제가 주어진 상황에서 한 약속과 1930년대 이래로 토지개혁이 진행되고 있는 사실은 하리잔과 맞물려 있는 오랜 토지 소유의 형태를 바꿀 수 있는 절호의 기회를 제공해주었다. 왜 그런 기회를 살리지 않았을까? 하리잔이 재산 혹은 재물을 많이 소유하지 못했다는 사실이 그들이 다른 사람들로부터 공격을 당하지 않았다는 이유가 될 수 있는 것일까? 결국 재산을 움켜쥐고 있다는 것이 폭력 사태에서 상당히 중요한 역할을 하였다. 하리잔은 빼앗길 것이 없었고 잃을 것이 없었다. 그리고 자신이 하는 일로 인해 부여받은 희한한 종류의 면제가 있었다. 잔인하게 말하자면, 만약 지주를 죽이면 누군가 그 자리를 채울 테지만 화장실 청소부를 죽인다면 그 자리를 채울 사람을 찾는 게 그리 쉽지는 않을 것이다.

*

정체성이라는 것은 독특한 것이라는 생각이 들었다. 내 가족은 절반의 시크다. 친할아버지는 터번을 썼고 시크 이름을 가졌으며 시크 종교를 따랐다. 현모양처가 늘 그렇듯 내 할머니는 힌두인데 항상 할아버지를 따랐다. 그리고서는 많은 시크-힌두가 섞인 뻔자비 가족의 경우에서와 마찬가지로 장남은 '태생적으로' 시크교를 따라갔고 다른 구성원들은 시크를 택할 것인지 힌두로 남을 것인지 본인이 선택하였다. 내 아버지는 장남이라 자신의 이름에 싱을 더했고 아버지의 다른 형제들은 힌두에 더 가까운 짠데르Chander를 이름으로 택했다. 그렇지만 굳이 가족 전체의 분위기를 종교적으로 말하라고 하면, 우리 가족이 따르는 종교는 시크교였다. 더 정확하게 말하자면, 시시때때로 행하는 의례를 시크교 방식에 따랐는데 사실은 그조차도 엄격하게 따른 것은 아니었다. 혼례는 힌두 관습에 따랐으나 장례는 시크 쪽에 더 가까웠으니, 절차가 구루 그란트 사힙 경전을 낭송하는 것을 포함하는 48시간 동안의 아칸드 빠뜨akhand path에 의거하여 진행되었다. 내 세대에 와서는, 우리는 두 종교 모두를 잠재의식에 두면서 자람과 동시에 종교 관행으로부터 상당히 거리를 두면서 살아왔다. 우리는 스스로를 세속적이라 생각했다.

그러면서 1984년이 왔고 인디라 간디가 자신의 시크 경호원에게 암살당했다. 이것은 시크 공동체에 대한 보복의 신호탄이었다. 델리와 그 주변에서만 약 3,000명의 시크가 살해당했다. 그리고 시크 이름을 가진 모든 사람 혹은 시크같이 보이는 사람들이 갑자기 고통스럽게 불안감을 느끼기 시작했다. 이때까지 내 아버지는 터번을 두른 적이 없었다. 머리카락도 기르지 않았다. 하지만 우리는 머리카락을 길렀고, 시크 이름을 가지기 시작했다. 이때가 아마 처음으로 우리—형제, 조카, 그리고 시크 친구들—가 공포가 의미하는 게 뭔지, 우리 아버지와 할아버지가 겪은 것이 뭔지를 희미하게나마 이해할 수 있었던 시기였다. 우리가 일했던 구호촌에서, 나중에, 나는 내 자신이 '시크' 정체성을 확실하게 주장하고 있음을 몇 번이고 확인했다. 난 그것이 내 스스로에게 정당성을 부여하고 있다는 사실을 깨달았고 폭동의 희생자들과 친연성을 느꼈다. 그로써 그들이 겪어온 그 뭔가에 대해 이해할 수 있었다. 나는 아이로서(이는 사실이다, 하지만 당시에는 어떤 커다란 도덕적 힘을 부여받았다) 우리가 구루드와라에서 많은 시간을 보낸 반면 힌두 사원에서는 전혀 그렇지 않았다는 것을 스스로에게 되뇌었다. 뿐만 아니라 기도 하는 방(사실은 창고로 사용하던 방이었는데 할머니가 우리 집에 오실 때면 재빨리 기도하는 방으로 바꾸었다)에는 구루 나낙 초상화가 걸려 있었던 반면에 힌두 신을 그린 그림은 아무것도 없었다. 우리 가운데 많은 사람이 보통 때는 전혀 종교적이지 않다가 느닷없이 시크임을 느끼기 시작한 것이다.

그로부터 8년 후, 바브리 마스지드가 우익 힌두 군중에 의해 파괴될 때 내 '시크성性'이 다시 한 번 잠복하게 되었다. 표면상으로는 사태가 정상화되었다. 난 내 시크 정체성을 주장할 필요를 느끼지 못했다. 그렇지만 그 모스크가 무너질 때 난—사실 나 혼자만은 아니었다—내가 **힌두**라는 사실이 수치스러웠음을 기억하고 있다. 그리고 분노가 치밀기도 했다. 힌두라는 정체성은 내가 선택한 것이 아니었고 다만 내가 태어나면서 가지게 된 것으로 내가 그 안에서 시크 정체성을 분리해 나갈 때까지 가지고 있었을 뿐이었고, 그래서 사실 난 두 가지 정체성을 함께 가지고 있었던 것이다. 당시 많은 힌두들이 그랬던 것처럼 나 또한 내 무슬림 친구들에게 사과하고 싶은 마음을 가지고 있었다. 그 모스크를 파괴해버린 종교공동체주의에 물든 힌두로부터 스스로를 분리하고 싶은 생각이 들었던 것이다. 뿐만 아니라 '다수 공동체에 속한' 존재라는 사실에 죄의식까지 들었다. 그리고 이와 동시에 무슬림 공동체주의에 대해 비판하지 않은 데에 대한 내 자신의 잘못에 대해 분노하기도 했다. 사실 합리적으로 생각해볼 때 무슬림 공동체주의는 그 대척점에 있는 힌두 공동체주의와 동일하게 위험한 것이었는데도 난 그것을 비판하지 않았다는 사실에 화가 치밀었다.

힌두와 시크 정체성 사이의 경계는, 물론 힌두와 무슬림 사이에 있는 그것보다 훨씬 유동적이다. 그렇지만 적어도 뻔잡에서는, 종교는 힌두와 무슬림으로 나뉠지라도 뻔자비라고 하는, **문화적으로** 공유하고 있는 엄청난 무언가가 있다. 심지어 오늘날까지도 뻔자비 힌두와 뻔자비

무슬림이 만날 때는 뻰자비라는 정체성의 범주를 즉각적으로 공유하고 있다. 그렇다면 사람들은 어디에서 종교적 정체성의 경계를 그리는 것이고 나아가 어떻게 그 경계를 넘어 문화적 정체성에 의해 그 경계가 흐려지는 것일까?

만약 인-파 분단이 힌두, 무슬림, 시크에 관한 문제였을 뿐이라면, 어떻게 다른 사람들이 그것을 느낄 수 있었고, 실제로 그 사람들의 삶이 그로 인해 어떻게 영향을 받을 수 있었다는 말인가? 예를 들어, 기독교인들은 어떤 모호한 공간을 차지하였다. 수적으로는 아주 작은 공동체인 그들은 하리잔과는 달리 자신이 하는 일로 인해 특정 정체성이 규정되지는 않았다. 그리고 아마 식민주의자와의 '친연성'으로 인해 민족주의 담론에서 실상 그들은 '받아들일 만한' 숫자로 보이지 않았다. 그것은 이 담론 자체가 특정한 정체성이라는 맥락에서 나타나기 때문이었다. 그렇다면 그들은 분단을 어떻게 느꼈을까? 그들에게 분단은 단순히 힌두와 무슬림 사이에 벌어진 싸움이었을까? 아니면 그 이상의 어떤 것이었을까? 그들은 자기들도 관련이 있다고 느꼈을까? 델리에서 나는 락슈미 펜Lakshmi Fenn이라는 과부를 만났는데, 그녀의 남편은 1947년 폭동 이후 델리의 치안과 질서를 담당하는 공군 장교였다. 그녀와 남편에게는 인도인이 된다는 것 이상의 그 어떠한 것도 문제가 되지 않았다. 그런 사람들은 그들 외에도 있었다. 그렇지만 그것은 당시 사람들이 바라던 바가 아니었다.

그녀는 국경 근처의 라자스탄 사막에서 추락한 두 조종사(기독교인)의 아내에 대한 이야기를 해주었다. 두 조종사는 추락 직전에 빠져나왔는데, 그 즉시 지역 주민들이 그들을 에워쌌다. 주민들은 두 사람이 뭐 하는 사람인지에 대해서는 관심이 없었다. 그들이 알고 싶었던 것은 그들이 힌두인지 무슬림인지였다. 두 사람은 힌두도 아니고 무슬림도 아니라면서 굳이 종교를 기준으로 말하자면 자기들은 기독교인이면서 인도 공군의 장교라고 대답을 했을 때 그 사람들의 말을 이해하는 사람은 아무도 없었다. 그리고 두 사람은 바로 살해되었다. 이러한 문제는 꼭 '다른' 공동체로부터만 발생한 것은 아니었다. 이제 80대에 접어든 진 시미언Jean Simeon은 젊었을 때를 회상했다. 그때 그녀는 민족운동에 투신하고 있던 젊은 여성이었다. "그렇지만 난 이 일로 인해 내 공동체로부터 추방당했습니다. 사람들은 제게, 이게 무슨 의미가 있느냐고 따지면서 그들과 차이를 드러내기 위해 힌두와 무슬림으로부터 떠나라고 했습니다." 분단이 발생했을 때 진은 벨가움 Belgaum에서 남편과 살고 있었는데, 삼촌과 함께 기독교 대학에 다니고 있었다. "우리 학교 한쪽 옆으로는 무슬림 거주 구역이 있었고, 다른 쪽에는 힌두 구역이 있었습니다. 그건 상당히 놀랄 만한 일이었습니다."[4] 그런데 사람들은 그 부부를 뭔가 '다른' 존재로 보았고 그래서 양쪽 공동체 모두로부터 숨겨달라고 하는 등의 도움을 청하는 일이 있었다. 분명한 사실은 그 양 공동체 사람들이 모두 폭력은 자기들과는 관계없는 일이라고 생각했다는 사실이다. 그렇지만 실상 폭력이 그러한 규칙대로 움직이는 건 아니었다.

분단 당시 존재한 정체성이라는 것은 힌두, 무슬림, 시크뿐이었다는 생각을 당연하게 여기고 있었구나 하고 깨달은 것은 마야 라니와 인터뷰를 하면서부터였다. 그렇지만 사실 이 인터뷰가 보여주는 것과 같이 분단은 다른 여러 종류의 정체성과도 관련을 갖고 있었다. 카스트는 물론이고, 같은 맥락으로 계급도 있었다. 나는 그래서 이 문제에 대해 더 깊이 들여다보기로 하고 마야 라니와 했던 인터뷰로 다시 돌아가기로 했다. 마야 라니가 달리뜨라는 자신의 정체성에 대해 더 많은 이야기를 했더라면 좋았을 텐데 하고 못내 아쉬워했다. 텍스트로 다시 돌아가 보

---

4) 진 시미언과의 인터뷰에서 인용함.

니 놀라운 것이 있었다. 전에는 내가 보지 못했던 것이다. 그녀나 그녀 친구들에게 무슬림 친구가 있었는지를 묻는 대목에서 마야는 다음과 같이 대답했다.

아니요, 저에겐 무슬림 친구가 하나도 없었습니다. 어머니에게는 무슬림 친구가 한 사람 있었는데, 그분 상황이 너무 안 좋아 많이 슬퍼했습니다. 제 어머니는 친 자매가 없어서 그 무슬림 친구가 어머니에게는 자매 같았고, 그래서 어머니는 그분 때문에 많이 울었습니다. 우리도 따라 울었지요. 어머니가 말씀하십디다. '네 이모'의 상황이 너무 안 좋다. 그 친구 분에게는 딸이 몇 있었는데, 어머니에게 당신 딸을 부탁한다고 신신당부를 했습니다. 그러자 어머니는 우리가 어떻게 그런 일을 하겠느냐, 경찰이 이 사실을 알면 하지 못하도록 할 텐데, 힌두들이 이를 알면 못하게 할 텐데, 네 딸을 감출 방도가 없다며 내 손을 꽉 잡았습니다. **힌두들은 모든 사람의 일거수일투족을 보고 있었습니다. 만약 누구라도 다른 사람을 숨겨주면 즉시 그 사람들이 달려와 쫓아내버립니다.**(강조는 필자에 의함)

힌두는 달리뜨가 무슬림을 보호하지 못하도록 할 수 있는 힘을 충분히 가졌다. 아마 다수 집단이 쥐고 있는 이러한 압력에 대한 공동 인식으로 인해 뻰잡에서는 달리뜨와 무슬림이 좀 더 가까웠을 것이다. 분단이 일어나고 몇 년이 지난 후 그녀의 어머니는 그 무슬림 친구가 걱정이 되어 파키스탄으로 갔다고 그때를 회상했다. 그때는 잠시 며칠 동안만 길이 뚫려 있을 때였다. 일단 파키스탄에 가자 친구를 만날 수 있었다. 그때 친구 분은 어머니를 아주 반가워했다고 했다. 그녀의 어머니는 "싸움은 무슬림하고 힌두 사이에 일어난 거야, 우리는 무슬림과 싸우지 않았어. 싸움은 우리와는 아무런 관계가 없었잖아"라고 그 친구에게 말했다고 한다.

마야는 자기와 자기 친구들은 당시에 위험하다고 느껴본 적이 없었다는 말을 몇 번이고 했다. 이게 사실일까? 나는 내 자신에게 이 질문을 수없이 해보았다. 당시 마야 나이가 열여섯이었으니 어린아이라고 할 수는 없었다. 긴장 상황 속에서 개입하지 않았다는 것은 정말 내게 놀라움으로 다가왔다. 그녀는 사람들이 얼마나 무서웠는지 기억하고 있다. 그녀가 회상하는 당시의 모습은 그림 같아, 그 자세한 묘사가 마치 영상을 보는 듯했다. 그렇지만 그 안에 무서움은 분명 없었다. 그 대신, 지나고 나서 보니까, 혼란이라는 상황의 결과로서 많은 재물을 쌓았다는 것에 대한 성취감 같은 것을 가지고 있었다. 그녀는 다음과 같이 말했다.

…… 우리에게 두려움은 없었습니다. 우리는 하리잔이었으니까요. 파키스탄이 되든 힌두스탄이 되든 우리에게는 아무런 차이가 없었습니다. 우리는 우리가 태어난 곳에서 사는 것이 보통이지요. 우리 어른들은 무슨 일이 벌어지든지 이곳을 떠날 수 없다고 말하곤 했습니다. 여기가 우리 고향입니다. 누구든 우리를 떠나보내려 하면 우린 우리 힘을 보여주었을 겁니다. 무엇보다도 하리잔은 만만한 존재가 아닙니다. 우리도 막강한 힘을 가진 집단이지요. 만약 그런 일이 벌어진다면 우린 별도의 주를 요구하였을 거고, 그 사람들은 우리 요구를 들어줄 수밖에 없었을 겁니다. 우리는 이에 대해 잘 알고 있습니다.

힘이 강하다고 생각하는 것 즉, '강력한 집단'이라고 하는 생각, 이는 달리뜨가 상당 기간 구축해오고 있던 생각이었다. 동뻔잡 인구

1,260만 가운데 약 6.9% 즉, 약 869,400명이 하리잔이었다. 숫자라는 것은 의심할 여지없이 매우 중요하기 때문에—왜냐하면 특정 집단에서 다수가 되느냐 소수가 되느냐의 차이를 만드는 것이기 때문에—뻔잡에서는 이것이 분명히 힘의 무기가 될 수 있었던 것이다. 마야와 그 친구들이 스스로를 '강력한 집단'이라고 한 것은 아마 이러한 사실을 알고 있었기 때문일 것이다.

이 이야기를 보기 시작하면서 난 그 안에 희한한 모순이 있다는 것을 알게 되었다. 마야와 그 친구들은 자기 마을에서 벌어진 난리 속에서 '보이지 않는' 혹은 '만질 수 없는' 존재이지 않았다. 1947년 3월 라왈삔디 폭동이 일어난 직후 당시 전인도지정카스트연맹All India Scheduled Caste Federation 사무총장이던 라즈보즈 P. N. Rajbhoj가 이 지역을 방문하여 다음과 같이 말한 적이 있다. "내가 여러 곳을 다니면서 알게 된 사실 가운데 감사하게 생각하는 것은 모든 곳에서 지정카스트들이 폭동으로부터 거의 영향을 받지 않고 있다는 겁니다. 만일 누군가 어디에서 고통을 받는다면 그것은 그가 카스트 힌두로 오해를 받아서 그런 겁니다. 누구든 자기는 힌두도 아니고 무슬림도 아니라는 사실을 밝히면 아무런 일도 일어나지 않을 겁니다."[5] 그렇지만 몇 가지 의문은 계속 남았다. 마야의 경험이 있었다 할지라도, 바로 이 '눈에 보이지 않음'과 '접촉할 수 없음'으로 인해 하리잔 여성과 아이들이 강간과 납치로부터 안전하게 유지될 수 있었다는 것은 선뜻 납득이 가지 않았다. 더군다나 어떻게 폭동 가담자에게 나는 "힌두도 아니고 무슬림도 아니다"라는 말을 할 수 있겠는가? 많은 달리뜨가 자신이 누구라는 사실 때문에 그 폭력을 피할 수 있었다면, 폭도는 자신이 죽인 사람이 누구인지를 알고 있었다는 말이 성립될 수밖에 없다. 이는 종교공동체주의 갈

---

5) AICC Papers, F. No. G-19(KW-I), Harijan Sewak Sangh, 1946-1948.

등에 관한 많은 학자들이 즐겨 쓰는 지식으로, 창문 밖으로 던져버려야만 하는 것이다. 그것은 다름 아닌, 침입자는 항상 외부인이고 밖에서 난입해 희생자의 세상을 망쳐놓는 사람이라는 말이 된다. 만일 침략자가 자신이 공격하고 죽인 사람이 누구인지를 알고 있었다는 것이 사실이라면 달리뜨가 피해를 받지 않았다는 사실은 다름 아닌, 그들은 그런 피해를 입기에는 너무 천하고 접촉하기조차 싫은 정도여서 그랬을 거라고 생각해도 되는 것일까? 그들과 대적한다는 것 자체가 사회적 평등 사이에서 경쟁으로 여겨져서 그랬다고 생각할 수 있다는 말인가? 그렇지만 여러 가지 점에서 보면 무슬림과 힌두는 사회적으로 평등하지 않았다. 비록 달리뜨와의 관계보다는 서로 훨씬 평등하였지만. 나아가 달리뜨 여성에 대한 강간의 문제로 돌아가 생각해보면, 이러한 밀접한 접촉 안에서 왜 바로 그 불가촉성에 관한 문제, '천함'의 문제가 일어나지 않는 것인가? 이에 대한 대답을 강간이나 약탈, 살인과는 다른 종류의 힘의 행사로 나타난다는 사실에서 찾을 수 있는가?

그들이 시야에 나타나지 않았다는 것은 또 다른 의미를 갖는 측면이 있다. 공동체가 살아가고 있는 대부분의 지역 안에서는 실질적인 배치가 특정한 형태를 띠며 공간을 구성하고 있다. 다른 종류의 사람들은 다른 종류의 일을 하고, 그 모든 사람들은, 개인적으로든 가족 단위로든 공동체로서든 나름대로 생계를 꾸려나가고 있다. 인도의 다른 지역에서와 마찬가지로 서뻰잡에서는 하층 카스트와 달리뜨가 일상생활에 꼭 '필요한 노역'을 제공해주고 있다. 이러한 생활 형태를 폭력적으로 찢어버리는 것은 사회라는 천布을 찢어버리는 것과 같은 것으로, 예컨대 분단과 같이 정렬되어 있는 그 수많은 것을 혼란스럽게 해버리는 것이었다. 사람들은 제 갈 길에 따라 다른 곳으로 떠났고, 하나의 공동체로 함께 지내고자 하였지만 새로이 정착한 곳에서 모든 체계가 꼭 불가피하게 복제되지는 않았다. 많은 곳에서 달리뜨 즉 꼭 필요한 노역을 제공하는 그 사람들은 있어야 하기 때문에 보이지 않는 자였으나 이제는 없어야 하기 때문에 보이지 않는 자가 되었던 것이다. 그들은 어디에 있었을까? 필요한 일 즉, 청소, 세탁 같은 일은 누가 담당했을까? 사람들은 어떻게 살았을까? 카스트 힌두는 이제 달리뜨를 '보기' 시작했다. 달리뜨가 정체성을 획득한 것이었다.

나는 그때가 달리뜨에게 정체성이 얼마 동안 형성되어가고 있는 중이었음을 알게 되었다. 서로 다른 방법이었지만 간디와 암베드까르는 모두 달리뜨와 지정카스트에 집중하였다. 달리뜨는 그들을 위한 간디의 운동 즉, 모두 사원에 들어갈 수 있게 하거나 한 우물의 물을 공유하게 하는 것 등을 단순한 겉포장으로 간주하여 거부하였다. 그 대신 그들이 원하는 것은 정치적 영향력, 정치적 권력과 대표성이었다. 그리고 가장 중요한 것으로, 동등한 시민권의 확보였다. 1947년 6월 10일, 분단 계획이 발표된 직후 전인도피착취계급연맹All India Depressed Classes League 의장인 칸데까르H. J. Khandekar가 마운트바튼 총독에게 대표자를 보내 벵갈과 뻔잡의 분단 경계선을 획정하는 국경위원회에 '피억압 계급'에게도 정당한 대표권을 요구하였다. 그 요구는 '지정카스트의 권리와 특권이 짓밟혀서도 안 되고 과도하게 간주되어서도 안 된다'는 것을 주장하기 위해서였다. 뻔잡에서 지정카스트가 차지하는 인구는 상당히 컸다. 따라서 만약에 국경 획정을 하는 과정에서 다른 집단이 자신들의 영역을 요구한다면 자신들 또한 자신들이 가지고 있는 감정을 드러낼 수 있도록 해달라는 것이었다. 그는 이 편지에 결의안 하나를 첨부하였다. 그 결의안은 전인도피착취계급연맹이 그 전달의 회의에서 통과시킨 것이었다. 그것은 다음과 같다.

1. 전인도피억압계급연맹의 이번 회의는 벵갈과 뻔잡 두 주가 분단되면 그 두 주의 피억압 계급은 그로부터 심대한 영향을 받을

것이라고 판단한다. 무슬림이 절대 우세한 이 두 주에 있는 피억압 계급에 대한 강제 개종은 즉각 중지되어야 할 것이다. 따라서 국경위원회분단 계획에 따라 형성될 국경위원회는 피억압 계급의 대표성을 인정해야 한다.

2. (a) 본 위원회는 지난 뻔잡 주정부에서 피억압 계급의 대표성이 전혀 존재하지 않았기 때문에 그 주에서 피억압 계급을 위한 그어떤 건설적인 일도 이루어질 수 없었다는 사실을 개탄하지 않을 수 없다. 본 위원회는 인도국민회의 힌두와 시크 지도자들에게 최대한 가까운 시일 내에 지역 정부 안에 피억압 계급에 대한 명확한 대표성을 인정할 것을 강력하게 호소한다.

3. 본 위원회는 단순히 자신들의 정치적 목적을 위해 수를 늘리려는 목적으로 무슬림, 기독교도, 시크가 각각 자신의 종교로 피억압 계급을 개종시키는 일련의 행동이 날로 늘어나는 것에 대해 심히 우려하지 않을 수 없다. 이러한 일련의 행동은, 만일 제시간에 억제되지 않으면, 단지 피억압 계급을 말살시킬 뿐만 아니라 전체적으로 힌두 사회에 큰 영향을 끼치고 나아가 각 지역에서 새로운 정치 문제와 혼란을 야기할 것이다.[6]

이런 공동체 혹은 저런 공동체의 수가 증가하는 데 대한 그들의 두려움으로 인해, 혹은 강제 개종에 대한 그들의 염려로 인해 지정카스트는 차이를 확실하게 나타내고 있었고, 그들의 힘을 확실하게 보여주고

---

6) All India Depressed Classes league, Karol Bagh, in AICC Papers, F. No. G-19(KW-I), Harijan Sewak Sangh, 1946-1948

자 하였다. 정치력의 목소리를 원하는 집단은 단지 지정카스트만은 아니었다. 1948년 11월에 전기독인복지사회All Christian Welfare Society의 시믈라 지회는 동뻰잡주의회 대변인과 주 수상에 의해 열린 소수자 권익을 위한 소위원회에서 기독교도의 이익이 형편없이 무시당하고 있는 데 대해 우려를 표명하였다.' [7]

분리에 대한 인식은 정체성에 대한 인식을 세우는 데 필수적인 요소가 된 것 같았다. 따라서 '타자' 즉 무슬림, 시크, 기독교인(지정카스트 중에는 서로 다른 집단이 있다. 어떤 의미에서는 지정카스트연맹은 무슬림과 가까운 사이였고, 피억압연맹은 힌두와 가까웠다)의 손에 의한 개종 공포가 컸다. 개종이 비난을 받게 된 것은 분명히 '단지 정치적 목적을 위해 그 수를 늘린다고 하는 시각' 때문이었다. 선거구 분리 요구, 정치적 대표성에 대한 지분 요구, 중요한 의사 결정 기구에서 좌석 요구와 같은 것은 마야 라니가 표현했던, 그리고 그녀를 만난 이후 내가 수차례 분명하게 들은 바 있는 차이에 대한 그리고 분리에 대한 인식 아래 깔려 있는 더 넓은 실체였다.

'피억압 계급'에 속하는 모든 사람이 다 이러한 특정한 종류의 분리에 대한 인식을 가지고 있었던 것은 아니었다. 카스트보다는 '경제적 이익'을 기반으로 하는 조직을 선전하고 다니는 집단도 있었다. 라즈보즈는 앞에서 이야기 한 바 있던 그 뻰잡 방문에서 다음과 같이 말한 것으로 알려져 있다. "지정카스트는 카스트 힌두와 아무런 관련이 없다. 반면에 시크는 피와 뼈 모든 점에서 실질적으로 힌두다. 마자비 시크Mazhabi Sikh[8]를 포함한 모든 지정카스트는 그 수가 시크와 같다. 따

---

7) AICC Papers, Punjab, F. No. G-26, 1948.
8) 카스트 체계로 볼 때 불가촉민에 속하는 방기Bhangi(청소부, 시체처리부)가 시크로 개종한 후 얻은 집단 이름. 시크교는 명목상으로는 카스트를 반대하지만, 그래서 불가촉민의 개종이 일어나기도 했지만, 실제 사회적 지위상으로는 전혀 변함이 없다. ─옮긴이

라서 뻔잡이 분리되어야 한다면 세 부분 즉, 무슬림 뻔잡, 시크 및 힌두 뻔잡 그리고 지정카스트 뻔잡으로 나뉘어야 한다."[9]

*

그들이 요구하는 분리에 관한 또 하나의 문헌도 있다. 힌두와 무슬림 지도자가 비중, 대표성, 정치적 권력 그리고 분단 이후 재산, 돈, 사람(주로 여성과 아이들) 등을 가지고 싸울 때 다른 공동체에 속해 있던 사람들은—이런 표현이 허용된다면—그 싸움에 그들의 목소리와 욕구를 키우기 위해 싸웠다. 그들은 이렇게 말한 것 같다. "우리를 인정하라, 우리도 마찬가지로 고유의 요구사항, 권리, 필요한 것이 있다. 뿐만 아니라 우리는 우리만의 땅을 원한다." 그들은 이러한 것이 한갓 헛된 망상이 되지 않게 하기 위해 합리성으로 무장했고 이 상상의 조국에 대한 이름까지 만들었다. '아쭈띠스탄Achhutistan, 불가촉민의 땅', 이것이 바로 마야 라니가 말한 것이다. 마야 라니는 이에 대해 이렇게 이야기한 적이 있다. "우리는 독립 국가의 분리를 요구했을 겁니다. 그들은 이러한 요구를 받아들여야 했을 겁니다."

1946년 11월에는 전인도아쭈띠스탄운동All India Achhutistan Movement이 창립되었다. 창립자인 베아 랄Beah Lall 씨는 같은 달 다음과 같은 성명서를 발표했다.

인도가 아쭈뜨 민중의 땅이라고 보는 것은 합당하다. 그래서 그들에게 넘겨줘야 하는 것이다. 아쭈띠스탄은 '아쭈뜨'라는 단어에서 파생된 것인데, 그 문자적 의미는 '불결한'이다. 그렇지만 인도

---

9) AICC Papers, Punjab, F. No. G-26, 1948.

가 불결하게 된 것은 힌두스탄, 파키스탄 그리고 잉글리쉬스탄 Englishstan이 섞여서 그렇게 된 것이다. 파키스탄을 요구했을 뿐 아 쭈띠스탄을 요구하지 않은 것은 진나의 어리석음 때문이었다. 아 쭈띠스탄의 문제는 힌두스탄, 파키스탄 그리고 잉글리쉬스탄의 문 제보다 더 우선적이다. 후자 셋은 전자 하나를 짓누르고 괴롭히는 데 전력을 다해 이골이 났다. 그들은 자기 세력을 강화하고 총포와 무기를 사용하면서 핍박하였다. 현재 청소부와 가죽공의 상태는 어떠한가? 그들은 자치 단체의 여러 조직과 여러 군 위원회에 의해 쫓겨나고 있고, 마을에 거주하는 짜마르 같은 경우는 집에서 화장 실을 없애버리고 죽은 짐승의 시체를 없애버리기까지 한다. 또 다 른 불가촉민인 베가리Begari는 모두가 다 알듯이 힌두스탄, 파키스 탄, 잉글리쉬스탄에 속한 사람이었음에도 지금은 지주에게 쫓겨나 고 있다. 권력이 존재한다는 사실은 지정카스트, 피억압 계급, 하리 잔 등으로 형성된 틀 안에서 아쭈띠스탄 사람 안에 있는 여러 단체 를 일깨웠지만, 항상 그 상위 세 권력은 그들이 힘을 빼앗아가려고 만 하고 있다. 힌두스탄 사람들은 그들을 하리잔이라 부르는 것을 통해 그들을 치켜세우려 하고, 파키스탄 사람들은 그들을 지정카스 트라 부르면서 개종을 시킴으로써 치켜세우려 하고, 잉글리쉬스탄 사람들은 그들을 피억압 계급이라 부르는 것을 통해 …… [10)]

위 목소리에 담긴 염려는 다음의 편지에도 똑같이 나타난다. 다음은 일시 미상의 편지로 라호르 주재 뻔잡주지사에게 보내진 것이다. 이 편 지는 단순히 독립 주를 요구하는 것뿐만 아니라 실제로 그에 대한 구체 적인 지리적 사항까지 제시하고 있다.

---

10) AICC Papers, F. No. G-19 (KW-I), Harijan Sewak Sangh 1946-1948.

각하,

　뻰잡주 지정카스트연맹은 뻰잡 분단 제안과 관련해 이 주 내의 모든 지정카스트를 대신하여 다음의 '비망록'을 제출하고자 합니다.

　1. 제안된 뻰잡 분단은 지정카스트의 이익을 전적으로 위배하고 있습니다. 지정카스트는 힌두와 다른 별도의 공동체로서 뻰잡주 안에 있는 중요한 소수집단입니다.

　2. 지정카스트는 뻰잡주의 한두 특정 군에 살고 있는 것이 아니라 거의 모든 지역에 살고 있습니다. 만약에 분단이 받아들여진다면 그들의 운명은 전적으로 다른 공동체 집단의 손에 달리게 됩니다.

　3. 이 지역에서 저 지역으로 인구를 교환하는 것으로 인해 지정카스트가 고통을 받을 것은 분명하고, 그러한 강제 교환은 지정카스트의 경제 · 사회 · 정치적 생활에 심대한 물질적 타격을 입힐 것임이 분명합니다.

　4. 지정카스트가 더 이상 힌두가 아니라는 사실은 최근 발생한 공동체 소요를 통해서도 분명히 드러납니다. 지정카스트는 동뻰잡에서 다수 집단인 힌두로부터 제대로 된 처우를 기대할 수 없습니다. 힌두는 지난 40년 동안 투쟁해온 그들의 목소리를 짓밟고, 그들의 정당한 주장을 훼손하였습니다.

　5. 지정카스트는 이미 억압과 학대를 받고 있습니다. 그런데 뻰잡에서 분단이 발생한다면 그들은 둘로 찢어져 내몰리게 될 것이고 그에 따라 그 힘과 단합이 크게 훼손될 것입니다. 따라서 지정카스트가 해당 지역에서 단순한 다수 집단에 의해 자신의 명예, 문명 그리고 문화를 유지할 수 없게 될 것이 크게 우려됩니다.

　6. 뻰잡의 지정카스트는 분단된 뻰잡에서 다른 종교의 단순 다

수집단에 의해 통치를 받거나 지배를 받는 것보다는 차라리 죽음을 택하고자 합니다. 지정카스트는 분단에 관하여 그들의 뜻에 반하면서 강제적으로 주어지는 결정은 결코 받아들일 수도, 양보할 수도 없습니다.

7. 영국 정부는 인도인에게 권력 이양 특히 이미 제안된 뻰잡의 분단이 받아들여지기 전에 이 나라의 지정카스트들과 했던 약속을 무엇보다도 우선적으로 지켜야 합니다.

8. 현재로서 뻰잡의 분단이 취할 수 있는 전적으로 유일한 결정이라면 다음과 같은 지정카스트의 진정한 요구 사항이 결코 무시되어서는 안 될 것입니다.

(a) 분단 문제는 뻰잡 입법의회 내에 속하는 모든 종류의 공동체의 진정한 대표단에 의해 결정되어야 할 것입니다. 이는 현 의회를 해체하고 진정한 대표를 선출하는 새로운 선거를 통해 이루어질 수 있습니다. 지정카스트는 지난 선거에서 힌두와 공동 선거로 인해 자신들의 진정한 대표를 선출할 수 없었습니다. 현재의 인도국민회의 내의 '하리잔' 의원은 힌두의 대표이지 지정카스트의 대표는 될 수 없습니다. 그것은 그들이 다수 힌두의 표로 의회에 복귀하였기 때문입니다. 지정카스트는 인도국민회의에 대한 신의를 가지고 있지 않습니다. 예를 들어 현 하리잔 의원들은 더 이상 지정카스트의 이익을 대변하지 않기 때문입니다.

(b) **지정카스트에게 별도의 독립 국가를 세워줄 수 있을 겁니다. 그 별도의 국가는 지정카스트가 주민의 대부분을 차지하고 있는 잘란다르와 암발라 구역에 세울 수 있습니다. 정부는 지정카스트들이 여러 지역으로부터 그들의 '독립 국가'로 이주하여 온전히 정착할 때까지 드는 비용을 부담하고 이에 필요한 안전과 숙식을 제공해야 합니다**(강조는 필자에 의함). 또한 정부는 이주가 이루어지는 동안

지정카스트가 입을 손실을 보존해야 합니다.[11]

인-파 분단이 가까워 오자 게임의 두 주인공인 인도국민회의와 무슬림리그는 모두 하리잔을 자기 쪽으로 끌어당기는 것이 매우 중요하다는 사실을 깨달았다. 그것은 수가 늘어남으로써 자신들에게 유리한 국면으로 변경시키는 데 도움이 되기 때문이었다. 드디어 구애 작전이 시작되었다. 최고의 시기에 정치적 동맹이 적절하게 이루어졌으니 예외가 있을 수 없었다. 1947년 3월 6일 임시 정부의 법무 담당인 만달J. N. Mandal은 연합주의 지정카스트연맹 회의에서, 자신은 간디에 대한 신뢰를 가지고 있지 않는데 그것은 간디가 원하는 것은 다름 아닌 지정카스트에게 사원을 개방하는 것이 전부이기 때문이라고 말했다. "난 무슬림리그와 동맹을 맺었습니다. 그것은 무슬림과 지정카스트는 모두 가난하고 처져 있기 때문입니다. 그들은, 적어도 벵갈에서는, 대부분이 노동자이거나 농민입니다. 그래서 엄청난 구호가 필요합니다. 따라서 지정카스트에게 자비를 베풀지 않는 무슬림을 위해서는 법이 제정되지 않을 겁니다."[12]라고 주장했다.

한 번 더 그 차이에 대한 경계가 그려졌는데, 한 번 더 그 경계는 완고하고 교묘한 것으로 판명이 났다. 하리잔이라는 것이 어디에서 출발하고, 힌두라는 것이 어디에서 끝나는가? 소수자라는 것은 어떻게 정의 내려지는가? 무슬림이 뻰잡에서 다수집단이라는 것은 숫자의 관점에서 아닌가? 경제와 사회의 불평등이라는 관점에서 보면 하리잔과 기독교인이 그 첫손가락에 꼽혀야 하는 것 아닌가? 그 무엇보다도, 경계를 자주 그려내는 것이 우리 스스로 내부 성찰을 한 결과로서였는가 하는 의문이 내게 떠올랐다. 예를 들면, 지정카스트 집단은 차이를 주장하고

---

11) AICC Papers, Punjab, F. No. G-26, 1948.
12) AICC Papers, F. No. G-19(KW-I), Harijan Sewak Sangh 1946-1948.

싫어 했다. 그렇지만 모든 피압박 집단들과 마찬가지로, 차이와 다름을 주장하는 것의 이면에는 다수 혹은 주도 집단과 동등하고, 평등하고, 동일하게―무엇이라고 부르든지 간에―되고자 하는 소망이 있다. 역사가 그들을 어디에 위치시키는가에 따라 이 집단은 힌두에 붙느냐 무슬림에 붙느냐를 주장할 수 있을 것이다. 따라서 양자 모두 뭔가가 결정이 나기 전까지는 그들을 공격하든지, 비판하든지, 손을 잡든지, 억압하든지 할 것이다. 그리고 나서 한쪽의 요구를 들이밀 수 있게 된다. 따라서 하리잔 지도자들은 자신들의 차이와 독립을 주장하게 되었고, 인도국민회의와 무슬림리그가 어느 한쪽 혹은 다른 쪽의 종교나 문화에 어떻게 더 가까워졌는지를 합리화하는 길을 찾아가면서 그들을 대하게 되었다. 정치적 순간을 잡는 것이 무엇보다도 중요하다는 사실을 간파함으로써 이제 하리잔 집단은 이쪽하고도 정치를 하고 저쪽하고도 정치를 하게 되었다.

주도하는 집단이 이러한 사실을 모를 리 없었다. 그들 역시 자신들의 정치적 존재 때문만 아니라 그들이 제공하는 노역을 훨씬 더 필요로 하였기 때문에 하리잔의 지지를 얻고자 했던 것이다. 이는 특히 분단 이후 분명해졌다. 하리잔을 자기편으로 삼기 위하여 인도 정부는 그들의 재활을 위한 기관을 많이 세웠다(하리잔 주택위원회가 하리잔의 주택 건축 비용을 대부해주는 기관을 세웠다). 하리잔봉사단Harijan Sewak Sangh은 '이 나라 안에서 이산민이 된 하리잔의 이익을 보호하기 위해' 구호와 재활을 조정하는 일을 하였다. 이렇게 특정한 형태로 관심을 보인 것 뒤에 있는 슬픈 아이러니는 그것이 하리잔이 싸우고 있는 차별의 바로 그 기초를 강화시켰다는 사실이다. 그들은 그러한 차별을 '정치적' 수준에서 싸웠지만, 일상적으로 실재하고 꼭 필요한 구호 즉, 주택 건축, 정착 등에서는 여전히 실재하고 있었다. 따라서 비록 서로 다른 정체성 위에 존재하고 있긴 하지만 주택 건축은 거부할 수 없는 문제였다.

이 이야기가 희한하게 변한 것도 하나 있다. 많은 사람들에게 파키스탄의 건국은, 직업이라는 차원에서 보면, 수많은 기회를 제공해주는 것이기도 했다. 국민국가 건설의 과정에서 종교적 주장을 반드시 할 필요가 없다고 생각한 사람은 개인적으로든 집단적으로든 좀 더 나은 생활을 찾아 거처를 옮긴 것이 사실이다. 달리뜨의 경우도 마찬가지였다. 초기에는 상당한 수의 달리뜨가 더 나은 생활을 기대하고 인도에서 파키스탄으로 이주를 했다. 그렇지만 많은 사람들에게 그런 일은 일어나지 않았다. 그 당시는 아직도 돌아올 수는 있어서 수백 명의 달리뜨가 다시 돌아오려고 하였다. 게다가 인도로 오려고 했으나 파키스탄 영토로 포함되어버린 구역 안에서 머물러 사는 하리잔도 있었다. 인도는 그들을 구호, 주택 건축, 자금 대부, 직업 등으로 유혹했고, 파키스탄은 인도에는 음식이 부족해 사람들이 기아에 허덕이고 빈곤이 확산되어 있으며 물가는 하늘 높은 줄 모르고 치솟고 있는 등 많은 문제에 처해 있다고 선전함으로써 그들이 인도로 돌아가는 것을 막았다. 많은 하리잔이 신드에 살고 있었는데, 그곳에서 인도로 떠날 수 있는 가장 편리한 수단은 배밖에 없었다. 그렇지만 배는 턱없이 부족했고, 게다가 신드 주정부가 떠날 사람은 반드시 허가를 받아야 한다고 주장한 사실까지 있어 적어도 한동안은, 매일 한정된 사람들에게만 허가서가 발부되었다. 그렇게 되자 하리잔 가운데 많은 수가 임시 수용소에서 떠날 날짜를 기다리면서 남게 되었다. 그들이 사라져버리자 카라치에서는 청소와 위생 체계가 붕괴되어버렸다. 결국 도처에서 압력을 받은 주정부는 입법화를 통해 필수노역유지법Essential Services Maintenance Act(ESMA)을 통과시켰고 그로써 하리잔을 떠나지 못하게 막을 수 있었다. 이에 대해 인도 정치지도자들은 격분했다. 의회에서는 이를 성토하는 목소리가 높았다. 하지만 정부는 아무 일도 하지 못했다.

그들은 단지 협상을 할 뿐이었다. 여기에서 아마 가장 감동적인 것은 암베드까르가 한 연설이었을 것이다. 암베드까르는 1952년 뻰잡 선거의 이동 유세에서 다음과 같이 말했다.

인-파 분단 직후 파키스탄 정부는 지정카스트가 파키스탄을 떠나 인도로 가는 것을 금지하는 법안을 만들었습니다. 파키스탄은 힌두가 떠나는 것에 대해선 아무런 신경도 쓰지 않습니다만, 청소부, 시체처리사, 방기, 그 외의 다른 천민 카스트가 떠나면 그런 더러운 일을 누가 맡아 할 것인지를 걱정해 불가촉민이 그곳을 떠나지 못하게 한 겁니다. 저는 네루 선생에게 즉각적인 조치를 취하여 이 이주 금지 법안을 제거하는 데 힘을 기울여줄 것을 요청했습니다. 그런데 그는 아무것도 하지 않았습니다. 네루 수상은 이 문제를 묵살해버렸습니다. 심지어는 파키스탄과 여러 가지 협상을 하는 과정에서 기타 안건으로조차도 언급하지 않았습니다. 인도국민회의에 속해 있는 하리잔 가운데 단 한 사람도 그들의 형제가 파키스탄에서 당한 박해에 대해 지적을 하지 않았습니다.[13]

하리잔 이산민에 대해 입법의회에서 문제 제기가 있었다. 재활부 장관인 슈리 모한 랄 삭세나Mohan Lal Saxena에게 파키스탄 정부가 하리잔의 이주를 허용하지 않는다는 말이 사실인지의 여부에 대한 질문을 했었고, 이에 대해 장관은 그렇다고 대답했다. 약 3만 5천 명이 아직도 파키스탄에 있는데 필수노역유지법에 의해 이주가 가로막혀 있다고 했다. 결국 암베드까르 자신이 1947년 이래로 하리잔에게 동등한 처우를

13) Bhagwan Das, *Thus Spoke Ambedkar, Selected Speeches*, Vol. II, 1969, Bhim Patrika Publications, Jalandhar, pp.31~42.

해야 한다고 주장하면서 줄기차게 투쟁하였다. 암베드까르는 1947년 12월에 파키스탄 정부가 '모든 가능한 방법을 다해 지정카스트가 자기 구역에서 떠나지' 못하도록 방해하고 있음을 네루에게 지적했다. 그가 생각하기로 그 이유는 파키스탄 사람들에게 비천한 직업이 꼭 필요하고 마찬가지로 무토지 노동자가 나라의 토지 소유 농민을 떠받들어야 한다고 생각하기 때문이라고 말했다. 또 청소부를 필수 노역에 속하는 사람으로 규정하는 것을 계속 유지하고자 해서이기도 했을 거라고 말했다.[14] 파키스탄만이 차별한 것은 아니었다. 인도의 난민 캠프에서도 지정카스트는 피난처를 얻을 수 없었다. 또한 농민 범주의 규정에 속할 자격도 얻지 못했다. 그러한 집단에 대한 규정은 오로지 정부에 의해서만 가능하였기 때문이다. 동뻔잡에 살던 여러 지정카스트 공동체 몇몇은 부유한 시크와 자뜨가 강제로 땅을 내놓으라고 해, 빼앗기기도 했다. 그래서 암베드까르는 네루에게 다음과 같이 불만을 토로하였다. "지금껏 인도 정부는 무슬림에 대한 문제에 대해서는 모든 수단을 다해 그들을 보호하고 그들에게 주의를 기울여왔습니다. 그런데 지정카스트 문제는 아예 존재하지 않거나 아니면 특별한 조치를 취할 필요가 없을 정도의 작은 문제인 것으로 간주하고 있습니다."[15] 이 점에서는 암베드까르가 옳았다. 즉 힌두-시크와 무슬림 정체성에 대해서는 최대한의 존중을 해준 반면 지정카스트 문제에 대해서는 거부했던 것이다. 물론 지정카스트가 전적으로 눈에 보이는 존재가 아니라는 점을 제외하고— 그들은 비천할지는 모르지만 중요한 일을 한다—였다. 그러한 이중성은 라호르에서 피난 온 피난민 한 사람이 힌두 마하사바Hindu Mahasabha[16]에 쓴 편지에 잘 나타나 있는데, 여기에서 그들은 아칸드

---

14) Ambedkar to Nehru, December 14, 1947.

15) Ambedkar to Nehru, December 14, 1947.

16) 인도의 민족주의 정치 결사체. 무슬림리그와 세속적인 인도국민회의에 대항하여 1915년에

힌두스탄Akhand Hindustan[17] 건국을 소망하고 있다. 그는 "만약 우리가 인도인 무슬림(혹은 기독교인) 몸을 살짝 긁기라도 할라치면 우리는 그가 고대 인도 카스트에 완벽하게 물들어 있음을 알 수 있다. 그를 힌두나 마하사바와 전적으로 다르게 만든 것은 외부에서 들어온 문화 혹은 종교라는 외피뿐이다."라고 했다. 그렇지만 그는 "우리는 비힌두도 분명히 인도에 살고 있다는 사실을 재천명하면서, 그들을 물리적으로(마치 무슬림이 스페인에서 기독교도에 의해 그랬듯) 절멸시켜서는 안 된다. **그러한 절멸은 우리가 사는 공동체에서 숙련된 기술을 보유한 장인들을 절멸시키는 것이 될 것이고 그렇게 되면 인도가 직면해 있는 경제적 위기를 더욱 가속화시키게 될 것이기 때문이다.**"라고 경고했다(강조는 필자에 의함).[18] 절멸이라고 하는 것은 아마 극단적인 단계였을 테니, 힌두 마하사바 같은 조직에 물든 사람만이 생각할 수 있는 것일 게다. 그렇지만 숙련 기술 장인 공동체의 일부분인 지정카스트와 조화를 이룬다고 하는 것은 그들의 인간성을 거부하고 단지 그들의 노동력만 필요로 한다는 점에서 인도국민회의와 무슬림리그 둘 다 하등에 다를 바가 없다.

*

이야기를 들으면서 난 만또Manto의 유명한 이야기 하나가 기억났다. '또바 떼끄 싱Toba Tek Singh'이라는 이야기이다. 이 이야기에서 정신병자인 주인공은 종교를 기준으로 하여 국가를 선택하라는 요구를 받자, 국경 사이의 공간 즉 인간이 살지 않는 땅No Man's Land에서 죽는

결성되었다. 힌두주의 중심의 우익 보수 성향의 종교공동체주의를 주창하였다.―옮긴이
17) '위대한 힌두스탄'이라는 뜻의 우익 힌두주의 정파가 내세운 정치 구호―옮긴이
18) Hindu Mahasabha Papers, F. No. C-168/1947.

것을 선택한다. 이 이야기는 꼭 우리가 알고 있는 인-파 분단의 역사와 흡사하여, 그곳에는 정체성이 점차 섞이면서 흐려지고 공동체의 경계가 불분명해지는 밝은 세계는 존재하지 않았다. 그런 세상은 존재하기를 멈추었다. 정체성은 이제 고정되었다. 그것은 막대기가 되어 그 막대기로 얻어맞을 수가 있게 됨과 동시에 어떤 보상과 특권을 확보하기 위한 무기로도 사용할 수 있게 되었다.

그렇지만 정체성이라고 하는 것은 이러한 경계와 쉽게 일치하지만은 않는다. 정체성은 유동적이고 변화하며 대개는 편의적인 것이다. 하리잔은 스스로를 힌두, 무슬림과는 다른 별개로 인식하였다. 그렇지만 때에 따라서 둘 가운데 어느 한 쪽에 훨씬 가깝다고 느낀 적이 있었던 것도 사실이다. 인도 전체에서 다수인 힌두는 뻰잡에서는 소수였고, 상대적으로 힌두보다 더 소수는 시크였다. 서북변경주에서는 힌두가 아주 소수 집단으로 다른 적대적 집단에게 포위되어 있으며 인도국민회의가 거의 포기한 지역이었다. 하리잔은 스스로를 종교적 집단으로 인식하지는 않았지만 힌두 안에 들어갈 수 있다고 생각하거나 무슬림과 연합할 수 있다고는 생각하였다. 무슬림과의 제휴는 종교가 아닌 문화를 기반으로 하거나 아니면 같이 설움당하고 있다는 동변상련 위에서였다.

내가 인-파 분단에 대해 들었던 이야기들 안에서, 그리고 분단 생존자들로부터 들었던 이야기들 안에서 가장 끌렸던 것은 사회가 주변으로 내몬 사람들에게 이 사건이 의미하는 바가 무엇이냐는 것이었다. 예를 들어, 분단의 폭력과 마찬가지의 폭력이 그 사람들에게 가해지지 않았는가 하는 점이다. 분단과 같은 폭력과 트라우마의 세계를 겪으면서 우리는 그들이 평형을 잘 맞추는 자였다는 사실을 깨닫게 되었다. 일반적으로 인-파 분단의 폭력은 엄청난 규모 위에서 카스트와 계급의 차이는 인식하지 않은 것으로 알려져오고 있다. 마찬가지로 모든 계급이 공통적으로 혼란을 겪었다는 사실은 어떤 종류의 형평성이 일어났음을 의미하기도 한다고 분석하는 것이, 어떻게 보면, 틀린 말은 아니다. 예를 들어, 분단 시기에 강간은 계급을 고려하지 않았을 것이다. 물론 이동을 하는 데에 있어서 상층 계급의 여성이 훨씬 안전한 것이 사실이기는 하다(예를 들면, 그들은 비행기나 차로 이동을 하고 대개 경호를 받으면서 이동을 하고, 가난한 여성같이 걸어서 이동하는 경우는 없었다). 따라서 결국 강간당한 여성은 대부분이 하층 계급에 속한 여성이었다. 집을 잃은 것 또한 계급을 초월해 일어났다. 그렇지만 두고 온 집이나 토지에 대한 보상은 신청자가 원래 속한 계급을 고려하여 이루어졌다. 하리잔의 경우에서 보았듯이 그들은 농지를 보상받는 자격을 부여받지 못하였다.

여성이나 아이들과는 달리 하리잔은, 비록 단순하거나 균질적인 것은 아니었지만 그들 스스로 하나의 집단이라는 인식을 가지고 있었다. 사실 달리뜨 집단 안에는 차이가 존재했다. 무슬림과 가깝다고 생각하는 사람들도 있고 힌두와 가깝다고 생각하는 사람들도 있다. 그 차이는 분단 시기에 잘 드러났다. 기독교인과 하리잔은 스스로를 대표하고 자기들의 목소리를 내면서 영향력을 확보하려는 몇몇 공동체나 조직을 가지고 있는 데 반해 다른 집단은 그렇게 하는 것이 불가능하였다. 종교를 기반으로 나눈 그 많은 감옥의 죄수를, '선택'을 해야 하는 실제 생활에서 정신병자를, 성소수자나 한센병 환자와 같이 진정으로 사회의 경계에 살고 있는 사람들을 누가 대표할 수 있겠는가? 하지만 분단 시기에 그들 모두는 어떤 종교와 더 가까운지, 자기 정체성은 무엇인지 선언해야 했다. 만일 선언하지 못하면 어쩔 수 없는 선택을 해야 했다.

많은 점에서 지정카스트의 경험은 여성의 경험과 비슷했다. 두 집단 모두 사회에서 주변으로 몰려 있으나 사회 기능상 없어서는 안 될 사람들이었다. 그들은 분명하게 중요하였으나 물질적으로는 그렇지 않았다. 지정카스트가 중요한 것은 그들이 차지하고 있는 물질적 위치 때문인데 그것은 생산(즉 농업)과 위생 체계 그리고 의례와 관습의 영역에서 그러하였다. 여성 또한 물질적으로 중요한 위치를 차지하고 있는데, 그것은 그들이 담당하는 생산자와 재생산자로서의 역할로 인해서였다. 여성 또한 조금 더 불투명하지만 동등하게 중요한 영역에 위치해 있다. 그 영역은 명예, 영광, 어머니, 나아가 모국의 보호의 영역이고 그를 통해 남성의 남성성을 확인해주는 것이 된다. 그렇지만 하나의 집단으로서 여성 가운데 자신들을 대표하거나 자신들을 대표하기 위해 집단 동원을 할 수 있는 사람은 없었다. 폭력과 혼란은 공통적으로 경험한 것이지만 개인적인 것이기도 했다. 나아가 그 본래의 특성상 여성은 그 경험에 대해 말할 수도 없었고, 말하려 하지도 않았다. 이와는 대조적으로 달리뜨는 조직되어 있었기 때문에—물론 그 안에는 다시 여러 차이를 가지고 있지만—최소 그들의 이익을 **지목할** 수는 있었다. 그렇지만 그러한 길이 여성에게는 열려 있지 않았다. 아마 이러한 이유 때문에 그것이 무엇이든지 간에 여성이 촉발할 수 있는 저항은 개인적 차원에 머물러 있었다. 그 개인적인—그리고 여성의 경우에는, 흩어져 있는—목소리는 거의 들리지 않고 그래서 공적 담론이나 역사 안으로 그 목소리를 삽입시킬 수 없었다. 역사가는 아직 누가 손대지 않은 방대한 양의 문헌, 연설문, 진술서 등에 접근할 수 있기 때문에 여러 자료를 배치하는 일을 할 수 있지만, 그 가운데서 분단 시기에 여성이 겪은 경험보다는 달리뜨가 겪은 경험 위에 자료를 위치시키는 것이 비교적 쉬운 것은 다 이런 이유 때문이다. 반면에 여성의 목소리는 우리가 갖는 자료 안에서 거의 찾을 수가 없다. 그 대신에 여성을 위한 주장의 목소리만 있을 뿐이다. 달리뜨 여성 또한 이 넓은 집단에 포함된다. 따라서 달리뜨 여성의 목소리는 전혀 찾을 수가 없다. 한 집단으로서 여성은 집단적으로 침묵 속에 놓여 있는 것이다.

모순과 혼란이 범람한다. 신생 국가가 갖추어놓은 민주주의적 과제와 사회적 통찰력 그리고 기초부터 막 적용되고 있는 재활 정책의 사이에서 적당한 길을 찾는다는 것은 그리 쉬운 일이 아니었다. 공간적으로 추방된 자, 하리잔은 설령 그들이 재활되었다 하더라도 여전히 이등 시민일 수밖에 없었다. 신생 국가의 과제 안에 그들을 위한 공간은 없었던 반면, 여성을 위한 공간은 훨씬 많았다. 그것은 그들에게 걸린 이해관계가 훨씬 많았기 때문이었다. 따라서 과부는 가부장적 국가가 평생 책임져야 할 존재로 인식하였기 때문에 강간당하고 버려진 여성을 위해 보호소나 아슈람이 제공되었고, 국가는 여성의 '도덕적 존재'를 보호하는 과업을 짊어졌다. 그럼에도 불구하고, 당시 시민권이 이동하는 가운데서 새로운 인도 시민에 대한 기준은, 전체적으로 볼 때, 남성에게 있었다. 이것이 국가로 하여금 가부장이게끔 하였을 뿐만 아니라 여성에 대해서도 위압적인 부모와 같이 행동하게 허용하였던 것이다. 따라서 설령 그들에게 이 나라의 시민으로서 권리와 특전이 부과되었다 할지라도 그 권리는 여성에 대해, 특히 구출 받는 것을 거부하는 그들에 대해 강제 구출을 집행하는 과정을 통해 적용되지 않음으로써 심한 조롱을 당했다.

*

나는 이 장에서 주로 지정카스트가 힌두 그리고 인도, 파키스탄이라는 두 국가와의 관련 속에서 겪은 경험에 대해 언급을 했다. 나는 인도 바깥에서 일어난 일에 대해서는 아는 바가 없지만 가난하고 주변으로 몰린 사람들과 관련된 이야기와 인생에서 가장 중요한 두 순간 즉, 태어남과 죽음과 관련된 이야기를 함으로써 이 장을 마치고자 한다. 나에게 이 이야기들은 사람들의 삶에 큰 영향을 끼친 분단 안에 숨어 있는 많은 길을 다시 기억나게 해준다.

산파는 출산 때 조수로서 아이를 세상으로 데려오는 일을 수행한다. 그들은 대개 하층 카스트 출신이다. 그것은 출산이라는 것이 더러운 일이기 때문이다. 피를 닦아내고 태를 자르는 일과 같은 그 더러운 일을 처리하는 것이 산파의 몫이다. 이와 동일하게 중요한 일이 죽은 사람을 묻거나 화장하는 일이다. 이와 관련해서 수많은 의례가 반드시 집전되어야 하고, 매장이든 화장이든 사체는 누군가가 목욕을 시켜야 하며, 옷을 갈아입혀야 한다. 이 일은 가족이나 아주 가까운 친척 가운데 누군가가 맡아야 하거나 그것을 전문으로 하는 사람이 해야 한다. 아니스 끼드웨가 꾸준히, 거의 규칙적이다시피 할 정도로 기억을 되살리고, 그 안에 내가 반복해서 들어가고 있는 기억 하나는 마지막 의례를 집전해주는 사람이 아무도 없던 한 노인의 이야기였는데, 나는 그 어떠한 관례적 역사책보다 이 이야기에 더 깊이 빠져 들어갔다.

어느 날 난 난민촌에서 병원 쪽을 향해 걸어가고 있었는데, 우연히 병원 천막 안 어떤 환자 침상 옆에 시체가 한 구 놓여 있는 것을 보았다. 새삼스러울 것이 없는 일이었다. 살아 있는 것에는 신경을 많이 쓰지만 죽어 있는 것에는 신경 쓸 겨를이 없던 시절이었다. 보통은 시체를 씻고 수의를 입혀 묻을 준비를 하는 일은 가족이나 자미아뜨Jamiat가 하였다. 그래서 난 이에 대해 더 이상 생각하지 않았다.

아니스 끼드웨는 일을 보고 돌아온 후에도 그 시체가 여전히 치워지지 않은 것을 보았다. 그녀는 이 노인을 처리할 사람이 아무도 없는지, 친척은 없는지 찾아보았지만 아무도 나타나지 않았다. 그때 딸로 보이는 젊은 여자가 자기 아들 하나를 데리고 나타났다. 그 딸은 하루 종일 울었지만 아버지의 사체를 묻을 준비를 할 기미를 보이지 않았다. 그래서 끼드웨는 친구 자밀라와 함께 다른 사람을 찾으러 다녔다. 그들은 먼저 구호위원회 사무실에 들렀다. 그러나 그곳에 있는 이슬람 사제는 그들의 청을 거절했다. 무덤을 파는 사람과 수의를 장만하는 사람이 모두 마지막 기차를 타고 파키스탄으로 떠나버렸기 때문에 그 일을 맡을 사람이 아무도 없다는 것이었다. 간청에도 불구하고 사제는 끝내 두 사람의 청을 거절하였다. 그 일은 자기 일이 아니라는 것이고 자기 일만 해도 충분히 많다는 것이었다.

거절을 당하고 나서 끼드웨와 자밀라는 자미아 대학교에 다니는 학생 가운데 도움을 줄 사람을 구했다. 그렇지만 그곳에도 모두 떠나고 없다고 했다. 결국 그 딸을 설득해보기로 했지만 이루지 못했다. 다른 사람을 찾지 못해 낙담을 하고 있는데 나이가 지긋한 여성 두 분이 나타나더니 자기들이 그 일을 하겠다고 했다. "우리는 이 일을 해본 적이 없습니다. 하지만 한 사람의 몸이 다른 사람의 몸과 다를 바가 없지요. 결국 우리 모두 알라 앞에서는 같지 않습니까?"라고 말하면서 일을 시작했고, 끼드웨와 자밀라 그리고 다른 사람들은 무덤을 파기 시작했다. 결국 그 노인은 영원한 휴식에 편안하게 들어가게 되었다. 그 노인의 딸은 우는 것을 제외하고는 아무 일도 하지 않았는데, 나중에 가족으로서의 책임이 다 마무리된 후 파키스탄으로 떠나버렸다.

무덤 파는 사람들이 떠나버림으로써 시체 처리와 관련한 문제가 발생되었다면, 산파의 경우도 마찬가지일 수밖에 없다. 다만 산파 문제는 죽음이 아니라 삶과 관련하여 어떻게 할 것인지의 문제가 되는 것이다. 아니스 끼드웨의 딸 끼슈와르 끼드웨Kishwar Kidway는 열일곱 살인가 열여덟 살 때, 어떻게 하다 보니 출산 보조 일을 한 적이 있었다. 끼슈와르가 혼자 '병원'을 지키고 있는데 갑자기 아이가 나오려는 조짐을 보이는 것이었다. 끼드웨는 산파나 간호사를 찾았지만 모두 파키스탄으로 가고 없었다. 급히 도착한 의사는 힌두이면서 남자였다. 그 의사는 산모를 등진 채 끼슈와르에게 자세히 지시를 내렸고, 끼슈와르는 긴장 속에 지시를 따라 결국 자기에게 주어진 일을 성공리에 마무리 지을 수 있었다. 분단은 사람들의 뿌리를 뽑고 혼란 속으로 던져놓았다고 끼드웨는 말하였다. 하지만 그렇다고 해서 사람이 죽고 태어나는 일마저 멈춘 것은 아니었다. 그러다 보니 사람들의 삶 속에서 정기적이고 의례적인 일을 제대로 준비할 수 없게 되었다. 달리 보면 주변부로 몰린 그 사람들이 중요하다는 것은 이러한 맥락 속에서 분명해진다.

마야 라니 Maya Rani
'무릎까지 피가 흥건히……'

내가 마야 라니를 만난 것은 1985~1986년의 일이었는데, 피터 채플과 삿띠 칸나가 영화 〈심장의 분할〉 일을 할 때 그들과 함께 만났다. 여기에 실은 인터뷰는 우리 셋이 각기 역할을 분담하여 공동으로 작업한 것이다. 질문은 삿띠가 맡아서 했고, 받아 적고 해석하는 일은 내가 맡았다. 내가 이 인터뷰를 이 책에 포함시키기로 한 것은 여러 가지 이유 때문이다. 앞선 논의에서도 말한 바 있듯이 인-파 분단에 관한 수많은 토론은 모두 무슬림, 힌두, 시크에만 집중되었고, 따라서 인-파 분단에 의해 자신의 삶이 큰 충격을 받은 다른 사람들의 경험은 그 어디에도 나타나지 않고 있다. 그러한 관점에서 마야의 인터뷰는 대단히 중요하다. 이 인터뷰는 카스트 문제를 직접적으로 거리낌 없이 말하고 있는 유일한 이야기다. 마야의 인터뷰가 카스트와 분단의 한 요소로서 계급을 실질적으로 바라보는 방향에 있어서 나에게 큰 자극이 되었음에도 이 문제의 중요성은 내게 뒤늦게야 부각되었다. 그녀가 말하고자 하는 바를 좀 더 일찍 깨달았다면 나는 아마 이 문제에 대해 이야기를 해줄 사람을 더 많이 찾을 수 있었을 것이다. 그래서 그녀의 인터뷰가 유일한 것이고, 그래서 그것이 차지하는 위치가 막중한 것이다.

우리가 마야를 만났을 때 그녀는 50대 중반이었다. 그녀는 생계를 유지하기 위해 하루 종일 일을 하는, 강하고 당당한 뻔자비 여성이었다. 그녀는 평생직장으로 학교에서 일을 하고 있어서 일단 안정성이 확보되어 있었고, 그래서 그랬겠지만 강한 자신감이 드러났다. 그녀는 자기 집에서 우리와 인터뷰를 가졌는데, 분단을 상기시킬 수 있는 여러 가지 물건을 보여주면서 이야기를 했다. 그 물건들은 그녀와 자기 친구들이 약탈을 한 것인데, 시간이 흘러 기억이 헷갈리기도 하고, 서로 전쟁을 치르는 그 두 공동체에 속하지 않았다는 생각으로 인해 일종의 면죄 의식을 가지고 있었다. 나는 그녀가 가지고 있는 희한한 초연함에 충격을 받았는데, 그로 인해 그녀는 멀리 떨어져 관조하듯 이야기를 하였고, 거의 유머러스할 정도로까지 이야기하였다. 그 안에는 눈물도 없고, 향수도 없으며, 좌절 또한 전혀 없었다. 마치 폭력이 다른 사람에게 일어난 것같이 이야기했다. 마야가 이야기하듯 마야와 그 친구들은 당시 어린아이였고, 전체 돌아가는 것이 무슨 놀이라도 하는 것 같아서 그리 큰 공포를 느끼진 못했다. 그녀가 폭력에 대해 기술한 부분은 강간에 관한 것이었으니, 자신의 관점을 말한 것이라고는 유일하게 몇몇 젊은 남자들이 어떤 여성을 끌고 가 강간한 것에 대해 "이런 식으로 두 시간이 흘렀습니다."라고 말한 것밖에 없었다. 마야와의 인터뷰는 내가 했던 인터뷰 가운데 처음 것이라 우리가 당시 묻지 않은 여러 가지 질문에 대해서 그 인터뷰는 매우 중요한 의미를 차지하고 있다. 왜 그녀의 하리잔 정체성에 대해 더 깊이 조사를 하지 않았는가? 혹은 다른 사람들도 마야가 느낀 것처럼 느꼈는지에 대해 왜 알아보려 하지 않았는가? 그로부터 11년 혹은 12년이 지난 후에 이런 걸 묻는다는 것은 아무런 소용이 없다. 그리고 난 마야가 지금 어디에 있는지, 그녀를 다시 만날 수 있는지에 대해 전혀 아는 바가 없다. 당시 그녀가 말하는 것이 무엇을 의미하는지를 이해하지 못했고 그래서 더 깊숙하게 질문하지 못한 것이 가장 후회가 되는 일이다.

마야 라니

그날 …… 길에서 우리는 정말 많은 것을 보았습니다. 사람들이 강탈하고 서로 죽이고 하더군요. 그래서 우린 모두 지붕 위로 올라갔습니다. 아이들은—그때는 모두 아이였지요—모두 그 동네 여자아이들이었는데, 무슨 일이 벌어지는지 보려고 모두 지붕 위로 올라간 겁니다. 우리는 모든 걸 다 보았지요. 시간이 좀 지나니 군인이 오더군요. 군인들은 우리더러 빨리 내려오라고, 내려오지 않으면 총에 맞을지도 모른다고 하였습니다. 우린 그래도 전혀 무섭지가 않았습니다. 그때 우린 어려서 무서움을 탈 때가 아니었던 거지요. 우리는 계속해서 보고 또 보고, 무슨 일이 벌어지는지 구경을 멈추지 않았습니다. 사람들은 약탈을 하고 던지고 부수고 하더군요. 어떤 사람이 귀걸이나 목걸이를 하고 있으면 모조리 다 빼앗더군요. 칼로 쑤시고 베고 하던 것도 다 보았습니다. …… 이틀 동안 시체가 길에 널렸는데 개도 쳐다보지 않습디다. 정말이지 파키스탄과 힌두스탄이 만들어질 때, 그때 죽음과 파괴가 난무하던 그 광경은 처참했습니다.

아주 돈 많은 무슬림 변호사가 한 사람 있었습니다. 그는 집을 여섯 채나 가지고 있었습니다. 그는 무슨 일이 벌어지든 그곳 디나나가르를 떠나지 않겠다고 말하더군요. 집 안에 틀어박혀 있다가 사태가 진정되면 나오겠다고 합디다. 그 사람 집에는 할머니 몇 분이 있었습니다. 그 사람들도 절대로 밖으로 나오지 않았습니다. 그래서 사람들은 그냥 그렇게 있으라고 두자고 했고 결국 그들은 한 달 동안 그렇게 있었습니다. 그러고 나서 청년 몇이 그 사람에게 안전하게 다른 곳으로 데려다주겠다고 하니, 그 사람이 그렇게 하자면서 트럭 몇 대에 짐을 꽉 채웠습니다. 짐을 다 싣자 청년들이 그 사람에게, 이 물건들은 나중에 보내

드릴 테니 여기 다 두고 돈과 금만 가지고 가라고 하였습니다. 달리 어찌할 도리가 없어 그렇게 했습니다. 그 부자 가족을 실은 트럭이 집에서 조금 멀어지자 사람들이 트럭에 기름을 붓더니 불을 질러버렸습니다. 그 안에 전 가족이 다 타고 있었는데 …… 다 죽었지요. 이건 우리가 직접 목격한 겁니다. 무서웠겠다고요? 천만에요. 모두 다 우리를 겁주려 했어요. 심지어는 우리 부모들조차도. 그렇지만 그곳에 살던 모든 아이들, 우리들 가운데 겁을 먹은 아이는 아무도 없었지요. 우린 자주 우리 집 지붕을 넘어 이웃집 지붕으로 올라가곤 했습니다. 구경하려고 그랬던 거지요. 그런 다음 함께 모여 동네 사람들 집으로 들어가기 시작했습니다. 어떤 집에는 쌀이 있었고 어떤 집에는 아몬드, 국수 같은 것이 있었습니다. 우리는 이런 것들을 훔쳐와 우리 집에 쌓아두었습니다. 아주 큰 그릇, 접시, 쟁반 등을 닥치는 대로 긁어모았습니다.

그래요, 우리 어린애들이 이런 짓을 했습니다. 그러자 어른들이—그 어른들은 힌두였습니다—그런 짓은 나쁜 짓이라고 하더군요. 일종의 약탈이라면서요. 그래서 악감정 없이 할 수 있을 때 그만둬야지 생각했습니다. 예닐곱 분의 어르신들이 모여 우리를 부릅디다. 우리는 모두 다 하나다, 그러니 이런 짓을 하지 마라. 나중에 조사를 받을 거고 너희들은 물건을 다 뺏길 테니 당장 그만두라고 하더군요. 그런데도 우리는 멈추지 않았습니다.

아버지 역시 우리한테 그만두라고 말했고 그러실 때마다 매번 알았습니다, 그만두겠다는 다짐을 받으셨습니다. 그렇지만 어른들이 다른 곳으로 가서 모여 앉아 노닥거리기 시작하면 우리는 또 그 일을 시작했습니다. 쌀, 음식 등 온갖 좋은 것들을 모조리 훔쳤습니다. 어떤 가게에서는 순도 높은 기와 아몬드를 훔쳤고 옷감을 훔치기도 했습니다. 우리는 큰 그릇도 긁어모아 방 하나를 꽉 채울 만큼 쌓았습니다. 우리가 이렇게 하자 도시 어른들은 어떤 집에서라도 구리 그릇이 발견되면 다 몰수하겠다고 공표를 하더군요. 물건을 팔 수밖에 없었습니다. 물건을 가지고 싶어 하는 사람들이 틀림없이 있었으니까요. 그래서 우리는 방에 가득 찬 물건을 1킬로그램에 2루삐, 또는 2.5루삐에 팔았습니다. 이는 거저 빼앗으려는 술책이었다는 것을 나중에서야 깨닫게 되었습니다. 결국 가게 주인들이 이익을 독차지했던 겁니다.

나는 결혼할 때 쓰려고 새 그릇과 물동이 같은 걸 많이 가지고 있었습니다. 그리고 실제로 결혼할 때 그릇을 많이 가지고 갔습니다. 뿐만 아니라 갖가지 이불 등을 훔쳐놓기도 했는데 어떤 것은 이미 만들어진 것이기도 하고 어떤 것은 나중에 만들기 위한 재료이기도 했습니다. 우리 가운데 일곱이 여자였는데 우리는 이때 모은 것으로 다우리를 장만했지요. 그들 중 두 명도 바딸라에서 결혼했습니다.

저에겐 무슬림 친구가 하나도 없었습니다. 어머니에게는 무슬림 친구가 한 사람 있었는데, 그분 처지가 너무 안 좋아 많이 슬퍼했습니다. 제 어머니는 친 자매가 없어서 그 무슬림 친구가 어머니에게는 자매 같았고, 그래서 어머니는 그분 때문에 많이 울었습니다. 우리도 따라 울었지요. 어머니가 말씀하십디다. '네 이모'의 처지가 너무 안 좋다. 그 친구 분에게는 딸이 몇 있었는데, 어머니에게 당신 딸을 부탁한다고 신신당부를 했습니다. 그러자 어머니는 우리가 어떻게 그런 일을 하겠느냐, 경찰이 이 사실을 알면 하지 못하도록 할 텐데, 힌두들이 이를 알면 못하게 할 텐데, 네 딸을 감출 방도가 없다며 내 손을 꽉 잡았습니다. 힌두들은 모든 사람의 일거수일투족을 보고 있었습니다. 만약 누구라도 다른 사람을 숨겨주면 즉시 그 사람들이 달려와 쫓아내버립니다.

사태가 조금 나아지자 우리는 어머니의 그 무슬림 친구 상황이 아주 악화되었다는 것을 알았습니다. 그분이 살던 곳은 다 파괴되어버렸습니다. 분단이 일어난 지 얼마 후 어머니는 파키스탄을 한 번 찾았습니다. 잠시 여드레 동안 임시로 길이 열린 적이 있었지요. 어머니는 라호르에 살던 그 친구와 가족을 꼭 만나고 싶어 했습니다. 파키스탄에 가서 어머니는 많은 무슬림 친구를 만나서 그 친구 파띠마Fatima의 소식을 물었고, 그제야 그분 집이 다 파괴되어버렸다는 사실을 알게 되었습니다. 그렇지만 어머니는 그 친구를 찾는 과정에서 다른 무슬림 친구를 만나게 되어 정말로 기뻐했고, 결국 그 친구 파띠마를 만나게 되어 한없이 기뻐했습니다.

지금도 파키스탄에 가면 옛 친구 모두를 만난답니다. 그 친구들 모두가 다 뜨겁게 맞이해줍니다. 싸움은 무슬림과 힌두 사이에서 벌어진 거였지요. 우리가 무슬림과 싸운 것이 아니었습니다. 싸움은 우리와는 아무런 관계가 없었던 겁니다.

나는 파키스탄에 가본 적이 없습니다. 어머니가 가셨던 거지요. 어렸을 때 같이 놀던 그 친구 가운데 대장 노릇을 하던 애, 그 애가 거기를 가 우리 아저씨를 만났더랍니다. 그분들이 저와 그 아이들에게 갖다 주라면서 온갖 것을 바리바리 싸 보내주셨습니다. 그 친구는 곧 또 갈 거랍니다. 그 친구는 갈 때마다 델리에서 비자를 받아 갔습니다. 언젠가 그 친구를 만난 적이 있었는데, 우리 아저씨에게 보낼 것이 있다면 달라고, 자기가 전해주겠다고 합디다.

*

그때는 참 특별한 시간이었습니다. 우리는 어린아이들이었고, 그래서 우리에게는 모든 것이 일종의 놀이 같았습니다. 우리는 그 영향이 어떠할는지에 대해서 전혀 의식하지 못했습니다. 그런 의식은 나이가 좀 더 먹고 더 성숙해져야 생기는 것이지요. 아이들이 그런 의식을 어떻게 갖겠습니까? 그 일이 있고 얼마 되지 않아 난 결혼을 했고, 그러고 나서 파키스탄은 내 뇌리에서 완전히 사라져버렸습니다. 일 년 정도가 지난 뒤였지요. 난 옛날의 그 물건들을 모두 다우리에 사용하였습니다. 내 친구 가운데 바딸라에서 결혼한 친구 하나와 내가 결혼식을 함께 했습니다. 난 금을 거의 갖지 못했는데 그 애는 어떤 집에 가서 금을 한 무더기나 가지고 나왔습니다. 그걸로 결혼 자금으로 삼았으니 결혼식이 멋졌습니다. 그렇지만 결혼식이 끝난 후에는 과거에 일어난 일 모두를 깡그리 잊어먹었습니다.

이제는 우리에게 뭐라도 말해줄 사람이 없습니다. 만일 그때 우리를 바르게 지도해줄 만한 지각 있는 어른이 있었다면, 그때 일어나는 일이 무슨 일이었는지 말해줄 수 있었을 겁니다. 결국, 한 사람이 할 수 있는 것이라고는 아무것도 생각할 수 없다는 것이었습니다.

영국인들이 무슬림과 힌두가 서로 다르다고 말하면서 그 둘을 나누어놓았기 때문에 무슬림과 힌두는 서로를 쓰러뜨렸습니다. 영국인들은 독립을 하고 싶고 자치를 하고 싶으면 둘에게 찢어지라고 했습니다. 그렇지 않았다면 우리가 왜 찢어졌겠습니까? 처음에는, 파키스탄이 만들어지긴 하겠지만 그곳에서 힌두와 무슬림이 같이 살 거라고 알려졌습니다. 힌두스탄도 마찬가지고요. 그런 거라면 받아들일 만하지요. 그렇지만 그 후 힌두와 무슬림 양쪽에게 서로 나쁜 방향으로 힘을 쓰면서 서로를 자극한 사람들이 있었습니다. 그들은 이 지역이 독립을 하려면, 보통 우리가 뻔자비어로 말하듯, 피가 무릎까지 차야 한다고 했습니다. 그리고 그런 일이 바로 일어났던 겁니다. 그렇게나 피가 많이 흘러 무릎까지 찬 피 속에 우리가 있었습니다. 이것이 그 문제를 일으킨 사람들이 준 충고지요. 찢어지자, 찢어져 살자, 그리고 이 땅에 평화가 깃들지 못하게 하자. 한 곳에서 싸움이 터지면 영국 사람들은 또 다른 곳을 쳐다봅니다. 먼저 일어난 싸움은 아랑곳하지 않고 말입니다. 이것이야말로 사악한 자들의 계획이지요.

나는 아는 영국인이 아무도 없습니다. 내가 한 이야기는 그냥 풍문으로 들은 거지요. 한 노인네가 있었습니다. 그 할아버지는 이 모든 난리의 배후에 사람들이 있는데 그들은 영국이 다시 돌아오기를 바라는 자들이라고 말해주었습니다. 우리는 이 나라를 잘 끌고 갈 능력이 없는 사람들이라는 똑같은 말을 되풀이해 듣곤 했지요. 그래서 이 나라에 갈등을 일으키는 것이 좋은 전략이라고 생각한 거라는 겁니다. 두 사람이 한 사람을 죽이고, 세 사람이 또 다른 사람을 죽이고, 그러다가 결국에는 우리가 포기하면서 도저히 더 이상 통치를 못하겠으니 당신들이 돌아와 이 나라를 다시 통치해 달라, 라고 한다는 전략이라는 겁니다.

평화라고요? 같은 일이 두 번이나 일어났지 않습니까? 이번에는 힌두와 시크 사이에 일어난 거지만 파키스탄이 생길 때 생긴 갈등·분열과 하등에 다를 바가 없지 않습니까? 우리가 찢어져야 한다고 말하는 사람들은 나쁜 사람들입니다. 시크 가운데 찢어져야 한다고 주장하는 사람들이 바로 그런 사람들이지요. 똑같은 일이 오고 있습니다. 똑같은 시간, 그때와 같은 그런 시간 속에서 사람들이 여기에서 죽어가고 저기에서 죽어가고 있습니다. 파키스탄과 힌두스탄이 생겼을 때 사람들에게 있었던 감정과 똑같은 감정이 지금 여기에 있는 겁니다. 그렇지만 어떤 일이 벌어지려고 하는지를 사람들이 알게 되자 정부 안에 있는 사람들이 상황을 통제하였습니다. 그렇지 않았다면 사태는 더 악화되었을 수 있었겠지요.

그때 내 나이 열여섯이었습니다. 우리는 일하러 가는 중이었습니다. 나는 그들 집에서 소에게 꼴을 먹이고 소를 씻고 집안을 청소하는 일을 하고 있었습니다. 내가 일을 마치자 아버지가 왔습니다. 아버지는 이 정도 큰 칼을 어깨에 차고 왔습니다. 아버지는 오자마자 "바산뜨 까우르!" 하며 불렀고, 그녀가 어쩐 일로 여기에 왔느냐며 대답을 했습니다. 아버지가 딸을 데리러 왔다고 하니 그녀가 아니 왜 그러느냐고, 무슨 일이 있느냐고 묻습디다. 아버지는 아무 일도 아니라고 했지만 바산뜨 까우르는 그 말을 믿지 않은 눈치였습니다. 그녀가 아무 일도 아니라는 게 무슨 말이냐고 다그치면서, 통 볼 수 없는 사람이 이렇게 나타나니 필시 무슨 좋지 않은 일이 생긴 게 분명하다고 다시 묻습디다. 그때는 저녁 무렵이었습니다. 그러자 아버지가 바산뜨 까우르에게 말을 하기를, 한 가지 말씀을 드리는데 서둘러서 떠날 채비를 갖추세요, 라고 하더군요. 그러자 그녀가, 왜? 라고 물었고, 아버지는 파키스탄이 만들어져버렸다고 하더군요. 람, 람, 람, …… 그녀가 장탄식을 하면서 울부짖었습니다. 이게 도대체 무슨 일이냐고 …… 곧바로 그 지역 사람들이 모이고 엉키면서 혼잡스럽게 되었고, 도대체 어떻게 된 영문이지 서로에게 묻기만 했습니다. 그때 그곳에서 가까운 곳에 무슬림 가족 하나가 살고 있었는데 그 집 아주머니가 나와, 걱정하지 마라, 우리는 지금껏 살아온 방식으로 똑같이 살게 될 것이니 걱정하지 말라고 하면서 사람들을 안심시켰습니다. 그럴 수밖에 없었던 게, 그들 모두는 오랫동안 모두 사이좋게 친구로 살아왔기 때문이었습니다. 그렇지만 우리는 바깥으로 나왔고, 계속해서 걷고 또 걸었습니다. 그곳에서 사람들은 걱정하지 말고 지금 무슨 일이 일어나고 있는지 잘 주시하고 있으라고 하더군요. 그렇지만 그곳에서 조금 떨어진 곳에서 시체 두 구가 눈에 띄었고, 그로부터 또 조금 떨어진 곳에서는 무슬림 청년 몇이서 여성 한 사람을 어디론가 끌고 갑디다. 이런 식으로 해서 한두 시간 반 정도가 흘렀을 겁니다. 그때 우리는 사람들이 "힌두스탄, 힌두스탄!" 하고 소리를 지르는 것을 들었습니다. 그러면서 힌두들이 다시 희망을 가지는 듯했고, 서로서로 괜찮다, 이곳에서는 힌두와 무슬림 사이에 아무런 문제가 없을 것이다 하며 격려하기 시작하더군요. 그렇지만 문제를 일으킨 자들은 이런 것을 싫어했습니다. 그들은 난리를 부추기고 분열을 선동했습니다. 어떤 집에서는 식사를 준비하고 있는 중이었는데, 반죽한 밀가루를 불 위에 올려놓은 채 떠나기도 했습니다. 우리는 그 불이 계속

타오르던 모습을 직접 보았습니다. 우리는 숨을 죽이며 그런 몇몇 집 안으로 들어갔는데, 사실 집주인이 다른 곳에 숨어 있지 않을까 조마조마했습니다. 우리는 집 안으로 들어가 닥치는 대로 훔쳤습니다. 그렇다고 우리가 무섭지 않은 것은 아니었습니다. 생각해보십시오. 집주인이 거기에 있었다면……. 우리는 이 거리에서 저 거리로 옮겨가면서 줄기차게 도둑질을 했습니다. 부모님이 심하게 걱정하더군요. 부모님은 무슬림이 데리고 가 죽일 거라면서 우리를 못하게 막으려들었습니다. 그러나 우리는 누가 우리를 데리고 가고 누가 우리를 죽이겠냐는 생각을 했습니다. 우리는 우리를 하리잔이라고 불렀습니다. 힌두든 기독교도든 아무도 우리를 데리고 갈 수 없습니다. 그래서 우리는 무슨 일이 일어나는지에 대해 아무런 걱정도 하지 않고 마냥 이 지붕 저 지붕을 뛰어다니는 데 바빴습니다. 상황이 점차 악화되어가던 어느 날이었습니다. 사람들이 물건들을 들고 밖으로 나왔습니다. 무슬림 구역 한 곳에 불이 났던 겁니다. 불은 사방에서 타올랐고, 그러면서 사태는 더 악화되었습니다. 그러자 사람들이 생각하기를, 만약 부잣집들이 이런 식으로 불이 나면 가난한 사람들이 놀라서 무슨 일이 벌어질까 하더군요. 그러자 그런 일이 발생했습니다. 어떤 집에서는 어린아이가 울고 있었습니다. "우리 엄마 찾아주세요, 우리 엄마 어디 갔어요?"

우리는 도대체 이게 무슨 일인지 영문을 알 수가 없었습니다. 이게 도대체 어찌 된 일인지 아는 사람은 거물급 인사들뿐인 것 같았습니다. 우린 단지 대부분의 시간을 쳐다보고만 있었을 뿐이지요. 만약 이곳이 파키스탄으로 간다면 우리에게 위험이 생길 이유는 없었습니다. 그건 우리가 하리잔이었으니까요. 파키스탄으로 가든 힌두스탄으로 가든 우리와는 아무런 상관이 없는 일이었습니다. 우리는 우리가 태어난 곳에서 살 수 있었습니다. 우리 어른들에게 무슨 일이 일어나든지 우리는 이곳을 떠나지 않을 거라고 생각하고 있었습니다. 만일 누구든 우리를

내보내려 했다면 우린 우리 힘을 보여주었을 겁니다. 무엇보다도 하리
잔은 만만한 존재가 아닙니다. 우리도 막강한 힘을 가진 집단이지요.
만약 그런 일이 벌어진다면 우린 별도의 주를 요구하였을 거고, 그 사
람들은 우리 요구를 들어줄 수밖에 없었을 겁니다. 우리는 이에 대해
잘 알고 있습니다. 요즘과 같이 시크들은 당시에도 별도의 국가를 요구
했습니다. 그렇게 되면 힌두스탄, 파키스탄, 시키스탄 이렇게 세 나라
가 되는데, 네 번째 나라라고 뭐 나쁠 건 없잖습니까? 오늘날도 우리는
그렇게 생각을 하는데요. 당시에는 단지 우리 어른들만 그렇게 생각을
했지만 요즘은 우리도 다 알고 있습니다. 권력을 쥐지 않은 자가 없습
니다. 힌두도 권력을 쥐었고, 시크도 권력을 쥐었고, 당시에는 영국 사
람들이 권력을 쥐었는데, 그럼 우리 같은 사람들은 뭡니까? 우리는 왜
잊혀야 하는 겁니까? 아무도 가난한 사람들에 대해선 신경도 안 씁니
다. 하리잔과 기독교인은 그림에 나타나지가 않아요. 우리는 인디라 간
디와도 이야기했고, 그분 아버지와도 이야기를 했지만 답은 똑같았습
니다. 이 나라는 당신들 나라고 당신들이 이 나라의 통치자라는 말 말
입니다. 우리 아버지가 말씀하신 걸 들어보면 네루가 이 말을 오래 전
에 했답니다. 이 나라는 당신들의 나라이고, 당신들이 통치자라고요.

아버지, 할아버지가 무슨 일을 하셨는지 물어보셨지요? 제 할아버지
는 곡물 시장에서 청소부 일을 했고, 나중에 아버지도 그곳에서 일을
했는데 정부 일도 했습니다. 그리고 제 오빠도 그곳에서 일을 했는데
마찬가지로 정부 일도 함께 했습니다. 곡물 시장은 아주 오랫동안 우리
가족의 직장이었던 거지요. 저는 대학에서 일을 했습니다. 그리고 사적
으로 어떤 집의 가정부로도 일을 했습니다. 일은 아침 8시에 시작하고
11시가 되면 대학으로 갑니다. 대학에서 일을 마치면 가정집으로 가고
오후 2시가 되면 다시 대학으로 가는데, 어떤 경우에는 더 늦게 가기도
합니다. 그렇다고 누가 나에게 뭐라 하는 사람은 없습니다. 그것은 내

가 일에 게으름 피우는 사람이 아니라는 걸 다 알고 있으니까요. 가정집에서는 빨래하고 청소하는 일을 합니다.

내 삶을 통해 한 가지 알게 된 게 있습니다. 이 갈등과 싸움에는 결코 끝이 있을 수 없다는 겁니다. 설사 중지된다 하더라도 사회에 있는 나쁜 요인이 그것들을 결코 끝나게 두지 않습니다. 열여섯 살 때부터 지금도 나는 싸움 이외의 것을 본 적이 없습니다. 본 것이라고는 투쟁뿐입니다. 난 이것이 끝나는 길이 있다고 생각하지 않습니다. 이에 대한 처방을 가진 사람은 아무도 없습니다. 물론 이를 끝내기만 한다면 그것은 말할 필요도 없이 최고로 좋은 거지요. 우리는 우리들의 나라들, 파키스탄, 힌두스탄, 혹은 뻰잡 혹은 전 세계에서 평화를 갖게 될 수 있겠지요. 그렇지만 문제를 일으키는 사람들이 그런 일이 일어나라고 가만히 두지는 않을 겁니다. 심지어 나는 뻰잡에서 우리가 다시 평화를 가질 수 있게 될 거라고 생각지 않습니다. ……

우리는 한 처녀가 살해당한 것을 보았습니다. 칼로 베어 던져버리더군요. 그 처녀가 차고 있던 귀걸이는 뺏고, 그녀는 던져버린 겁니다. 그것도 모자라 그자들이 또 다른 처녀를 끌고 온 것을 보았는데, 그 가엾은 처녀가 공포에 질려 근처에 있던 강물에 몸을 던져버리더군요. 이게 우리가 목격한 겁니다. 또 한 처녀가 있었는데, 어느 무슬림 촌장 딸이었지요. 그 무슬림 촌장은 아들 하나 딸 하나를 두었는데 아들이 멀리 떠나 있던 터라 그들에게 딸은 아들과 같았고, 그 딸도 자기는 아들이라 하고 다녔으며, 사람들도 모두 그녀를 꼬마놈이라고 불렀습니다. 어느 날 양아치 몇 놈이 소리를 지르면서 그 꼬마놈을 잡으러 간다고 하더군요. 꼬마놈이 누군지, 어떻게 생겼는지 보자며 가더군요. 그녀는 지붕에서 뛰어내렸습니다. 명예를 지키기 위해, 모욕을 당하지 않으려고 말입니다.

경찰은 아무것에도 관심을 두지 않았습니다. 아무에게도 신경 쓰지 않았지요. 그래도 군은 조금 도움을 주었습니다. 군인들은 사람들에게 안전 통행증을 발급해주면서 무사히 빠져나가도록 도움을 주었습니다. 그런데 경찰은 다른 사람들이 하는 만큼 똑같이 약탈에 가담했습니다. 난 사람들이 명예와 도덕에 대한 감각을 완전히 상실하였다고 생각합니다. ……

디나나가르가 파키스탄이 되었다는 소식을 들은 직후 그 두 시간 반 동안 무슬림은 힌두를 죽이기 시작했고, 두 시간 반이 지난 후에 전화가 한 통 걸려왔습니다. 아닙니다, 디나나가르는 파키스탄으로 가지 않고 힌두스탄에 남습니다. 그러자 전세는 순식간에 역전이 되었습니다. 이번에는 힌두가 무슬림을 죽이기 시작했습니다. 구호를 외치면서 무슬림을 끌어내 무참히 죽이더군요. 사람들을 집 밖으로 끌어내 죽이고, 여성, 젊은 여성은 닥치는 대로 강간하고 …… 처음에 힌두는, 우리는 형제자매 아니냐, 우리는 모두 하나 아니냐, 라고 말을 하더니, 설사 파키스탄이 되더라도 우리는 여기에서 함께 살아갈 것 아니냐고 하더니……. 결국 그들의 목숨과 집을 어떻게 하고, 그들을 어떻게 쫓아냈습니까? 아닙니다. 그들은 함께 살 수도 있었습니다. 사태를 그 지경으로 만든 것은 악마였습니다. 그들은 우리가 갈라서기를 바랐고, 우리가 통치할 수 없다는 것을 보이고 싶어 했습니다. 그래서 영국 사람들이 다시 돌아올 기회를 잡게 하고 싶었던 겁니다.

8
장

기억
MEMORY

이런 작업을 하는 데 있어서 가장 어려운 일은 어떻게 결론을 끄집어내느냐 하는 문제일 것이다. 인-파 분단에 대한 결론으로 적당한 것이 뭐가 있을까? 이것은 아주 중요한 사건이었다, 라고 해야 할까? 이것은 유례없이 사람들의 삶에 깊은 영향을 주었다고 해야 할까? 인도아대륙의 역사에 심오한 영향을 광범위하게 미쳤다고 해야 할까? 이 모든 말들이 다 맞으면서도 그 어느 것도 적합한 표현은 아니다. 인-파 분단에 대해서는 배워야 할 게 아주 많다. 따라서 내가 시도했던 이런 종류의 작업은 역사를 아는 데 겨우 첫발을 내디딘 것일 뿐이다.

　인-파 분단에 대해서 조사하기 시작했을 때 나는 내가 과연 무엇을 얻게 될지 알지 못했다. 여러 가지 의미에서 나는 백지 상태에서 시작하였다. 나는 학교에서 '현대사'를 배워야 하는 보통의 인도 사람들과 마찬가지로 그 사건에 대한 '역사'를 좀 알고 있는 정도였고, 그 사건에 대한 이야기를 들으면서 성장했지만 그 이야기가 학교에서 배운 역사와는 맞지 않아 그 이야기를 믿지 않고 있던 그런 부류의 사람이었다. 1984년 이후에 이런 이야기를 주의 깊게 듣기 시작하면서 내가 느낀 첫 느낌은 분노였다. 분단이라는 것이 보통 사람들의 삶에 어떤 영향을 주었으며 그들에게 어떤 의미를 가져다주었는지, 분단의 역사는 왜 제대로 기술하지 못하고 있는지, 왜 역사가들은 이 역사의 안쪽에서 내가 본 것들, 즉 느낌, 감정, 고통과 분노, 트라우마, 상실감, 침묵 같은 것들을 찾아내려고 시도조차 하지 않았는지에 대해 화가 났다. 이는 단순한 역사학적 태만인가 아니면 그보다는 더 깊은 어떤 것, 즉 역사가들이 고통과 슬픔으로 받은 너무 상처가 너무 깊어 그 문제에 직면하기 전에 어느 정도 거리를 둘 필요를 느낀 것일까?

    역사라고 하는 수단은 과거에 대해서 객관적인 시각을 가지도록 이끌어준다. 자기 가족이 연루됐을 수도 있는 상황을 기억하는 경우 어떻게 객관성을 부여할 것인가? 죽음, 이주, 집과 가족의 상실—이런 것들은 역사가, 특히 북부 인도 출신 역사학자의 삶에 아주 친숙한 것이어서 1984년은 많은 역사가에게 중요한 기점이 되었다. 그러나 이와 비슷한 몇 가지 불안한 사건—뻔잡에서 일어난 폭력, 동북부 지역에서 나타나는 분쟁의 증가, 힌두 우익의 영향력 증대, 1992년 힌두 종교공동체주의자들이 저지른 바브리 마스지드Babri Masjid 파괴, 뒤따라 일어난 힌두-무슬림 폭동 등—은 1984년 이전에도 일어나고 이후에도 일어났다. 인도라는 하나의 베布가 인종과 종교라는 씨실과 날실로 풀려 헤쳐지는 것을 공포 그리고 때로는 무기력으로 지켜봤다. 분단이라는 것이 그냥 방관자에 불과했던 많은 사람들, 그리고 피해자로서나 참여자로서 그 소용돌이 가운데 있었던 사람들에게 다시 찾아온 것이었다. '그 시대'의 이야기가 다시 표면 위로 떠오른 것이었다. 1984년은 '분단이 또다시'가 된 것이다. '우리는 우리나라에서 우리에게 다시 일어날 거라고는 생각하지 않았다'는 것이 1984년과 1992년에 시크와 무슬림들이 표현한 감정이었다. 인-파 분단의 역사를 재검토하려는 생각은 현재에 깊이 뿌리 내리고 있는데 이는 종교에 기반을 둔 인도 사회가 양극화로 치닫고 있기 때문일 것이다. 나는 개인적으로 이런 것 때문에 어떤 종류의 역사적 연구가 어떤 특정한 시대에 아주 중요한 의미를 어떻게, 그리고 왜 가지게 되는지를 이해하고, 과거에 대한 어떤 특정한 종류의 탐색이 현재의 특정한 경험에 기반을 두고 있다는 사실을 이해한다. 우리가 과거로 돌아가서 과거를 재검토하게 만드는 것은 현재인데, 그것은 우리가 거기에 속해 있기 때문이며, 우리가 원하는 미래를 만들고자 하는 바람 때문이다. 이는 역사학의 실천에 관계된 사람에게는 새로운 것이 아닐지 몰라도 내게는 굉장한 의미를 가지고 있는 사실이다. 나는 내 자신이 몰두했던 질문이 나 개인의 문제가 아니었다는 사실을 깨닫게 되었다. 그리고 다른 사람도 비슷한 연구를 하면서 비슷한 선 위에서 생각을 하고 있다는 것을 깨달았다.

반세기—임의적인 숫자이긴 하지만 결국은 어떤 의미를 가지게 되는 것—가 또 다른 시작을 나타내는 것 같았다. 인-파 분단의 희생자들과 살아남은 사람들 중 많은 사람들은 이제 칠팔십 대가 되었다. 따라서 이에 관한 역사를 재조명하려는 역사가들에게는 생존자들과 이야기를 나누고, 가능할 때 증거 자료를 얻는 것이 중요한 일이다. 생존자들 자신에게도 반세기라는 시간 간격이 그들이 그 사이에 본 사건들을 그 시대의 기억들로 다시 떠오르게 하는 일종의 기동력 같은 것이 되게 하는 것이다. 여전히 많은 사람들에게는 그들이 살아 있을 때 그 시대에 대해서 이야기하는 것이 고통스럽지만, 어떤 사람들은 자신의 이야기를 기록하고 싶어 하고 그럴 시간이 왔다고 생각한다. 인-파 분단에 대한 새로운 연구를 시작하기에 적당한 분위기가 만들어진 것 같다.

스스로에게 좀 이상하고 좀 특이해 보이는 일을 시작할 때는 뭔가 새로운 것, 새로운 접근법, 새로운 자료, 사물을 보는 새로운 시각을 발견했다고 자축하면서 시작하는 것이 보통이다. 자신의 생각이 특이한 관점이라는 잘못된 신념으로, 아무도 사물을 이런 시각으로는 본 적이 없다고 단언하면서 시작한다. 그러나 내가 알기로는 연구라는 것도 별게 아니다. 정말로 새로운 것은 없고 단지 연구자의 해석일 뿐이다(가끔은 이것도 아닐 때가 있지만). 단지 과거에 대해서 다른 시각을 가지는 훈련을 해본 것뿐이다. 나는 정말로 빨리 내가 '첫 번째'라는 자기만족을 느끼지 않는 법을 배우게 되었다. 내 앞에 실로 많은 사람들이 있었다. 내가 본 것을 역사의 '이면'으로 바라보고 있었기 때문에 전통적인 역사의 도구들에 대해서는 회의적인 시각에서 시작한 것이다. 기록이나 정부의 보고, 연설들이 내가 보려고 노력하고 있는 것 즉, 느낌이나 감정이나 사건에 대한 인상을 메워줄 수 있는, 뭐라 형용할 수 없는 것들에 대해서 무엇을 가르쳐줄 수 있을까? 나는 내 연구를 하는 과정에서 우리가 '전통적인' 수단이라고 봤던 것조차도 많은 역할을 할 수 있는데, 그것은 그 가운데 많은 것이 연구자가 가지는 시각에 달려 있기 때문이라는 사실을 알게 되었다. 예를 들면 여성들이 직면한 폭력에 대해서 여성들로부터 설명을 듣고 정보를 얻게 되자 서류나 기록 같은 데서 다른 중요한 것을 찾아낼 수 있게 되었다는 사실을 말하는 것이다. 이제 아이들과 카스트에 일어났던 일에 호기심이 생겨 아무리 사소한 것일지라도 연설이나 신문 평가, 청문회 같은 데서 그에 대한 자료를 찾을 수 있었다. 내가 비판적이었던 바로 그 '자료' 덕을 크게 본 것이다. 이런 것들이 없었다면 이 책에 쓴 것들 가운데 상당히 많은 부분은 무심코 지나쳤을 수도 있다.

이런 깨달음은 나에게 아주 중요한 의미를 가지게 되는데, 페미니스트로서도 그렇고 역사에 관심이 있는 사람 특히 사회에서 주류로부터 밀려난 사람들에 대한 역사에 관심이 있는 사람으로서도 그렇다. 역사 기술이라는 아주 넓은 범주 속에서도 주류에서 밀려난 역사에 관심이 있는 그런 사람에게는 이런 깨달음이 중요한 의미를 가지게 된다. 사실 내가 이 책을 쓰면서 늘 가졌던 질문은 인간이 자기 역사에 어떻게 관련이 되어 있느냐 하는 문제였다. 적어도 인-파 분단의 역사에 관한 한 우리가 알고 있고 우리가 배우고 기억하는 역사에는 모순이 있다. 역사가들은 인간과 역사의 관계에서 기억과 망각이 얼마나 선택적인가에 대해서 이야기해왔고 일종의 기교로서 역사 기술은 '망각을 없애고 기억을 심으려' 시도한다고 말하고 있다.[1] 그러나 그렇게 함으로써 그런

---

1) Annarita Buttafucco, 'On "Mothers" and "Sisters" : Fragments on Women/ Feminism/ Historiography', in *Nuovo DWF*(italian), no. 15, 1980.

역사 기술이라는 것은 과거의 어떤 양상을 조명하는 데 그 자체로서 선택적이 되는 것이다. 이 책을 마치면서 나는 과거를 연구할 때 우리가 조명하려고 선택하는 부분은 어느 것이든 모두 우리가 살고 있는 현재뿐만 아니라 우리가 일을 해나가고자 하는 미래의 영향을 받지 않을 수 없다는 사실을 분명히 깨닫게 되었다. 나는 이 책에서 소외된 사람들의 목소리뿐만 아니라 소위 보통 사람이라고 하는 사람들의 목소리에도 관심을 가졌다. 나는 과거에 대한 특별한 시각을 의식적으로 훈련해보려고 했는데 이는 역사의 주류가 그런 '집단group'(이런 단어를 사용할 수 있다면)의 경험을 소외시키기 때문이며 나는 미래에 대한 가정을 그 집단은 비록 작지만 그들 목소리와 역할이 있다는 사실에 두게 될 것이다. 인-파 분단에 관한 역사 기술이 과거에 대한 특별한 시각을 키워왔고 과거의 특정 양상만이 보이게 되었기 때문에 우리가 과거를 재검토할 때 새롭고 다른 사실이 드러나게 될 것이다. 내가 과거 속에서 그들의 역사를 찾아내고 그들의 목소리라고 규정한 것을 되찾으려고 하는 이유는 여성, 아이들, 낮은 카스트들이 절대적인 역할을 할 수 있는 사회를 보고 싶기 때문이다.

이렇게 하면서 나는 페미니스트 역사 기술의 도구가 막대한 영향력이 있다는 사실을 알게 되었는데, 이는 이를 통해서 내가 지금까지 들어보지 못한 것과 침묵에 귀 기울이게 되었고, 그것을 이해하고 그것으로 작업을 할 수 있게 되었기 때문이다. 숨겨진 목소리를 되찾으려고 하는 역사는—어떤 면에서는 내가 이 책에서 하려고 했던 것이 정확하게 그것이다—너무 자주 말과 침묵 사이에서 단순히 반대쪽만을 택한다. 만약에 어떤 것이 침묵 속에 감추어져 있다면 말이 좋은 것이 되고 자유롭게 하는 것이 된다. 인-파 분단의 역사에서 여성, 아이들, 지정카스트, 그리고 많은 다른 사람들이 국가 차원에서는 물론이고 역사 기술의 차원에서도 무시되어왔다는 사실에는 의심의 여지가 거의 없다. 그러나 여전히 책임지지 않으면서 아무런 문제도 안 일으킨 채 그 안에 들어가서 침묵을 깰 수 있는 간단한 방법은 없다. 나는 이 책을 통해서 내가 집필하면서 끊임없이 직면했던 딜레마에 대해서 언급해왔다. 사람들이 이야기한 것 중에서 또는 이야기하지 않은 것 중에서, 얼마나 많은 부분을 책에 담을 수 있었는가? 사람들에게 말할 수 있도록 얼마나 설득할 수 있었는가? 낙태를 하고 강간을 당한 여성에게 이것에 대해 말하게 하는 것이 어떤 도움이 되었겠는가? 페미니스트 역사 기술을 적용해봄으로써만 나에게 이러한 질문들이 가능해졌다. 내 작업 속에서는 내가 여성들의 목소리에 더 많이 귀 기울이고 그들이 자신들을 책 속에 더 많이 삽입시킬수록 침묵은 여성 주변뿐만 아니라 침묵이 훨씬 덜 중요한 다른 사람 주변에도 존재하지 않는다는 것을 더 많이 깨닫게 되었다. 여성의 역사를 찾는 것이 다른 사람에 관한 역사를 찾도록 이끌었다. 여성, 아이들, 그리고 나에게는 불가촉민의 목소리가 분단의 역사에 대한 다른 시각을 가지게 해주었을 뿐 아니라 이 역사는 하나의 과정이며 계속 진행되는 역사로서 다양한 방법으로 오늘날 우리의 삶 속에서 살아가고 역사의 모습을 확립시켰다.

나는 이 책을 통해서 사람들의 편지나 기록뿐만 아니라 그들의 이야기와 증언으로도 그들의 '목소리'를 들어보려 애썼다. 그러나 '목소리'를 복원한다는 것이 문제가 없는 것은 아니다. 내가 알기로는 이것은 다른 종류의 목소리다. 즉, 어떤 것은 좀 더 즉각적이기도 하고 그래서 여기 그리고 지금의 관심사를 반영하고 있고, 또 어떤 것은 좀 더 회고적이며 또 어떤 경우는 좀 더 실제적이기도 한데, 이는 많은 세월의 간격 뒤에 그리고 많은 이야기가 있은 후에 나온 것이기 때문이다. 그러나 이러한 목소리의 역사가 쓰여질 때는 거의 대부분 '다른 사람들'에 의해서 쓰여진다. 사람들이 자신의 자아 정체성을 어떻게 규정하는가와 자신의 자아 정체성이 어떻게 구현되느냐 하는 것은 다른 문제이다. 분단 때에 여성과 아이들, 지정카스트의 경험을 표현하는 것이 결국은 내 관심사와 우선순위에 의해서 선택적으로 조명된 것이라는 사실을 나는 잘 알고 있다. 이러한 것들은 또 다른 종류의 목소리에 도움이 된다. 다른 목소리를 읽고 해석하는 목소리. 이것이 내 표현이라면, 구술로 표현하는 이야기를 담은 텍스트는 관심 있는 사람들에게 사건에 대해서 기억하고 재구성하는 좋은 길이 되기를 바란다. 나는 그들을 있는 그대로의 모습 이상으로 만들려고 해본 적이 없다. 한 번에 한 사람으로 기억해내는 한 가지 방법. 그들의 목소리를 전통적이고 사실에 입각한 역사에 반하는 자리에 두는 것은 내가 하고자 하는 노력이 아니다. 그보다 나는 현존하는 역사와 나란히 놓고 싶다. 그 목소리는 실제로 있는 사람들의 기억이고 분단 역사의 기억이며 그런 이유 하나만으로도 중요한 가치가 있다. 그것들을 통해서 분단의 역사를 볼 수 있는 것이다.

내 연구가 찾아가고 있는 또 다른 목소리가 있다. 국가의 목소리, 공적 담론, 반대편에 있는 목소리(가령 국가자원봉사단의 목소리 같은 것), 그러나 상당한 파워가 있는 목소리. 이런 다른 종류의 목소리가 다 함께 내가 만들어내고자 하는 것의 전부이다.

'목소리'를 복원하는 것이 문제가 없는 것이 아니라면 이는 목소리 자체가 차별화 되어야 한다는 것 때문에 더 복잡해진다. 목소리는 일종의 위계를 가지고 있다. 다 함께 하는 인터뷰에서―분단은 '가족' 역사의 일부가 되는 경우가 많기 때문에, 그리고 가족들은 주위에 어른(보통 남성)이 없이 누군가가 **말하도록 하는** 것을 두려워하기 때문에―항상 말을 하는 것은 남성이다. 오랜 기간 동안 사람들을 인터뷰하면서 여성의 목소리를 되찾는 것이 얼마나 어려운가를 알게 되었다. 여성을 직접 지적해도 답변은 남성에게 미루어졌다. 따로 인터뷰가 가능할 때는, 여성들은 보통 할 말이 없다는 말로 즉, 중요한 말은 없다는 것으로 시작했다. 그들은 천천히 이야기를 시작하는데, 대부분 인터뷰를 하는 사람이 듣기를 원하거나 남성이 듣기를 원한다고 생각하는 것에 대해서만 말한다. 나는 몇 년에 걸쳐 일하면서 남성과 여성 양쪽 모두에게 말을 해보았는데, 이러한 사실이 구술사가들이 지적하곤 했던 문제라는 것을 알게 되었다. 카트린 앤더슨Katryn Anderson과 다나 잭Dana C. Jack이 어떤 논문에서 여성들이 자기 인생에 대해서 이야기할 때는 별도의 두 가지 관점을 사용하는데 이 관점은 때로는 서로 상충되는 관점이기도 하다는 사실을 지적한 바 있다. '하나는 문화 속에서 남성의 지배적 지위를 반영하는 개념과 가치 속에 짜여진 것이고, 다른 하나는 여성의 개인적 경험이라는 즉각적인 실체에 의해서 알게 된 것이다. 경험이 지배적 의미에 맞지 않는 곳에서는 대체적인 개념도 파악하기가 어려울 수 있다. 그래서 여성은 자신의 삶을 기술할 때 그렇게 하려고 해서 그런 것은 아니지만 우연히, 사회에서 우세한 개념이나 관습을 표현하는, 익숙하고 공공연하게 받아들일 수 있는 용어를 쓰려고 하며, 그럴 때 보통 자기 자신의 생각과 느낌은 죽고 마는 것이다. 따라서 여성의 관점을 정확하게 듣기 위해서 우리는 스테레오로 들어야 한다. 즉, 겉으로 드러난 채널과 숨겨진 채널을 확실하게 구별하고 그 둘 사이의 관계를 이해할 수 있도록 조심스럽게 조절을 해야 하는 것이다.'[2]

여성 사이에도 서로 다른 목소리가 있었다. 중산층 여성에게 말을 하도록 하는 것은 비교적 쉬웠지만 달리뜨 여성은 찾아내기가 매우 힘들었다. 내가 아무리 노력해도 한 사람밖에 찾아낼 수 없었다. 강간을 당했거나 낙태를 한 여성들과는 도저히 말을 할 방법이 없었다. 그들은 철저히 드러나지 않도록 되어 있었을 뿐만 아니라 그들 가운데 많은 사

---

2) Kathryn Anderson and Dana C. Jack, 'Learning to Listen: Interview Techniques and Analysis', in Sherna Berger Gluck and Daphne Patai (eds.), *Women's Words: The Feminist Practice of Oral History*, New York, Routledge, 1991. p.11.

람들이 그렇게 머물고 싶어 했으며 그들의 이야기는 그렇게 그들 속에 갇혀 있었다. 강간에 대한 기억과 낙태에 대한 경험은 어찌 되었든 부끄러운 것이어서 기억 상실의 영역으로 격하되어야만 했다. 내가 기억하는 한 나는 나 자신을 페미니스트라고 불렀다. 페미니즘의 정치적인 실천, 깊고 개인적인 의미들, 이것들이 내 존재의 일부가 되었다. 내가 이 책을 쓸 때보다 이점에 대해 감사해본 적은 없다. 왜냐하면 여성의 역사와 경험의 많은 뉘앙스에 대해서 내게 경각심을 준 것이 바로 이 책이기 때문이다. 그렇다고 페미니즘을 경험하는 것이 여성의 숨겨진 역사를 이해하는 데 필수 불가결하다는 뜻은 아니고 단지 내게는 본질적이며 이해를 가능하게 해준다는 것이다. 페미니스트 역사 기술을 써본 것이 여러 가지 문을 열어준 셈이다. 역설적으로 주류—주로 남성—역사 기술이 없었다면 즉, 성性으로 나누어진 시각이 결여된 것이 없었다면 페미니스트 역사가가 무엇을 찾아야 할지 몰랐을 것이다. 역사를 페미니스트 시각으로 써보는 것에는 많은 짐이 따라붙었다. 그것은 여러 면에서 '덜 진지한' 것으로 보이고 '주변적인' 그리고 주로 여성들의 관심사인 것처럼 보였다. 주류 역사의 관점에서는 진지함이 부족한 것을 낮게 평가한다. 그러한 역사 기록을 실행하는 것에 그에 합당한 중요성을 부여하는 우리 같은 사람들에게는 페미니스트 역사가 굉장히 능력이 있는 것이다. 그렇지 않았다면 보이지 않았을 토론의 장을 열었기 때문이다.

예를 들면 페미니즘이 나에게 이런 세계를 열어주지 않았다면 아이들의 역사를 보는 것은 상상조차 할 수 없다. 성性을 분석의 카테고리로 사용할 수 없었다면 난 지정카스트와 여성의 역사를 검토하는 일은 상상할 수 없었다. 내 책이 '단지' 여성에 대한 것은 아닐지라도 여성과 그들의 역사가 우리를 이끌고 가는 역사의 중심부에 놓여 있다는 사실은 이 책의 가장 핵심적인 부분이다. 침묵과 말, 기억과 망각, 고통과 치유, 이것들이 내 책의 중심에 있다.

몇 년간의 작업이 끝났을 때 나는 많은 이야기에 귀를 기울였다. 각각의 이야기는 독특했다. 모든 이야기가 분단에 대해 다르게 말하고 있었고 각각의 이야기가 서로 다른 경험을 가지고 있었다.[3] 각각의 설명은 서로 다른 질문을 불러일으킨다. 내가 가장 자주 직면하는 질문은 내 시도의 본질에 관한 것이었다. 그것은 주로 기억에 관련된 질문이었다. 왜 이것을 다시 파헤치는가? 사람들이 이러한 경험과 더불어 산다면, 어떻게 보면 그것들과 더불어 평화를 이룬 채 스스로 집어치워버리려고 하는 그 불편하고 불쾌한 기억을 기억해내게 하고 들추어내서 얻어지는 게 무엇인가? 이 질문에 대해 만족할 만한 대답은 없다. 여전히 딜레마는 남는다. 침묵이 나은가 말하는 것이 나은가? 또는 연구자에게 침묵을 '허용'하는 것이 나은가 말하도록 '강요'하는 것이 나은가?

다른 많은 것들과 더불어 내 관심을 이쪽으로 돌린 것은 외삼촌 라나였다. 처음 삼촌과 이야기를 나누었을 때 나는 흥분의 도가니에 빠졌다. 삼촌이 자기 이야기를 하고 싶어 하는 것 같아서 난 정말 기뻤다. 삼촌은 침묵 속에서 너무 오래 살아왔다. 내가 삼촌의 이야기를 쓰는 것에 대해서 어떻게 생각하느냐고 묻자 "쓰고 싶은 대로 써라. 내 인생이 이보다 더 나빠질 것은 없을 거다"라고 말했다. 그러나 나는 이로 인해 정신을 바짝 차리고 깨닫게 되는 것이 있었는데 '진리'라고 하는 다소 추상적인 범주뿐만 아니라 (특히) 라나 삼촌의 삶이라는 인격적 실체에 대한 도덕적 책임감이 있다는 것이다. 그가 말한 모든 것을 세상이 다 알게 할 정도로 내가 무책임해도 되는 걸까? 확실하지가 않다— 그의 삶에 어떤 연관성을 가지게 될지는 생각해볼 수가 없다. 그렇지만 '부분적'으로만 보여주는 것 정도는 괜찮지 않을까? '진리'의 일부를

---

3) 참조. James E. Young, *Writing and Rewriting the Holocaust*.

보류하고 또 다른 것을 가능하게 하기 위해서? 이 딜레마가 나를 내내 괴롭혔다. 라왈삔디에서 온 시크 가족이 자기네가 본 공격과 폭력에 대해서 이야기했을 때 어떻게 하는 것이 올바른 일인가에 대한 의문이 들었다. 내가 이야기의 '다른' 쪽을 가지고 있지 않았다면 힌두로서의 권리를 위험하게 사용할 수 있는 소지를 제공하게 되는 셈이 되지는 않을까? 여성들의 강간과 낙태 문제가 일어났을 때 나는 내 자신에게 물어보았다. 그들의 침묵을 열게 하고 장려하는 것이 과연 옳은가? 역사적 진실을 찾는 것이 또 다른 폭행을 가져오는 것은 아닌가?

몇 년이 지난 후에도 나는 아직 이 질문에 대한 만족할 만한 대답을 찾지 못했다. 우리가 인-파 분단의 기억을 파헤치는 것이 얼마나 중요한가? 끄리슈나 소브띠라는 작가이자 분단 난민인 자신이 분단을 잊기도 어렵지만 기억하기는 위험하다고 말한 적이 있다. 그러나 이 말이 우리가 분단을 기억해서는 안 된다는 것을 의미하는가? 많은 불확실성에도 불구하고 나는 분단이 기억하기에 위험할지도 모르지만 그렇게 하는 것 또한 필요하다는 점을 몇 년에 걸쳐서 점점 더 확신하게 되었다. 우리가 타협을 이룰 수 있을 뿐만 아니라 기억 속을 열어보고 기억해내고 하는 것이 문제를 용해시키고 잊어가는 과정에서 꼭 필요한 부분이기 때문이다. 이 책의 앞부분에서 70세 교수에 대해 말한 적이 있다. 그 교수는 한때 국가자원봉사단 단원이었는데 무슬림 여성이 근처 시장에서 강간당한 후 살해된 것을 우연히 듣게 되었고, 당시 표현할 수 없을 정도로 충격적인 공포와 슬픔을 애써 회상하면서 쓰러졌다. 50년이 지난 후에 그는 스스로를 기억할 수 있도록 만들었고, 슬퍼하였고, 그리고 잊기 시작했다. 그는 자신이 그렇게 하기 전에 그 기억을 **허용할** 수 있어야 했다. 사람들이 어쩔 수 없이 그러는 것처럼 특정 역사를 어디까지 탐구하고 싶은지에 대해서 어느 정도 판단은 해봐야 한다. 그 당시에 상당히 강하게 믿었고 지금도 그렇지만 우리가 인도아대륙에서 우리의 삶에 끼친 분단의 영향을 받아들이려면 분단에 직면해야 하고 나아가 분단의 많은 의미를 살펴봐야 한다. 그것을 깊이 들여다보지 않고 마치 거기에 존재하지 않는 것처럼 가장하는 것은 인-파 분단을 극복하는 것이 아니다. 이와 동시에 우리는 주의를 기울이면서 이 조사를 수행해야 한다고 믿는다. 침묵이 말보다 더 중요하고, 나아가 말이 강요되는 경우가 있다. 따라서 우리는 그런 경우를 접할 때 그에 대한 분명한 판단력을 가지고 있어야 한다고 생각한다.

인터뷰를 하는 동안 사람들이 말하기를 꺼려한다는 사실에 나는 익숙해졌다. 그들은 이런 이야기를 수집해서 뭐하느냐, 그리고 그게 어떤 사람에게 무슨 도움이 되는 거냐고 물었다. 그들이 그렇게 말하고자 하지 않는 것은 말하는 게 아무런 의미가 없다고 하는 감각으로부터 나오는 경우가 종종 있다. 또, 공포의 여진이 남아서 그렇게 하기도 한다. 그것은 '그' 때의 폭력 행위가 자신을 다시 해칠 수 있다는 불안감 때문이다. 나는 점차 분단의 침묵에도 여러 종류가 있다는 사실을 이해하게 되었다. 어떤 한 수준에서 역사적 침묵을 접하게 되면 다른 수준에서는 가족 차원의 침묵이 되기도 한다. 그러한 가족적 침묵 안에서 가족들은 자신들의 이야기를 감추는 데 결탁하기도 하는데, 어떤 경우에는 장뿌라에서 만난 두 형제의 경우와 같기도 하고 또 다른 경우에는 그냥 간단히 무관심 때문이기도 하다. 그런 예는 내 가족의 경우에서도 찾아볼 수 있다. 어떤 경우에는 침묵이 저항의 한 형태이기도 하다. 무슬림 납치자이지만 납치자와 함께 어떤 종류의 인생을 새로 꾸렸던 한 피랍 여성을 정부가 강제로 구출하였는데, 그녀가 바로 저항의 한 형태로서 침묵의 방법을 택했다. 이웃집 딸아이가 강간당한 후 살해당하는 것을 목격한 한 뻔자비 여성은 이 사건 이후 입을 완전히 닫아버렸다. 유명 작가인 앗띠아 호사인Attia Hosain은 인도와 파키스탄을 선택하라고 강요하는 것을 거부하였다. 그녀는 끝을 잘라버린 나라를 원하지 않았던 것이다. 항의 수단의 하나로 그녀는 분단 이후 그에 대한 집필에 침묵을 지키는 방법을 택했다. 많은 사람은 등록에 대한 감각 또한 가지고 있었다. 그들은 이산과 혼란을 거치면서 인생을 살아왔고, 그때 그들은 자신의 인생을 세우기 위해 다시 한 번 할 수 있는 것들을 모두 실천하였다. 그들 가운데 몇몇은 아무도 당시에는 도움을 주려 나서지 않았는데 이제 와서 이런 일을 하는 것이 무슨 소용이 있겠느냐고 했다. 이런 일을 해서 도대체 누구에게 이롭다는 말인가? 모든 것이 다시 질문으로 돌아갔다. 만모한 싱은 내게 이렇게 물었다. "가져온 녹음테이프를 모두 다 채우는 것이 무슨 소용이 있습니까?"

절망에 빠졌을 때는 나도 이에 동의하기도 했다. 그렇게나 많은 폭력, 그렇게나 많은 고통과 슬픔, 가끔은 폭력에 대한 거짓의 난무—여자를 죽이는 것은 폭력이 아니다, 그건 공동체의 명예를 지키는 것이다, 아이들을 잃어버리는 것, 그들의 장차 운명이 어떻게 될는지를 아는 사람에게 아이들을 버리는 것은 폭력이 아니다, 그것은 종교의 순결을 지키는 것이다, 종교가 다른 사람을 살해하는 것은 살인이 아니다, 그건 양해될 수 있는 것이다. …… 조사를 진행하는 과정 속에서 더 큰 분노와 번민에 사로잡히는 일이 드물게 되었다.

강간당하고 납치당한 경험이 있는 여성이 말하기를 꺼려하는 것은 또 다른 도리에 기초한 것이었다. 가끔 이 역사들은 그 가족 구성원에게도 알려지지 않은 경우가 있었다. 특히 아슈람 출신 여성으로 아슈람 당국이 중매하여 결혼을 한 경우에는 더욱 그렇다. 적어도 그 역사들은 나이가 든 가족 구성원에게만 알려지고 다른 사람들에게는 알려지지 않는다. 그것에 대해 말하고, 그것을 바깥에 알리는 것은 오래된 상처의 개봉을 의미할 뿐만 아니라 그 연장선에서 살아갈 준비를 하는 걸 의미하기도 한다. 그것은 또 다른 거부와 또 다른 트라우마다. 많은 여성에게 있어서 인-파 분단은 그들의 인생이라는 하나의 배가 그 기초부

터 찢어지는 것을 의미한다. 무엇보다도 가족은 여성의 인생에서 중심
이다. 따라서 그것을 잃는다는 것은 큰 충격일 수밖에 없다. 강간과 납
치로 인해 자기 가족으로부터 떨어져나간 사람들에게 그것을 잃는다고
하는 것은 훨씬 더 충격이 깊을 수밖에 없다. 그들은 자기감정을 표현
할 말을 찾을 수나 있을까?

결국 말이라고 하는 것은 우리가 모두 가지고 있다. 인터뷰를 하고
연구를 하는 도중에 내가 발견한 것 가운데 하나는 사람들이 분단을 통
해 겪은 것을 표현하려 무진 애를 쓴다는 사실이다. 그러다가 결국 자
기들이 겪은 것은 표현할 수 없다는 말로 마무리를 짓는 경우가 자주
있다. 아이러니하게도, 그리고 비극적으로 이어진 갈등과 분쟁 속에서
판단의 기준이 된 것은 바로 분단이었다. 예를 들어, 종교공동체적 분
쟁 상황에 대해 말하면서 분단이 다시 일어난 것 같다고 말하는 것은
그 사건에게 심각한 정도, 공포의 깊이, 그리고 폭력이 지금 이 시점에
서 바로 피부에 와 닿는다는 사실을 말해주는 것이 된다. 그렇지만 분
단의 폭력과 혼란을 겪으면서 살아온 사람에게 그들이 사용할 수 있는
말은, 그들이 살아왔던 것이 무엇이었는지를 표현하는 데 특히 부족할
수밖에 없을 것이다. **분단**Partition, 이 단어는 참으로 부적합한 어휘이
다. 분단은 간단하게 보면, 나누는 것division, 떼어놓는 것separation이지
만 1947년에 일어난 그 사건은 분명하게 그런 것하고는 전적으로 다르
다. 나뉘는 것을 표현하는 또 다른 어휘 바뜨와라*Batwara*도 부적합하
기는 마찬가지이다. 우르두이자 뻔자비인 딱심*Takseem*도 나뉘는 것을
표현하는 또 다른 어휘이다. 이 몇 개의 어휘가 그 사건이 갖는 산더미
같이 많은 의미를 어떻게 표현할 수 있겠는가? 하룻밤 사이에 찢어진
것뿐만 아니라 친구가 원수가 되고, 가정이 난데없이 낯선 곳으로 가
고, 낯선 곳을 이제는 집이라 불러야 하고, 국경이라는 것을 긋는 선이
생기고, 그 경계선이 사람들의 생활과 마음속에도 반영되기 시작하였

다. 정체성이 갑자기 다시 규정되어야 했다. 만약 당신이 한때 뻰자비였고 그래서 다른 뻰자비와 문화 공간을 공유하였다면, 이제 당신은 정체성을 규정하는 다른 표지들, 즉 문화적이고, 언어적이고, 지리적이고, 경제적인 것들은 한쪽으로 치워놓아야 한다. 오로지 단 한 가지의 명예, 즉 종교만을 남겨둔 채. 당신은 당신의 마음을 분단해야 하고, 당신 주변에 있는 정치적 단위에 맞지 않는 모든 영역에 대해서는 문을 닫아야 한다. 다른 것들은 경험을 형언할 수 없는 것으로 만들어버렸다. 분단으로 인해 만들어진 불확실함 속에서 많은 사람들에게 폭력은 몇 안 되는 확실한 것이 되었다. 평화를 사랑하는 보통 사람들은 그들 안에서 폭력에 직면하도록 강요받았다. 피해자가 가해자가 되고 가해자가 다시 피해자가 되었다. 그리고 사람들은 자기 마음을 분단시키기 시작했다. 만약 당신이 죽인 사람이 '다른 쪽 사람'이었다면 그것은 괜찮았다. 그렇지만 당신 안에서 그 가해자를 지워버리기 위해 당신은 스스로를 피해자로 만들지 않으면 안 되었다. 그리고 그렇게 하다 보니 당신은 자주 거짓말을 하게 되고, 마치 당신은 다른 사람을 죽인 적이 없는 것같이 가장할 수밖에 없게 되었던 것이다. 어떻게 지리적 분할을 의미하는 단순한 어휘가 사람들이 겪어온 그 많은 층위의 경험을 어림잡아서라도 표현할 수 있을까? '바깥 그 곳' 뿐만 아니라 당신 안에서도 일어난 폭력을 확인시키고 위치시키는 어휘를, 다른 어디에서, 과연 찾을 수나 있을까? 자기 자신을 희생자로 보는 그렇게 많은 사람들이 어떤 방식으로는 분단의 폭력 안에서 공모자가 되는 것은 바로 이러한 이유에서였을 것임이 분명하다. 그리고 분명한 것 같고 이로 인해 그것을 기억해내는 데 대한 저항이 있다고 생각한다.

인도에서는 인-파 분단에 대한 공적 기억이 없다. 국가는 어떠한 기념물을 세우려 하거나 특정 장소를 기념하려 하지 않고 있다. 예를 들어 유대인 대학살이나 베트남 전쟁에 대한 것 따위가 존재하지 않는다는 것이다. 수백만의 사람들이 건너오고 건너간 것을 기념하는 곳이 국경 어디에도 존재하지 않는다. 난민촌이 있던 곳 그 어디에도 기념비 하나 없고, 인-파 분단의 기억이 모여 있는 것을 기념하는 그 어떠한 장소 하나도 없다. 분단은 독립의 어두운 한 쪽일 뿐이다. 그렇다면 '국가가 그 스스로 공범자임을 인정하지 않고 어떻게 그것을 기념할 수 있겠는가' 라는 질문이 성립된다. 분단의 결과로 헤아릴 수 없이 많은 사람들이 죽었다는 것은 분명한 사실이다. 반세기 후에 그들을 새 국가 건설을 위한 순교자로 해석할 수도 있을 것이다. 그렇지만 이와 동시에 수백만의 사람들이 살해되었고 죽음이 발생한 그 수도 없이 많은 가족 내에 살해가 발생했을 수 있다는 것은 피할 수 없는 현실이다. 이러한 역사를 어떻게 기념할 것인가? 무엇을 기념하겠는가? 기념을 하는 것이 사람들에게 그리고 국가에 무슨 관련이 있을 것인가? 기념하기 위해 당신은 무엇에 진실해야 하는가? 그것은 단지 사람들이 '다른' 종교의 사람들을 죽였다는 것만 의미하는 것은 아니고, 자기 자신의 가족을 죽인 예도 수도 없이 많다는 사실이다. 단지 '다른' 종교의 여성을 강간했다는 정도가 아니라 같은 종교의 여성을 강간한 예도 수도 없이 많다. 이러한 역사를 수치의 역사가 아닌 어떤 역사로 기념할 수 있겠는가? 얼마나 많은 정치인, 인도국민회의 당원들이 스스로 그 게임에 참여하기를 꺼려했든지 간에, 그들이 자유의 대가로 분단을 받아들였다는 사실을 알고 있었다는 것을 피할 수는 없다. 이러한 역사를 기념하는 것은 그리 쉬운 일이 아니다.

오늘날 전 세계 많은 나라가 갈등과 혼란의 시간을 기념하는 기념관을 가지고 있다. 학자들은 국가가 지원하든 그렇지 않든 사람들의 증언, 사진, 서신, 문서, 회고록, 그러한 역사가 담겨 있는 책 등으로 이루어진 상세한 자료관을 온갖 애를 써가며 건립하였다. 그런데 인-파 분단에 관한 것은 거의 없다. 지금까지, 심지어는 사람들의 이야기를 수

집하려는 시도조차 이루어지지 않았다. 인-파 분단에 관한 시각 표현물은—많은 신문과 잡지에 그에 관한 사진이 분명히 풍부하게 담겨 있을 텐데도—거의 수집되어 있지 않고, 독립 후 반세기가 지날 때까지 모든 종류의 축하 행사가 거행되어오는 동안 인도의 역사에 이렇게 중요한 의미를 가지는 이 분단에 관해서는 아무것도 행하지 않았다.

인-파 분단에 관해 공적인 기억은 존재하지 않지만 가정과 가족 안에서는 추도 의례와 특정 사건을 기념하는 이야기를 통해 그에 관한 기념이 살아 있다. 망갈 싱과 두 형제가 가족 구성원 열일곱의 죽음이라는 엄청난 부담을 안은 채 고향 마을을 떠나왔을 때, 그들은 열일곱 명의 이름을 새긴 추념 명판을 만들어 아므리뜨사르의 황금사원에 두었다. 그들의 순교를 추도하고, 기일을 되새기기 위해 매년 48시간 동안 시크 경전 낭송 법회가 열린다. 그들이 살아 있는 동안 망갈 싱과 그 형제들은 이 법회에 매년 참석하였다. 형제들이 죽고 난 후 망갈 싱은 주로 혼자서 그곳에 참석하였는데, 어쩌다가 가족 가운데 유일한 생존자인 뜨릴록 싱을 대동하기도 했다. 몇 년이 지난 후 내가 망갈 싱에게 그 기억들을 가지고 어떻게 지금까지 살아왔는지를 물어보니 자기 주변에 있는 뻔잡의 그 광활하고 기름진 땅을 가리켰다. 그는 "우리 모두는 저기서 왔지요. 분단 난민입니다. 저 땅을 일구면서 저 땅 안에 모든 걸 묻어버렸습니다. 잘 사는 것밖에 더 있습니까?"라고 말했다.

라왈삔디 학살에서 살아남은 사람들의 작은 공동체가 뉴델리의 장뿌라에 살고 있다. 매년 3월 13일이면 1947년 3월의 희생자를 위한 위령제를 지낸다. 샤히디 디와스Shahidi Diwas 즉, 순교자의 날이 수많은 사람의 순교를 추도하기 위해 지켜지고 있다. 대부분 여성들인 그들은 '목숨을 초개와 같이 버림으로써 시크의 혼에 오점을 남기지 않았다.' 매년 1947년 3월의 생존자는—해가 갈수록 그 수는 줄어들고 있다—한데 모여 그 살육의 현장에서 죽어간 사람들의 영웅담을 회상하고 있다.

그들은 죽은 혼에게 바치는 기도를 하고 회고에 경의를 표하는 의례를 시작한다. 의례 중에 죽은 사람들의 이야기가 다시 들리는데, 그것은 죽은 사람 각각의 순교에 관한 역동적인 영웅담이다. 앞에 나왔다시피 불굴의 용기로 90명의 여성을 우물에 뛰어들게 만들고 자신 스스로 맨 먼저 뛰어든 랏자완띠 모친에 대한 모습이 눈에 선하게 그려진다. 그러면 당신은 그 여성들을 보게 될 것이고 그들이 울부짖는 '조 볼레 소 니할jo bole so nihal(구루의 언어를 말하는 자가 축복받으리니)'을 들음으로써 그들이 우물에 빠지는 모습을 그리게 된다. 이야기가 끝나면서 앉아 있는 찬양대에서 찬송가가 울려 퍼진다. 해마다, 해마다 같은 가사가 울려 퍼진다.

> 용감한 자여
> 적과 싸운 이여
> 그 몸을 산산조각 내시고
> 믿음을 결코 버리지 않으셨도다.

다른 죽음에 대한 이야기를 들려주며 의식이 계속되는 사이에 죽음은 미화되고 폭력은 제거되면서 순교로 표현되었다. 라왈삔디 폭동에서 살아남은 사람들의 수가 해가 갈수록 줄어들면서 이야기를 들려주는 사람과 그것을 듣는 사람의 수도 차이가 갈수록 커졌다. 이야기가 하도 능수능란하고 정열적으로 되다 보니 이제 청중석에 앉아 있는 젊은이와 어린아이들이 듣다가 그 속으로 확 빠져 들어가는 경우도 종종 있다. 여성들의 순교라 함은 그 안에 남성의 공범 관계를 숨기고 있다. 이 의례에 참여해서 생존자들의 이야기를 들음으로써 난 비로소 여러 마을에서 침입자들과 지루한 협상이 있었다는 사실을 알게 되었다. 돈이 건네졌고, 무기가 버려졌다. 그리고 그런 과정을 거치면서 여성들은 때로는 혼자, 때로는 같이, 때로는 남성들과 함께 앉아 자신들의 죽음 즉, 순교에 대해 계획을 세웠다.

살아남은 사람들에게 그 추도 의례는 여러 차원에서 작동한다. 기억을 되살리기도 하고 동시에 기억을 잊게 하기도 한다. 그들은 잊기 위해 선택적으로 기억을 한다. 기억을 하는 것은 여성들의 용맹함을 묘사해 그들을 영웅으로 만드는 것이다. 순교를 거부한, 자신의 목숨을 포기하지 않은 많은 사람들에 대한 이야기는 하지 않는다. 납치된 여성에 대한 이야기도 전혀 하지 않는다. 타말리에서 온 그 두 자매, 실종된, 즉 십중팔구 납치되었을, 그 여성에 대한 이야기는 존재하지 않는다. 그 명단 안에 있는 여러 마을에서 실종된 그 많은 다른 여성에 관한 언급도 전혀 이루어지지 않는다. 해가 가면서 수백 명의 죽은 자, 목숨을 대량으로 잃어버린 일에 대해 한 단계 깊은 해결책이 그 위에 더해진다. 기억은 보존되기도 하지만 이와 동시에 제한되기도 한다. 라왈삔디 학살로부터 살아남은 사람들은 이 의례를 통해 1947년 3월의 역사를 자기만의 해석으로 골라냈다. 대개 다른 사람들이 하는 것과 마찬가지로 그들은 강간과 납치의 역사를 제한하여 자신들의 역사를 용맹과 영웅주의로 바꾸었다.

기억에 관한 어려우면서도 골치 아픈 영역 안으로 들어가기만 하면 인-파 분단의 역사는 우리에게 다른 종류의 기억들을 보여준다. 예를 들어, 우리는 국가에 대한 기억을 가지고 있다. 전문적인 즉, 역사적인 기억, 그들이 피해자이건 가해자이건 아니면 둘 다이건 그들은 살아남은 자들의 기억을 가지고 있다. 그리고 분단 이후 태어난 세대로서 물려받은 기억도 가지고 있다. 이러한 기억이 어떻게 사용될 수 있을까? 그 기억들이 나란히, 혹은 서로 다른 리듬으로 작동할까? 아니, 작동할 수 있을까? 그리고 우리는 어떻게 그 깊은 기억 안에 도달할 수 있을까? 침묵의 표면 저 아래 누워 있는 그 기억 안에. 나에게 이 연구는 이제 갓 시작에 불과하다. 그렇지만 이 이야기들을 추적해오면서 기억을 조사하는 것은 연구자로서나 연구의 대상으로서나 조사의 윤리로부터 결코 따로 떨어져나갈 수는 없다는 사실을 깨달았다. 인-파 분단에 관한 연구를 하면서 나는 줄곧 이 문제를 염두에 두고 있었다. 그리고 비록 조사하고, 읽고, 질문하고 하는 십 년이 넘는 그 기간이 끝날 무렵에서였지만, 나는 인-파 분단의 기억을 탐색하는 것이 필요하고 중요하지만 이와 동시에 연구자가 항상 윤리적인 의문에 직면하지 않고 조사가 이루어져서는 안 된다는 사실 또한 확신하게 되었다. 이 조사는 연구자가 반드시 자기 경계, 자기 침묵을 확보해주어야 하는 것이면서 결국에 가서는 우리가 풍부한 정보와 다른 종류의 지식에 접근할 수 있도록 해주는 조사이기도 하다. 이러한 것이 기존의 역사로부터 이미 알고 있는 것과 통합될 때, 이 조사로 인해 우리는 한 단계 더 깊은 이해를 이룰 수 있을 것이라고 확신한다.

*

시작했을 때와 같이 이야기 두 가지로 이 연구를 끝낼까 한다. 조사를 하는 동안 대체로 나는 상실, 폭력, 분리를 보았다. 그렇지만 인-파 분단 그 자체에 대한 이야기보다는 인-파 분단으로 가는 이야기를 더 많이 보았다. 사람들이 어떻게 서로 돕고 어떻게 서로 우정을 나누어 가졌는가에 관한 이야기도 얼마든지 있었고, 영국인들이 두 나라를 떼어놓기 위해 만든 국경을 넘나드는 이야기도 있었으며, 인-파 분단의 트라우마와 혼란이 자기 인생의 뭔가를 만들어보는 계기가 된 이야기도 있었다. 이제 내가 들려주고자 하는 두 이야기는 그러한 이야기다.

1989년 나는 인도 정부가 사용하는 용어에 분단 과부Partition widow라는 범주의 용어가 있다는 사실을 알게 되었다. 당시 민주권리를 위한 시민조합People's Union for Democratic Rights이라는 델리에 있는 한 시민단체가 한 무리의 사람들—나도 그 가운데 한 사람이었다—에게 델리에서 시작된 시위에 대한 조사를 의뢰한 일이 있었다. 그 시위는 평상시에 하는 것과는 다른 것이었는데, 참여자가 모두 여성이었다는 사실뿐만 아니라 한 사람도 빠짐없이 모두 60세 이상이었다는 사실이다. 특이한 것 또 한 가지는 그들이 내건 시위의 이슈였다. 임금 인상도 아니고—엄밀한 의미로 볼 때 그 가운데 '노동자'는 한 사람도 없었다—연금을 인상해달라는 것이었다. 이 여성들은 정부에 의해 분단 과부로 지명된 사람들로서 '평생 보상'을 보장받고, 직업 훈련과 여러 가지 일자리를 제공받아 생계를 유지하고 있었다. 이는 인-파 분단으로 인해 홀로 된 여성들로 하여금 일을 하게 하여 경제적으로 자립을 할 수 있도록 하고, 나아가 '품위와 자기 가치'를 지닐 수 있도록 해주자는 취지에서 만들어진 것이었다. 시간이 지나 이 분단 과부들은 이제 너무 늙어 일을 할 수 없게 되었고, 은퇴 후 정부에서 나오는 연금으로 살게 되었다. 그들이 연금 인상을 요구하는 시위를 벌인 것은 이런 상황에서였다.

인상분이 너무 적어 며칠 동안 시위가 일어났다. 그 후 정부는 요구액을 재가하였다. 금액 차원에서만 보자면 1년에 고작 25만 루삐에 불과하였는데, 이는 이 여성의 남은 인생까지 책임지는 것이기도 하였다. 그렇지만 더욱 중요한 것은 자신들의 단호한 의지를 정부 앞에 내놓고 이렇게 시위를 벌이는 것이 그들의 권리라는 강한 믿음을 보인다는 사실이었다. "저는 파키스탄에서 여기까지 걸어왔습니다. 우리들의 요구 사항이 충족될 때까지 난 여기에서 날마다 걸을 것입니다."라고 한 사람이 말하자, 또 다른 여성이 내무부장관 관사를 가리키면서 "저분은 우리 부모지요, 그래서 우리는 우리의 요구를 그 앞에 내놓는 것입니다."라고 말했다.

국가가 아버지와 같이 자상하게 이 여성들의 인생에 개입해야 하는가에 대해 의문을 제기할 수 있는 여지가 얼마든지 있다. 하지만 이는 내가 여기에서 다루고자 하는 주제가 아니다. 내가 여기에서 이 이야기를 꺼내는 것은 단순히 분단의 트라우마와 혼란에 관해 덜 알려진 부분 즉, 비극으로부터 여러 가지 길을 통해 많은 사람들 특히, 여성이 자립심을 배우고 그 기회를 잘 활용하였다는 사실을 지적하고자 함이다. 과부들이 자립을 배우게 되자 다른 여성들도 교사, 간호사, 여러 종류의 사업, 중요한 의미를 가지고 있는 사회사업 등의 전문 직업에 진출하게 되었다. 특히 많은 중산층 여성들에게 사회사업이 실제로 선택 가능한 하나의 직업으로 부상하였고 그를 통해 새로운 국가 건설에 참여하게 되었는데, 슬픔과 상실감을 뒤로 하고 그 일에 헌신한 아니스 끼드웨가 그 좋은 예를 보여주고 있다. 이 책에서 우리가 만난 바 있는 브리둘라 사라바이, 까믈라벤 빠뗄, 쁘렘바띠 타빠르, 아니스 께드웨, 다미얀띠 사흐갈은 모두 새로 건설되는 국가를 위해 국가와 함께 그리고 여성을 위해 자신의 삶을 바쳤다. 그렇지만 그 일에 딜레마가 없던 것은 아니었다. 국가의 과제가 여성을 위하는 것과 충돌할 때가 있었다. 하지만 그들 모두는 분단의 기회를 최고로 활용하여 자기 자신의 삶에 뭔가를 만들었고 나아가 그들이 함께한 그 여성들의 삶도 무언가를 만들게 하였다.

들려줄 두 번째 이야기는 (파키스탄의 〈더 뉴스*The News*〉에 게재된 것인데)[4] 또 다른 현실감이 있다. 1947년 24세의 이크발 베굼은 인-파 분단의 폭력에 의해 가족을 많이 잃었다. 다른 사람과 마찬가지로 그녀도 자기가 살던 아므리뜨사르 근처의 작은 마을 케르 딕끼Kher Dikki를 강제로 떠나 파키스탄으로 가야만 했다. 분단의 공포는 평생 그녀를 따

---

4) Arif Shamim, 'Writing Home to a Stranger', *The News*, Lahore, May 4, 1997.

라다녔다. 세월이 흐른 뒤 그녀는 손자가 평화사절단으로서 아므리뜨사르로 여행을 떠나려 할 때 가지 말았으면 좋겠다는 뜻을 밝혔다. "아가, 아므리뜨사르에는 가지 마라, 사람들이 너를 죽일 게야." 이크발 베굼에게 인-파 분단이 폭력과 상실의 이야기를 상기시키는 것이라면 그녀의 딸 꿀숨Kulsoom은 그와는 다른 경험을 하였다. 꿀숨도 아므리뜨사르에서 온 한 남자와 결혼을 했다. 시아버지 짜우드리 라띠프Chaudhry Latif는 분단 난민으로 국경을 건너 라호르의 이슬람뿌라Islampura(이전의 끄리샨나가르Krishan Nagar)로 이주해 온 사람이었다. 1947년 짜우드리 라띠프가 넓고 근사한 집으로 이주해 오게 되었을 때 그는 원래 그 집의 주인이 누구인지에 대해서는 전혀 알지 못했다. 그런데 어느 날 그는 잘란다르로부터 편지 한 통을 받았다. 겉봉에는 '집을 차지하고 있는 분에게'라고만 쓰여 있었다. 짜우드리 라띠프는 우르두어로 쓰인 편지를 읽어 내려갔다.

전 지금 한 사람의 인간으로서 편지를 쓰는 겁니다. 힌두가 보낸 것이라 내팽개치지 않기를 바랍니다. 우리는 우선적으로 인간이고 그 다음이 힌두이거나 무슬림이지요. 난 당신이 우리를 묶고 있는 인간의 이름으로 제게 답장을 해주실 거라고 굳게 믿고 있습니다.

편지는 현재 짜우드리 라띠프가 차지하고 있는 그 집의 원 소유자인 하리끼샨 다스 베디Harikishan Das Bedi가 보낸 것으로, 그가 파키스탄이 현실화되었을 때 어떻게 그리 급하게 집을 버리고 떠나게 되었는지에 대해 적고 있었다. 라호르에 있는 사나딴 다람 고등학교Sanatan Dharam High School에서 교사로 근무하던 베디는 책과 논문만을 사랑하는 사람이었다. 자세한 내용을 듣지도 못한 채 베디는 여러 가지 것들을 뒤로 남겨두고 떠나왔는데 그 가운데는 당시 집필하다가 책상 위에 두고 온

기하학 책의 미완성 원고도 있었다. 분단이 일어난 직후인 1947년 9월 베디는 경찰을 대동한 채 자기 집을 다시 찾았다. 그렇지만 어느 것 하나라도 가져가는 것은 허용되지 않았다. 그리고 난 이후에 짜우드리 라띠프가 그 집으로 이주해 들어왔고, 그에게 베디가 편지를 보낸 것이다. 베디는 그 편지에 어떤 책은 어디에 있고 어떤 논문은 어디에 있으며 어떤 자료는 어디에 있는지를 상세히 적어주었다. 국경 너머에서 원주인이 새 주인이 된 사람에게 창고, 가방 등을 가리키면서 소중한 책과 논문을 잘 보관해달라고 부탁을 한 것이었다. '당신에게는 필요 없는 물건들은 가방 하나에 넣어주시고……' 라고 부탁을 한 것은 그가 짜우드리 라띠프에게 이미 자기 자신이 어떤 사람인지 말해놓음으로써 신뢰를 쌓아두었기 때문에 가능하였다. '제 학생에는 힌두도 있고, 무슬림도 있고, 시크도 있습니다. 제 눈에는 그들 사이에 아무런 차이도 없습니다. 가서 제 이웃인 짜우드리 시라즈Chaudhry Siraj에게 물어보십시오. 저와 디나 나트Deena Nath가 폭동 때 그의 집을 지켜주었다는 사실을 말입니다. 짜우드리 시라즈는 당시 끄리샨 나가르에 있지 않았는데도 우리는 그 집에 아무도 침입하지 못하도록 지켜주었습니다.'

베디가 했던 것처럼 아주 조심스럽게 짜우드리 라띠프는 베디의 지시를 따랐다. 그는 베디의 책, 자료는 물론이고 아주 작은 글 쪼가리까지도 모두 모아 여러 개의 작은 짐 보따리로 꾸려 국경 너머 잘란다르로 보냈다. 짜우드리 라띠프의 아들은 아버지가 어떻게 '베디의 편지를 충실히 따랐는지, 그리고 나아가 그의 물건까지 짐으로 꾸려 잘란다르로 보냈는지'에 대해 말해주었다. "두 분은 매우 특별한 사이가 되었습니다." 오랜 세월 동안 그 두 친구는 국경을 넘어 편지를 교환했고, 짜우드리 라띠프가 죽은 후 그 집에 며느리로 들어온 꿀숨이 선반 한쪽에 정갈하게 묶인 채 놓여 있던 베디의 편지를 발견하고 나서야 이 사실이 알려지게 되었다. 하리끼샨 다스 베디가 지금도 살아 있는지 어떤

지 아는 사람은 아무도 없다. 그렇지만 그가 짜우드리 라띠프에게 보낸 편지들은 인-파 분단의 역사의 또 다른 쪽에 대한 살아 있는 증언을 제공해주고 있다. 베디는 라띠프에게 보낸 한 편지에서 이렇게 말하고 있다.

당신의 편지를 읽고 또 읽고 몇 번이나 읽었는지 모릅니다. 그리고 진정한 벗이 그 편지를 보낸 것임을 깨달았습니다. 저 또한 그 편지를 주변의 많은 제 친구들에게 읽어주었습니다. 모든 친구들이 당신이 제게 보여준 감정을 다른 모든 힌두와 무슬림도 나눌 수 있다고 생각하고 있습니다. 우리 모두는 이제 피투성이 살육이 더 이상 일어나지 않을 것이고, 각자 살고 있는 인도와 파키스탄에서 우리가 각자의 나라를 더 높은 자리에 올려놓는 일을 할 것입니다. 그렇지만 신은 또 다른 계획을 가지고 있었습니다. 저는 힌두와 무슬림이 같은 마을에 사는 동료에게 어떤 짓을 했는지를 생각하며 몸서리를 쳤습니다. …… 최악은 그런 모든 짓이 종교의 이름으로 행해졌다는 겁니다. 피의 살육을 허락하는 종교는 없습니다.

베디가 바란 것이 실현되었든 그렇지 않았든 그와 짜우드리 사이에 주고받은 서신 왕래는, 국경이란 넘나들 수 있는 것이고 그 사이에서 우정이 싹트고 지켜질 수 있다는 사실에 대한 증거로 남을 것이다. 내가 인-파 분단으로 다시 돌아오는 일이 있다면 그때 다시 찾고 싶은 것은 이런 종류의 이야기이다.

찾아보기